U0453601

陶渊明评传

于东新　著

辽海出版社

图书在版编目（CIP）数据

陶渊明评传/于东新著. -- 沈阳：辽海出版社，
2018.5

（中国古代著名文学家丛书）

ISBN 978 - 7 - 5451 - 4814 - 5

Ⅰ.①陶⋯ Ⅱ.①于⋯ Ⅲ.①陶渊明（365 - 427） -
评传 Ⅳ.①K825.6

中国版本图书馆 CIP 数据核字（2018）第 079473 号

陶渊明评传

责任编辑：丁　凡　高东妮
责任校对：杜贞香
封面设计：老　刀
出 版 者：辽海出版社
　　　　　　地　　　址：沈阳市和平区十一纬路 25 号
　　　　　　邮政编码：110003
　　　　　　电　　　话：024 - 23284479
　　　　　　E-mail：liaohailb@163.com
印 刷 者：三河市京兰印务有限公司
开　　本：155mm×230mm　1/16
印　　张：27.75
字　　数：288 千字
版　　次：2019 年 1 月第 1 版
印　　次：2019 年 3 月第 1 次印刷
定　　价：68.00 元

绪　言　陶渊明的意义

对于中国人来说，陶渊明是一个永不生厌、常说常新的话题。自公元 427 年诗人辞世，至今跨越了近 1600 年的时空，天地如走马，四海共琳琅，人类社会日新月异的发展，如今的世界已进入高智能化的时代，但人们对陶渊明这样一个布衣文士却始终葆有言说的兴趣和热情，这真是一个奇妙的文化现象。那么，陶渊明对今人、对新时代的中国民众究竟有什么样的意义呢？

笔者认为，陶渊明的思考与实践，在今天看来不仅没有过时，相反还带有强烈的现代性。比如他关于心与物的关系、我与他者的关系、自然与人性的关系、古代与现实的关系、人生与宇宙的矛盾等等都有深刻的追问。诗人虽不是严格意义上的哲学家，但他诗意的沉思却足以给今人以丰富的启示。从某种意义上说，他是照彻古今的精神烛火，他的生活方式和风格是简朴的，令人自然亲和；他心里虽有反抗尘世的欲望，但并不沦于逃避人世，他与周遭的生活共生、相融。同时，他又是清醒的，坚守自我，绝不迷失，独善其身，道德圆满，他活得有尊严、有价值。所以，今读陶渊明，犹如荒漠上流过一股清泉，心中现出一片绿洲，喧嚣的尘世渐渐远去，清凉之气令人块垒顿消。对于现代化的人们，陶渊明是醒世的一剂良药，也是救世的一部大典，他甚至可以成为今人栖息疲惫身心的一座精神家园。

一、即使困厄，也要热爱生活

一般说来，人生有两种情形是无法主动选择的，一是生活的时代，二是出生的家庭。如果两方面都很糟糕，那这个人的人生就算是命运多舛了。而不幸的是，陶渊明两者几乎全占了。他生活在中国历史上最混乱的时期——晋末宋初。皇权暗弱，士族门阀专横跋扈，军阀混战，野心勃勃，整个国家篡乱相替，动荡不安，上层社会道统沦落，寡廉鲜耻，无论士人还是百姓都痛苦地挣扎在生死的边缘。在这样的时代，像陶渊明这样的读书人想要过儒家所标榜的那种"修身齐家治国平天下"的人生，显然已不可能。加之，陶渊明虽是东晋权臣陶侃之后，但到陶渊明这一代、这一支，早已家道中落而颓败，几无祖荫可庇。陶渊明本人又是苦命之人，"结发念善事，僶俛六九年。弱冠逢世阻，始室丧其偏"（《怨诗楚调示庞主簿邓治中》）①，他8岁时父亲离世，30岁时结发妻子死了，37岁时他深爱的慈母去世，41岁时与他关系最亲的胞妹亡故。亲人先后离他而去，使人不禁想起余华

---

① 本书所引陶渊明诗文皆出自逯钦立校注《陶渊明集》（中国古典文学基本丛书），中华书局，1979年版。恕不一一注出。

《活着》的主人公——那个悲催的福贵。他29岁终于出去做官，但十几年间遇到的不是蠢材（王凝之），就是枭雄（桓玄、刘裕），所托非人，并且官场斗争异常凶险，稍有不慎就有杀身灭族之祸。41岁时好不容易做了一个小地方官——彭泽令，但又遇到贪得无厌的督邮来访，最后诗人只好选择辞官，回归了田园，读书人通常的仕宦之路从此断绝。回归田园之后，陶渊明躬耕垄亩，期翼自食其力，相信"民生在勤，勤则不匮"，但是他并不擅耕作，"种豆南山下，草盛豆苗稀"；义熙四年（408）家中又遭遇了大火，生活日渐困顿，加上家中孩子多、年龄又小，田里的庄稼又接二连三地遭受自然灾害："炎火屡焚如，螟蜮恣中田。风雨纵横至，收敛不盈廛"（《怨诗楚调示庞主簿邓治中》），以致诗人到晚年之时，实在没办法只好去乞食，可见陶渊明人生的苦况与惨像。要论时运不济，倒霉悲催，陶渊明虽不能居历史第一，但排第二当无问题。

就这样几无生趣的悲催人生，置于一般人身上，不是悲观自杀，就是破罐子破摔了，但是陶渊明却不然，他热爱着他的人生，在最低端的境遇里，他活出了最高级的心境。比如，再困苦他也喜欢读书，"既耕亦已种，时还读我书"，"泛览周王传，流观山海图"（《读山海经》其一），他有言"好读书，不求甚解；每有会意，便欣然忘食"（《五柳先生传》）。读书是他对抗现实的利器，书中的古圣先贤更是他的精神导师，"何以慰吾怀？赖古多此贤"（《咏贫士七首》其二）；他喜欢饮酒，所以萧统说他的诗"篇篇有酒"，他还总结了饮酒的种种妙处，其中之一就是："汎此忘忧物，远我遗世情。一觞虽独进，杯尽壶自倾。日入群动息，归鸟趋林鸣。傲啸东轩下，聊复得此生。"（《饮酒》其七）说饮酒可以助他忘忧遗世，在东轩之下他自斟自饮，啸傲自得，把污浊的现实远远抛开，在日入万动俱息、归鸟投林的景象中，他体认着任真自得的生活妙趣，觉得饮酒使他赢得了自己的人生；他尤其喜欢写诗，每当天气好的时候，他就约上几个友朋，"登高赋新诗"，或者游历山水，"天气澄和，风物闲美，与二三邻曲，同游斜川"，于是"欣对不足，率尔赋诗"（《游斜川并序》）。他还说"余闲居寡欢，兼比夜已长，偶有名酒，无夕不饮。顾影独尽，忽焉复醉。既醉之后，辄题数句自娱"（《饮酒并序》）；他还喜欢弹琴，他家中有一把琴，但却是无弦的。每当酒适，陶渊明就抚弄无弦琴以寄意，所以他的名言是"但识琴中趣，何劳弦上声"，只要能体会琴中之趣，是不必在乎弦上之声的。据有关文献所载，在陶渊明身上流传着好多的趣事，比如，他取头上的葛巾漉酒的故事：有一次陶渊明正在酿酒，好友颜延之不期而至。当时正好酒熟了，陶渊明顺手就取下头上的葛巾来漉酒，漉毕又自然地将葛巾罩在头上，然后若无其事地与颜氏对饮。再如，江州刺史王弘与渊明饮酒，见他没有鞋子，光着一双脚，就叫人为他做一双来，于是渊明就伸脚过去，让做鞋的人来量尺码。还有他酒醉后说的那句名言："我醉欲眠，卿可去！"诸如此类，虽身处苦难人生，但陶渊明身上没有丝毫的戾气、怨气，他就像我们身边一位可爱、搞笑，甚至有点愚笨的邻家大叔，其行事每每让人发出会心的笑声。可以说，他用豁达的心态消弭了世俗中的一切困顿，用审美的心灵对待贫乏的境遇，以艺术家的眼光打量着身边的琐事，将其诗化、艺术化，从困厄的俗世中开辟出一片清幽淡雅的意境。

作为普通人，谁都难免会在人生的某一个阶段暂时处在逆境中，不顺利、坎坷崎岖，生活陷入悲催的状态。如果你遇到了这种情况，该怎么办呢？其实这时采取一种什么样的态度才是最重要的。而1600年前，比我们悲苦一百倍的陶渊明，就为我们展现了一种值得效仿的人生态度。——人生其实就是一种态度，悲苦也好，困厄也罢，它就在那里，你总得去过你的生活，所以以什么样的态度来面对就变得很重要。陶渊明一步步地走来，他读书、写诗、饮酒、弹琴，他始终以一种乐观豁达的态度来面对人生的苦难，这一点对于今人确有至关重要的启示意义。罗曼·罗兰说："世上只有一种英雄主义，就是在认清生活真相之后依然热爱生活。"（《米开朗琪罗传·原序》）我想陶渊明就是这样的英雄。他用艰苦而诗意的生活实践告诉我们，一个人在困境中依然要认真地对待生活，抵御生命中的黑暗，不悲不喜，不怨不怒，无论穷通贫富，无论生死扰攘。因为只有如此，才不辜负生活。

二、诱惑面前，要有人格底线

和以往的时代相比，当下的时代似乎是一个更看重物欲的时代，比如居高不下，动辄十几万元一平米的房价就是显例。为什么会这样呢？原因可能很多，但有一条谁也不能否认，那就是高房价是炒出来的结果，因为在炒房者那里房子不是住的，而是赚取金钱、一夜致富的手段。这是当下穷怕了的国人发财致富的一个缩影。试看，面对富贵利禄，今天有多少人会做到心如止水呢？于是社会乱象丛生：为了发财，有的公务员，鱼肉百姓，贪赃枉法；有的食品从业者，卖地沟油食物，甚至去做毒奶粉、三聚氰胺的牛奶，卖他自己都不敢吃的食物；有的老师把学生当成了自己的摇钱树；有的工厂老板，偷工减料，去生产质量低劣的产品……很多人为了利益去出卖灵魂和良知。这种恶劣风气的背后就是道德人性的泯灭、人格底线的缺失。所以，建立风清气正、有道德感的社会文化已刻不容缓。

陶渊明无疑是一个救世榜样，一个坚守人格底线的楷模。他所处的东晋社会，尤其是上层社会，物欲横流，寡廉鲜耻，一方面望空清谈，不关心百姓的死活，另一方面，野心勃勃，为攫取权利不择手段，残忍卑劣。陶渊明在诗中对这样一个时代表达了深深的失望和不满，如《饮酒》其六说："行止千万端，谁知非与是？"那里没有是非标准；其十二说："去去当奚道？世俗久相欺。"那里充满虚伪欺诈；其十七说："行行失故路，任道或能通。觉悟当念还，鸟尽废良弓。"那里险恶寡恩，用完了人家的才智，就想把人除掉；《扇上画赞》也说："三五道邈，淳风日尽。九流参差，互相推陨。形逐物迁，心无常准。"那么，在这样的世道里，人该怎样活着呢？一条道路就是泪其泥扬其波，与之同流合污，助纣为虐，或者做得更凶残、更卑劣，将厚黑之术进行到底；再一条就是离开这污浊之地，回归田园，自耕自食，独善其身，"我管不了别人，但我要管住我自己"，哪怕为此困厄而死，也绝不出卖灵魂和良知，做一个自尊、自重的人。陶渊明自然是选择了后者，所以他为今人开了一剂醒世的药方。

当然，这种选择一定会付出代价的，陶渊明对此也是有清醒认识的："量力守故辙，岂不寒与饥?"（《咏贫士》其一）既然不去名利场中做一个帮忙或帮闲，自然那些名利、好处就与你无关，你必然要承受贫穷所带来的苦痛，这是你追求独立人格、道德良知必须付出的代价，所以有时陶渊明也是矛盾的，在《与子俨等疏》中他说："僶俛辞世，使汝等幼而饥寒。"作为父亲，他心里也曾为没有给孩子带来丰衣足食的好生活而内疚。难道诗人不想富贵、过衣食不愁的好日子吗？他何尝不想。但那是要付出更惨重代价的：要丧失人的尊严，要舍弃人生最宝贵的自由，甚至要丧失生命，这代价岂不是太大了吗？所以诗人说"四体诚乃疲，庶无异患干"（《庚戌岁九月中于西田获早稻》），物质上的贫困换来的却是精神的自由、心灵的宁静和愉悦，这不很好吗？于是他才说"贫富长交战，道胜无戚颜"（《咏贫士》其五），人生除了吃喝拉撒等动物性的需要以外，还有更宝贵的，那就是人性高贵，要活得像个人！

对于陶渊明的人格价值，萧统在《陶渊明集序》中说："尝谓有能读渊明之文者，驰竞之情遣，鄙吝之意祛，贪夫可以廉，懦夫可以立，岂止仁义可蹈，亦乃爵禄可辞！不劳复傍游太华，远求柱史，此亦有助于风教尔。"① 置于今天，我认为陶渊明的意义，就是在物欲横流的世界里，每一个人都努力地去做一个好人。或者说，在人生的路上，我们最要做

---

① 逯钦立校注：《陶渊明集》，中华书局，1979 年，第 10 页。

的不是有多少财富、有多成功，而是千万别变成一个坏人！而作为读书人，这一点又显得尤其重要，你要爱惜自己的羽毛，你要有敬畏、有担当，要把你的专业技能用来造福人，而不是害人！你要做一个你自己看得起自己的人，一个你值得你自己尊重的人，这是你人生的底线！这在当下的现实里有着至关重要的意义，如果我们每个人都能这样，这个世界就会变好，中华民族才会有希望！

三、幸福路上，要懂得知足

无疑，我们每一个人都在追求幸福的路上，谁都想过幸福的生活。这无可厚非。但在现实的世界里，很多人幸福指数并不高，年轻人有年轻人的苦恼，中年人有中年人的失意，老年人也有老年人的担忧，为什么会这样？答案可能会很多，但从陶渊明的身上，笔者受到的重要启发就是：只有懂得知足的人，才能享受到人生的真正幸福。陶渊明有一首《和郭主簿》诗：

> 蔼蔼堂前林，中夏贮清阴。
>
> 凯风因时来，回飙开我襟。
>
> 息交游闲业，卧起弄书琴。
>
> 园蔬有馀滋，旧谷犹储今。
>
> 营己良有极，过足非所钦。
>
> 春秫作美酒，酒熟吾自斟。
>
> 弱子戏我侧，学语未成音。

此事真复乐，聊用忘华簪。

遥遥望白云，怀古一何深。

　　此诗写的是诗人的幸福观。在一连串具体可感的生活细节中他表达了对幸福人生的理解，即生活可以很简单，幸福其实可以轻易获得——天气热了，庭院里有树林，树林里有"清阴"，还有善解人意吹开了衣襟的南风。并且，仓房里有陈粮，菜园中有菜蔬，最让人欢喜的是家中还有酒；在精神上，他"息交游闲业"，与名利场中的人物彻底断了来往，每天读书、弹琴，与小儿子嬉戏，身心放松，悠游自在。这是他喜欢的生活样貌，这就是他想要的幸福生活。而这一切的获得来源于他的幸福观："营己良有极，过足非所钦。"经营自己的生活实在有限，超过了所需就没了意义，我对身外之求绝不羡慕。像这样的表述，陶渊明还有"倾身营一饱，少许便有余"（《饮酒》其十），生活不过就是吃饱肚子而已，就像"鼹鼠饮河，期在满腹；鹪鹩巢林，不过一枝"，其实生活所需完全可以这么简单，那么，占有那么多身外之物，并为之所累，有什么价值呢？

　　陶渊明并不排斥物质的需求，他希望能有饭吃、有酒喝、有房子住，但他认为达到这个目标就够了，这就是他要的幸福人生。所以，他追求的欢乐实际是一种朴素的、审美的、自足的欢乐，他乐于清晨去南山种豆锄草，用汗水换来秋天"岁功聊可观"的收成；或在"晨出肆微勤，日入负耒还"的劳作之后，舒坦地"盥濯息檐下，斗酒散襟颜"（《庚戌岁九月中于西田获早稻》），喝一杯小酒足以开心快乐；或与邻曲二三"素心人"一起"奇文共欣赏,疑义相与析"(《移居》其一),与相知的友朋,和谐相处,无拘无束,该有多么美妙!可以说,陶渊明将生活中朴素的幸福作为生命境界的极致,这种幸福是摆脱了魏阙紫印、贪得无厌等等世俗欲望的束缚后,生命获得的洒脱自由。

陶渊明这种简朴寡欲的物欲观,既有传统文化的资源,也有他自己在实践基础上的慧心发现。如《老子》第四十六章有曰:"祸莫大于不知足,咎莫大于欲得。故知足之足,常足。"[1] 老子的话说得真是通透,不知足的人,永远不会满足,即使他得到东西再多;而知足的人,永远感到满足,即使他得到的东西再少。很多时候,人之所以活得疲累,不是他拥有的东西太少,而是想占有的东西太多。所以,只有懂得把握分寸,适可而止,"知足之足",才能享受到幸福和快乐。柳宗元曾有一篇寓言体散文,名曰《蝜蝂传》:

> 蝜蝂者,善负小虫也。行遇物,辄持取,卬其首负之。背愈重,虽困剧不止也。其背甚涩,物积因不散,卒踬仆不能起。人或怜之,为去其负。苟能行,又持取如故。又好上高,极其力不已,至坠地死。
>
> 今世之嗜取者,遇货不避,以厚其室,不知为己累也,唯恐其不积。及其怠而踬也,黜弃之,迁徙之,亦以病矣。苟能起,又不艾。日思高其位,

---

[1] 陈鼓应:《老子注译及评介》,中华书局,1984年,第244页。

大其禄，而贪取滋甚，以近于危坠，观前之死亡不
知戒。虽其形魁然大者也，其名人也，而智则小虫
也。亦足哀夫！①

　　柳宗元说，有一种喜欢背东西的小虫子叫蝜蝂，它的本
性是在爬的时候遇到什么东西，总是抓起来扛在身上，东西
越背越重，即使非常劳累也不停止。有人看它可怜，就替它
去掉背上的东西。可是它再爬的时候，还是会把东西像原先
一样地抓来扛上。这种小虫又喜欢往高处爬，用尽了力气也
不肯停下来，以致最后跌下来摔死。柳宗元由此感慨，这和
世上那些贪得无厌的人差不多——他见到钱财就捞一把，用
来填满他的家产，不知道财货已成了自己的负担，总感觉财
富积攒得不够。等到一旦垮下来的时候，有的被罢官判刑，
有的被贬往边远的地区，算是吃尽了大苦头。可是如果一旦
被起用，他们还是不思悔改，还是天天想着提高自己的官位，
加大自己的俸禄，而且变本加厉地捞取钱财，以致接近摔死
的地步。并且可悲的是，今人看到这种由于极力求官贪财而
自取灭亡的人和事，也不知道去接受教训，以致这样的人和
事不绝如缕，代不乏人。他们的外形虽然看起来比蝜蝂高大，
他们的名字叫人，但见识其实却和这种叫蝜蝂的小虫子没啥
不同，真是太可悲了！——说得够深刻了吧？
　　陶渊明是深悟此理的人。其实，人生有许多面向，既有
物质的功利的，也有精神的审美的，一个人如果只盯着物质

---

　　①　柳宗元：《柳宗元集》卷十七，中华书局，1979年，第484页。

11

陶渊明评传

——物欲是没有尽头的，如果深陷其中，一般就难以获得幸福感。所以在物欲上，陶渊明懂得适可而止，知足常乐，而且他把主要的心思放在精神的追求上，追求精神的富有，注重精神上的自由，就如王先霈所看到的："（陶渊明）看重的个人精神的自由，是不以心为形役，不让精神需求服从于物质的需求，看重的人在与自然的和谐相处中得到的宁静、舒适。"① 正是由于陶渊明没有过分的世俗物欲的追求，也就没有了时刻涌动在胸中的期待、渴望、焦虑等紧迫的精神负荷，于是焦虑情绪也就渐渐消释。他将远寄的心收回，将无尽的期待收回，将人生的关注收缩到眼前与当下，于是心平静了，神也安宁了。——这难道不正是当下有些人需要深刻反省的吗？陶渊明的思考与追求无疑具有醒世的意义和价值。

总之，造就我们的并非我们自己，而是以前在这块土地上生活过的人们，他们就是我们的过去。我们探寻他们实际就是寻找自己的恩人，就是探寻自己所来的路，就是追溯自己生命的根脉。在这众多先哲中，陶渊明无疑是其中最重要的代表，他是一个谁都绕不开的文化符号，尤其是今天的中国民众，在快速地接受了现代化的技术启蒙之后，物质的东西有了，但精神上的东西却没能及时跟上来，就像有人疾呼的：朋友啊，放慢一下你的脚步吧，请等一等你的灵魂！在这种背景下，我们亟需一场以优秀传统文化为内核的再启蒙，陶渊明就具有这样的意义。

---

① 王先霈：《陶渊明的人文生态观》，《文艺研究》，2002 年第 5 期。

目　录

第一章　乱世之中的陶渊明

陶渊明是我国历史上著名的隐士，也是我国诗歌史上最伟大的诗人之一，被后世誉为"古今隐逸诗人之宗""田园诗派的宗师"。关于陶渊明的生卒年，史家众说纷纭，莫衷一是。有关陶渊明享年，从小到大依次有51岁说（晚清吴挚甫）、52岁说（近代古直）、56岁说（近代梁启超）、59岁说（今人龚斌）、63岁说（梁代沈约）、76岁说（宋代张缜）等多种说法，从51岁到76岁，相差了25年！确实够骇人的了。其中，学界一般认同渊明享年63岁说，如此，他当生于东晋哀帝兴宁三年（365），卒于刘宋文帝元嘉四年（427）。关于陶渊明的名字，学界也有至少10种之多的说法，多数人认为他在东晋时期名渊明，字元亮，入宋以后改名为陶潜。以上的分歧表明，陶渊明活着的时候名声并不显赫，世人对他了解不多，所以其生平情况不被后人所确知。他能走进历史，被后人关注，始于沈约（441—513）所撰之《宋书》，在《隐逸传》中载录了陶渊明的一些事迹。但此时距陶渊明辞世已达60年之久了。据说陶渊明生前曾在自家门前种植了五棵柳树，故自号"五柳先生"。他去世后，友人私谥号为"靖节徵士"，故后人又称他为"陶靖节"。

关于陶渊明的籍贯，有江州浔阳郡浔阳县（今江西省九江市西）与江州浔阳郡柴桑县（今江西省九江市西南）两说。据袁行霈先生考证，其实二说并不矛盾，两地实际是指同一个地方。据《晋书·地理志》："永兴元年（304），分庐江之浔阳、武昌之柴桑二县置浔阳郡。""安帝义熙八年（412），省浔阳县入柴桑郡，柴桑仍为郡。"可见，义熙八年（412）时，浔阳合并到柴桑。所以，沈约《宋书·隐逸传》称渊明为柴桑人，当指的是陶渊明晚年新区划的名称，而颜延之《陶徵士诔》说他是浔阳人，则是陶渊明晚年之前旧区划之名，两者称谓虽不同，但所指实为同一地方。

孟子在《孟子·万章下》中说："颂其诗，读其书，不知其人，可乎？是以论其世也。"所以，我们按照"知人论世"的原则，先了解陶渊明所处的时代环境。

一、"八表同昏"的东晋王朝

陶渊明一生大部分时间（55 年）都生活在东晋（317—420），晚年入宋（420—479）。据史料记载，东晋第二个皇帝晋明帝曾向丞相王导咨询晋朝的开国史，王导就跟他讲述了当年司马氏如何以狡诈、残暴的手段从曹魏的孤儿寡妇手中夺权的历史，明帝听后，羞愧得将脸伏在床上，说："若如公言，祚安得长！"所以东晋皇室甚至不敢提倡忠君，可见东晋皇权的虚弱，这个朝廷主要是靠南北士族的联合支持建立起来的，尤其倚重渡江南下的北方士族，特别是其中的琅琊王氏。王导是政治上的依靠，王敦是军事上的依靠。据说东晋开国皇帝司马睿登基的时候，竟三番五次地拉着王导与自己共坐在御座之上，以接受百官朝贺。这在历史上是从未有过的，所以当时人就说："王与马，共天下。"这种政权的性质，就使士族门阀制度得以高度发展，从而表现出这种制度的腐朽性。

在东晋门阀制度下，"举贤不出世族，用法不及权贵"，高级士族拥有政治、经济特权，受到特殊的保护。但是，他们虽占据要位，却高谈玄理不做实事。干宝《晋纪·总论》就说"当官者以望空为高而笑勤恪"，把勤奋做事视为俗气，虚玄放达才是高雅。在生活上则极度奢侈淫逸。范宁在晋孝武帝太元年间上疏就说他们"蒱酒永日，驰骛卒年。一宴之馔，费过十金；丽服之美，不可赀算。盛狗马之饰，营郑卫之音。南亩废而不垦，讲诵阙而无闻。凡庸竞驰，傲诞成俗"（《晋书·范宁传》）。只知吃喝玩乐，一味放达无羁，不种田，不读书，可以说是士族生活的真实景象。

士族豪奢纵逸的生活，自然是建立在对百姓的残酷压迫基础上的，所以百姓就被推进了贫困、死亡的深渊。晋元帝大兴二年（319）的诏书就公开承认："天下凋弊，加以灾荒，百姓困穷，国用并匮。"范宁亦曾上疏说："今四境晏如，烽燧不举，而仓庾虚耗，帑藏空匮。古者使人，岁不过三日，今之劳扰，殆无三日休停。至有残刑剪发，要求复除，生儿不复举养，鳏寡不敢妻娶，岂不怨结人鬼，感伤和气。臣恐社稷之忧，积薪不足以为喻。"（《晋书·范宁传》）范宁的担忧不是没有道理的，十年后，即隆安三年（399），便爆发了"天师道"孙恩领导的农民起义，可见当时阶级矛盾之尖锐。

士族门阀制度还形成高门世族与寒门庶族，即统治阶级内部高低两个阶层的深刻矛盾。门阀制度以族姓定贵贱，族姓的等差极为严格。一些高门世族垄断了高官要职，"上品无寒门，下品无世族"，出身寒门的士人，即便是有才华进身也极难，他们只是因为门第低贱便被永远压抑在底层，难有大的作为。南朝刘宋时期大诗人鲍照，才华横溢，与谢灵运齐名，但因"人微"，便"取湮当代"，死于乱军之中。他在《瓜步山揭文》就有"才之多少，不如势之多少远矣"的感叹，表达了对"地势使之然"的门阀制度的愤慨与不平。

而在高层统治者的权力分配里，又呈鼎足之势。皇权、大士族之权、军阀之权三者之间，矛盾重重。东晋王朝政局的稳定全靠维持这些力量之间的平衡与互相牵制。一旦其中某种势力膨胀，打破了平衡，便要发生动乱。在政治伦理上，"朝寡纯德之士，乡乏不二之老。风俗淫僻，耻尚失所"[1]，君臣道德沦丧，寡廉鲜耻，毫无忠义可言，所以东晋一朝，不断爆发战乱，晋元帝登基后五年，王敦便于武昌起兵，攻入建康。由于大士族的消极抵制，王敦才不得已退回武昌。两年后，王敦再攻建康，后因他病死，东晋才暂时度过危机。晋成帝时，外戚庾亮当权，压抑他人，引起地方军阀的疑忌。寿春镇将祖约、历阳镇将苏峻便以诛庾亮为名起兵，次年攻

---

① ［晋］干宝：《晋纪总论》，见［梁］萧统编，［唐］李善注：《文选》卷四十九，上海古籍出版社，1986年，第2186页。

至建康。幸而朝廷争取到陶侃、温峤的救援，才得以平定此次变乱。后来，桓温为荆州刺史，掌握了长江上游的控制权，遂于太和六年（371）废掉废帝，立简文帝，使皇帝成为他手中的傀儡，《晋书·简文孝武纪》中简文帝就说："政由桓氏，祭则寡人。"直到咸安二年（373）桓温死去，桓氏所造成的危机才告结束。这就是陶渊明出生前东晋的基本国势。作为当朝之人，陶渊明对这些不会不了解。

在陶渊明人生的 63 年中，所经历的哀帝至恭帝等六位皇帝中，除孝武帝和安帝在位时间较长外，其余的都是短命君王，哀帝在位不过 4 年，废帝只有 6 年，简文帝只存 2 年，而恭帝才 1 年多。王室频繁的变更，反映出当时统治阶级内部斗争的尖锐化。不妨看一下东晋皇帝世系表：

庙号	谥号	姓名	在位时间	年号
中宗（司马懿曾孙）	元帝	司马睿（276—322）	317 年—322 年（42 岁即位，47 岁崩）	建武 317 年—317 年 太兴 318 年—321 年 永昌 322 年—323 年
肃宗（肃祖）（元帝子）	明帝	司马绍（299—325）	322 年—325 年（23 岁即位，27 岁崩）	太宁 323 年—326 年
显宗（显祖）（明帝长子）	成帝	司马衍（321—342）	325 年—342 年（5 岁即位，22 岁崩）	咸和 326 年—334 年 咸康 335 年—342 年
明帝子，成帝弟	康帝	司马岳（322—344）	342 年—344 年（21 岁即位，23 岁崩）	建元 343 年—344 年
孝宗（康帝子）	穆帝	司马聃（343—361）	344 年—361 年（2 岁即位，19 岁崩）	永和 345 年—356 年 升平 357 年—361 年
成帝长子，穆帝兄	哀帝	司马丕（341—365）	361 年—365 年（21 岁即位，25 岁崩）	隆和 362 年—363 年 兴宁 363 年—365 年
成帝第二子	废帝	司马奕（342—386）	365 年—370 年（23 岁即位，在位 6 年被废）	太和 366 年—371 年

5

续表

太宗（元帝少子，废帝曾祖）	简文帝	司马昱（320—372）	371 年—372 年（51 岁即位，53 岁崩）	咸安 371 年—372 年
烈宗（简文帝第三子）	孝武帝	司马曜（362—396）	372 年—396 年（10 岁即位，35 岁崩）	宁康 373 年—375 年 太元 376 年—396 年
孝武帝长子	安帝	司马德宗（382—418）	396 年—403 年 404 年—418 年（14 岁即位，37 岁被弑）	隆安 397 年—401 年 元兴 402 年—404 年 义熙 405 年—418 年
孝武帝子，安帝弟	恭帝	司马德文（386—420）	418 年—420 年（32 岁即位，34 岁被弑）	元熙 419 年—420 年

　　咸安二年（373）权臣桓温死，谢安执政，东晋出现了少有的内部安宁的局面，也正是在此期间，取得了孝武帝太元八年（383）淝水之战的胜利。但好景不长，谢安病逝后，孝武帝贪酒不理政事，让其同母弟会稽王司马道子掌管朝政。司马道子与其子元显狼狈为奸，任用奸邪，贪贿无忌，朝政极端败坏。《晋书·会稽文孝王道子传》载："于时孝武帝不亲万机，但与道子酣歌为务。……官以贿迁，政刑谬乱。……太元以后，为长夜之宴，蓬首昏目，政事多阙。"后来孝武帝也不满司马道子的专权，命王恭为兖州刺史，殷仲堪为荆州刺史，暗中牵制道子父子。道子也不肯示弱，任用王绪等人，史载"由是朋党竞扇，友爱道尽"。太元十年（385），陶渊明 21 岁，正当他成年之际，东晋进入了政治最腐朽并且动乱再起的时期。

　　太元二十一年（396），孝武帝死，长子德宗即位为安帝，司马道子为太傅摄政。第二年四月，兖州刺史王恭、豫州刺史庾楷便以声讨司马道子亲信尚书左仆射王国宝、建威将军王绪为名起兵。朝廷只好杀王国宝、王绪换得他们的罢兵。

次年，隆安二年（398），王恭、庾楷又联合荆州刺史殷仲堪、广州刺史桓玄、南蛮校尉杨佺期再度起兵。由于刘牢之的倒戈，王恭败亡，桓玄等不得已暂且退兵。隆安三年（399），桓玄为攫取地盘与权力，袭杀了一同起兵的殷仲堪、杨佺期，自为荆州刺史，西部就完全被桓玄掌控。正当西部矛盾激烈发展的时候，东部地区又爆发了新的矛盾。由于门阀士族地主大肆侵占农民土地，把农民变为依附于自己田庄的部曲与佃户，激起了孙恩领导的农民起义。短短十几天时间之内，农民起义军便发展到了数十万人，起义的势力遍及今天的江苏、浙江、福建、广东、江西等许多地方。朝廷派辅国将军刘牢之东征，孙恩败走。孙恩的起义前后持续了十二年之久。可以说，来势凶猛、为时又长的农民起义，使本来就动荡不定的东晋政局更加分崩离析，处于岌岌可危之中。

安帝元兴元年（402），西部的桓玄野心膨胀，举兵东下，进入京师，掌握了朝廷大权。次年八月自号相国、楚王，十二月篡晋自立，国号"楚"，改元大亨。以"平固王"之号，将晋安帝迁到浔阳。元兴三年（404）二月，建武将军刘裕等起兵讨伐桓玄，至义熙元年（405）春，基本摧毁了桓玄的势力。三月，晋安帝才回到京师复位。虽然解决了桓玄的问题，但朝廷大权却又旁落到刘裕的手中，并且于此后就进入刘裕专权，诛除异己，以谋篡晋自立的时代。这就是陶渊明于义熙元年十一月弃官归田以前的时局背景。

总的来说，从晋孝武帝太元末年（396）起到晋安帝义熙元年（405）陶氏归田止，正是东晋王朝阶级矛盾、统治阶级内部矛盾最尖锐的时期，可谓是八表同昏，风波浩荡——

司马道子父子专权，王国宝乱政，王恭、庾楷、殷仲堪起兵，桓玄篡位，孙恩起事，可以说整个国家动荡不安，混乱不堪。

陶渊明归田以后的时局，主要是刘裕篡夺帝位的过程。刘裕为了篡晋，一方面以西征蜀郡谯纵，北伐南燕、后秦等，建立武功，提高声望；一方面残酷地诛除政治异己，削弱晋之宗室，为篡位扫清道路。义熙三年（407），他借故诛杀殷仲文等；义熙八年（412），乘荆州刺史刘毅病危，杀刘毅之弟、右将军兖州刺史刘藩和尚书左仆射谢混，又发兵讨刘毅，刘毅被迫自杀；义熙九年（413）三月，杀前将军诸葛长民及其弟与从弟等。义熙十一年（415）正月，刘裕又发兵征讨荆州刺史晋之宗室司马休之，司马休之被迫北投后秦姚泓。刘裕讨伐司马休之时，曾写信策反韩延之，韩延之为司马休之府的录事参军，他复信说："刘藩死于闾阖之门，诸葛（诸葛长民）毙于左右之手。甘言诧方伯，袭之以轻兵（指刘毅之事）。遂使席上靡款怀之士，阃外无自信诸侯，以是为得算，良可耻也。"[①] 可见，当时人们已清楚地认识到刘裕诛杀异己的用心。在此之前，义熙六年（410）司马国璠和弟弟叔璠、叔道投奔后秦，即与刘裕的杀心直接相关。司马国璠等到达后秦后，秦王姚兴问他们："刘裕方诛桓玄，辅晋室，卿何为来？"他们回答说："裕削弱王室，臣宗族有自修立者，裕辄除之；方为国患，甚于桓玄耳。"[②] 可谓"司马昭之心，

① ［宋］司马光编著，［元］胡三省音注：《资治通鉴·晋纪三十九》，中华书局，1956年，第3674页。

② ［宋］司马光编著，［元］胡三省音注：《资治通鉴·晋纪三十七》，中华书局，1956年，第3635页。

路人皆知也"。在这个过程中，刘裕又不断给自己加官进爵，向逼禅迈进。义熙元年（405）三月，加侍中、车骑将军、都督中外诸军事。二年（406）十月，封豫章郡公。四年（408）正月，为扬州刺史、录尚书事。九年（413）三月，加镇西将军、豫州刺史。十四年（418）六月，进位相国，封宋公。同年，派人缢杀了"自少及长，口不能言"的晋安帝，立安帝同母弟司马德文，是为晋恭帝。元熙元年（419）正月，刘裕进爵为宋王。二年（420）六月遂受晋禅。这一年，陶渊明56岁。这一过程，可以说是魏晋以来篡夺的通例，明眼人一看便知。陶渊明又何尝不是样样看在眼里！

　　刘裕代晋后，国号"宋"，改元"永初"。以晋恭帝为零陵王，永初二年（421）六月派张祎以毒酒鸩杀之，张祎（伟）不忍，在路上自杀。九月，刘裕又派兵将恭帝杀死。需要说明的是，当年曹丕篡汉，仍然保全了汉献帝的性命，而刘裕却是斩草除根，未免过分，何况当时晋恭帝就曾有言："桓玄之时，天命已改，重为刘公所延，将二十载。今日之事，本所甘心。"① ——他是心甘情愿地让位于刘裕的，对刘裕政权不会再有什么威胁，可刘裕还是残忍地杀害了他。对此事及其后果，后人就指出："自是之后，禅让之君，罕得全矣！"② 陶渊明对于刘裕的行为是愤慨的，遂作《述酒》诗。也就在刘宋立国七年之后，陶渊明离开了这个动荡而冷酷的

---

　　① ［梁］沈约撰：《宋书》卷二《武帝纪》，中华书局，1974 年，第46 页。

　　② ［宋］司马光编著，［元］胡三省音注：《资治通鉴·宋纪一》，中华书局，1956 年，第 3740 页。

人间。

诗人一生所见所闻，都是这些血淋淋的东西，它对诗人身心的伤害是十分严重的。并且，连年不息的战火对诗人的家乡江州的破坏也非常大。江州地处荆、扬二州之间，作为军事要冲，自古即是兵家必争之地。所以这里先被桓玄盘踞，接着又被刘裕占领，后来又被桓玄的旧部刘统、冯稚等攻陷，然后刘毅又派刘怀肃讨平夺回。身处其间的陶渊明目睹了这一桩桩流血斗争、这一幕幕民不聊生的情景，正如鲁迅先生所说，陶渊明是"乱也看惯了，篡也看惯了"①。而动乱的现实对陶渊明思想的形成和发展，对其人生道路的抉择和文学创作，都产生了极为重要的影响。

二、那些影响陶渊明的家族人物

陶渊明家族在东晋一朝还是有着显赫地位的。尽管陶家并非门阀世族，但陶渊明的曾祖陶侃（259—334）却是东晋王朝举足轻重的政治家、实权人物，功勋地位并不亚于王导、谢安。沈约《宋书·隐逸传》说陶渊明："曾祖侃，晋大司马。"而陶侃的思想和作为对陶渊明是有很大影响的。在《命子》诗中，陶渊明曾以赞美的口气表达了对曾祖的景仰之情："桓桓长沙，伊勋伊德。天子畴我，专征南国。功遂辞归，临宠不忒。孰谓斯心，而近可得！"

关于陶侃的生平经历，据史料记载，陶侃之父名曰陶丹，

---

① 鲁迅：《魏晋风度及文章与药及酒之关系》，《鲁迅全集》第三卷，人民文学出版社，1981 年，第 537 页。

是东吴一位官阶较低的军官，早亡，陶侃遂成孤儿，故《晋书》陶侃本传说其"早孤贫"。关于陶侃如何步入仕途，《世说新语》载录了一则故事：

> 陶公（陶侃）少有大志，家酷贫，与母湛氏同居。同郡范逵素知名，举孝廉，投侃宿。于时冰雪积日，侃室如悬磬，而逵马仆甚多。侃母湛氏语侃曰："汝但出外留客，吾自为计。"湛头发委地，下为二髲，卖得数斛米。斫诸屋柱，悉割半为薪，锉诸荐以为马草。日夕，遂设精食，从者皆无所乏。逵既叹其才辩，又深愧其厚意。明旦去，侃追送不已，且百里许。逵曰："路已远，君宜还。"侃犹不返。逵曰："卿可去矣。至洛阳，当相为美谈。"侃乃返。逵及洛，遂称之于羊晫、顾荣诸人，大获美誉。（《世说新语·贤媛篇》）①

这就是著名的陶母"截发留宾"的故事。即便陶侃后来建有功名，官位不低，但因出身低微，还时常被人瞧不起。据说他举孝廉到洛阳，与同乡羊晫一同乘车去见顾荣，吏部郎温雅就质问羊晫说："奈何与小人同载！""小人"是对下层劳动者的卑贱称呼。直到陶侃地位很高以后，还曾被温峤称为"溪狗"。《晋书》本传说陶侃"望非世族，俗异诸华"。前一句是说他不属于门阀世族，后一句是说他不是汉族人，陈寅恪先生

---

①　［南朝宋］刘义庆撰，徐震堮校笺：《世说新语校笺》，中华书局，1984年，第374页。

曾考证他为溪族人（见《魏书司马睿传江东民族条释证及推论》）。出身低微，加上"蛮夷血统"，所以陶侃实际上是不被士族社会所认可的。以上说的都是陶侃西晋时期的事情。到了东晋，在风云际会之时陶侃晋升很快，先是做江夏太守，后由于击败了杜弢等人的反晋起义，迁为荆州刺史，成为封疆大吏。晋明帝崩逝后，苏峻、祖约作乱，陶侃起兵勤王，成为护国重臣，官居使持节、侍中、太尉，都督荆、江、雍、梁、交、广、益、宁八州诸军事，任荆、江二州刺史，被封为长沙郡公，卒赠大司马。如此可知，陶侃既是东晋朝廷举足轻重的实权派，同时又是遭受门阀大族歧视的特殊人物。

关于陶侃的性格作为，尚书梅陶评之曰："机神明鉴似魏武，忠顺勤劳似孔明。"说他既富识见，又极勤奋。据史料载，陶侃任广州刺史时，曾有"陶侃运甓"的故事。他还常用"大禹圣者，乃惜寸阴，至于众人，当惜分阴，岂可逸游荒醉，生无益于时，死无闻于后，是自弃也"（《晋书·陶侃传》）的话来鼓励部下珍惜时间，有所作为，以求青史留名。他这种积极进取、力图有所作为的思想，对陶渊明少年之时"猛志逸四海，骞翮思远翥"（《杂诗》其五）理想的产生，当是起到一定作用的。陶侃还关心民瘼，注重农事，《晋书》本传载，陶侃"尝出游，见人持一把未熟稻，侃问：'用此何为？'人云：'行道所见，聊取之耳。'侃大怒曰：'汝既不田，而戏贼人稻！'执而鞭之。是以百姓勤于农殖，家给人足"[1]。重农是陶家的优良家风，以后陶渊明亲自参加了农耕

---

① ［唐］房玄龄等撰：《晋书》卷六十六，中华书局，1974年，第1774页。

劳动，非常关心桑麻的长势和收成，并在《桃花源记》中提出了人人劳动、家家自给的思想主张，就是其曾祖重农、劝农思想的进一步发展。据说，陶侃在镇守武昌时，还曾命部下种了许多柳树。陶渊明也在自家房前种了五棵柳树，并用"五柳"作为自己的别号，有的学者认为这可能和纪念陶侃有关，因"五"与"武"谐音，"五柳"即有"武昌柳"之意。这也从一个侧面反映了陶渊明对这位功勋盖世的曾祖的崇拜心理。

《晋书·陶侃传》载，陶侃一生娶有 15 个妻妾，共生了 17 个儿子（至少还有 10 个女儿）。但《晋书》提及了其中 11 个儿子的名字，却未提及陶渊明的祖父陶茂，可见陶茂一支并非嫡系。大约到了陶渊明的时候，陶茂一支已被陶氏家族的大宗给遗忘了，由陶渊明《赠长沙公》序言"昭穆既远，以为路人"可知，陶渊明与袭封长沙郡公的陶延寿一支已形同路人了。有学者认为由于在陶侃本传中，没有出现陶茂的名字，遂提出陶茂可能并非陶侃之子的看法，当然这属于猜测之见，只能存疑。但有一条是确定的，就是陶茂是陶侃一个并不彰显的儿子，所以他只做了武昌太守。关于陶茂之为官为人，陶渊明赞曰："直方二台，惠和千里。"（《命子》）"直方"指德义，此句典处《周易·坤·文言》："君子敬以直内，义以方外。""直方"是"直内"和"方外"的简单合称，"直内"是说修身，"方外"是说行道。敬是恭谨慎独之意，义是合于事理之意。持身极严，做事合义，内则修身，外则行义，是很高的道德情操。"二台"指中央朝廷和地方官府，汉人称"兰台为内台，刺史治所为外台"（《汉官仪》）。"直方二台"是说他的德义彰显于内外官府。"千里"指一郡管辖的地盘，"惠和"是说推行仁爱之政，使人民能够安居乐业。可见，陶茂也是一个颇有令名和政绩的官员。

由于陶茂一支的衰微，陶渊明的父亲可能没做过什么值得夸耀的官职，陶渊明在《命子》诗中，只称赞父亲的性格："于穆仁考，淡焉虚止；寄迹风云，冥兹愠喜"。说父亲恬淡虚静，不以物喜，不以己悲，薄视功名，其做官不过是"寄迹"而已。这透露了陶渊明父亲大体上是一个颇受老庄思想影响、沾染魏晋风流的人物，与陶侃、陶茂等儒家事功思想异趣，倒与陶渊明的性格有些相似。不过，陶渊明8岁时父亲就去世了，家道也由此中落，留给他的只是一些模糊的回忆罢了。

作为东晋名士，外祖父孟嘉对陶渊明的影响显然更大一些。由于8岁丧父，故陶渊明青少年时与母亲、妹妹常寄住在外祖父家中。陶渊明曾写过一篇《晋故征西大将军长史孟府军传》，这是他为外祖所作的传记。文章以赞叹的笔调表达了对外祖父之风神气韵的景慕。他记载说，孟嘉曾任庐陵郡从事，有一次他出差乡下，回来后长官庾亮问他当地治理、民风等情况，他却回答说："嘉不知，还传当问从吏。"这种坦率与洒脱使得长官"掩口而笑"。这是颇有名士风度的做派——士族名流一般是不理闲杂政务的。后来，孟嘉做了镇西将军桓温的长史。陶渊明又写一件事来渲染外祖的名士风度：

君（指孟嘉）色和而正，温甚重之。九月九

14

日，温游龙山，参佐毕集，四弟、二甥咸在坐。时
佐吏并着戎服。有风吹君帽堕落，温目左右及宾客
勿言，以观其举止。君初不自觉，良久如厕，温命
取以还之。廷尉太原孙盛为咨议参军，时在坐，温
命纸笔，令嘲之。文成示温，温以着坐处。君归，
见嘲笑而请笔作答，了不容思，文辞超卓，四座
叹之。①

　　处变不惊，气度非凡，且才思敏捷，文辞优美，这都是
魏晋风度的表现。后来"风吹帽落"就成了古代写重九诗文
常用的典故。杜甫就有《九日蓝田崔氏庄》诗："老去悲秋
强自宽，兴来今日尽君欢。羞将短发还吹帽，笑倩旁人为正
冠。"不仅如此，孟嘉还喜欢饮酒，"好酣饮，愈多不乱。"
喝得再多，也不失礼数和常态。桓温有时就奇怪地问他："酒
有何好，而卿嗜之？"孟嘉回答说："公未得酒中趣耳。"可
见，孟嘉是懂得酒之真趣的。孟嘉还喜读书，如果读书有心
得，就高兴得登山望远，把酒临风，直到太阳西沉才尽兴而
归。总之，孟嘉洒脱不羁、嗜酒爱文、才情卓越的名士风度，
我们都能从陶渊明身上依稀找到一些影子，可见陶渊明对外
祖父的学习与效仿。

　　除此之外，陶氏家族中对陶渊明产生了一定影响的人物，
还有陶渊明的族叔陶淡和外家的孟陋。陶淡是陶氏一族中最
早的隐士，据说他家累千金，童仆百数，但他从不关心家财

---

　　①　逯钦立校注：《陶渊明集》，中华书局，1979 年，第 170 页。

产业，而是隐居在长沙临湘山，以白鹿为侣，拒见外人，最后不知所终。孟陋是孟嘉的弟弟，算起来是陶渊明的舅叔公（舅姥爷），他是个隐士，也是孝子。喜欢读书，独来独往，连家里人都不知其踪迹。后来母亲去世了，他守丧十余年，不吃肉、不饮酒，以致形销骨立。他拒绝朝廷权贵的征召，隐居终身。这些人物的经历和思想对陶渊明都产生了一定的影响。

总之，陶渊明生活在一个特殊的政治家族之中，曾祖陶侃是靠军功起家的新贵族，那些门阀大族人物对他的态度是矛盾的，既畏惧他的兵权和武功，又看不起他卑贱的出身与蛮夷血统，所以当陶侃殁后，就有意打击、削弱陶氏的影响力，加之陶氏儿孙众多，兄弟失和，故陶氏衰落不可避免。况且陶茂庶出，所以陶渊明既为家族的光荣而骄傲，又为家族衰微而痛惜，感慨自己"嗟余寡陋，瞻望弗及"（《命子》）。这种家族背景是陶渊明走上仕途，先后入桓玄、刘裕军幕，"脂我名车，策我名骥，千里虽遥，孰敢不至"（《荣木》）——期冀有所作为的重要原因。而母系亲属外祖孟嘉的风流倜傥、嗜酒爱文、亦官亦隐的魏晋风度，又激发起陶渊明崇尚自然、追求自由的思想，使他最终摆脱樊笼，归返自然，成为归田隐逸、坚守自我的田园诗人。

三、陶渊明亦仕亦隐的矛盾人生

可以肯定，陶渊明从出生到成年，都是在家乡浔阳度过的。他应该没有其他的兄弟，只有一个比他小 5 岁的同父异母的妹妹。由于妹妹 5 岁丧父，9 岁丧母，故渊明对她更多了一份手足之情与呵护之意，兄妹情笃。妹妹长大后嫁给武昌程氏，可惜妹妹三十几岁就去世了，渊明为此写了一篇感情真挚的《祭程氏妹文》。

关于陶渊明青少年时期的生活，处于小康状态当是没问题的。据逯钦立先生考证，陶氏家族在老家浔阳是有一些田产的，并且还有人代耕，因此少年陶渊明虽不大富裕但做到悠闲读书还是有条件的。按照陶渊明一生行迹，可以将其人生分成三个时期来描述：

（一）29 岁之前：闲居家乡的耕读生活

陶渊明在 29 岁出为江州祭酒之前，他的生活就是闲居家中，或耕田或读书。与其他官宦子弟一样，陶渊明少年时期读的书自然是儒家经典，陶渊明说自己："总角闻道"（《荣木》）、"少年罕人事，游好在六经"（《饮酒》其十六），因而也就树立了建功立业的远大志向。他还写诗描述自己的志向："猛志逸四海，骞翮思远翥"（《杂诗》其五），"少时壮且厉，抚剑独行游。谁言行游近？张掖至幽州"（《拟古》其八），颇有豪迈之气，显示出少年陶渊明的豪情壮志。

与此同时，少年陶渊明又展现出性格的另一面，那就是他诗中所说的"少学琴书，偶爱闲静"（《与子俨等疏》）、"少无适俗韵，性本爱丘山"（《归园田居》其一）、"质性自然，非矫励所得"（《归去来辞并序》）、"总发抱孤介"（《戊申岁六月中遇火》），以及"弱龄寄事外，委怀在琴书"（《始作镇军参军经曲阿》）等，可见他自幼就崇尚精神自由，倾心自然山水，与机巧混世的世俗社会格格不入。这种性格使他身处官场常有"羁鸟恋旧林，池鱼思故渊"（《归园田居》其一）之念，常有"商歌非吾事，依依在耦耕。投冠旋旧墟，不为好爵萦"（《辛丑岁七月赴假还江陵夜行塗口》）之感。经过几番挣扎、认真思考之后，他最终听从了内心的召唤而毅然离开官场，归隐田园。

陶渊明大约 20 多岁娶妻成家，而后接连生了四个儿子，长子陶俨（小名阿舒），次子陶俟（小名阿宣），而且三子、四子还是双胞胎，分别叫陶份（小名阿雍）、陶佚（小名阿端），生活的压力加重了，再有母亲年纪也大了，需要奉养，家庭经济状况堪忧，即如颜延之《陶徵士诔》所描述的那样："少而贫病，居无仆妾，井臼不任，藜菽不给；母老子幼，就养勤匮。"再有就是，他其实一直在寻找出仕的机会。在这样两种因素的共同作用下，他走出家门，从此结束了闲居乡里的生活状态。

（二）29—41 岁：亦仕亦隐的矛盾生活

29 岁的陶渊明走出家门，获得的第一个官职是江州祭酒。按，东晋制度，地方政府的佐吏掾属通常是由地方长官自行招募。所以，是当时的江州刺史王凝之征辟陶渊明担任了祭酒的职务。"祭酒"，据《宋书·百官志》，是"居群僚之上"的官职，主要职守是掌管一州的兵戎、治安、田租、户口、祭祀、农桑、水利、兵器等多个部门，事务繁杂，劳碌不休。陶渊明的主官王凝之，虽然出自高门王氏，为王羲之第二子，但此人庸碌至极，他极端迷信五斗米道，以致和尚、道士在其府衙内驱神使鬼，终日乌

烟瘴气，陶渊明不得不干着琐碎不堪的杂事，这使得颇有
济世之志的诗人不免大失所望，他既看不惯官场的污浊，
又经不起行役的繁忙与劳累，所以不到三个月，就辞职了。
第一次出仕的失败，使陶渊明对现实的认识理性了不少，
对出仕的选择也更为谨慎。因此，对随后不久州政府召他
去做主簿的邀请，他拒绝了。

但陶渊明辞官江州祭酒，只是"不堪吏职"，并没有对
仕宦完全绝望，并且自幼熟读儒家经典的他，也颇有建功立
业的志向。所以，在家乡闲居6年之后，35岁的他再次离家，
远赴江陵，做了荆州刺史桓玄的幕僚。这次出仕大约有三年
之久，是陶渊明一生为官最长的一段时间。这是因为在桓玄
身上，渊明一度寄有希望。桓玄是桓温的儿子，富有才情，
仪表堂堂，据《晋书·桓玄传》载："桓玄字敬道，一名灵
宝，大司马温之孽子也。……及长，形貌瑰奇，风神疏朗，
博综艺术，善属文。"当时东晋的政局是，晋安帝司马德宗是
个傻子，朝廷被会稽王司马道子及其子元显所掌控，朝野对
司马道子父子的暴虐深恶痛绝。隆安三年（399），桓玄举兵
勤王，成了反抗司马道子父子专政的盟主，人们把拯救国家
的希望寄托在桓玄身上，陶渊明亦有此念，故激发起内心的
政治热情，加之其外祖孟嘉曾长期任桓温长史，桓氏与孟氏
交好，所以陶渊明就在桓玄幕府中做了参军，甚至一度成为
桓玄的亲信。

但时间一长，桓玄的野心渐显，先是强迫朝廷任命他都
督荆、司、雍、秦、梁、益、宁七州诸军事，不久又提出增
领江州刺史和八州八郡诸军事，朝廷迫于情势，不得不答应

他的要求。隆安四年（400），天师道领袖孙恩反抗朝廷，率教众起义，很快占领东南沿海地区，甚至一度威胁京师。桓玄看到了新的机会，"屡上疏求讨孙恩，诏辄不许。其后恩逼京都，玄建牙聚众，外托勤王，实欲观衅而进，复上疏请讨之"。这个赴建康上疏的人，可能就是陶渊明。渊明此期作有《庚子岁五月中从都还阻风于规林》二首，以及《辛丑岁七月赴假还江陵夜行塗口》等诗，曲折地表达了郁郁无聊，甚至恼悔的心情，他对桓氏与朝廷的争斗感到厌倦。元兴元年（402），渊明母亲病逝。按照礼法，他返乡丁忧，遂离开了桓玄。这是他第二次辞官。陶渊明虽不能未卜先知，预料到桓玄日后会篡位称帝，但他身处其中，对桓玄的野心一定是有所认识的，因此便大感失望。也因丁忧返乡，抽身较早，所以他未卷入桓玄篡晋的政治漩涡之中，因而躲过了重大内乱和伤害。

按，其实桓玄是一个很有意思的人物。据李长之《陶渊明传论》所述，桓玄是桓温婢妾所生之子，他一度想继承父亲未竟的事业。桓温曾经平蜀（347），曾经与苻秦战于蓝田而获大胜（354）。"灭胡取蜀"是当时东晋两大政治理想，那个推荐桓温的人庾翼就曾"以灭胡取蜀为己任"，现在桓温解决了其中一个，而另一问题也算是表演了一手——大败前秦之后，长安附近的老百姓都争着来劳军，甚至年老的人哭着对桓温说："不图今日复睹官军。"这都是极大的功劳。桓温还曾多次提议迁都洛阳，这也是颇有眼光和气魄的，如果实行了，偏安的南方局面或许就可以打开。桓温在当时的势力已大到掌握了全国实权，如果不是后来伐燕失败

（369），他就可以让晋帝"禅让"，自己当皇帝了。只是一些
人不同他合作，文人尤其反对他迁都洛阳的意见，以为是冒
险。加之他又是一个典型的个人英雄主义人物，曾说："男子
不能流芳百世，亦当遗臭万年。"所以最后未能建立更大的成
就。然而就是这样，已经够桓玄羡慕的了。桓温死于373年，
时桓玄5岁，陶渊明9岁。桓玄也是很有才干的，因为怕他，
晋王室不敢让他做什么事。他开始有势力的时候是23岁，代
殷仲堪而占有江陵的时候是31岁。他入京的时候34岁，失
败而死时也才36岁。就他的豪气论，有些像项羽。但他又有
些书呆子气，又像王莽。他爱艺术，能写作，也擅长清谈。
他到了京师的时候，曾想北伐，便先做了一些小船，要把他
收藏的字画运走，别人问他为什么，他说："兵凶战危，脱有
意外，当使轻而易运。"他曾骗取顾恺之的画，顾恺之把一橱
子画寄存在他家，他就在橱后凿一个洞取走了画，而橱前原
封未动，他对顾恺之说："你的画登仙了。"碰巧顾恺之也是
一个有点痴的人，竟信以为真。别人有好的字画，他就常用
赌博的手段赢过来，据为己有。他失败后，由浔阳败退江陵，
可在路上却忙着写《起居注》，写完了，就忙着"宣示远
近"，连谋划军事的大事也丢下不管了。从这些方面看，他是
一个可笑的人物，然而同时也看出他的性格与文人的近似。
事实上，当时一般文人也多半集中在桓氏父子手下，例如孟
嘉、袁宏、伏滔、罗含、顾恺之等。桓氏父子又都是所谓
"反叛人物"，立国既短，就不免在史书中遭到那些胜利者的
诬蔑和诋毁。然而桓温主张迁洛的远见，桓玄对艺术的痴迷，
他们对文人的爱重等，自然会得到陶渊明的好感，这也可能

21

是陶渊明投奔桓玄的原因。①

　　陶渊明第三次出仕是元兴三年（404）。就在他居丧期间，桓玄举兵东下，进入京师，很快掌握了朝廷大权。元兴二年（403）八月自号相国、楚王，十二月篡晋自立，改国号为"楚"，将晋安帝以"平固王"之号迁到浔阳。尽管东晋王朝腐朽没落，但被桓玄取而代之，仍是不得人心的。北府军大将刘裕以反对桓玄篡位、恢复晋朝的名义起兵，成了受人拥护的正义之举。此时，陶渊明渴望建功立业的志向并未泯灭，他甚至为自己"总角闻道，白首无成"（《荣木·序》）而焦灼不安，于是写下"先师遗训，余岂云坠。四十无闻，斯不足畏！脂我名车，策我名骥，千里虽遥，孰敢不至"（《荣木》）的诗句，表达了实现壮志的豪情。所以，元兴三年（404），陶渊明再次离开家乡，奔赴京口（今江苏镇江）镇军将军刘裕的幕府，做了一名参军。在陶渊明看来，刘裕所率之军是征讨篡逆、匡扶晋室的正义之师，而且刘裕也是个雄才大略的人物，从他身上仿佛又看到了东晋中兴的希望。即便如此，陶渊明的内心也并非平静，甚至还是矛盾的，期间他写了一首《始做镇军参军经曲阿》，从诗中可以看出，诗人对远行求官是倦怠的，并为自己放弃自由生活而惭愧，可以说，他是一边赴任，一边做着弃官归隐打算的，这表明对于政治的险恶他是心怀疑惧的。在刘裕幕府中他做了些什么，史无记载，今已无从知晓。他大概任镇军参军不到一年，便离开了刘裕，改任建威将军刘敬宣的参军。刘敬宣为江州

---

　　①　李长之：《陶渊明传论》，天津人民出版社，2007年，第55—57页。

刺史，镇浔阳，距渊明家不远，这或许是他任建威参军的主要原因。义熙元年（405）三月，刘敬宣由于受人排挤，自表解职，改为宣城内史。随着建威幕府的解散，陶渊明也就自动去官，再次回到家乡。这是他第三次离开官场。

十几年来，陶渊明几进几出，一直做佐吏属官，所以一方面其政治抱负未能实现，另一方面经济状况也未得到切实的改善，因而诗人返乡后并未死心，他想谋求一个地方长官的职位，其目的主要是积攒一点财物——如果将来归隐，也好有酒喝、有饭吃。即如《宋书·隐逸传》所载："（陶渊明）谓亲朋曰：'聊欲弦歌，以为三径之资，可乎？'"这次他得到了在朝廷担任太常的族叔陶夔的帮助，获得了彭泽令的官职。

按，据史料记载，陶夔少时勤奋好学，博通经典，善属文。孝武帝太元十九年（394），陶夔任晋安郡太守，廉政爱民，且关心地方文献。郡治建城百有余年，然文献残缺，久无图志。陶夔即探访耆宿，搜罗旧闻，稽查真伪，撰成《闽中记》。这是福建首部方志，内容涉及晋安郡所辖原丰、侯官、罗江、晋安、温麻五县的舆地、风俗、人文、旧事。陶夔还信奉佛教，喜欢探奇访胜，寻幽觅古，吟诗写文。罗江县有蔽日穿云的霍山，相传因群仙所游而又名"游仙山"。霍山为佛教早期活动的圣地，高僧、和尚、法师等络绎不绝登山住寺。寺为华严，山名支提。霍山有面径数尺的石杵，杵中泉水深有五六尺，一年四季潺潺而流。有高僧名群隐居山中，戒行出众，蔬食诵经，终年常饮此水，遂以不饥，因能绝谷食。陶夔慕名寻访，并向僧群求得泉水，然泉水一到山下辄臭不可食，引为当时奇谈。正是在陶夔礼佛思想的影响下，晋安郡境内的寺院日增。

义熙元年（405），陶夔任东晋的太常，位达三品。太常是掌建邦之天地、神祇、人鬼之礼，吉、凶、宾、军、嘉五礼以及玉帛钟鼓等文物的官员，类似唐虞的秩宗、周朝的宗伯、秦朝的奉常，位列九卿之首，地位十分崇高，兼管文化教育、陵县行政，也统辖博士和太学。所以，在陶夔的举荐下，义熙元年（405）八月，渊明得以出任彭泽令。对于这个职位，陶渊明是满意的，尤其是县令有三顷公田的特权，于是他"公田悉令吏种秫，曰：'吾常得醉于酒足矣！'妻子固请种秔，乃使二顷五十亩种秫，五十亩种秔。"（萧统《陶渊明传》）可知，陶渊明这次是想长期做官的，至少要做到公田收获之时。可是到了十一月间，"会郡遣督邮至县，吏请曰：'应束带见之。'渊明叹曰：'我岂能为五斗米，折腰向乡里小儿！'即日解绶去职，赋《归去来》。"（萧统《陶渊明传》）这就是历史上非常有名的"不为五斗米折腰"的故事。故事虽然有名，但这好像并非陶渊明辞官的真正原因，因为他本人谈及辞官彭泽时并未提及此事：

> 余家贫，耕植不足以自给。幼稚盈室，瓶无储粟，生生所资，未见其术。亲故多劝余为长吏，脱然有怀，求之靡途。会有四方之事，诸侯以惠爱为德，家叔以余贫苦，遂见用为小邑。于时风波未静，心惮远役，彭泽去家百里，公田之利，足以为酒，故便求之。及少日，眷然有归欤之情。何则？质性

自然，非矫励所得。饥冻虽切，违己交病。尝从人事，皆口腹自役。于是怅然慷慨，深愧平生之志。犹望一稔，当敛裳宵逝。寻程氏妹丧于武昌，情在骏奔，自免去职。仲秋至冬，在官八十余日。（《归去来兮辞并序》）

可见，陶渊明这次本来是想做上一年，起码也等到公田的庄稼收获了，"犹望一稔"，才归隐返乡的，但是噩耗传来，远嫁武昌的妹妹去世了，他要去奔丧，心急如焚，一天也等不得了，于是星夜去职。这样，陶渊明任彭泽令"仲秋至冬，在官八十余日"，即辞官回家了，从此结束亦仕亦隐的矛盾生涯，一直到去世再未出去做过官，彻底成了一个"识字耕田夫"。

陶渊明从太元十八年（393）29 岁"为州祭酒"开始，而后于晋安帝隆安二年（398）入桓玄幕，再到晋安帝义熙元年（405）冬，41 岁辞彭泽令，前后 13 年，这正是晋末政局最动荡、变化最大的时期。如此，一个问题就显现出来：陶渊明为什么选择在这个时期出仕呢？并且他奔赴的都是当时政治斗争的漩涡，这又是为什么呢？看来仅仅用通常的"亲老家贫"解释其出仕，显然是不够的；仅仅用"生性恬淡"说明其归隐，也是不全面的。其之所以仕，又之所以隐的原因应该从陶渊明欲实现人生价值的层面去考虑。

《宋书》本传说他离家出仕是因为"亲老家贫"；颜延之《陶徵士诔》也说是"母老子幼，就养勤匮"；陶渊明自己也说"畴昔苦长饥，投耒去学仕"（《饮酒》其十九），又说"余家贫，耕植不足以自给。幼稚盈室，瓶无储粟，生生所资，未见其术。亲故多劝余为长吏，脱然有怀，求之靡途"（《归去来兮辞并序》）。所以有人就认为陶渊明是为了养家糊口才出仕的，是迫不得已。其实这个问题是需要辨析的：

第一，如果真是"亲老家贫"，"母老子幼，就养勤匮"，那么按常理就该千方百计地保住职位，不能轻易辞官。他首次担任的江州祭酒，是"居群僚之上"的职位，说大不大，说小也不算小，如能苟且，其俸禄足以养家，可是诗人似乎并未太在意，仅因"不堪吏职"就轻易地舍弃了。而为官却"不堪吏职"，不是太任性了吗？

第二，诗人辞官回乡，竟又闲居了六年，并没有为"亲老家贫"而尽快另寻出路，说明他的经济状况还是可以的。其出仕绝不是为养家糊口这么简单，他似乎是寻找实现自己政治抱负的时机。

第三，诗人"少而穷苦"，老来更是"弊襟不掩肘，藜羹常乏斟"（《咏贫士》其三）。从其诗文看，他一生似乎都处在贫苦之中，从未富裕过，但他41岁以后不仅没有因"老至更长饥"（《有会而作》）而"东西游走"，四处求仕，反而因悟"今是昨非"而辞官。如果说为了"脱贫"就需出仕，那么他辞官时家境并不富裕，晚年更是穷困潦倒，为什么反而不再出仕了呢？

第四，从他归隐后的诗文可以看出，他是以苦为乐，以苦为荣，以固穷守节相标榜的。既然这样耐得住饥苦，守得住穷志，还会为了家贫而出仕吗？

第五，对陶渊明诗文中反复渲染的贫苦生活，也要作具体分析。可以说，一半是实情，一半是渲染。说它是实情，是因为比起挥金如土的世族豪门来说，陶渊明的确是贫困的；但是比起江州那些赤贫的农民来，陶渊明还是薄有产业，还有奴仆代耕，还有余粮酿酒，还能过着优哉游哉的闲适生活，诚如鲁迅所说，陶渊明"也还略略有些生财之道在，要不然，他老人家不但没有酒喝，而且没有饭吃，早已在东篱旁边饿死了"（《且介亭杂文二集·隐士》）。再说陶渊明心目中的苦，和一般农民心目中的苦，其内涵也是不一样的，这从颜延之把"居无仆妾"作为陶渊明"少而贫病"的理由中可见一斑。而他渲染自己生活的贫苦，是因为安贫乐道在传统文化中是一种美德，所以，诗人渲染自己清贫可以显示出自己的清高之德，并以此为精神动力，支撑他坚守自我的人格底线。

总之，陶渊明的生活是艰苦的，但并不像他自己所渲染的那样苦；他出仕包含了"亲老家贫"的因素，但并不是最主要的因素。他的仕，是想在多事之秋建功立业；他的隐，是因为在多事之秋无法建功立业。于是回到田园之中，追求个人道德品质的完美，以实现儒家"达则兼济天下，穷则独善其身"的人生目标。

对此，叶嘉莹先生指出，陶渊明的人生是一种"自我实现"的人生，他是真正达到"自我实现"境界的诗人①。具体的，就是他之求仕为官是在寻找实现自我价值的路径，经

①　叶嘉莹：《汉魏六朝诗讲录》，河北教育出版社，1997 年，第 475 页。

过矛盾徘徊，几多反复，知道不可为——此路不通，于是退守田园，躬耕自立，他属于"勇于退"的智者。然而当他做出这样的选择之后，那没有完成的理想志向毕竟是一种遗憾，因而一旦有适当的触媒，他就会"气变悟时易，不眠知夕永"（《杂诗》其二），彻夜难眠，遂发出"日月掷人去，有志不获骋"（同上）的悲慨。可以说，归隐田园是他深思熟虑之后而做出的选择，是他完成自我最重要的方式。他不满现实，反抗黑暗的社会，尽管这种反抗是软弱无力的，但是在当时的历史条件下，陶渊明作为一个普通文人，他不可能有振臂一呼、万众响应的威望，也没有扭转乾坤、拯救世道的力量，他能认识到社会的黑暗，并坚决不与之同流合污，在污浊的世界里保持自己人格的清白和品节的高贵，这就是陶渊明的最可贵之处。其实，在一个物欲横流、篡乱相替的乱世，拒绝同流合污，守住自我，"举世皆浊唯我独清"，这实在是不容易的！我们认识陶渊明，只有从这个层面去看，才是符合历史唯物主义精神的。

（三）41—63岁：躬耕与诗酒的隐士生活

义熙元年（405）十一月，陶渊明辞去彭泽令，结束了令他既希望又忧惧的仕宦生涯。陶渊明辞官彭泽，可以说是他人生道路上的一座分水岭，标志着他从仕隐矛盾中最终解脱了出来。

"登东皋以舒啸，临清流而赋诗"（《感士不遇赋》），归隐的陶渊明"独与天地精神往来而不傲倪于万物"，从泥土的重浊中提炼出一种澄明的诗意。可以说，归隐后的岁月里，诗人一直在平和宁静，长着稻麦蔬果、林竹花草的田园之中，过着边劳动边创作的充实而艰苦的生活。他"晨兴理荒秽，带月荷锄归"（《归园田居》之三），"晨出肆微勤，日入负末还"（《庚戌岁九月中于西田获早稻》），躬耕垄亩，自食其力，他感到一种从未有过的自由和舒适。到义熙十四年（416）他写《丙辰岁八月中于下潠田舍获》诗时，他自豪地说，自己坚持躬耕已达十二年之久了，而且"不言春作苦，常恐负所怀"，只要不辜负平生的愿望，获得良好的收成，再苦再累也是心甘情愿的。他自己激励自己，要学习春秋时代以躬耕自食的荷蓧丈人，坚持躬耕到底。所以，晋末朝廷征他为著作郎，他没有接受。晋宋易代以后，江州刺史檀道济亲自上门劝他出仕："贤者处世，天下无道则隐，有道则至。今子生文明之世，奈何自苦如此？"他的回答是："潜也何敢望贤？志不及也。"又一次断然拒绝了"好心"的劝告。其实此时他已断炊好几天了，病饿得甚至连起床都困难了，但对檀道济赠送的粱肉，他还是"麾而去之"（《宋书·隐逸传》），绝不接受，表现了很硬的骨气和始终不与黑暗社会妥协的心志。

尽管归隐后的陶渊明生活是艰苦的，但由于其内心是充盈的、诗意的，所以他总能在艰苦的生活里找到快乐：农闲之余的读书，与志同道合的友人饮酒，每当酒适辄抚弄无弦琴以寄意，或者一束荆薪，一只熟鸡，与友人饮酒畅谈至天明……他的精神生活是充实而快乐的。尤其是他举家移居到浔阳城的外郭南村以后，在这里他结识了不少志同意合的读书人，多半是参军、主簿一类的小官，或者是隐居在这里的文人。为此他无比喜悦地写下了《移居》二首：

昔欲居南村，非为卜其宅。

闻多素心人，乐与数晨夕。

怀此颇有年，今日从兹役。

敝庐何必广，取足蔽床席。

邻曲时时来，抗言谈在昔。

奇文共欣赏，疑义相与析

春秋多佳日，登高赋新诗。

过门更相呼，有酒斟酌之。

农务各自归，闲暇辄相思。

相思则披衣，言笑无厌时。

此理将不胜，无为忽去兹。

衣食当须纪，力耕不吾欺。

诗人叙述说，农闲时他就与朋友们在一起相聚，谈古论今，有"奇文"就一起欣赏，有"疑义"就互相辨析，如果碰上春和日丽或天高气爽的好日子，大家便结伴出游，登高赋诗，饮酒作乐；农忙时，他们各自回家田间忙碌，一心务农。这种无拘无束、逍遥自在的交游相会，为他隐居生活带来了许多乐趣，也坚定了他永远不要离开田园的志愿。此时期，与陶渊明交往的朋友大概有殷晋安、庞遵等人，陶渊明还与周续之、刘程之等被人称为"浔阳三隐"。当时一代高僧慧远在庐山讲习佛法，名闻天下，不仅远近的僧徒趋之若鹜，就连高门权贵也礼敬三分。"浔阳三隐"中的周、刘二人都皈依佛教，成了慧远所创"白莲社"的中坚分子。大概因为这个关系，陶渊明也成了慧远的方外之交。慧远结社之初，曾邀陶渊明加入，陶渊明明知白莲社戒酒，却故意提出若准喝酒才能参加，慧远居然破例答应。慧远作《形尽神不灭论》《万佛影铭》等文章宣扬佛教哲理，主张人的精神可以离开形和影而独立存在，人的形体消失了而精神不会消灭。陶渊明对此并不认同，并作《形影神》三首诗加以辩驳，认为形与神互相依存，形在则神存，形死则神灭，所谓精神不灭是不可能的，坚持了形神俱灭的朴素唯物论的思想。

　　大约在陶渊明 54 岁那年，江州来了个新刺史，名叫王弘。他仰慕陶渊明的名士风度，上任之初即登门拜访。陶渊明却称病不见，并对人说："我生性不会取悦权贵，隐居在家也不是为了沽名钓誉，怎么敢以王公造访为荣呢！"王弘吃了闭门羹，但并不灰心，就让陶渊明的乡邻之交、自己的下属庞通从中设法帮助。有一次陶渊明去庐山，庞通便在路上设酒以待，陶渊明见到老友、好酒，便与庞通在山野的亭子间畅饮起来。这时王弘走出与陶渊明见面，陶渊明也不以为忤，就一起饮酒畅谈。当时陶渊明没有鞋穿，王弘就命侍从去为他做一双。侍从问陶渊明的尺码，他就一边喝酒，一边大大咧咧地伸出脚让人去量。王弘是东晋名相王导的重孙，出身高贵，人品高洁，不营私利。东晋后期官场贪欲成风，王弘却清廉自守，他在江州刺史任上，"省赋简役，百姓安之"，这可能是渊明愿意与之交往的重要原因。王弘每次想见陶渊明，就在山林间带上酒身着白衣坐等，遂有"王弘白衣送酒"的故事。陶渊明晚年在断粮缺酒的时候，王弘也常予以周济。陶渊明还有一首《于王抚军座送客》诗，见出他与王弘的友好关系。陶渊明的原则是尽量不与上层社会的权贵们交往，但是如果心意相投，也不妨成为好友。他总是达观地对待和处理生活中的一切，这也是他不同于一般隐士的地方。

在陶渊明的朋友当中，与颜延之（384—456）的交往是最深的。颜延之以文章名世，与谢灵运并称"颜谢"。他不仅清高旷达，秉性刚直，而且嗜酒如命，不拘小节。义熙初年，他到江州任后军功曹，遂与陶渊明结交。有一次陶渊明正在酿酒，颜延之不期而至。当时恰好酒熟，陶渊明就顺手取下头上的葛巾来漉酒，漉毕又若无其事地将葛巾罩在头上，然后起身招待颜延之。陶渊明晚年时，颜延之外放为始安郡（今广西桂林）太守，赴任时途经浔阳，便盘桓数月，几乎每天都去看望渊明，二人见面就饮酒，豪饮畅谈，乐在其中。颜延之临行前，还留下两万钱赠予渊明，渊明就把钱全部送到附近的酒家，作为随时取酒之资。后来陶渊明在贫病交迫中去世，也是颜延之第一个作了感情真挚的诔文——《陶徵士诔》，使陶渊明的事迹得以流传、品节得到肯定。颜延之既是陶渊明的至交，也是陶学研究开辟草莱的学者。

我们由陶渊明交游的情形中可以看到，归隐后的诗人诗酒风流，登高赋诗，弹琴赏菊，笑傲自在，并以诗文的形式记录着自己的生活，表达着内心的喜悦和烦忧，使得归隐的22年成为他创作的高峰期。其传世的125首诗和12篇文章，就是他人生经历和对现实态度的真实再现，是诗人一部意蕴丰富的心灵史，具有深刻的思想内涵和非凡的艺术成就，在我国文学史上占有崇高的地位和深远的影响。

第一章　乱世之中的陶渊明

　　刘宋文帝元嘉四年（427）秋天，陶渊明得了严重的疟疾，大概预感到自己年寿将尽，他便为自己写了《拟挽歌辞三首》，第三首中末两句说："死去何所道，托体同山阿。"他把死亡看得那样平静自然，正如李长之所说："倔强的他，最后对死是在轻蔑着。"① 随后，他还写了一篇《自祭文》，概括地回顾了自己一生躬耕隐居、艰苦自励的生活道路。据朱熹《资治通鉴纲目》说，就在这年的十一月，诗人逝世了，年63岁。亲友们以朴素的丧葬仪式安葬了他。死后朋友们议定一个"靖节"的谥号给他，"靖"字是取了谥法中的"宽乐令终"之义，"节"字是取了谥法中的"好廉克己"之义，表现了朋友们对他一生节操的肯定和赞美。

　　综观陶渊明的一生，经历三个朝代（包括桓玄的"楚"），十个皇帝，这是中国历史上极为混乱的一个历史时期。但他基本上是生活在田园里。29岁以前在田园中闲居，从29岁起至41岁亦仕亦隐，表面看起来是13年，不算短了，实际是几出几入，在官的时间加起来也不过四、五年的光景。他几乎把整个身心投入到田园中，他是最纯粹的田园诗人。他的人生，以功利的标准来衡量，是"枯槁"的，甚至是失败的；但以超俗的眼光来看，他的人生却是艺术化的。他用陶氏独具特色的言行和诗文使平凡的人生艺术化，《五柳先生传》《归去来兮辞》《归园田居》《时运》等作品，就是其艺术化人生的写照；他求为彭泽县令和辞去彭泽县令的过程，对王弘的态度，抚弄无弦琴的故事，取头上葛巾漉酒的

---

　　① 李长之：《陶渊明传论》，天津人民出版社，2007年，第117页。

趣闻，也都是其艺术化人生的表现。最为难能可贵的是，"他是'出污泥而不染'的大诗人"[1]，面对黑暗的社会，他能做到不苟同，不妥协，拒绝同流合污，独善其身，他泯去了"伪我"、获取"真我"的人生经历，他对"自我实现"的执着追求，成为后世士人追慕的精神楷模，闪耀着夺目的光辉。

---

① 郑振铎：《插图本中国文学史》，人民文学出版社，1957 年，第180 页。

第二章　作为士人的陶渊明

陶渊明的身份首先是士人。因为是士人，自然和历史上的众多士人一样，信守着"学而优则仕"的传统，入仕为官，大济苍生。所以，必须看到，陶渊明是一个有着很强功名之心的人。梁启超在《陶渊明之文艺及其品格》中就指出，陶渊明"一生得力处和用力处都在儒学"，他是"极热烈极有豪气的人"，是"缠绵悱恻最多情的人"，也是"极严正——道德责任心极重的人"[①]。李长之也认为："陶渊明是一个受有很浓厚的儒家思想影响的人，因而在他出仕乃是正常的，归来却是迫不得已的。"[②] 朱光潜也说："假如他有意要做某一家，我相信他的儒家倾向比较大"，"他很有儒家的精神"[③]。稍作统计也会发现，陶渊明诗文征引儒家语汇颇多，仅《论语》中的话就引了 37 次之多，此外"固穷"有

---

① 梁启超：《陶渊明之文艺及其品格》，见《陶渊明资料汇编》上册，中华书局，1962 年，第 271—273 页。

② 李长之：《陶渊明传论》，天津人民出版社，2007 年，第 69 页。

③ 朱光潜：《诗论》，见《朱光潜全集》（第三卷），安徽教育出版社，1991 年，第 266 页。

11 次，"明道" 有 6 次，"行善" 有 5 次。对此刘熙载《艺概·诗概》说："曹子建、王仲宣之诗出于《骚》，阮步兵出于《庄》，陶渊明则大要出于《论语》。"[①] 因此，我们看到：陶渊明在采菊东篱、悠然南山之外，还有"不为五斗米而折腰"的铮铮风骨，还有"精卫衔微木，将以填沧海。刑天舞干戚，猛志故常在"（《读山海经》其十）的金刚怒目，更有"固穷守节"的人格坚守。其外表静穆、洒脱，而内心却充满了对功名理想的强烈向往。他虽然时以"羲皇上人"自居，其实他的着眼点，还是在于他所生活的晋宋之交的社会现实，他归去来的选择、鸡鸣狗吠的田园、桃源世界以及晚年叹老嗟贫的絮絮诉说，都与他所处的现实、内心时刻萦绕的功名之志无由实现有着无法分开的联系。

或许有人认为，陶渊明是归田隐士，委运任化、崇尚自然是他的人生思想，采菊东篱、种豆南山是他的生活内容，至于其对功名的追求则是次要问题，或是年轻时才有的阶段性问题，不值得深究。其实，功名却是他思想的底色，他一生的所思所念、行为出处都与功名情结有着非常重要的关系，所以对于陶氏功名情结确有再探究的必要。如前所述，陶渊明生在一个仕宦之家，其曾祖是东晋王朝叱咤风云的大人物陶侃，只是到了陶渊明这一支、这一代，"门衰祚薄"罢了。这种家世背景，以及从小所受的教育无疑使陶渊明很早、很深地接受了儒家事功的思想。具体到陶氏功名情结的内涵，《左传·襄公二十四年》中叔孙豹有言曰："太上有立德，其

---

① ［清］刘熙载著，王气中笺注：《艺概·诗概》，贵州人民出版社，1986 年，第 162 页。

次有立功，其次有立言。虽久不废，此之谓不朽。"这可以说是集中代表了受儒家思想影响的士人的功名目标。具体到陶渊明身上，其所追求的功名也大体上属于这三种情形，即建功、树德、立言，并且这三者几乎贯穿陶氏一生，是他最重要的生活内容。

一、建功：陶渊明对功业的想象和实践

关于少年时所接受的教育，陶渊明在《饮酒》其十六中就明确说："少年罕人事，游好在六经"。"六经"自然是指儒家的经典——诗、书、礼、乐、易、春秋。所以真德秀才说："渊明之学，正自经术中来，故形之于诗，有不可掩。"① 按，魏晋时期尽管儒学式微，但并不等于它失去了影响力，况且陶渊明家乡江州当时是儒家思想十分活跃的地方，先是范宣在此"以讲诵为业"，教授儒学。据《晋书·范宣传》载，当时谯国戴逵等人不远千里，闻风而至，跟他学习，"讽诵之声，有若齐鲁"，俨然是一个小的洙泗世界。到了晋孝武帝太元年间，范宁为豫章太守。他博通儒学，也"在郡立乡校，教授恒数百人"，"由是江州人士并好经学，化二范之风也。"② 所以吕思勉在《两晋南北朝史》才有这样的判断："世称晋、南北朝，为佛、老盛行，儒学衰微之世，其实

① ［宋］真德秀：《跋黄瀛甫拟陶诗》，见《陶渊明资料汇编》上册，中华书局，1962 年，第 104 页。
② ［唐］房玄龄等撰：《晋书·范宣传》，中华书局，1974 年，第 2360 页。

不然。"① 关于此期的儒学，有学者认为其演变为两方面形态，即作为统治哲学的儒学和作为政治理想追求的儒学，前者完全是为了维护已有的统治秩序，它强调的是"适应"，而后者就不是"适应"，而是要求"建立"，它更多的是积极进取，即对于人格理想的追求②。就陶渊明来说，这两方面的影响都是有的，然以后者影响尤大。所以他在《读史述九章·屈贾》中即说："进德修业，将以及时；如彼稷契，孰不愿之。""进德修业"一语出自《易·乾·文言》，进德指修养品行，锻炼情操；修业就是学习经典，增长学识。读六经就在于进德修业，而进德修业的目的是"将以及时"，为世所用，建功立业。这里陶渊明抒发了自己的政治理想，即以稷、契为功业的目标——其志向实在不低。后世杜甫也有诗云："许身一何愚，窃比稷与契。"不管陶渊明在实践上做到了哪一步，但至少在怀抱和志向上，是足以和老杜相媲美的。陶渊明这首诗虽是歌咏屈原、贾谊，但既然是采取歌颂的态度，也就体现了他自己的建立伟大功勋的理想。关于青少年时的志向，陶渊明有着浪漫的想象，在《杂诗十二首》其五中他说："忆我少壮时，无乐自欣豫。猛志逸四海，骞翮思远翥。"由此可知，陶渊明人生确有一个开朗乐观而意气昂扬的时期。"猛志逸四海"，即好男儿要志在四方；"骞翮思远翥"，即想要展翅高飞。这是何等的志怀和气魄！这几句诗写得意气风发，神采飞扬，是陶诗中少见的。在《拟古九

---

① 吕思勉：《两晋南北朝史》，上海古籍出版社，1983 年，第 1371 页。

② 刘向荣：《陶渊明思想发展的轨迹及其深层结构》，《文学遗产》，1988 年第 2 期，第 40 页。

首》其八中陶渊明又说："少时壮且厉，抚剑独行游。谁言行游近？张掖至幽州。"张掖在西北，幽州在东北。当时西北为氐族苻氏所建的前秦，都城是长安；东北为鲜卑慕容氏所建的前燕，建都于蓟城。诗中表现的壮怀显然有收复失地、重建统一之意。陶渊明这种志怀似不是随意而发，可能与太元八年（383）淝水之战的胜利有关。史载太元八年，前秦苻坚率百万大军进攻江南，结果被东晋谢玄、谢石统率的八万北府军于淝水打败，这是东晋一代对北方少有的巨大胜利。《晋书·帝纪第九》载："五尺童子，振袂临江，思所以挂旆天山，封泥函谷。"连五尺童子都激发起统一北方的豪情，可见在"淝水之战"胜利的鼓舞下，当时是如何的人心大振。陶渊明当时无疑也笼罩在这种氛围当中，那时他正在弱冠之年的19岁，血气方刚，所以才有壮怀与逸想。而在《感士不遇赋》中他还说："原百行之攸贵，莫为善之可娱。奉上天之成命，师圣人之遗书，发忠孝于君亲，生信义于乡闾。"可见，陶渊明将学习儒家经典，忠孝于君亲，信义著于乡里当作自己的理想。

陶渊明不仅有理想，而且有行动，那就是中年时期，即从29岁至41岁的求索宦海的人生实践。为什么到29岁的大龄才离家出仕呢？可能是在等待合适的机会，所以一直蹉跎到而立之年才毅然走上仕途。按，陶渊明出仕做官，不仅仅是为了解决"亲老家贫"的问题，更多的动机还是为了实现少时就立下的功业壮志，所以当他感到所任"州祭酒"与自己的初衷相去甚远的时候，就毫不犹豫地辞去了，而后又去做桓玄的参军、做刘裕的参军，这是因为他曾对桓、刘二人抱有幻想，以为他们是国家中兴的希望，是自己实现壮志的平台，所以才投身到当时政治斗争的漩涡中去，这都是他功业理想作用的结果。尽管在这过程中，他时有犹豫、彷徨，但这并不等于他削弱了建功立业的念头。即便从桓玄幕府中退出，返乡为母亲丁忧，他也为自己"总角闻道，白首无成"（《荣木》）而感到焦灼，于是在母丧三年未满的情况下，便重新鼓起勇气，"脂我名车，策我名骥"，奔赴千里之遥的京口进入刘裕的幕府，希望能抓住建立功业的时机。结果是刘裕的野心、官场的倾轧，再一次让他失望，无奈的他只好退出。故有学者就指出，"陶渊明所希望的自我实现，是建立在人格独立的基础上的"①。东晋政治十分黑暗污浊，正如陶渊明在《感士不遇赋》中所描述的："闾阎懈廉退之节，市朝驱易进之心"，"雷同毁异，物恶其上，妙算者谓迷，直道者云妄。坦至公而无猜，卒蒙耻以受谤。"在这是非颠倒、黑白不分的官场中，有才有德的人备受谗毁和迫害，而无德无才的人反而占踞高位，作威作福，诗人不愿也不能与之同流合污，所以诗人犹豫、矛盾，于是退缩、辞官，同时他也对自己无所用世、理想无由实现而感到悲哀。最后，甚至连做彭泽令，获取一点未来酒钱的愿望都不能，他只好选择"归去来"，所以，陶渊明的归隐不是他轻松的选择，实际是功业理想幻灭之后的无奈之举，绝不是像苏轼所说的"渊明欲仕则仕，不以求之为嫌，欲隐则隐，不以去之为高"那样洒脱。

陶渊明不仅自己有很强的功业之心，而且希望儿子也能

---

① 刘向荣：《陶渊明思想发展的轨迹及其深层结构》，《文学遗产》，1988年第2期，第41页。

进德修业，将来干一番事业，光耀陶氏门庭，于是他写了《命子》和《责子》诗。有人认为《命子》诗作于诗人29岁之时①，是写给长子陶俨的。诗歌从远祖陶唐氏写起，描述了陶氏一族历代有功业人物的事迹，有周代的司徒陶叔、汉代随高祖创业的愍侯陶舍、汉景帝时的丞相陶青、晋大司马长沙公陶侃。诗中颂赞陶舍以武功封侯："于赫愍侯，运当攀龙。抚剑风迈，显兹武功。书誓山河，启土开封。"歌颂位列三公的陶青能继踪陶氏先人功业："亹亹丞相，允迪前踪。"尤其高度赞扬陶侃："桓桓长沙，伊勋伊德。天子畴我，专征南国。功遂辞归，临宠不忒。孰谓斯心，而近可得！"说曾祖勋高德厚，受到天子专征的倚重和托付，他虽势雄权重，但却谨守臣节。陶渊明在这首诗里还颂扬祖父的守道惠民的功业，说他"直方二台，惠和千里"。

面对先人的功业，陶渊明深感惭愧："嗟余寡陋，瞻望弗及。"那一种焦灼不安的心情如见。所以他把希望寄托在儿子身上。从诗的第八章为儿子命名、赐字中，可以看出他对长子的深切期望：

> 卜云嘉日，占亦良时。名汝曰俨，字汝求思。
> 温恭朝夕，念兹在兹。尚想孔伋，庶其企而。

为儿子取名"俨"，取字"求思"，并期望他能做到"温恭朝夕"。《礼记·曲礼》："毋不敬，俨若思。"郑玄注谓：

---

① 杜景华：《陶渊明传》之附录《陶渊明生平、作品年表》，百花文艺出版社，2005年，第316页。

"礼主敬。"又云:"俨,矜庄貌。人之坐思,貌必俨然。"可见"俨"与恭谨严肃地守礼做事相关,这自然是儒家的风范。什么叫"求思"呢?看下文"尚想孔伋"一句就清楚了。孔伋,字子思,是孔子之孙,曾受学于曾子,独传孔门家法,著有《中庸》一书,传述儒道,被后世称为"述圣"。《史记·孟子荀卿列传》说:"孟轲,邹人也。受业于子思之门人。"所以亚圣孟子还是子思的后学传人。陶渊明为儿子取字"求思",就是希望儿子向子思看齐。这里陶渊明期望于儿子的,不仅是儒家的风范,还要以儒家的圣贤为榜样。由此可见,陶渊明发扬先祖传统、实现功业志向的心情是多么的强烈。如果说陶渊明至死都在为自己不能光宗耀祖而耿耿于怀,也不为过。

陶渊明还有一首《责子》诗,大约作于诗人四十六岁之时,是为五个儿子都不认真读书而感发的:"虽有五男儿,总不好纸笔。"诗中说"阿舒已二八,懒惰故无匹",年已十六的老大陶俨(小名阿舒),却是个懒虫,从不摸纸笔;"阿宣行志学,而不爱文术",老二阿宣快十五了,也不喜文事;"雍端年十三,不识六与七",老三、老四是双胞胎,都十三了,连自己岁数六加七等于十三也算不明白;"通子垂九龄,但觅梨与栗",小儿子快九岁了,也只知道馋嘴贪吃而已。诗人无奈感慨地说:"天运苟如此,且进杯中物!"儿子们都没有建立功业的希望,失望的诗人只有借酒浇愁了。诗人写这首诗时已经归隐,他对自己人生已定位为隐士,可是他仍希望儿子们能走士人读书做官的传统道路,大一点可以大济苍生,小一点也可以光耀门庭。这里诗名曰"责子"，然何尝不是"责己"？由此见出功业理想在陶渊明心中的分量。故有学者指出："出仕为官是陶渊明的根本想法。"①

二、树德：陶渊明对高名的向往与坚守

经过十三年的仕宦挣扎，被陶渊明寄予过幻想的桓玄、刘裕等人利欲熏心，飞扬跋扈，不断挑起事端，翻云覆雨，东晋政局混乱污浊，老百姓生灵涂炭，这让陶渊明治国安邦的雄心无比沮丧，他梦想破灭，心灰意冷，只好选择退守田园。但有一点是确定的，即便回归了山林田园，陶渊明也并非与世隔绝，忘却世事，实际上他依然感慨自己不能实现的功业理想，依然有着浓厚的功名意识，"求仁取义是陶渊明的奋斗目标"②，所以，他希望走一条不同于仕途的建立名声的路径。杜甫在《遣兴五首（其三）》中就议论说："陶潜避俗翁，未必能达道。观其著诗集，颇亦恨枯槁。达生岂是足，默识盖不早。有子贤与愚，何其挂怀抱！"杜甫的眼光真是犀利，陶渊明作品确有感慨一生枯槁的意蕴，也即他虽然退隐归田了，却并未放弃对功名的追求，"他的隐居求志，与儒家的伦理道德生命观并不违碍。"③ 这里，不妨先看他诗文中关于"名"的慨叹：

① ［日］大地武雄：《陶渊明的身后名》，《九江师专学报》，1998 年增刊，第 26 页。
② 徐声扬：《也谈陶渊明的哲学思考》，《九江师专学报》，1999 年第 2 期，第 72 页。
③ 钱志熙：《陶渊明传》，中华书局，2012 年，第 255 页。

养真衡茅下，庶以善自名。

（《辛丑岁七月赴假还江陵夜行塗口》）

不学狂驰子，直在百年中。

（《拟古》其二）

身没名亦尽，念之五情热。

（《形影神·影答形》）

日月依辰至，举俗爱其名。

（《九日闲居》）

吁嗟身后名，于我若浮烟。

（《怨诗楚调示庞主簿邓治中》）

有酒不肯饮，但顾世间名。

（《饮酒》其三）

恐此非名计，息驾归闲居。

（《饮酒》其十）

虽留身后名，一生亦枯槁。

（《饮酒》其十一）

山阳归下国，成名犹不勤。

（《述酒》）

百年归丘垄，用此空名道！

（《杂诗》其四）

心知去不归，且有后世名。

（《咏荆轲》）

去去百年外，身名同翳如。

（《和刘柴桑》）

管生称心，鲍叔必安。奇情双亮，令名俱完。

（《读史述九章·管鲍》）

可见，陶渊明对于声名是高度关注的，这告诉我们：不管他前半生追求功业的实践，还是后半生归隐田园，实际都是为获取不朽的声名而做的努力，前后形式虽不同，但目的却是一样的——后世陶渊明接受史也证明，陶渊明建立美好声名的目的其实实现了。故朱熹曰："隐者多是带气负性之人为之。陶，欲有为而未能者也，又好名。"[①] 关于陶渊明晚年建立高名的路径，有学者归纳说为"固穷守节"之法、"立身行道"之法、"立善遗爱"之法、"节义"之法[②]。笔者认为其最突出的则是关于"固穷守节"等高德美名的向往与落实，正如梁启超所说，陶渊明是"极严正——道德责任心极重的人。他对于身心修养，常常用功，不肯放松自己"[③]。比如，他说人生在世"匪道何依，匪善戏敦"（《荣木》），追求美德实为人生最大乐事："原百行之攸贵，莫为善之可娱。"（《感士不遇赋》）他赞美功成身退的疏广与疏受："事胜感行人，贤哉岂常誉！……谁云其人亡，久而道弥著"（《咏二疏》）；赞美安贫乐道的袁安和阮公："至德冠邦闾，清节映西关"（《咏贫士》其五），可以说，在其晚年所作的咏史、

———————

① ［宋］朱熹：《朱子语类》卷一百四十，中华书局，1986年，第3327页。

② ［日］大地武雄：《陶渊明的身后名》，《九江师专学报》，1998年增刊，第27—28页。

③ 梁启超：《陶渊明之文艺及其品格》，见《陶渊明资料汇编》上册，中华书局，1962年，第273页。

咏怀诸作中，他歌咏了一系列高德之人，即如有学者所归纳
的："有以高洁之操守著称的廉士，如伯夷、叔齐、黔娄、子
思等；有以刚正之气著称的贞士，如鲁二儒、张挚、王商、
杨伦等；有以义勇之节著称的烈士，如程婴、公孙杵臼、荆
轲、田畴等。"① 这些人的共同特点就是道德感极强，高风亮
节，陶渊明对他们给予了高度的评价，比如说黔娄是"从来
将千载，未复见斯俦"；伯夷叔齐是"贞风凌俗，爰感懦
夫"；程婴、杵臼是"令德永闻，百代见纪"；鲁二儒是"介
介若人，特为贞夫"；张长公是"敛辔朅来，独养其志"，凡
此种种，见出陶渊明的用心，那就是：只要向这些高德之士
学习，坚持"固穷守节"的操守，就一定会留名千载的。

　　具体我们不妨看陶渊明关于颜回与荣启期的歌咏："颜生
称为仁，荣公言有道。屡空不获年，长饥至于老。虽留身后
名，一生亦枯槁。"（《饮酒》其十一）关于颜回，《论语·雍
也》有云："子曰：'回也，其心三月不违仁。'""子曰：'贤
哉，回也！一箪食，一瓢饮，在陋巷，人不堪其忧，回也不
改其乐。贤哉，回也！'"孔子称赞颜回尽管贫困到一箪食、
一瓢饮的地步，但他仍坚持为仁，不改其志，因而他后世获
得了高名。荣启期的事迹，见于《列子·天瑞》："孔子游于
太山，见荣启期行乎郕之野，鹿裘带索，鼓琴而歌。……
'人生有不见日月、不免襁褓者，吾既已行年九十矣，是三乐
也。贫者士之常也，死者人之终也……'"也即在荣启期看
来，贫穷是士人的人生常态。这里陶渊明是借颜回与荣启期

---

① 罗忠族：《陶渊明"好名"辨》，《中国韵文学刊》，1992 年第 5
期，第 22 页。

的事迹，来状写自己归隐后生活状态和心态的，得出的结论是"虽留身后名，一生亦枯槁"，也即"身后名"的代价就是"一生亦枯槁"，所以自己也要这样做。这种思想在《饮酒》其二中有更清楚的表达："九十行带索，饥寒况当年。不赖固穷节，百世当谁传？""九十行带索"即指荣启期。也即诗人如果能像荣启期、颜回这些先贤那样，自己也会和他们一样青史留名的。因此，他51岁时在《与子俨等疏》中说自己一生坚守不苟流俗的个性："性刚才拙，与物多忤"；54岁时，总结自己积善的历程："结发念善事，僶勉六九年"（《怨诗楚调示庞主簿邓治中》）；62岁时作《有会而作》来自我激励："斯滥岂攸志，固穷夙所归。馁也已矣夫，在昔余多师"；63岁临终前作《自祭文》总结自我一生："嗟我独迈，曾是异兹。宠非己荣，涅岂吾缁？捽兀穷庐，酣饮赋诗。"总之，陶渊明对声名的态度是"不赖固穷节，百世当谁传"，他强调自己如何坚守君子固穷的节操，又如何在隐居田园中逍遥自适，期望能以一个固穷贫士、贤达隐士的形象留名于后世，以弥补不能以功业传世的遗憾，所以，"陶渊明的贫士形象其实是部分地与士人的自我实现联系在一起的"①。

可是，有时他又对树立声名持完全否定的态度——陶渊明似乎一直是个极其矛盾的人。比如在上文所举《饮酒诗》其十一中，前半部分还在称赞颜回和荣启期："虽留身后名，一生亦枯槁。"可后面马上笔锋一转："死去何所知，称心固为好。"认为生前死后的名声毫无价值；在《形影神》中，

---

　　① 蒋寅：《陶渊明隐逸的精神史意义》，《求是学刊》，2009年第5期，第92页。

他通过神对形影追求的否定，也传达出对"立善留名"人生志向的舍弃。还有《怨诗楚调示庞主簿邓治中》中"吁嗟身后名，于我若浮烟"的句子，他感叹身后之名如梦中的浮云，虚无缥缈，不足珍惜。相似的表述还有："千秋万岁后，谁知荣与辱"（《拟挽歌辞三首》其一）、"匪贵前誉，孰重后歌"（《自祭文》）等等，树立声名与否定声名，同时出现在一个人身上，可见诗人内心世界是多么的矛盾与纠结。其实这种矛盾的性格在其他古人那里也是有的，比如曹魏正始诗人阮籍、嵇康，《晋书》本传说阮籍"本有济世志"，"时率意独驾，不由径路。车迹所穷，辄恸哭而反"，可见他壮志难酬的焦灼感多么严重，可是他又分明说自己的志向是："愿登太华山，上与松子游"（《咏怀诗》其三十二）、"愿耕东皋阳，谁与守其真"（《咏怀诗》其三十四）；另一位正始名人嵇康，也是矛盾的，他是那样的清高简傲、超凡脱俗，可是他为儿子所写的《家诫》却是那样的世俗圆滑，二者对立得"如出两手"。西晋诗人左思也是这般，一方面说自己的理想是"长啸激清风，志若无东吴。铅刀贵一割，梦想骋良图"（《咏史诗》其一），另一方面他又高唱："自非攀龙客，何为欻来游？被褐出阊阖，高步追许由。"（《咏史诗》其五）为什么会这样？有学者以揣度人情来加以分析："因为一个人说话或表现其理智，或表现其情感，二者有时是统一的，有时也是矛盾的。所以有些话可能是正言，有些话则可能是反语；有些话可能出于一贯的思想，有些话则可能出于一时的感慨。"嵇、阮、左思、陶渊明等大约就是如此，尤其以陶渊明为甚。清人温汝能也曾有辨析，他针对渊明"吁嗟身后名，于我若浮烟"句，指出："渊明不过一时感怀，发为此语，非真谓身后之名不足重也。"① 今人钱志熙也说："渊明是一个高度自觉的生命体，他所执着的……是传统儒家达则兼济、穷则独善的思想。"② 可见，陶渊明思想的底色就是功名，他或正面申说对功名的求索，或反面否定功名的价值，尽管看似矛盾对立，但实质都指向了"功名"一事。

三、立言：陶渊明诗文的"自娱"与"示志"

陶渊明一生钟爱诗书，更是写了许多诗文，只是可惜，传世的作品不多。那他著诗作文的动机是什么呢？对此，渊明时有说明，如《饮酒二十首并序》曰："余闲居寡欢，兼比夜已长，偶有名酒，无夕不饮。顾影独尽，忽焉复醉。既醉之后，辄题数句自娱。纸墨遂多，辞无诠次。聊命故人书之，以为欢笑尔。"他说写诗是为了"自娱"，"以为欢笑"，是为好玩而已。这样的表述，还有《五柳先生传》："常著文章自娱"，《扇上画赞》："寄心清商，悠然自娱"，《答庞参军》："衡门之下，有琴有书。载弹载咏，爰得我娱"等，所以很多学者就据此阐释说，陶渊明创作没有功利目的，完全是感情需要而使然，如宋代陈师道在《后山诗话》中就有著名的断语："渊明不为诗，写其胸中之妙尔。"③ 元代陈模亦

---

① ［清］温汝能：《陶诗汇评》卷二，见《陶渊明资料汇编》下册，中华书局，1962年，第75页。

② 钱志熙：《陶渊明传》，中华书局，2012年，第255页。

③ ［宋］陈师道：《后山诗话》卷二十三，见《陶渊明资料汇编》上册，中华书局，1962年，第42页。

云："盖渊明人品素高，胸次洒落，信笔而成，不过写胸中之妙尔，未尝以为诗，亦未尝求人称其好，故其好者皆出于自然，此其所以不可及。"① 清代贺贻孙也说："味'自娱'而论，便见彭泽平日读书作文本领，绝无名根。"② 这里，陶渊明所谓"自娱"，当然含有娱乐性的意义，是指为抒发自我性情，以获得心理上、精神上的愉悦，因此"自娱"是自我抒发、自我愉悦之意。具体到各时期，就是前期在家"闲居"时，诗人写闲居心情，中间"学仕"时，写学仕体验，后期隐居期间，便写"归田"心境，这就是"常著文章自娱"的具体内涵。以此为目的，既是自娱，自己写给自己看的，那就不考虑什么"声名自传于后"，也不"俪采百字之偶，争价一句之奇"，而是"因事顺心"，有感而发，抒情娱乐而已，不搞什么谈玄说虚、雕饰镂刻那一套。这些就是学界由"自娱"说而提出的较通行的看法。这当然没有错，然而陶渊明仅仅就是这一宗目的吗？

实际上，陶渊明在申明自己为"自娱"而创作的同时，也在反复强调创作的另一重目的，那就是"示志"，如《五柳先生传》说："常著文章自娱，颇示己志。忘怀得失，以此自终"；《形影神并序》云："好事君子，共取其心焉"；《感士不遇赋》亦云："夫导达意气，其惟文乎？抚卷踌躇，遂感而赋之"；《有会而作》也说："今我不述，后生何闻

① ［宋］陈模：《怀古录》卷上，见《陶渊明资料汇编》上册，中华书局，1962年，第115页。
② ［明］贺贻孙：《诗筏》，见郭绍虞编：《清诗话续编》上册，上海古籍出版社，1983年，第175页。

哉",以及《答庞参军并序》谈写答诗的目的是:"吾抱疾多年,不复为文,本既不丰,复老病继之;辄依《周礼》往复之义,且为别后相思之资。"可见,在"自娱"的同时,陶渊明是有着很强的功利指向的,即向世人坦露胸怀,表明心迹,其或以此伸张人生的信念,或传达对知音的渴望,或激励自己归隐之志等等,正如蒋寅所指出的,陶渊明"将自己弃官归隐、躬耕自足的实际生活和感受记录于诗篇,使自己的归隐行为具体化和文本化,自我塑造为历史上第一位真正将隐逸付诸实践的诗人"①。具体以倾诉对象的不同,其"示志"约分四种类型:

其一,向亲人"示志"。

陶渊明十分看重亲情,在他的作品中,有写给儿子的《命子》《责子》《与子俨等疏》等,还有为悲悼程氏妹、从弟敬远、仲德而作的诗文等,尤其是写给儿子的作品,情意真挚,娓娓道来,表达了自己作为父亲的舐犊深情,同时更是向儿子们介绍家族先辈的功绩、自己的性格志向等,写得既深厚又率真。比如《与子俨等疏》,是写给五个儿子类似遗嘱的文章。他在文中回顾了自己由仕到隐的人生道路,"僶俛辞世,使汝等幼而饥寒",表达了发自内心地对孩子们的疼爱以及负疚之情。在诗人的生活历程中,曾几次出仕,但都因为自己"性刚才拙,与物多忤",无法与世俗苟合而退隐。尽管他本人对自己的归田选择无怨无

---

① 蒋寅:《陶渊明隐逸的精神史意义》,《求是学刊》,2009 年第 5 期,第 91 页。

悔，但归田不可避免地给妻儿带来了重重困难和痛苦，面对妻儿"幼而饥寒""败絮自拥"的处境，他是深为愧疚和不安的。尽管如此，诗人还是希望孩子们能理解他的选择，并按他的理想和做人原则去处事为人。文章是慈父在向儿辈倾诉衷肠，表达志趣，一股浓浓的亲情洋溢其间，令人觉得诗人高旷而不冷漠，可亲而又可爱。与此同时，诗人也慨叹"邻靡二仲，室无莱妇。抱兹苦心，良独内愧"，诉说自己的孤独，甚至连妻子也不能理解自己的人生选择，心中的孤独、遗憾可想而知。这也是他为什么絮絮不休地写作上述诗文的主要用意所在，他是在向亲人表白自己的心志，渴望得到理解与支持。

其二，向友朋"示志"。

陶渊明好像一生都处在孤独、不被人接受和理解的境地之中，少年时"嗟余寡陋，瞻望弗及。顾惭华鬓，负影只立"（《命子》），父亲早亡，没有同胞兄弟，只有一位同父异母的妹妹，后又远嫁武昌；有两个志趣相投的叔伯兄弟仲德、敬远，可二人又都年少而逝。成年后他也依然孤苦，30 岁时妻子去世，37 岁时母亲也撒手尘寰。在仕途上，他一直捱到 29 岁才去做官，但几进几出，折腾反复，最后无奈地选择退隐田园，其间的心路历程是非常复杂的，但有一条也是确定的，那就是他不被上司和同僚理解与接纳，其心灵一直处于孤独之中。即便他归隐的行为本身，以及归隐后躬耕"长勤"的坚持，也是不被社会所理解和认同的，正如他诗中感叹的："世路多端，皆为我异。……寝迹穷年，谁知斯意。"（《读史述九章·张长公》）所以，他非常渴望有朋友、有志同道合的知己。其《饮酒二十首》之十六云：

> 少年罕人事，游好在六经。
>
> 行行向不惑，淹留遂无成。
>
> 竟抱固穷节，饥寒饱所更。
>
> 弊庐交悲风，荒草没前庭。
>
> 披褐守长夜，晨鸡不肯鸣。
>
> 孟公不在兹，终以翳吾情。

在诗里，诗人不仅倾吐了自己少年时期的爱好、志趣，成年后一事无成的悲酸，而且最后还引用东汉刘龚识举张仲蔚的典故，表达了自己世无知音的孤独与郁闷。相同的感情还见于《拟古》其八："不见相知人，惟见古时丘。路边两高坟，伯牙与庄周。此士难再得，吾行欲何求。"此诗引用钟子期死、伯牙绝弦破琴和惠施卒而庄子再无辩友的故实，抒发了自己不被人知的无奈。所以诗人特别看重朋友，《移居》二首是他得遇同道之友而作的诗："闻多素心人，乐与数晨夕。怀此颇有年，今日从兹役。"字里行间充满了喜悦之情，终于移居到"素心人"的村落并与之朝夕相处了，实现了自己多年的夙愿。然后诗人描述了移居后，与友人共赏奇文、登高赋诗、饮酒畅谈的隐居乐趣，并表示要珍惜这种生活、要坚持躬耕的信念，可谓"直是口头语，乃为绝妙词。"① 与此诗主旨大体相近，陶渊明还写了许多赠答诗，如《答庞参

---

① ［明］蒋薰评：《陶渊明诗集》卷二，见《陶渊明资料汇编》下册，中华书局，1962 年，第 87 页。

军》《怨诗楚调示庞主簿邓治中》《和郭主簿二首》《岁暮和张常侍》《和刘柴桑》《酬刘柴桑》《与殷晋安别》等等，皆以诚相见，感情淳真，其中一个重要的目的，就是向友朋描述自己隐居田园、"固穷守节"的生活情态，展现自己的襟怀志趣。不妨以《和郭主簿二首》其一为例，该诗向好友描述了自己闲居时的生活状态：天气热了，庭院里有树林，树林里有"清阴"，还有善解人意吹开了衣襟的南风。而且，仓房里有陈粮，园中有菜蔬，并且还有让人欢喜的酒；在精神上，他"息交游闲业"，和官场人物断绝了来往，每天读书、弹琴，与儿子嬉戏，身心放松，悠游自在。——生活其实很简单，幸福也可以轻易获得。这是他喜欢的生活样貌，而"营己良有极，过足非所钦"正是他人生幸福的秘诀。可见诗歌向友人"示志"的用意是十分明显的。前举《形影神》诗，实际就是针对慧远提出的精神不灭的理论而发表的自己的哲学主张，陶渊明认为形与神互相依存，形在则神存，形死则神灭，反对精神不灭之论。该诗自然不是诗人"自娱"，而是"示志"。

其三，向世人"示志"。

陶渊明不止是"示志"于亲人与朋友，他好像担心世人也不了解自己的人生选择和信念，会误解自己的言行，所以又作《归园田居五首》《归去来兮辞》《癸卯岁始春怀古田舍二首》《庚戌岁九月中于西田获早稻》《己酉岁九月九日》《有会而作并序》《乞食》等等，在这些作品中诗人坦露襟怀心迹，或感慨或沉思或咏叹，"我手写我心"，向世界呈现了自己的人生，也似乎借此宣示自己矢志不移的决心。比如关于自己为什么要躬耕自足，他吟咏道：

> 人生归有道，衣食固其端。
>
> 孰是都不营，而以求自安！
>
> 开春理常业，岁功聊可观。
>
> 晨出肆微勤，日入负耒还。
>
> 山中饶霜露，风气亦先寒。
>
> 田家岂不苦？弗获辞此难。
>
> 四体诚乃疲，庶无异患干。
>
> 盥濯息檐下，斗酒散襟颜。
>
> 遥遥沮溺心，千载乃相关。
>
> 但愿长如此，躬耕非所叹。

（《庚戌岁九月中于西田获早稻》）

诗人并不着力写收获早稻的具体情况，而重点写他对农田劳动的认识和态度。人为什么要去耕作？那是因为"人生归有道，衣食固其端。孰是都不营，而以求自安"，于是诗人才努力地去躬耕。躬耕是非常艰苦的："晨出肆微勤，日入负耒还。山中饶霜露，风气亦先寒。"但这样的日子有诗人聊以自慰的好处，一是解决了衣食，二是，也是最重要的，"四体诚乃疲，庶无异患干"，劳作的诗人是自由、闲适的，不会有意外的灾祸降临，于是就向世人说，也是对自己说："遥遥沮溺心，千载乃相关。但愿长如此，躬耕非所叹。"表示志耕不渝。陶渊明的躬耕思想与实践，都在本诗中反映出来了，这是最见其躬耕心志的作品。再如《有会而作并序》与《乞食》，都是写贫穷、悲苦的诗，陶渊明将晚年贫穷到乞食的生活情态展现给了读者。诗中说他怀疑不吃"嗟来之食"的对错，但诗的结尾他笔锋突然一转："斯滥岂攸志，固穷夙所归。"完全否定了"深念蒙袂非"之说，强调越是在饥寒贫病之中越应坚持气节，越应有骨气，以此向世人宣示其决绝的心志，这既是"示志"，又是"明志"。

此外，陶渊明还好为自己作传，如《五柳先生传》《拟挽歌辞三首》《自祭文》等。为什么要为自己作传？显然是担心后人误解自己，他要通过自传的形式告诉世人自己真实的人生景象，尤其到了生命的终点，他反省自己艰苦的一生，为自己作挽歌，祭奠自己的魂魄，颇有黑色幽默意味，但正是通过《拟挽歌辞》《自祭文》这样的文字，诗人将自己的人生观、生死观集中地表达出来，宣示了自己同黑暗社会绝不同流合污的气节，因而成为千古流传的名作。

其四，自白以"示志"。

如前所论，陶渊明是个自我矛盾的人，在作品中展现了他矛盾的内心世界，正如其诗中所说的"贫富长交战"（《咏贫士》其五），所以他的作品有时简直就是写给自己的自白，为自己打气——一定要过自己想要的生活，告诫自己绝不苟且，这类作品著名的有《归园田居》《咏贫士》《咏荆轲》《读山海经》《读史述九章》等。《归园田居》其一就是在跟自己说："误落尘网中，一去三十年"，而现在"久在樊笼里，复得返自然"，终于返回到身心自由的大自然中了，这真是太好了！其三则说："衣沾不足惜，但使愿无违"——自己一定要战胜"衣沾"这样的困扰，坚守志愿，不再违背本心进入官场"樊笼"。诗人仿佛是自说自话，不断地为自己伸张。再如《咏贫士》七首，归耕以来，陶渊明及家人承受着日益严重的贫困饥乏之苦，诗人越发清晰地认识到：耕则贫，自己就在贫士之列。故《咏贫士》是诗人坚持安贫守道志向的自白，其以许多古代贫士的事迹，激励自己坚持躬耕、坚守贫穷，绝不从俗。组诗第一首咏自己归耕之因由，第二首咏自己寒饥之实况；以下分咏他人，第三首咏不苟得，第四首咏慕仁义，第五首咏至德情节，第六首咏乏知音，第七首咏饥寒累及妻儿。全诗以前贤慰勉为基调，虽云困贫，而志在高标，乐道而忘忧。诗中陶渊明自我激励，甚至有时自己感动了自己——为"固穷守节"而自我感动。清代温汝能在《陶诗汇评》中指出："渊明一生，得力全在'固穷'二字。固则为君子，滥则为小人。"① 可谓切中肯綮之言。

这样，通过陶渊明创作"自娱""示志"目的的梳理，我们实际是等于对其"立言"的过程进行了考察。诗人通过"颇示己志"的方式，借助文学形象性、情感性的审美特质，表现了其对人生本质的思考，诸如哲学观、生命观、审美观等都得到了艺术的呈现，而这就是陶渊明所立之言，是他"一部精神抗争的历史，是高洁的品节战胜富贵荣华的诱惑的胜利记录"②。由于其"言得其要，理足可传"，所以"不假良史之辞，不托飞驰之势，而声名自传于后"（曹丕《典论·论文》），陶渊明被后人誉为"古今隐逸诗人之宗"（钟嵘

---

① ［清］温汝能《陶诗汇评》卷三，清嘉庆丁卯刻本。
② 莫砺锋：《陶渊明》（上），《古典文学知识》，2015 年第 6 期，第 22 页。

语），是"李杜诸人皆莫及"（苏轼语）的伟大诗人，此所谓
"以诗传人，复以人传诗，两者互动互济，逐渐将陶渊明推到
一个殿堂级的偶像位置"①——他通过立言以求声名不朽的
目标实现了。上述这些言行，即如有学者所看到的，陶渊明
"在官场迥异的农村过着朴素、自然、适意的生活，一面从事
耕作，一面读书写诗，结果在立德、立言上取得了光辉的硕
果。……他不刻意求名，而美名自然树立起来。"②

　　综上所论，陶渊明深受儒家事功思想的影响，从小树立
了建功立业的壮志，并从 29 岁至 41 岁十三年间为之去尝试、
探索，由于晋宋易代之际政治混乱黑暗，加之他性格——
"少无适俗韵"，"性刚才拙，与物多忤"——他不肯牺牲人
格，更不愿违逆正道，所以经过认真思考之后选择了退隐。
但是退隐也不是纯然消极的，在归田躬耕的二十多年中，他
独善其身，固穷守节，追求道德的圆满，建立了"高德"美
名。同时，在文学上以"自娱"与"示志"为创作目的，
"寄身于翰墨，见意于篇籍"。最终，所有这些努力使陶渊明
的声名著录于帛书史册之上，成为后人心目中人格完美的高
洁之士。

---

　　① 蒋寅：《陶渊明隐逸的精神史意义》，《求是学刊》，2009 年第 5
期，第 92 页。

　　② 唐满先：《陶渊明处世面面观》，《首届中日陶渊明学术研讨会文
集》（《九江师专学报》1998 年增刊），第 89 页。

第三章　作为哲人的陶渊明

陶渊明是一位大诗人，但又是一位思想者。陈寅恪先生指出，陶渊明"实为吾国中古时代之大思想家，岂仅文学品节居古今第一流，为世所共知者而已哉！"① 陶渊明其实并无专门的哲学论著或哲学文章，也没有完备严密的哲学体系，其思想往往是感悟式、文学化的，因此具有开放性。而这比专门思想家似乎更有优势，因为专门思想家的哲学著作往往是自我封闭的独立思想体系，代表着他所处的那个时代，具有鲜明的时代烙印，但陶渊明由于思想的开放性，不受时代的局限，会跨越时空而产生广泛影响。也由于开放性，其思想是复杂多元的，甚至有时还显出矛盾对立，以致学界一千多年来众说纷纭，莫衷一是。

最早评说陶渊明的是颜延之，他认为陶是高尚介立的隐士。钟嵘亦附会颜氏，称渊明为"古今隐逸诗人之宗"。而同为隐士，北宋林逋则认为："陶渊明无功德以及人，而名节

---

① 陈寅恪：《陶渊明之思想与清谈之关系》，见《陶渊明资料汇编》上册，中华书局，1962年，第358页。

与功臣、义士等，何耶？盖颜子以退为进，宁武子愚不可及之徒欤。"① 将其判定为颜回之类安贫乐道的人物。稍后的黄庭坚甚至推许渊明为诸葛亮式的豪杰，其《宿旧彭泽怀陶令》云："彭泽当此时，沉冥一世豪。司马寒如灰，礼乐卯金刀。岁晚以字行，更始号元亮。凄其望诸葛，抗脏犹汉相。时无益州牧，指挥用诸将。平生本朝心，岁月阅江浪。空余诗语工，落笔九天上。"② 南宋施德操记其友人赵挺之的话说："人言陶渊明隐，渊明何尝隐，正是出耳。""渊明诗云：'山气日夕佳，飞鸟相与还。此中有真意，欲辨已忘言。'时达摩未西来，渊明蚤会禅。"③ 认为渊明的思想出于佛。后葛立方《韵语阳秋》对此也呼应说："观其《自祭文》，则曰：'陶子将辞逆旅之馆，永归于本宅。'其《拟挽辞》则曰：'有生必有死，早终非命促。'其作《饮酒》诗，则曰：'采菊东篱下，悠然见南山。''此中有真意，欲辨已忘言。'其《形影神》三篇，皆寓意高远，盖第一达摩也。"④ 后来理学家真德秀又将陶渊明归为理学人物："以余观之，渊明之学，正自经术中来，故形之于诗，有不可掩。《荣木》之忧，逝川之叹也；《贫士》之咏，箪瓢之乐也。《饮酒》末章有曰：'羲农去我久，举世少复真。汲汲鲁中叟，弥缝使其淳。'渊

① ［宋］林逋：《省心录一则》，见《陶渊明资料汇编》上册，中华书局，1962 年，第 23 页。

② ［宋］黄庭坚：《宿旧彭泽怀陶令》，见《陶渊明资料汇编》上册，中华书局，1962 年，第 37 页。

③ ［宋］施德操：《北窗炙輠录四则》，见《陶渊明资料汇编》上册，中华书局，1962 年，第 55—56 页。

④ ［宋］葛立方：《韵语阳秋》卷十二，见《陶渊明资料汇编》上册，中华书局，1962 年，第 64 页。

明之智及此，是岂玄虚之士所可望耶？虽其遗宠辱，一得丧，真有旷达之风，细玩其词，时亦悲凉感慨，非无意世事者。或者徒知义熙以后不著年号，为耻事二姓之验，而不知其眷眷王室，盖有乃祖长沙公之心，独以力不得为，故肥遁以自绝，食薇饮水之言，衔木填海之喻，至深痛切，顾读者弗之察耳。渊明之志若是，又岂毁彝伦、外名教者可同日语乎！"①

由上可知，陶渊明思想是多元与复杂的，难以拘执一端。龚斌先生试图折中上述诸说，认为陶渊明的思想具有阶段性："渊明青壮年时期有远志，怀抱济世匡时的理想走入仕途，到后来终于看清社会的黑暗与之决裂回到自由自在的田园，这应该说是由宗儒为主到以服膺道家自然主义为主的转变。……而归田后的陶渊明尽管以儒家的'君子固穷'精神完善人格，但'知其不可为而不为'，放弃用世之心，以宗奉道家的自然哲学为主。他讲固穷，讲忠孝节义，不过是借此批判现实，自勉其隐居之志罢了。"所以，龚先生的结论是："陶渊明思想儒玄兼综，但终以道家哲学为主。"② 袁行霈先生的观点似乎更为圆通："他（陶渊明）既熟谙老庄、孔子，又不限于重复老庄孔子思想；他既未违背魏晋时期思想界的主流，又不随波逐流，他有来自个人生活实践的独特的思考、独特的方式和结论。这才是陶渊明之

---

① ［宋］真德秀：《跋黄瀛甫拟陶诗》，见《陶渊明资料汇编》上册，中华书局，1962 年，第 104 页。

② 龚斌：《陶渊明传论》，华东师范大学出版社，2001 年，第 126—127 页。

所以为陶渊明的地方。"① 相近的表述，钱志熙也有："其（陶渊明）思想佛教、禅学、理学、心学实有诸多相通之处，但有其独立的建树。"② 那么，陶渊明哲学思想"之所以为陶渊明的地方"或者"独立的建树"是什么呢？

一、陶渊明"自然"哲学思想的要义

和老、庄一样，陶渊明思考和探求的核心问题其实是如何在黑暗而污浊的社会现实中保持自我人格的独立，摆脱异化，实现人生的自由，具体表现在其关于"自然"的哲学思考上。"自然"这个词，在陶渊明诗文中共出现了四次：

> 贵贱贤愚，莫不营营以惜生，斯甚惑焉；故极陈形影之苦，言神辨自然以释之。
>
> （《形影神并序》）
>
> 久在樊笼里，复得返自然。
>
> （《归园田居》其一）
>
> 及少日，眷然有归欤之情。何则？质性自然，非矫励所得。饥冻虽切，违己交病。
>
> （《归去来兮辞序》）
>
> 又问听妓，丝不如竹，竹不如肉，答曰："渐近

---

① 袁行霈：《陶渊明的哲学思考》，《陶渊明研究》，北京大学出版社，1997 年，第 2 页。

② 钱志熙：《陶渊明〈形影神〉的哲学内蕴与思想史位置》，《北京大学学报》，2015 年第 3 期，第 138 页。

自然。"

(《晋故征西大将军长史孟府君传》)

陈寅恪先生指出：自然本为道家尤其是魏晋玄学之核心范畴，但陶渊明之自然在玄学家之外"别有进一步之创解"[1]。为此，袁行霈先生认为陶渊明之"创解"主要表现在如下四个方面：

第一，不是近代以来所说的那个客观的物质性的"自然界"，而指的是一种自在的状态。他希望保持自己本来的、未经世俗异化的、天真的性情，犹如一座山、一棵树、一只鸟那样自然而然地生存着。就如他自己所说的"质性自然，非矫励所得"，即质性天然如此，不受绳墨限制，只能依照自己的本性生活，保持自己本来的状态。

第二，陶渊明所说的"自然"，含有自由的意味。所谓"久在樊笼里，复得返自然"，在官场的樊笼里不得自然也不得自由，只有返回山林田园，躬耕以谋生，而无求于世俗，才能真正得到自然，从而获得人生自由。这里的"返自然"不能简单理解为返回大自然（自然界），因为陶渊明的心里还没有近代意义上的大自然（自然界），而只有具体的山林、飞鸟、树木、鸡鸣狗吠等，所以他返回的不是大自然，而是具体的山林田园，这是他喜爱的自由家园。

第三，陶渊明以"自然"为美。他认为自然的人生才是美的人生，自然的文学才是美的文学。陶渊明外祖孟嘉认为

---

① 陈寅恪：《陶渊明之思想与清谈之关系》，见《陶渊明资料汇编》上册，中华书局，1962年，第350页。

"丝不如竹，竹不如肉"，原因是"渐近自然"。写的虽然是
孟嘉，其实是陶渊明的理念，并且这里是有陶渊明的独立思
考的。孔子强调美与善的统一，老子强调真而排斥美，庄子
则以朴素为美。陶渊明则比较明确地表达了"自然"是美的
极致的思想，这在中国美学史上有特殊意义。陶渊明要过自
然的人生、写自然的文学，也就是美的人生、美的文学，都
是上述思想的反映。

第四，陶渊明以"自然"化解人生的烦恼，认为自然的
方式是化解人生各种弊病的良药。这在《形影神》三诗表现
得最为清楚。"形"代表的是人求长生的愿望，它的苦在于
人生苦短，"影"代表的是人求立善名的愿望，其苦在于修
名难立，而"神"指代人的理智。"形"是道教思想，"影"
是儒家思想，而陶渊明站在自己的理智上对道教、儒家进行
开导，这个开导的药方就是"神辨自然"，以"自然"之道
化解苦恼。所以，陶渊明"突破了形神关系这个纯哲学的命
题，使之更贴近人生的实际"①，这就是"陶渊明之所以为陶
渊明的地方"。

不妨细读一首陶诗来感受其"自然"之真义：

> 结庐在人境，而无车马喧。
>
> 问君何能尔？心远地自偏。
>
> 采菊东篱下，悠然见南山。
>
> 山气日夕佳，飞鸟相与还。

---

① 袁行霈：《陶渊明的哲学思考》，《陶渊明研究》，北京大学出版
社，1997 年，第 6—8 页。

第三章 作为哲人的陶渊明

此中有真意，欲辨已忘言。

（《饮酒》其五）

从抒情的节奏上，该诗可分为两个段落，诗的前四句"结庐在人境，而无车马喧。问君何能尔？心远地自偏"为第一个段落，也即第一意蕴层。它表达的是对现实社会追求权力、财富、名誉等价值取向的否定，强调要有一种"心远"的心境。在诗人看来，人不仅是一种社会的存在，更重要的是，每一个人，作为独立的精神主体，他更是直接面对自然和宇宙而存在的。从本源上说，人原本是"自然"的一部分，只是人们后来把自己从"自然"中分离了出来，结成了"社会"，然后投入到权位与财富追逐——"成功的事业"之中，最终人丧失了本性，失去了自我，人生陷入挣扎、焦虑、痛苦、矛盾的状态。怎样才能摆脱这种状态呢？"返自然"是最好的方法，即"自然"是化解人生弊病的良药。

试看诗歌头两句："结庐在人境，而无车马喧。"诗人是说自己的房子虽然建在了人来人往的尘俗之中，却感受不到车马隆隆的喧闹。"车马喧"，既是客观实在，又是一个象征，它象征了整个为名利争奔拼抢、翻腾不休的现实社会。这里有两个词值得注意，一个是"在"，一个是"无"。这两个词，构成了鲜明的对比，表达了诗人与现实、官场彻底断绝了关系。

按，作为古代士人，避世，即避开世俗、远离尘嚣，将自己身形隐藏起来，成为隐士并不难，古代有许多人做到了这一点。难的是"避喧"，即远离人间、身居岩穴，内心再

65

无现实的功名利禄之念。打个比方说,你隐居在北极,每天与北极熊为邻,这算是远离世俗了吧?这叫"避世",可难做的是"避喧",就是你虽然身在北极,但你的心、你的耳朵还时刻关注着政治、功名,关注着"时代风云",所谓"身在江海之上,心存魏阙之下"。所以,"避世"容易,"避喧"难。而陶渊明无疑是个特殊的隐士,首先他并未隐居在远离人间的岩穴,他是"在人境",于是有学者指出,陶渊明实际不是避世,他是"归田"。陶渊明曾这样描写其归田后的景象:"昔欲居南村,非为卜其宅。闻多素心人,乐与数晨夕。怀此颇有年,今日从兹役。敝庐何必广,取足蔽床席。邻曲时时来,抗言谈在昔。奇文共欣赏,疑义相与析。"(《移居》其一)可见他从未离群索居,而是"结庐在人境",享受与那些"素心人"自在相处的愉快生活。也即他将房子建在了"人境"之中,但他的心里却"无车马喧"——他没有"避世"却能"避喧",这就使得他高于一般的隐士。那么,他凭什么能够这样呢?

"问君何能尔?心远地自偏。"这有力的自问自答揭示了其中的妙理玄机,也点出了全诗的诗眼——"心远"。"心远",是指精神的宁静,这是过滤尘俗喧嚣的武器。它"是对浊世的疏远,是对名利的漠视,是对物质世界的精神超越"[1],是"千古名士高人之根"(明代钟伯敬语)[2],是陶渊

---

[1] 莫砺锋:《陶渊明》(下),《古典文学知识》,2015年第7期,第22页。

[2] 见陈文忠:《中国古典诗歌接受史研究》,安徽大学出版社,1998年,第296页。

明之所以彻底摆脱功利社会的一种思想境界。心远自忘俗，庐在人境，地本不偏，只因"心远"，便能过滤掉尘俗喧嚣，远离奔逐于名利的车马客而安居于尘世之外了。对此，袁行霈先生分析说："心远地自偏"讲了"心"与"地"，也就是主观精神与客观环境的关系，"地"的喧与偏取决于"心"的近与远，真正的隐士高人原不必穴居岩处远离人世，只要心不滞于名利则自可免除尘俗的干扰。①

　　这四句平易得如同口语，其实也体现了陶诗"自然"的艺术风格，不用力、不雕琢，只是自然写来。第一句"结庐在人境"——平平说出，第二句"而无车马喧"，是发生转折，第三句"问君何能尔"——承上发问，第四句"心远地自偏"——回答作结。行云流水一般，没有人为雕琢的、生硬的痕迹，自然而然，难怪连造语峻峭工巧的王安石也不禁为之感叹："自有诗人以来，无此四句！"

　　那么，诗人排斥了社会公认的价值标准，他在哪里建立人生的基点呢？即如前面所说的，陶渊明认为，人的生命原本就是自然的一部分，只是人们把自己从自然中硬分离了出来，投入到对名利的追逐之中，以致生命充满了焦虑和矛盾②。所以，完美的生命形态，只有"返自然"才能求得。这些道理，如果直接写出来，诗歌就变成哲学论文了，或者变成晦涩的玄言诗了。因此诗人把深邃的哲理寄寓在形象之中。

---

　　①　袁行霈：《陶渊明研究》，北京大学出版社，1997 年，第 24 页。
　　②　骆玉明：《饮酒二十首（其五）》赏析，见吴小如等《汉魏六朝诗鉴赏辞典》，上海辞书出版社，1992 年，第 554 页。

看诗歌的第二抒情段落，即诗歌的后六句。首先，我们先回头看看本诗的题目：《饮酒》。所谓"饮酒"诗就是诗人饮酒之后的作品，其诗前序言说："余闲居寡欢，兼比夜已长，偶有名酒，无夕不饮……"诗人此时当是饮了酒，进入一种飘飘然忘乎形骸的状态，于是在幽静的庭园里随意地采摘着菊花，偶然间抬起头，目光恰与秀逸的南山相接，此时大约是酒精起作用了："悠然见南山。"这句既可解释为"悠然地见到了南山"，也可解释成"见到了悠然的南山"，显然后者更符合诗意。也即这"悠然"不仅属于诗人，也属于南山。王国维在《人间词话》中指出：一篇文学作品"有境界者自成高格"，而境界又分为"有我之境"和"无我之境"。所谓"无我之境"就是"以物观物，不知何者为我，何者为物"，他还举例说："采菊东篱下，悠然见南山"，"寒波澹澹起，白鸟悠悠下"，"无我之境也"[①]。也就是说在陶诗中，"采菊""见山"两个极为平常的动作，却使诗人的主观心境与客观环境融为了一体——人闲逸而自在，山悠然而高远。

在有的陶诗版本里，"见南山"的"见"字写作"望"。——这样改好不好呢？不好，其奥妙就在于"见"字是无心，无心方能使"意""境"妙合，方能传达出诗人悠然自得的意趣。而"望"是有意识地注视，就没了"悠然"的意味。因此，在表现诗人这种人与自然和谐统一的心境中，只能用意无所属的"见"，而不能用目有定势的"望"。故苏

---

① 王国维：《人间词话》（手稿本全编），内蒙古人民出版社，2003年，第60页。

轼才指出："近岁俗本'望南山',则此一篇神气都索然矣。"① 关于陶诗艺术,苏轼有经典的断语曰:"其诗质而实绮,癯而实腴。"由此亦可见一斑。

诗人"见南山",见到了什么?——"山气日夕佳,飞鸟相与还。"日暮中的山中云气——山岚,在夕阳的回光返照之下变换着各样绚丽的色彩;成群的鸟儿,结伴而飞,回归了山林。看着这幅景象,诗人的心头忽然间电光石火般有了一种顿悟:"此中有真意!"这"真意"是什么呢?太阳朝升暮落,山岚由明到暗,鸟儿晨兴而出夕倦而返,大自然的万事万物都一任自然,各依其本性而行,它们无意志、无目的、无所欲、无所求,所以平静、完美、充实。这流动而和谐的景象不就是生命的真谛吗?可是刚要把它说出来的时候,却发现找不到合适的语言,"欲辨已忘言"了。

为什么会这样呢?实际上,诗人诉说的是一种生命的真谛,一种关于生命的深邃感受,逻辑的语言难以表达那微妙、无穷的意蕴。此"真意"只可意会,无法言传!但如果勉强地加以概括的话,那就是"自然"!老子说:"人法地,地法天,天法道,道法自然。""道"就是自然,而"道"是不能言说的。这里陶渊明采菊之悠然,即是南山之悠然;飞鸟的知返,也是他的知返。袁行霈先生对此亦有深刻的分析,他说这"真意"还可理解为是一个"还"字,"还"就是"返归",返回到本源。由日出到日落,这是一个"还";日落的景色相对于日出,这又是一个"还";鸟儿晨出夕返,也是

① [宋]苏轼:《东坡题跋》卷二《题渊明饮酒诗后》,见《陶渊明资料汇编》下册,中华书局,1962年,第167页。

一个"还"。由此,诗人悟出了人生的"真意",就是要"还",回到未经世俗污染的原本的我①。

所以,《饮酒》其五的主旨既可以理解为人对"自然"的顺应,人要过一种"自然"的生活。无所欲无所求,不必忧心忡忡,也不必焦灼不安,依照自己的本性,保持自己本来的状态,平静自然地度过人生。也可以理解为返回本源——自然,归去来兮,以"自然"的方式化解人生的种种苦恼。在这一点上,陶渊明与老庄是一致的,然而他又不同于老庄,就是他不仅认识到人是自然的产物,而且认为人是万物之灵,人本来是可以有很大作为的,是社会原因限制了人的作为,于是一些有识之士不得不退而自保。② 以此为前提,他认为归田躬耕最利于保持人的自然状态,是最符合"自然"之道的选择。

二、陶渊明关于"自然"思想的身体力行

以上是我们对陶渊明"自然"之义的解读。梁启超说:"爱自然的结果当然爱自由,渊明一生都是为精神生活的自由而奋斗。"③ 陶渊明不是一个高高在上不食人间烟火的哲学家,他是《命子》诗中"嗟余寡陋,瞻望弗及"的父亲,他是《归去来兮辞》里那个为获得自由而喜悦的"羁鸟""池鱼",他是种豆南山不惧劳苦的农夫,他也是那个"饥来驱

① 袁行霈:《陶渊明研究》,北京大学出版社,1997 年,第 24 页。
② 袁行霈:《陶渊明研究》,北京大学出版社,1997 年,第 11 页。
③ 梁启超:《陶渊明》,《饮冰室专集》第 22 册,中华书局,1936 年。

我去""扣门拙言辞"的乞食者……那么，在如此丰富而艰难的现实人生里，陶渊明是如何落实其"自然"哲学思想的呢？

1. "顺天"

在陶渊明的作品中出现了许多关于"天"的句子，见出诗人对这一概念的重视和思考。不妨先看其诗文中的句子：

> 天道幽且远，鬼神茫昧然。……在己何怨天，离忧凄目前。
>
> 　　　　　　　　　（《怨诗楚调示庞主簿邓治中》）
>
> 试酌百情远，重觞忽忘天。天岂去此哉！任真无所先。
>
> 　　　　　　　　　　　　　（《连雨独饮》）
>
> 承前王之清诲，曰天道之无亲。
>
> 　　　　　　　　　　　（《感士不遇赋》）
>
> 聊乘化以归尽，乐夫天命复奚疑。
>
> 　　　　　　　　　　　（《归去来兮辞》）
>
> 天运苟如此，且进杯中物。
>
> 　　　　　　　　　　　　（《责子》）
>
> 孝发幼龄，友自天爱。
>
> 　　　　　　　　　（《祭从弟敬远文》）
>
> 勤靡余劳，心有常闲。乐天委分，以至百年。
>
> 　　　　　　　　　　　　（《自祭文》）
>
> 翳然乘化去，终天不复形。
>
> 　　　　　　　　　　（《悲从弟仲德》）

天容自永固，彭殇非等伦。

（《述酒》）

天集有汉，眷予愍侯。　　　　（《命子》）

嬴氏乱天纪，贤者避其世。

（《桃花源诗》）

天人革命，绝景穷居。

（《读史述九章·夷齐》）

昔在江陵，重罹天罚，兄弟索居，乖隔楚越。

（《祭程氏妹文》）

上述句子中所言的"天道""天命""天运""乐天"，以及"天"的内涵都与"自然"相近或相通。此外，陶诗中带有"天"的句子还有很多，大体上都指自然界的"天"，不妨略观之：

翼翼归鸟，循林徘徊。岂思天路，欣反旧栖。

（《归鸟》）

天地长不没，山川无改时。

（《形影神·形赠影》）

露凄暄风息，气澈天象明。

（《九日闲居》）

欢来苦夕短，已复至天旭。

（《归园田居》其五）

气和天惟澄，班坐依远流。

（《游斜川》）

今日天气佳，清吹与鸣弹。

（《诸人共游周家墓柏下》）

露凝无游氛，天高风景澈。

（《和郭主簿》其二）

崩浪聒天响，长风无息时。

（《庚子岁五月中从都还阻风于规林二首》其二）

昭昭天宇阔，晶晶川上平。

（《辛丑岁七月赴假还江陵夜行涂口》）

中宵伫遥念，一盼周九天。

（《戊申岁六月中遇火》）

清气澄余滓，杳然天界高。

（《己酉岁九月九日》）

日暮天无云，春风扇微和。

（《拟古九首》其七）

萧条隔天涯，惆怅念常餐。

（《杂诗》其九）

天地共俱生，不知几何年。

（《读山海经十三首》其二）

神景一登天，何幽不见烛。

（《读山海经十三首》其六）

马为仰天鸣，风为自萧条。

（《拟挽歌辞三首》其三）

天地赋命，生必有死。

（《与子俨等疏》）

追溯陶氏诗文中"天"的文化内涵，有的出于儒家，有的出于道家，有的则儒道兼综，显出其思想来源的复杂。比如"天道"，它既见于儒家文献，也见于《庄子》。《论语·公冶长》载："子贡曰：'夫子之文章，可得而闻也；夫子之言性与天道，不可得而闻也。'""天道"之所以"不可得而闻"，是指它幽深难明，说不清楚。为什么会说不清楚？《左传·昭公十八年》记载子产的话说："天道远，人道迩，非所及也。"荀子《天论》有曰："天行有常，不为尧存，不为桀亡。"此处"天行"是指大自然的运行，具有客观规律性，不以人的意志为转移，其义同"天道"。而《庄子》三十三篇中有一篇为《天道》，开篇即曰："天道运而无所积，故万物成。"意思也是说自然规律运行而不止，所以万物生成。陶渊明的"天道"继承儒、道的理论而有所发挥，认为天道自然运行，不受人的支配，对人也无亲疏远近之情，所以，人在它面前唯有顺从，顺从"天道"就是顺从"自然"。

而"天命"一词，则多见于儒家文献。《论语·季氏》曰："君子有三畏：畏天命，畏大人，畏圣人之言。小人不知天命而不畏也。"[1]《论语·为政》有："五十而知天命。"[2]《中庸》曰："天命之谓性。"儒家"天命观"是天能致人以命，决定人的命运。而陶渊明的"乐夫天命"，如果联系上文所谓"乘化以归尽"等具体语境，其思想又与《庄子》相近。《庄子·德充符》曰："死生存亡，穷达贫富，贤与不肖

---

[1]　杨伯峻：《论语译注》，中华书局，1980年，第177页。
[2]　杨伯峻：《论语译注》，中华书局，1980年，第12页。

毁誉，饥渴寒暑，是事之变，命之行也。"① 《庄子·秋水》
亦曰："无以人灭天，无以故灭命。"意思是"天"和"命"
都不是宗教所说的有意志的主宰者或上帝的命令，而是人力
无可奈何的"自然"及其力量，所以陶渊明主张"乐夫天命
复奚疑"，乐天知命，不要怀疑。有人说这是孔子思想的道家
化②。这其实是魏晋时代风气使然，比如王弼、何晏等皆好
老子之学，但王弼作《论语释疑》，何晏作《论语集解》，他
们都是用老子思想来阐释《论语》等儒家经典，受文化语境
影响，陶渊明关于"天命"的理解也有此倾向。

　　再看"天运"一词，它也是《庄子》的篇名："天其运
乎？地其处乎？日月其争于所乎？孰主张是？孰维纲是？孰
居无事推而行是？意者其有机缄而不得已邪？意者其运转而
不能自止邪？"③ 即天的运行有其自身的规律，是一种自然的
力量，人在它面前无能为力，这与上文所引荀子的话"天行
有常，不为尧存，不为桀亡"意思相同，陶渊明也正是在这
个意义上来讲"天运"的，所谓"天运苟如此，且进杯中
物"，天运如果是这样的话，我又能说什么呢？只有喝酒吧！

　　因此，袁行霈指出，"天"实际是陶渊明对"自然"的
另一种表述④。陶渊明认识到有一种超乎"人"的自然力量，

---

　　① ［清］郭庆藩撰，王孝鱼点校：《庄子集释》，中华书局，1961 年，
第 212 页。

　　② 徐声扬：《陶渊明思想主导论探微》，《九江师专学报》，1995 年第
3 期。

　　③ ［清］郭庆藩撰，王孝鱼点校：《庄子集释》，中华书局，1961 年，
第 493 页。

　　④ 袁行霈：《陶渊明研究》，北京大学出版社，1997 年，第 11 页。

在左右着人的生活与命运，而人唯一能做的就是"顺天"。而"顺天"的目的就是保持自己的自然状态，"质性自然"，以达到自由的人生境界。与此同时，人因为社会的缘故——社会作为一种异己的力量对人进行种种束缚和戕害，使得人不能有所作为，于是一些有识之士只好退而自保。本来陶渊明是有着强烈的功名之心，欲有所作为的，但真风告退、大伪斯兴的社会使他望而却步，故其思想的本质可概括为"自然而非无为"。他顺应天道、天运，只是知其不可而不为的一种明智之举，是保持自身不被异化的一种方法而已，其本质上还是一种"为"。

总之，考察陶氏的思想资源，就顺应自然而言，他接近老子；就非无为而言他又接近孔子。他是吸收了儒、道思想的合理成分，而锻造成自己的"自然观"的。这其中与他的生活实践和感悟有着重要的联系，陶渊明不是一个抽象的理论家，他是讲述者，又是实践者，是一个务实求是的思想家。所以，"顺天"是其从仕宦和躬耕两方面的经验中得出的方法论。他深知仕宦官场对人的束缚与异化，那是一种违背人本性的人生，而归田躬耕则如"羁鸟"飞返旧林，"池鱼"回归故渊，得遂其自然之志。在他心目中，躬耕隐居的生活最利于保持自然的状态，因而，"陶渊明崇尚自然却不崇尚虚无，……他把领悟到的自然之道用以指导自己的人生实践，解决了人生中出与仕、生与死的重大问题。"①

---

① 周俊玲：《顺自然·求自由·乐自得——从鸟意象看陶渊明的自然思想》，《湖北社会科学》，2009 年第 9 期。

2. "养真"

陶渊明"自然"哲学的一个重要范畴是"真"。不妨寻绎一下陶氏诗文中那些包含"真"的句子：

悠悠上古，厥初生民。傲然自足，抱朴含真。智巧既萌，资待靡因。谁其赡之，实赖哲人。

（《劝农》）

真想初在襟，谁谓行迹拘。聊且凭化迁，终返班生庐。

（《始作镇军参军经曲阿》）

试酌百情远，重觞忽忘天。天岂去此哉！任真无所先。

（《连雨独饮》）

商歌非吾事，依依在耦耕。投冠旋旧墟，不为好爵萦。养真衡茅下，庶以善自名。

（《辛丑岁七月赴假还江陵夜行涂口》）

此中有真意，欲辨已忘言。

（《饮酒》其五）

羲农去我久，举世少复真。汲汲鲁中叟，弥缝使其淳。凤鸟虽不至，礼乐暂得新。

（《饮酒》其二十）

自真风告逝，大伪斯兴。

（《感士不遇赋》）

"真"通向"自然"，但它又不完全等于"自然"，它带有人生价值判断的意义，既属于抽象理念的范畴，又属于道德的范畴。《庄子·渔父》曰："真者，所以受于天也，自然不可易也。故圣人法天贵真，不拘于俗。"《庄子·大宗师》郭象注曰："夫真者，不假于物而自然也。"以此为起点，陶渊明追求"养真"，这是贯穿他全部生活的人生智慧。在其诗文表述中，值得注意的是"真想""真意"等词语，"真想"在《始作镇军参军经曲阿》中，该诗写陶渊明在赴任镇军参军的路上，"望云惭高鸟，临水愧游鱼"，明知是在向樊笼密网里走可又不得不走下去，他的内心矛盾而又惭愧。但他有解脱的方法，那就是将心灵和行迹分开，以心灵的自由弥补行迹的不自由："真想初在襟，谁谓行迹拘。"只要抱定"真想"，保持精神上的独立自由，虽然入仕仍不至于受到拘束。反过来说，如果"以心为形役"，心为奴，形为主，那就失去了自由。再看，"此中有真意，欲辨已忘言"，"真意"内涵与"真想"是近似的，联系各自的上下文来看，"真想"是陶渊明自己主观上早已抱定的一种坚守不放的思想，而"真意"乃是从客观景物中顿悟的、贯通宇宙和人生的一种"理"，这个"理"就是人生真谛，就是自然。

"含真""任真""养真"，此三者是崇尚"真"的态度①。分而观之，"含真"意谓抱着"真"不变。"傲然自足，抱朴含真"，是指上古生民而言，陶渊明认为上古生民保有人类的朴素与真淳，未经世俗的浸染，是最理想的人。《庄子·胠箧》赞美上古社会的特征是："当是时也，民结绳而

---

① 袁行霈：《陶渊明研究》，北京大学出版社，1997 年，第 17 页。

用之。甘其食，美其服，乐其俗，安其居，邻国相望，鸡狗之音相闻，民至老死而不相往来。"① 所以，陶渊明《劝农》诗赞美上古社会"傲然自足，抱朴含真"，"羲农去我久，举世少复真""自真风告逝，大伪斯兴"等句，都是指上古社会消亡以后，真淳离散。显然，诗人是藉上古生民寄托自己的理想。

《连雨独饮》诗中有"任真"一词，其并非仅仅表示"至情至性"。若这样解释，未免肤浅。"任真"，就是任从自然，任从自我的本真，也即顺从那不可抗拒的"自然"。它是以"真"为第一位的，其他都要服从于"真"，不能因其他而改变"真"，"真"是不可改变的。陶渊明"试酌"之后即已百情皆远，人世间的得失荣辱都淡化了；重觞之后忽然连"天"都忘了。所谓百情顿远，俗念全消，不知何者为天，意谓物我皆忘。在这里，"天"是指自然。《庄子·天地》云："忘乎物，忘乎天，其名为忘己。"然而"天"果真被忘了吗？"天"果真离我而去了吗？并没有，"天"和我浑然合一而已。"天"就是我，我就是"天"。这种境界也就是"任真"的境界，没有什么比这更为先的了。能做到"任真"也就做到了与"天"合一。基于上述理解，袁行霈先生提出，"真"不但要"含"要"任"，还要"养"，通过"养真"以求完善。② "养真"就是要保持自己的自然本性，"养"是指后天的努力。"养真"还要有一定的客观条件，

---

① ［清］郭庆藩撰，王孝鱼点校：《庄子集释》，中华书局，1961 年，第 357 页。

② 袁行霈：《陶渊明研究》，北京大学出版社，1997 年，第 18 页。

"养真衡茅下",说出了这必须的客观条件,那就是要安于贫穷,住在简陋的茅屋之下。不仅如此,要做到"养真"还得"守拙"——"守拙归园田",归园田是"守拙"的前提,也是"养真"的前提,"守拙"的过程就是返回内心自然本性的过程,而不是简单地回到外在的自然。所以,"养真"可以概括陶渊明努力进德修养的人生策略。

陶渊明在讲"真"的同时,还关涉到它的对立面"伪",《感士不遇赋序》曰:"夫履信思顺,生人之善行;抱朴守静,君子之笃素。自真风告逝,大伪斯兴,闾阎懈廉退之节,市朝驱易进之心。"这个"伪"从一般意义上讲就是虚伪的意思,从哲学意义上讲是"人为"的意思,如《老子》十八章曰:"大道废,有仁义,慧智出,有大伪。"此所谓"伪"就是和自然相对立的人为。陶渊明所谓"伪"有两方面的含义,联系上文看是人为之意,联系下文看是虚伪之意。在陶渊明之前,曹魏时期嵇康宣扬"越名教而任自然",从自然出发,深情赞美无为而治的上古社会。如《答二郭》三首说:"羲农去我久,抚膺独咨嗟。"《述志》诗说:"延颈慕大庭,寝足俟皇羲。"《难自然好学论》一面赞美上古的"至德之世",一面又讽刺后世种种"伪"——虚伪与人为。他说:大朴未亏的洪荒之世,人民安然自然,饱则安寝,饥则求食,怡然鼓腹,不知这就是至德之世,哪里知道什么仁义之端、礼律之义呢?到了大道陵迟之后,立仁义,制名号,以至六经纷错,百家繁炽,利禄之途大开,人们奔竞不已,皆为私利……嵇康的这些言论,深受老子"小国寡民"的思想影响,与渊明所说"羲农去我久,举世少复真""自真风告逝,大伪斯兴"等语同出一辙。两相对照，说明渊明上述作品中"真"的基本含义就是自然而然，与虚伪的礼法相对立。诗人痛感"举世少复真"，于是就赞美孔子讲礼正乐，意欲弥缝当世，使之回返到上古的真淳。这就是所谓"孔子学说的道家化"。

论及"真"的思想渊源，它不见于《论语》和《孟子》，而且作为一个一般的词也不见于其他儒家经典。"真"是老庄哲学中独有的概念①。《庄子·渔父》对"真"的定义是："谨修而身，慎守其真，还以物与人，则无所累矣。……真者，精诚之至也。不精不诚，不能动人。……真者，所以受于天也，自然不可易也。故圣人法天贵真，不拘于俗。愚者反此，不能法天而恤于人，不知贵真，禄禄而受变于俗，故不足。"意思是说"真"是一种至淳至诚的精神境界，这境界是受之于天的，自然而然的。在庄子看来，每个人都有他的"真"，圣人和俗人的区别只在于能否守住自己的"真"。圣人不过是谨慎地守住这种精神境界，而不受外物的干扰而已。能守"真"的人就是"真人"。他说："古之真人，不知说生，不知恶死；其出不䜣，其入不距；翛然而往，翛然而来而已矣。不忘其所始，不求其所终。受而喜之，忘而复之。是之谓不以心捐道，不以人助天，是之谓真人。"（《大宗师》）庄子所谓"真人"是没有世俗之喜怒哀乐的、保持其天性的人。就一个人来说，只有婴儿时期才能如此；就一个社会来说，只有未开化的上古社会才能如此。一个进入社会

---

① 袁行霈：《陶渊明研究》，北京大学出版社，1997年，第18页。

生活的成人，要想达到"真"，就只能重新返回儿童的状态。显而易见，陶渊明所谓"真"是和老庄哲学一脉相承的

3. "任化"

陶渊明"自然"思想的又一重要的概念是"化"。其所谓"化"的内涵主要有三方面：一是宇宙间事物变化迁徙的过程，如四时的运行、村邑的兴废、朝代的更替等等。二是不可抗拒的万物自身变化的规律。三是人自身从幼至壮至老至故的变化过程。陶渊明常由前两点联想到第三点，并藉前两点以消解第三点引起的悲哀。①"化"是一种必然，是自然而然、不可抗拒的，所以，正确的态度就是"任化"。还是先看陶渊明诗文中使用"化"的句子。首先，作为第一方面含义的诗句有：

目送回舟远，情随万化遗。

（《于王抚军座送客》）

万化相寻绎，人生岂不劳！

（《己酉岁九月九日》）

聊且凭化迁，终返班生庐。

（《始作镇军参军经曲阿》）

在陶渊明看来，客观世界处在不断的变化之中，这变化是无所不在的，他称之为"万化"。"万化相寻绎，人生岂不劳"，四季周而复始，变化更替，世界也为之赤橙黄绿的变

---

① 袁行霈：《陶渊明研究》，北京大学出版社，1997年，第12页。

化，就在这日月轮回之中，人生必将老去，所以忧伤就是不可避免的了。人的感情随着万化而变化，人的选择也要随着万化而变化。机遇未来时不必强求，机遇到来时也不必回避。在大化面前，人生的正确方式就是"委运任化"，顺其自然。

其次，作为第二方面含义的句子有：

> 翳然乘化去，终天不复形。
>
> 　　　　　　（《悲从弟仲德》）
>
> 聊乘化以归尽，乐夫天命复奚疑。
>
> 　　　　　　（《归去来兮辞》）
>
> 我无腾化术，必尔不复疑。
>
> 　　　　　　（《形影神·形赠影》）
>
> 形迹凭化往，灵府长独闲。
>
> 　　　　　　（《戊申岁六月中遇火》）

前两处的"乘化"，都与人的死亡有关。前者是念从弟的死去；后者说到"归尽"，也就是死。"乘化"意谓因化，也就是第四例所谓"凭化"。"乘化""凭化"是与"腾化"相对而言的，"我无腾化术，必尔不复疑"，是说我没有"腾化术"，必定要死亡。可见"化"是一种规律，具有不可抗拒的力量，只能"乘"之、"凭"之而不能"腾"之，只能顺从它而不能超越它。

最后，作为第三方面含义的句子有：

> 纵浪大化中，不喜亦不惧。

应尽便须尽，无复独多虑。

（《形影神·神释》）

流幻百年中，寒暑日相推。
常恐大化尽，气力不及衰。

（《还旧居》）

一世异朝市，此语真不虚，
人生似幻化，终当归空无。

（《归园田居》其四）

既来孰不去，人理固有终。居常待其尽，
曲肱岂伤冲。迁化或夷险，肆志无窊隆。

（《五月旦作和戴主簿》）

运生会归尽，终古谓之然。
……形骸久已化，心在复何言。

（《连雨独饮》）

客养千金躯，临化消其宝。

（《饮酒》其十一）

同物既无虑，化去不复悔。

（《读山海经》其十）

识运知命，畴能罔眷？
余今斯化，可以无恨。

（《自祭文》）

穷通靡攸虑，憔悴由化迁。

（《岁暮和张常侍》）

这些句子或讲"化"，或讲"大化"，或讲"幻化"，或讲"迁化",或讲"化迁",意思都是指人由生到死的变化过程。陶渊明认为这个"化"的过程是不可逆转的,怎样养生也不能阻挡它,倒不如排除忧虑听其自然。"化"是有"尽"的,"化"的尽头是"空无",死后一切都空了、无了,陶渊明并不相信、更不期待彼岸世界。他认为"化去"就是"同物",联系其所谓"咨大块之受气,何斯人之独灵"(《感士不遇赋》),以及"死去何所道,托体同山阿"(《拟挽歌辞三首》其三),可知在他看来,人本是"物"("大块""山阿")秉受了"气"而生的,死亡意味着返回"物"的状态,这就是"同物"("同山阿")①。

"顺化"是陶渊明对生命的态度。从词句上看,他对死亡是很达观的,前人或认为他能超越对死亡的忧虑,如罗大经论《神释》曰:"乃是不以死生祸福动其心,泰然委顺,养神之道也,渊明可谓知道之士。"但是,陶渊明既然如此达观,为什么还要反反复复地讲到死亡这个问题呢?合理的解释是:陶渊明对生死问题本来就很关切,而且越来越关切,他的内心存有对死亡的恐惧和死后的困惑。他在《自祭文》末尾说的两句话:"人生实难,死如之何?"足以代表他对生死问题总的态度。活着太难了,死后怎样呢?死和生相比怎样呢?死亡能够化解人生的种种难题吗?陶渊明用理性的思考说服自己、宽慰自己,于是找到了"顺化"。宇宙间万事万物无不处在"化"中,人也不能例外,这是不可抗拒的。既不能"腾化"便只好"顺化",不必为死亡的到来而忧虑,

---

① 袁行霈:《陶渊明研究》,北京大学出版社,1997年,第14页。

也不必为死后的未知而困惑。死虽不可知，但生是可以由自己掌握的，以自然的态度对待生，以泰然的态度对待死，这就是陶渊明的生死观。

此外，陶渊明还讲到了"淳"的概念："羲农去我久，举世少复真。汲汲鲁中叟，弥缝使其淳"（《饮酒》其二十）；"望轩唐而永叹，甘贫贱以辞荣。淳源汩以长分，美恶作以异途"（《感士不遇赋》）；"奇踪隐五百，一朝敞神界。淳薄既异源，旋复还幽蔽"（《桃花源诗》）；"三五道邈，淳风日尽。九流参差，互相推陨"（《扇上画赞》）。其中的"淳"有厚、清、朴等含义，与"真"可以互相引发。在陶渊明看来，上古伏羲、神农、轩辕、唐尧之世，三皇、五帝之时，社会是淳朴的，后来渐渐失去淳朴，才有了九流之分，九流互相推陨，世风日益变得浇薄了。只有在桃花源那样的世界才保留着上古淳朴之风，而成为一个与世隔绝的神界。这样，陶渊明关于"养真"的哲学思考遂进入社会历史的范围，带上了对当时社会的批判色彩。

综上，"自然"是陶渊明哲学思想的核心，袁行霈认为其有四方面的内涵，即自在的状态、自由的精神、以自然为美、化解人生烦恼的"自然之道"等。落实在生活实践中，"自然"就呈现出许多不同的方式，如"顺天""养真""任化"等。探其本源，陶氏哲学思想吸收了先哲的思想资源——本于儒、道，但又有别于儒道，所谓"极高明而道中庸"（冯友兰语），他是一个务实的思想家，将传统中具有超越性的"自然"思想拉向了平凡的人间生活。朱光潜说："渊明是一位绝顶聪明的人，却不是一个拘守系统的思想家或宗教信徒。他读各家的书，和各人物接触，在于无形中受他们的影响，像蜂儿采花酿蜜，把所吸收来的不同东西融会成他的整个心灵。"① 所谓"像半神人那样思考，像普通人那样生活"（福楼拜语），这样，"自然""顺天""养真""任化"等就不再是书斋里抽象的概念，而是成为陶渊明立身行事的人生智慧，使得他不以夷险为宠辱，不因生死而喜惧，在平凡的日用人伦中赢得了伟大的声名。

---

① 朱光潜：《陶渊明》，见《陶渊明资料汇编》上册，中华书局，1962 年，第363—364 页。

第四章　作为隐士的陶渊明

谁也不会否认陶渊明的隐士身份，即如前文所说，陶渊明的一生经历曲折多变，他之出仕，是屈从生活的压力，屈从立身成名的欲望，物质需要和社会功利需要压抑着生命的自由意志，然而，现实太黑暗了，"三五道邈，淳风日尽"，"真风告逝，大伪斯兴"，经过十三年的仕途挣扎之后，他"乱也看惯了，篡也看惯了"（鲁迅语），发现"世与我而相违"，于是儒家通权达变的思想给了他行动上的指引，道家追求自由的精神给了他"避世"的启示。所以，他拒绝与流俗妥协，不为衣食生计而玷污自己的人格，毅然走上一条躬耕自足、坚守自我的隐士之路，在济世之志幻灭之后，获得了新生。

一、陶渊明为什么要做隐士

关于陶渊明何以成为隐士的问题，似乎很容易回答。然认真寻绎，其实也并非一目了然，这里既有客观的文化、政

治的因素，也有诗人主观选择、哲学观照等原因，故有认真
寻绎的必要。

1. 传统隐逸文化的指引

隐逸文化由来已久，隐与仕自古就是士人生活的两极，隐
遁和避世一直是士人人生观的重要内容。所以，儒、道两家都
有关于隐逸的思想，甚至隐逸思想的源头要从孔子说起。孔子
虽然不是隐士，但是其思想中实际隐含着很多隐逸的因素，中
国传统的隐逸思想就是由他发展而来的。《论语·泰伯》说：

> 笃信好学，守死善道。危邦不入，乱邦不居。
> 天下有道则见，无道则隐。邦有道，贫且贱焉，耻
> 也；邦无道，富且贵焉，耻也。[①]

这就是孔子最著名的"无道则隐"的观点。在孔子看
来，"道"是生命的价值所在，以道自任、"舍我其谁"的精
神表现了儒家人生哲学的一个重要方面，但不是全部。如果
只看到孔子"入世"或者"显"的一面，其实还不是完整的
孔子。孔子虽然"志于道"，但作为大部分时间"不在其位"
的一介儒生，除了自己的人格以外，对于其他的，孔子是无
能为力的。为了给"道"一个切实的把握，一个内在的保
证，孔子强调内省的功夫，"一日三省吾身"，把个人"仁
德"的完成——"修身"当成"齐家治国平天下"的出发
点。这样，"志于道"的外在激情，就转向了内在的道德实

---

① 杨伯峻：《论语译注》，中华书局，1980年，第82页。

践。其具体的方式，就是隐逸。由此可知，孔子隐逸思想的核心就是道义，即维护对"道"的不容推卸的责任。"邦有道则仕，邦无道则可卷而怀之"，"用之则行，舍之则藏"，"道不行，则乘桴浮于海"。《论语·季氏》曰：

> 隐居以求其志，行义以达其道。吾闻其语矣，未见其人也。[①]

意思是说，通过避世隐居以求保全他的志向，依义而行来贯彻他的主张。我听过这样的话，却未见过这样的人。孔子对这类人评价是很高的。所以，孔子具有儒者和"潜在的隐士"的二重身份[②]。

隐居，在孔子那里，除了是一种生存方式以外，还可以从实用的角度解释为一种处世的策略[③]。"隐居"的目的在于"求志"，但又不是消极等待，而是在隐居中积极地做着某些准备，一旦时机到来，则可"行义以达其道"。《论语·微子》说：

> 虞仲、夷逸，隐居放言，身中清，废中权。[④]

[①] 杨伯峻：《论语译注》，中华书局，1980 年，第 177 页。

[②] 韦凤娟：《悠然见南山——陶渊明与中国闲情》，济南出版社，2004 年，第 8 页。

[③] 高文：《和谐与回归——陶渊明精神家园体系研究》，黑龙江教育出版社，2005 年，第 139 页。

[④] 杨伯峻：《论语译注》，中华书局，1980 年，第 197 页。

　　其意是说，虞仲、夷逸避世隐居，放肆直言，其品行是廉洁清白的，即使被废弃也是自己设定的权变策略。可见，孔子在主张入世以实现王道理想的同时，并不否认"隐"的必然性。在他看来，仕进、求爵、跻身庙堂之上的"博施济众"，是一个道德理想的传播和实践过程，而退避、隐逸、逍遥山林之中的"隐居求志"，同样也是对道德理想的执着和人格精神的践行，所谓"怀玉以保其质，守仁以全其身"。《论语·先进》有"子路、曾皙、冉有、公西华侍坐"①，记载了孔子与弟子子路、曾皙、冉有、公西华在一起，令他们各言其志。子曰："以吾一日长乎尔，毋吾以也。居则曰：'不吾知也！'如或知尔，则何以哉？"最后孔子问曾皙：

　　　　"点，尔何如？"

　　　　鼓瑟希，铿尔，舍瑟而作，对曰："异乎三子者之撰。"子曰："何伤乎？亦各言其志也。"曰："暮春者，春服既成，冠者五六人，童子六七人，浴乎沂，风乎舞雩，咏而归。"夫子喟然叹曰："吾与点也！"

　　这里曾皙没有正面回答夫子问题，而是描绘出一种具有美感的图景。这是一幅暮春游乐图。孔子听后深有感触，说："我赞成曾点的理想啊！"一边是子路等人治理国家、兼济天下的政治理想，一边是曾皙陶醉于大自然、自得其乐的志向，在

----

　　①　杨伯峻：《论语译注》，中华书局，1980 年，第 118—119 页。

这二者之间，孔子的选择是"吾与点也"，也就是说，尽管孔子在理论上把用世从政作为一种辉煌的人生境界昭示出来，但在实际上，陶情于大自然，在大自然的怀抱中获得宁静和谐，在寻常的人际关系中体味浓厚的情味——这样的人生才是孔子想要的人生，而这种人生不也是陶渊明那样的隐士所希冀的人生吗？摆脱功名利禄的羁绊，在自然中寻找欢乐，获得朴实真淳的人生乐趣，"此事真复乐，聊用忘华簪"（《和郭主簿二首》其一）。

与孔子"隐居求志"的思想不同，老庄道家的隐逸思想，属于避世哲学。《史记·老子韩非列传》载：楚威王闻庄子之才，派使者持重礼聘庄子相楚，庄子笑谓使者曰：

> 千金，重利；卿相，尊位也。子独不见郊祭之牺牛乎？养食之数岁，衣以文绣，以入大庙。当是之时，虽欲为孤豚，岂可得乎？子亟去，无污我。我宁游戏污渎之中自快，无为有国者所羁，终身不仕，以快吾志焉。①

这就是庄子的处世态度，逃避利禄，不为权势所羁，以求解脱。《庄子·刻意》还描写了隐士生活："就薮泽，处闲旷，钓鱼闲处，为无而已矣。此江海之士，避世之人，闲暇

---

① ［汉］司马迁撰：《史记·老子韩非列传第三》，中华书局，1959年，第2145页。

者之所好也。"① 这说明隐士是逃避遁世的。关于隐逸的实质，《庄子·缮性》指出："古之所谓隐士者，非伏身而弗见也，非闭其言而不出也，非藏其知而不发也，时命大谬也。当时命而大行乎天下，则反一无迹；不当时命而大穷乎天下，则深根宁极而待；此存身之道也。"② 其意是说，古代的隐士，并不是自己有意识地躲起来不让别人找到，也不是有意识地不发表言论，更不是有意识地隐藏自己的智慧与才能，而是因为世道不顺，为了保全自身，他们只好选择了隐居的生活方式。若到了有道之世，他们自然会出来大显身手。这与孔子所说的"有道则见，无道则隐"有什么区别呢？所以，有人就指出："古之隐士虽高尚其志，不仕王侯，而推原其心，未必生而甘隐、无心于世者也。大都因道之不能行，名之不能立，遂别由一途焉。韩子所谓有所托而逃者也。"③ 也即关于隐逸的本质，儒、道两家是相通的。

范晔《后汉书·逸民列传序》还将隐士的类型做了归纳："或隐居以求其志，或回避以全其道，或静己以镇其躁，或去危以图其安，或垢俗以动其概，或疵物以激其清。然观其甘心畎亩之中，憔悴江海之上，岂必亲鱼鸟乐林草哉？亦云性分所至而已。"④ 从物质生活上说，隐居并不是件舒适的事情，必然要面临生活境遇改变等具体问题，所以，不是

---

① ［清］郭庆藩撰，王孝鱼点校：《庄子集解》，中华书局，1961 年，第 535 页。

② 陈鼓应注释：《庄子今注今译》，中华书局，1983 年，第 405 页。

③ ［清］林钧：《桥隐诗话》卷一，光绪间林氏广州自刊巾箱本。

④ ［宋］范晔撰，［唐］李贤等注：《后汉书》，中华书局，1965 年，第 2755 页。

"亲鱼鸟乐林草"那么简单，唯有"性分所至"，才可能选择岩穴隐居。究其本质，无论上面的哪一种动机，隐居都是一种"独善其身"的逃避方法。逃避是因为对现实不满，而又无力改变，或不愿去改变，所以多半发生在动荡的时代政局之下。原则上说，隐士对现实是有态度的，只因不满于现实，才有避世的选择。但"不满"本身不就是表示他们对现实关心吗？所以朱熹说："隐者多是带性负气之人为之。"真正遗世隐居的人对现实应该是无所谓"满"与"不满"的，因为不满才隐逸的人，实际上是很关怀世情的，所谓"身在江海之上，心居魏阙之下"。这就是陶渊明隐居的文化原因，他也正是在上述文化指引下走向隐士的世界的。

2. 纷乱时局的客观影响

梁启超在《陶渊明》中指出，研究陶渊明要从时代心理和作者个性等方面入手，这确是把握陶渊明之所以成为隐士的两个重要线索。具体言之，那就是性情、抱负、际会与操守等四个关键词。说到"际会"，这是陶渊明没办法选择的，即如前文所述，他生活在东晋后期，政局混乱无序，皇权暗弱，大士族把持朝政，"王与马共天下"，加之过于强大的军阀势力，三种政治力量之间矛盾重重，争斗不休，此起彼伏。东晋前期是荆州军阀势大，先是王敦逼宫，后是桓温主政，桓氏擅自废立，废废帝司马奕，立简文帝司马昱，所谓"政由桓氏，祭则寡人"，东晋国祚简直系于他一人之手。迨至东晋末期，先是桓玄兴起，手握荆州军权，他野心膨胀，据京师，废安帝，自为天子，改朝换代，后有北府军大将刘裕起兵，逐桓玄，掌权柄，杀异己，以谋篡晋。期间，又有南北朝之间互相攻伐，东南沿海孙恩等率众起义。可以说，整个时代动荡不安，喧嚣鼎沸，可谓"天下多故"（《晋书·阮籍传》）。

而陶渊明29岁（太元十八年）出仕到41岁（义熙元年）解绶彭泽，这正是东晋政局最动荡的一段时期，可谓乱世中的"乱世"，危机四伏，凶险莫测。他先后为江州刺史王凝之"祭酒"、荆州军府桓玄的参军、北府军府刘裕、刘敬宣的参军，以及彭泽县令，足迹从长江上游的武昌、江州到下游的镇江、建康，行役奔波，在荆州军和北府军两个军阀集团之间周旋应酬。政局实在是黑暗混乱，"悠悠风尘，皆奔竞之士"[①]，"晋宋间人物，虽曰尚清高，然个个要官职。这边一面清谈，那边一面招权纳货。"[②] 身处其中的他常有"异患"之忧，如履薄冰，违己交病，所以他多次寻找机会辞官逃避。可以说，十三年间他是在矛盾犹豫、纠结挣扎中度过的。

创作于此期的诗文最能表现陶渊明这种挣扎、矛盾的心情，著名的有《庚子岁五月中从都还阻风于规林二首》《辛丑岁七月赴假还江陵夜行塗口》《始作镇军参军经曲阿》《感士不遇赋》等。不妨先看《庚子岁五月中从都还阻风于规林二首》：

---

① ［晋］干宝：《晋纪总论》，见［梁］萧统编，［唐］李善注：《文选》卷四十九，上海古籍出版社，1986年，第2187页。

② ［宋］朱熹：《朱子语类》卷一百四十，中华书局，1986年，第3327页。

行行循归路，计日望旧居。

一欣侍温颜，再喜见友于。

鼓棹路崎曲，指景限西隅。

江山岂不险，归子念前涂。

凯风负我心，戢枻守穷湖。

高莽眇无界，夏木独森疏。

谁言客舟远，近瞻百里余。

延目识南岭，空叹将焉如！

自古叹行役，我今始知之。

山川一何旷，巽坎难与期。

崩浪聒天响，长风无息时。

久游恋所生，如何淹在兹。

静念园林好，人间良可辞。

当年讵有几，纵心复何疑！

　　庚子岁，为安帝隆安四年（400），陶渊明 36 岁，正做着桓玄参军。隆安三年，桓玄任江州刺史。之前，恒玄参与了以王恭为首的反对司马道子、王国宝的斗争，而后逐渐掌握了权柄。王国宝被赐死后，司马元显（道子之子）灭王恭，司马道子笼络桓玄，玄转而攻杀了原来的盟友荆州刺史段仲湛。隆安四年春，朝廷诏进桓玄督八州及扬、豫八郡诸军事，领荆、江州刺史。这期间孙恩起义于浙江，东晋国事陷入内外交困境遇。该诗写诗人奉桓玄之命出使京师，归途受阻于风，于是表达了对慈母亲人的思念，以及对林园的怀念。第

一首侧重写思家，第二首侧重写思园田。行役之苦，思归之
切，溢于言表。"山川一何旷，巽坎难与期。崩浪聒天响，长
风无息时"，所写虽是自然风雨，却有暗指政治风云险恶之
意。既然出仕的初衷已无法实现，要成就的事业也无能为力，
只能把船桨收起来守在穷湖，徒唤奈何！清吴菘《论陶》分
析说："'计日望旧居'，写尽客子情态。前四句皆志喜，后
皆叹也。路曲景限，江山又险，已为可叹。乃风又负我，水
又穷我，远则高莽绵邈，近则夏木蔽亏。百里非遥，瞻望弗
及，与前'计日'殊相左矣，能不永叹！"[①] 再看《辛丑岁七
月赴假还江陵夜行塗口》：

> 闲居三十载，遂与尘事冥。
>
> 诗书敦宿好，园林无世情。
>
> 为何舍此去，遥遥至南荆！
>
> 叩枻新秋月，临流别友生。
>
> 凉风起将夕，夜景湛虚明。
>
> 昭昭天宇阔，晶晶川上平。
>
> 怀役不遑寐，中宵尚孤征。
>
> 商歌非吾事，依依在耦耕。
>
> 投冠旋旧墟，不为好爵萦。
>
> 养真衡茅下，庶以善自名。

该诗作于安帝隆安五年（401），陶渊明37岁。如前所

---

① ［清］吴菘：《论陶》，见《陶渊明资料汇编》下册，中华书局，
1962年，第120—121页。

述，隆安四年春，桓玄克荆、雍之后，督八州及八郡军事，领荆、江二州刺史。陶渊明可能先在江州州府任职，后移任荆州（治所在江陵）从事。该诗是诗人回乡探亲假满，再赴江陵任所，于途中感怀而作。夜行江中，怀役不寐，遂反省为何舍林园而入仕途，字句之间表达了诗人对仕宦的厌倦和对田园生活的向往。前六句主要写诗人的平生志趣。园林生活使他厌恶世俗之情，而《诗》《书》又强化了他隐逸之志。中间一段，从诗人在岸边与友人告别，一直写到途中夜不能寐而中宵孤征，意在说明行役之苦。最后六句，写自己不愿像宁戚那样自荐求官，决心抛弃功名利禄而归田隐居，故清陈祚明以为："'怀役'二句，诚知宦游之困。"[1] 元兴三年（404），陶渊明离家赴刘裕幕府，遂作《始作镇军参军经曲阿》：

> 弱龄寄事外，委怀在琴书。
>
> 被褐欣自得，屡空常晏如。
>
> 时来苟冥会，踠辔憩通衢。
>
> 投策命晨装，暂与园田疏。
>
> 眇眇孤舟逝，绵绵归思纡。
>
> 我行岂不遥，登降千里余。
>
> 目倦川涂异，心念山泽居。
>
> 望云惭高鸟，临水愧游鱼。
>
> 真想初在襟，谁谓形迹拘。

---

[1] ［清］陈祚明评选：《采菽堂古诗选》卷十三，见《陶渊明资料汇编》下册，中华书局，1962年，第124页。

第四章　作为隐士的陶渊明

聊且凭化迁，终返班生庐。

这是他第三次出仕。上一次，他是在桓玄的手下做参军。这一次，他却要去推翻桓玄的刘裕幕府里任职了。其复杂心绪，可想而知。陶渊明从浔阳出发，经过曲阿，抵达京口上任。曲阿，今江苏丹阳；京口，今江苏镇江。刘裕的起事在当时被看作是义举，加之陶渊明年届不惑，深感孔子"四十五十无闻焉，斯亦不足畏也已"的话，所以急迫地想去建立功名，这就是他本次出仕的原因。然而一踏上旅程，诗人就犹豫彷徨起来：桓玄是靠反对专权的司马道子起家，进而实行其阴谋野心的，那眼前的刘裕是不是也会依样画葫芦呢？所以该诗反映了诗人出仕与复归的矛盾心理。可见，诗人对现实政治是失望的，是没信心的。他心中那颗深埋着的隐逸的种子，只要有外力的诱发，生根发芽、破土而出是迟早的事。

陶渊明这次又不幸猜中了，当他上任后看到刘裕的种种所为后，才惊觉自己这次又是错误的选择。刘裕其人，虽有干练的一面，但在阴险毒辣、无信无义方面与桓玄相比有过之而无不及。当时他虽然只是掌握了东晋朝廷的部分权力，羽翼未丰，但排斥异己、党同伐异就已迫不及待了。他先是或拉或打，杀了曾效力于桓玄的刁逵全家及无罪的王愉父子，接着扶持王谧，此人原是桓玄心腹，但刘裕出于政治考量，却命他为录尚书事，领扬州刺史。至于刘裕属下，更是为非作歹，劣迹斑斑，刘裕对此则不闻不问。陶渊明遂感慨连连，他想有一番作为，不想成为政治中的牺牲品。于是他写《感士不遇赋》抒发自己的不平："悼贾傅之秀朗，纡远辔于促界"，他想到了西汉的贾谊。贾谊无疑是政治斗争的牺牲品。贾谊才华无人能及，为文帝出谋划策，修订正朔，变易服色，勘定官名，兴盛礼乐，更改秦法，贡献颇多，但只是由于遭受朝中老臣周勃、灌婴等人诋毁，文帝即贬其为长沙王太傅、梁怀王太傅。就像千里马却被缰绳拴到了偏远的长沙，再也无法实现政治上的抱负。后梁怀王坠马而死，贾谊深感内疚，为此忧伤，33 岁便郁郁而终。"悲董相之渊致，屡乘危而幸济"，董仲舒学识渊博，时人无出其右者，但他的仕途却是坎壈不顺。据《汉书·董仲舒传》载，董仲舒先后被任命江都王与胶西王相，二王都是骄纵之人，董仲舒为人正派，多次上疏诤谏，忤逆王意，险遭死罪。虽幸免，但他恐迟早获罪，故称病辞归。只是，辞职归乡后的他每当午夜不眠，想到自己未竟的理想，便泪洒栏杆。陶渊明还想到了李广："广结发以从政，不愧赏于万邑；屈雄志于戚竖，竟尺土之莫及。"说李广从结发起，就从军讨匈奴。匈奴畏惧他，呼他为"飞将军"，即使封赏万户侯也不为过。戚竖，外戚小人，指汉武帝卫皇后的弟弟卫青。在攻击匈奴的战役中，李广军因失道误期，遭到卫青的责罚，李广悲愤自杀。他的一生，连尺寸土地也未得封赏。陶渊明在为这些不得志的历史人物感到不平，然其何尝不是自我写照？从董仲舒的《士不遇赋》，到司马迁的《悲士不遇赋》，再到陶渊明的《感士不遇赋》，不同的时代，不同的人，却是相似的经历，相同的感受。

安帝义熙元年（405 年），41 岁的陶渊明离开了野心家刘裕，成为江州刺史、建威将军刘敬宣的参军。刘敬宣为北府大将刘牢之的儿子，他讨伐北方慕客超，进围广固城，击败卢循，颇有才干。但他不见容于刘毅。刘毅是刘裕讨平桓玄过程中的盟友，被封为抚军将军，比刘裕的镇军将军仅仅低一级。刘敬宣于是感到了危险，赶紧自表辞职。作为刘敬宣的参军，陶渊明奉刘之命出使京都，为其呈送辞表。陶渊明不想卷进权力斗争之中，但如何能幸免呢？于是作《乙巳岁三月为建威参军使都经钱溪》：

> 我不践斯境，岁月好已积。
>
> 晨夕看山川，事事悉如昔。
>
> 微雨洗高林，清飙矫云翮。
>
> 眷彼品物存，义风都未隔。
>
> 伊余何为者，勉励从兹役。
>
> 一形似有制，素襟不可易。
>
> 园田日梦想，安得久离析。
>
> 终怀在壑舟，谅哉宜霜柏。

当陶渊明路过钱溪时，看到与故乡相似的风景，他心中响起了一个声音——归去来兮！虽然鹏程之志不能实现，但陶渊明已经尽力了，官场的虚伪与残忍是他不能接受的。除此之外，经过这么多次的请与辞，陶渊明对为官这件事有了更深的感受，也更坚定了去做一个隐士的决心，"彼达人之善觉，乃逃禄而归耕"（《感士不遇赋》）。但他没有马上归去，而是于本年八月，到了离家不远的彭泽县，出任县令。这次出仕，大概动机很简单，就是解决未来归隐后的衣食所需，特别是酒的问题。但当他为县令 80 余天的时候，浔阳郡派遣督邮来检查公务。浔阳郡督邮名曰刘云，以凶狠贪婪而远近闻名，每年两次以巡视为名均向辖县索要贿赂，每次满载而归才罢。当县吏告知陶渊明要按照礼节"当束带迎之"时候，陶渊明感叹："吾不能为五斗米，折腰向乡里小儿！"不甘屈辱的他解绶挂冠，辞官归去了，济世的理想遂成了泡影。——这就是陶渊明所处的时代，时代是不能选择的，他能选择的或"顺适"以随波逐流，或逃避以独善其身，显然渊明是绝不为官禄而放弃人格的，"陶渊明在精神上最近屈子，其人格之峻洁，绝不能苟且于世"①。关于陶渊明归隐的深层意蕴，清人也曾指出："渊明隐居不仕，非无康济之心，其所以放怀乐道，躬耕自资者，乃欲有为而不得也"。②

3. 对身心真性的保全

以上讨论的是陶渊明归隐的客观原因，即文化与时代的原因。其实，促使他走向田园的，还有更重要的个性——内在原因，即性情、抱负与操守等。如前所述，身在官场的陶渊明感到如拘如囚，如同"羁鸟"与"池鱼"，所以身在仕途而心念山泽田园，最后终于认识到自己本"无适俗韵"，"自然"的"质性"不可能合于官场，所谓"性刚才拙，与物多忤"，"刚"且"拙"的个性也无法迎合世俗的要求。这样，归隐就成了顺从本性——自然的必然选择。

---

① 蒋寅：《陶渊明隐逸的精神史意义》，《求是学刊》，2009 年第 5 期，第 90 页。

② [清] 俞俪：《生香诗话》卷二，道光七年自刊本生香花蕴合集。

　　钟优民先生在《陶渊明和他的咏怀诗》①中结合陶诗文本，详细分析了陶渊明仕隐抉择的长期性与复杂性，认为陶之归隐绝非一时感情冲动和意气用事，是经过深思熟虑的结果。而其生性率真、绝不违逆本心的人生态度是他归隐的动力。在陶渊明看来，置身官场，于人"与物多忤"，于己"深愧平生"，在滔滔利禄、滚滚红尘中必定失去自我，而截断世俗"百情"远离官场争夺才能保得生命的真性。所谓"养真衡茅下，庶以善自名"（《辛丑岁七月赴假还江陵夜行涂口》），这也是陶渊明落实其"自然"哲学思想的最好方式。可见，陶渊明的挂冠归田是基于对自我本性的深刻体认而做出的理性选择。这与名士们对隐逸的那些诗意幻想、对隐士生涯的那种轻飘飘的赞美不同，"商歌非吾事，依依在耦耕。投冠旋旧墟，不为好爵萦"（《辛丑岁七月赴假还江陵夜行涂口》），"归去来兮，田园将芜胡不归？既自以心为形役，奚惆怅而独悲。悟已往之不谏，知来者之可追；实迷途其未远，觉今是而昨非"（《归去来兮辞》）。陶渊明"投冠旋旧墟"，高吟"归去来"，是经过仕途上多次颠簸和心灵中多次冲突后而做出的庄重决断。他既不因隐逸而自矜其清高，更不自炫什么归隐生活的风雅，赋《归去来兮辞》之前的诗文抒写的是仕与隐在精神上引起的矛盾、动荡、犹豫及最终抉择，归田以后的诗文所展现的是躬耕生活的喜悦、贫困与艰辛。

　　正如有学者所指出的："隐逸不是单纯的避世行为，它有时可以理解为一种具有道德批判性的政治姿态，也可以代表

---

　　① 钟优民：《陶渊明和他的咏怀诗》，《吉林大学学报》，1978年5—6期，第93—101页。

一种人生理想的索求"①。这在陶渊明身上有鲜明的表现：他与东晋时代的隐逸阶层始终保持着距离，比如他婉拒加入当时最具声势的隐士集团——以慧远为首的庐山莲社。元兴元年（402）七月，慧远主持了在庐山般若台精舍无量寿佛像前的斋会，到会的有130人之多，著名的隐士周续之、毕颖之、雷次宗、张季硕、宗炳、张莱民等都纷纷莅会，众人发愿往生西方，发愿文就是由陶渊明的好友刘遗民撰写的。之前刘遗民曾邀陶渊明加入他们的组织，陶渊明作《和刘柴桑》以表明自己的态度："山泽久见招，胡事乃踌躇？直为亲旧故，未忍言索居。"意思是他舍不下田园和亲人，不能像刘遗民他们那样脱离现实，到山林岩穴去隐居，他要过"亲戚共一处，子孙还相保"（《杂诗十二首》其四）的平凡生活，也即陶渊明的隐不同于流俗之隐。并且，"整个六朝，隐士非佛即道"②，而陶渊明更显"另类"，他怀疑佛家的"轮回"，质疑佛教神不灭论，他也不像葛洪、陶弘景等人那样或炼丹修道，或研修道教经典，传播道家养生之术。他更是拒绝朝廷所谓求贤征辟，比如庐山莲社诸人多接受征召，成为刘宋新朝的点缀，像刘遗民、周续之等皆附新朝，而陶渊明却是"不合时宜"地生活在田园里，种几亩薄田，陪伴在亲朋身边，过着自己想过的生活。

为此，陶渊明在诗文中，颂扬青松、秋菊、幽兰，托物言

---

① 王国璎：《中国山水诗研究》，台湾联经出版事业公司，1986年，第101页。

② 高智：《陶渊明"隐逸诗人之宗"考论》，《铜仁学院学报》，2016年第2期，第37页。

志，以伸张自己不以时移的坚贞品格。如"因值孤生松，敛翮遥来归。劲风无荣木，此荫独不衰"（《饮酒》其四）、"青松在东园，众草没其姿，凝霜殄异类，卓然见高枝"（《饮酒》其八）。越是天寒地冻、冰雪严霜，松树的本性就越能显示出来："岁寒，然后知松柏之后凋也"（《论语·子罕》），"受命于地，唯松柏独也正，在冬夏青青"（《庄子·德充符》），"岁不寒无以知松柏，事不难无以知君子"（《荀子·大略》），赞美松树，也是赞美一种品格一种精神。陶诗《拟古》其六也说："苍苍谷中树，冬夏常如兹。年年见霜雪，谁谓不知时。"松柏常青，四季不改，非不知时，而是本性如此，时变它也不变。坚守自我，绝不因时而变，是松柏的品格，也是陶渊明的品格。不仅如此，陶渊明还赞美菊花、兰花："秋菊有佳色，裛露掇其英"（《饮酒》其七）；"芳菊开林耀，青松冠岩列。怀此贞秀姿，卓为霜下杰"（《和郭主簿二首》之二）；"三径就荒，松菊犹存"（《归去来兮辞》）；"幽兰生前庭，含薰待清风。清风脱然至，见别萧艾中"（《饮酒》其十七），说菊花一枝孤寒，开在百花之后，兰花姿容高雅，香气清芬，都是清奇孤绝、卓然不群的品格、生活的象征。在松、菊、兰身上，寄寓了诗人坚贞自守、孤高独立、傲然挺拔的人格理想和人格追求。而隐居正是维护自我人格的途径，只有回归"自然"，才能弃绝名利，养性葆真，不为世俗的得失所惊扰。所以，莫砺锋指出："陶渊明的归隐不是退隐，更不是放弃，而是一种特殊形态的坚守与抗争。"[①] 这就是陶渊明隐居的最重

---

① 莫砺锋：《陶渊明》（下），《古典文学知识》，2015 年第 7 期，第 19 页。

要的原因。

二、陶渊明的隐逸思想

关于陶渊明隐逸思想的渊源，前文已有较多讨论。但陶渊明毕竟是陶渊明，他并非照搬儒、道两家的隐逸思想，他既有着隐士的一般特点，如既遵循礼仪制度的基本伦理，像孝悌、仁德、友爱等，又对当朝政治表示抗拒，对现有秩序表示不满，与当权者保持一定距离，等等，同时又有着自己的思考，他甚至"不合时宜"，与传统隐士之行相悖，他是"保全个性独立与精神自由，是醉心田园回归自然的真隐"①。具体的，不妨做如下梳理：

1. 隐逸不仅是道家的"真"和儒家的"义"，而且也是在平凡的人间情味中对自我人格、操守的捍卫

道家说"不知贵真，禄禄而受变于俗"（《庄子·渔父》），儒家说"不义而富且贵，于我若浮云"（《论语·述而》），而陶渊明的隐逸观既继承了道家回归自然、葆性养真、摒弃世俗的思想，又践行了儒家"穷则独善其身"的隐逸主张，他倾心于道家"逍遥于天地之间而心意自得"的生活，因而隐居的生活越是单纯越能获得精神的自由愉悦。同时，他也认同君子的仕与隐都是对"道"的捍卫的思想，认为隐是士人在"邦无道"之时，弘扬"道"的重要路径，在

---

① 高智：《陶渊明"隐逸诗人之宗"考论》，《铜仁学院学报》，2016年第2期，第35页。

山泽田园之中坚守自己的操守。因而，道家的"真"和儒家的"义"成为陶渊明隐逸思想的基本内容，所以有学者认为，陶渊明是融合了"道家目的式适性之隐"和"儒家的手段式的待时之隐"①。

但是，不仅如此，陶渊明将传统的儒、道隐逸思想做了融合改造，具有了陶氏的自我面目。陶渊明的思考有很强的实践性，他不是停留在头脑中或纸面上，而是诉诸实践，身体力行，他不但以其文字，也以其整个人生探索着隐逸之路，通过切实的日常生活升华了传统的智慧，赋予隐逸一种人间的情味。具体的，首先，陶渊明摒弃了儒家以躬耕为耻的观念，并不理会世俗社会高贵低贱的价值观念，他想通过自己的辛勤劳作，解决隐居生活中所遇到的具体困难。作为一个曾经的统治阶层中的人物、一个数征不就的征士，可是他要面对家无隔宿之粮，"夏日常抱饥，寒夜无被眠"，甚至不得不乞食的困境，这时，在精神上儒家"君子固穷""安贫乐道"的思想给了他战胜饥寒的力量；在生活中"晨兴理荒秽，带月荷锄归"的躬耕给予他战胜贫乏之困的方法，这就是陶渊明对于隐逸的思考和落实。其次，陶渊明改造了隐居以待时的儒家隐逸思想。他没有将隐居当成从政谋官、获取官禄的终南捷径，在二十余年的隐居人生中，他谢绝了"田父"的好怀、拒绝了朝廷的征辟、抵拒了朝廷新贵檀道济的"关怀"，他绝不为了酒肉衣食而辱志、降身，他将隐居生活中的喜怒哀乐、感悟感慨付之于诗文，他说："余闲

---

① 霍建波、徐洁：《论隐逸文化视域下的陶渊明》，《延安大学学报》，2015 年第 2 期，第 91—92 页。

居寡欢，兼比夜已长，偶有名酒，无夕不饮。……既醉之后，辄题数句自娱。纸墨遂多，辞无诠次。聊命故人书之，以为欢笑尔"（《饮酒二十首并序》），他希望"常著文章自娱，颇示己志，忘怀得失，以此自终"（《五柳先生传》），可见，饮酒赋诗等艺术化的生活消解了他隐居的贫寒与壮志未酬的失意，追求平凡人生中的艺术情味成了他隐逸思想的重要内涵。第三，陶渊明改造了道家的"岩穴隐"，而为"田园隐"。他不是离群索居，寄身于山林岩穴之间，他是"归田"，在寻常的鸡鸣狗吠的田园中追求自由和人格；在日常生活中，"邻曲时时来，抗言谈在昔。奇文共欣赏，疑义相与析"，"春秋多佳日，登高赋新诗。过门更相呼，有酒斟酌之。农务各自归，闲暇辄相思。相思则披衣，言笑无厌时"（《移居二首》），他食的是人间烟火，享受的是人间真情，所以，陶渊明的隐逸不是高高在上的高头讲章，而是切实的自然人生，他不是给别人看的，而是为了自己，因而隐逸成就了他自己。① 对此，有学者总结说："他隐于田园，旨在农耕，'躬耕自资'，摒弃山居岩栖枯淡冷寂的隐居生活，他不应征辟也少在朝廷征召之列，他不满意当时隐士的生活方式，自觉与隐士保持距离，不溺于佛道，不以隐逸为名，种种表现，异于隐士的常态，恰好说明陶渊明懂得隐逸的真谛。"②

---

① 张泉：《论陶渊明的隐逸及隐逸生活》，《理论学刊》，2002 年第 3 期，第 127 页。

② 高智：《陶渊明"隐逸诗人之宗"考论》，《铜仁学院学报》，2016 年第 2 期，第 40 页。

2. 隐居中坚持躬耕，把劳动看作是保持"人与自然一体"的途径，躬耕不仅解决了衣食问题，而且还获得了精神的满足和愉悦——"我是识字耕田夫"

陶渊明不仅是隐士，而且更是我国古代隐逸史上少有的亲自耕作、自耕自食的思想者。土地真正的灵魂是被陶渊明唤醒的。按，传统儒家是鄙视农业劳动的，孔子提倡"固穷"之节，却又主张"君子谋道不谋食。耕也，馁在其中矣；学也，禄在其中矣。君子忧道不忧贫。"[①] 孔子认为躬耕只是为了谋食，它有碍于"谋道"。"道"是第一要义，经世致用是人生的根本目的。所以，当弟子"樊迟请学稼"时，孔子便给樊迟下了一个评语："人小哉，樊须也！"[②] 认为樊迟考虑的是个人谋食之事，无君子之志，是一个只顾眼前、没出息的"小人"。这种轻视劳动的风气，到魏晋时期发展到了极点。士人们高谈玄理，游山玩水，吟月赏花，视农耕稼穑为俗务，以不染事务为高雅。颜之推《颜氏家训》中不仅有"多见士大夫耻涉农务"的事例，更有士人多不懂耕耘的记载："江南朝士，因晋中兴，南渡江，卒为羁旅，至今八九世，未有力田，悉资俸禄而食耳。假令有者，皆信僮仆为之，未尝目观起一坯土，耘一株苗；不知几月当下，几月当收，安识世间余务乎？"[③] 在这种风气下，陶渊明却冲破了这种轻视农业劳动的意识和传统世俗偏见，非常坦然地走上了

---

① 杨伯峻：《论语译注·卫灵公》，中华书局，1983年，第168页。

② 杨伯峻：《论语译注·子路》，中华书局，1983年，第135页。

③ 王利器：《颜氏家训集解·涉务》，中华书局，1993年，第324页。

躬耕自给的道路，这在以"君子劳心"自别于"小人劳力"的士风中是十分罕见的。它与当时一味清谈玄理，不以俗务经怀，所谓"居官无官官之事，处事无事事之心"（孙绰《刘真长诔》）的名士风度也形成了鲜明的反差。陶渊明为什么会这样做？根本的原因还是他对"自然"哲学思想的信奉和实践，躬耕"是陶渊明内在精神返归自然的一种外在行为体现，是他保持完整人格、坚守自然人生态度的一种方式。"① 不妨看他的名作《癸卯岁始春怀古田舍二首》：

在昔闻南亩，当年竟未践。

屡空既有人，春兴岂自免？

凤晨装吾驾，启涂情已缅。

鸟哢欢新节，泠风送余善。

寒草被荒蹊，地为罕人远。

是以植杖翁，悠然不复返。

即理愧通识，所保讵乃浅。

先师有遗训，忧道不忧贫。

瞻望邈难逮，转欲志长勤。

秉耒欢时务，解颜劝农人。

平畴交远风，良苗亦怀新。

虽未量岁功，即事多所欣。

耕种有时息，行者无问津。

① 段幼平：《论陶渊明"雅""俗"并容的审美人生境界》，《湖南工业大学学报》，2011 年第 4 期，第 75 页。

日入相与归，壶浆劳近邻。

长吟掩柴门，聊为陇亩民。

从"鸟哢欢新节，泠风送余善""平畴交远风，良苗亦怀新。虽未量岁功，即事多所欣"这些喜气流溢的诗句中，我们就能很真切地感受到诗人躬耕时的喜悦：田野鸟儿欢快的啼叫像是在迎接春光又像在迎接诗人，轻妙的微风给人送来融融暖意，被春风轻抚的禾苗似乎也充满了好奇……此情此景使诗人想起古时"植杖而芸"的荷蓧丈人，想起结耦而耕的长沮、桀溺，并深深理解他们何以要远离仕途而躬耕不辍，何以要逃避"滔滔者天下皆是"（《论语·微子》）的尘嚣"悠然不复返"。所以，梁启超才一针见血地指出，陶渊明的"快乐不是从安逸得来，完全是从勤劳得来"①。关于诗人的躬耕，章培恒、骆玉明也提出："（陶渊明）的体力劳动在其经济生活中究竟有多大意义？大约很有限，甚至，也许是可有可无。这种农业劳作的实际意义，在于它体现了陶渊明的一种信念。"②

他将自食其力的躬耕劳动看作实践"自然"哲学的开端，并且把它放置在人性起码良知的心理层面上加以强调。他说："孰是都不营，而以求自安？"因而，陶渊明躬耕的意义在于，他把高悬于空中的人生之"道"落实到了具体可感的现实人生之中，而且，通过自己的躬耕努力探寻和营求着

---

① 梁启超：《陶渊明》，商务印书馆，1923 年。

② 章培恒、骆玉明主编：《中国文学史》（上），复旦大学出版社，1996 年，第 358 页。

摆脱穷困人生的路径和"天人和谐"的生命境界。"但愿长如此，躬耕非所叹"（《庚戌岁九月中于西田获早稻》），在此，躬耕自资作为对人生之"道"的一种承担已超出了普通劳动的单纯意义而成为了陶渊明的人生信念和精神寄托。正如戴建业所分析的那样，农民也种田，但"农民的耕作是对命运的被动接受，而陶渊明的躬耕行为则是实现自我生命存在方式的主动选择，体现了他对人生、生命价值的哲学思考。他与'陇亩民'的这些差别不仅不影响他作为诗人的伟大，反而正是这些差别使他的人生更具有独特的魅力，更具有存在的深度。"① 所以，陶渊明自己的名言就是："四体诚乃疲，庶无异患干。盥濯息檐下，斗酒散襟颜。"（《庚戌岁九月中于西田获早稻》）四肢虽然有些疲劳，但却躲闪开了无谓的灾祸，获得了收割的喜悦以及自在的心理休息，心情当然是愉快的。

同时更重要的是，这一心理调整使得诗人获得了宝贵的安全感，为审美境界的打开铺平了道路。《癸卯岁始春怀古田舍二首》其二云："秉耒欢时务，解颜劝农人。平畴交远风，良苗亦怀新。虽未量岁功，即事多所欣。"农事的艰辛，在这里变成了一种精神上的享受；和风的惬意、良苗怀新的美景一时扑面而来，让诗人感到了无限的惊喜与欢欣。尽管农耕的劳苦无法保障他一家的生活来源，但陶渊明已经深深地眷恋着这样的生活，他和田园已经融为一体，不可分开，他相信"民生在勤，勤则不匮"（《劝农》），有一分努力便有一分

---

① 戴建业：《澄明之境——陶渊明新论》，华中师范大学出版社，1998 年，第 196 页。

收获，不像尔虞我诈的官场，充满着虚伪和阴险。由此可以这样说，在躬耕陇亩、自耕自资生活方式的坚持中，诗人最终完成了他"结庐在人境，而无车马喧"的"精神治疗"！

陶渊明在归田的后期，物质生活越来越匮乏，岁月的流逝，使他一天天地感到体力衰损。年轻时常有的欢欣，难得再有了，倒是忧虑常常爬上心头。这种生活和心态上的变化，真实地反映在他后期的田园诗里。于是我们看到了另一个陶渊明：他描写着田家的辛苦，感叹着人生的劳累，开始怀疑天道，以至慷慨悲歌了。因而此时的田园诗旷达依旧，但增添了不少悲凉的意味，平静恬淡的田园风光少了，而多了叹老嗟贫。

《庚戌岁九月中于西田获早稻》一诗，是陶渊明田园诗中的重要诗篇。此时，已是他归田后的第六个年头了。六年来风里来、雨里去的耕作，使他饱尝了劳动的艰辛。正因为如此，他对农民的辛苦、对劳动的意义以及人生的艰难，认识得更深刻了：

> 人生归有道，衣食固其端。
>
> 孰是都不营，而以求自安？
>
> 开春理常业，岁功聊可观。
>
> 晨出肆微勤，日入负耒还。
>
> 山中饶霜露，风气亦先寒。
>
> 田家岂不苦？弗获辞此难！
>
> 四体诚乃疲，庶无异患干。
>
> 盥濯息檐下，斗酒散襟颜。

> 遥遥沮溺心，千载乃相关。
>
> 但愿长如此，躬耕非所叹。

孔子说，君子谋道不谋食。不仅把道与食对立起来，甚至否定了谋食。陶渊明却把食与道统一起来，并且把食放在道的首位，这种见解是不同于孔子的理论的，确是实实在在的真理。那么，衣食从哪儿来？来自躬耕。既然明白了这层道理，田家的种种辛苦就不能、也无法推卸了。这不仅仅是"衣食固其端"，还可以庶几免遭"异患"的伤害，避免了许多灾祸，这灾祸不但包括兵凶战厄，也包括世俗官场的尔虞我诈、颠倒黑白的戕害。在劳作之中，诗人感到生命显得切实有力、愉快美好。在这里，诗人再次点明了归隐的深层原因。此诗很真实地反映了陶渊明归田五、六年后的生活与思想，而更重要的，还在于诗人对于劳动的深刻见解和真实体验。

具体描写陶渊明参加劳动的还有《丙辰岁八月中于下潠田舍获》诗：

> 贫居依稼穑，戮力东林隈。
>
> 不言春作苦，常恐负所怀。
>
> 司田眷有秋，寄声与我谐。
>
> 饥者欢初饱，束带候鸣鸡。
>
> 扬楫越平湖，泛随清壑回。
>
> 郁郁荒山里，猿声闲且哀。
>
> 悲风爱静夜，林鸟喜晨开。

日余作此来，三四星火颓。

姿年渐已老，其事未云乖。

遥谢荷蓧翁，聊得从君栖。

丙辰岁（416）是陶渊明躬耕生活的第十二个年头。从这首诗可以看出，诗人晚年生活更加贫穷了，前六句写自己以农事为本，虽苦犹甜。种田是他惟一的经济来源，惟有依靠稼穑，在东林旁边的土地上努力耕种。还谈什么春耕的辛苦呢？诗中"饥者欢初饱，束带候鸡鸣"二句，十分真实地写出了诗人常常挨饿和辛勤劳作的情况。不仅非"寒馁常糟糠者不能造出"，而且"非惯穷不知此趣"①，所以读来感人至深。但他还告诉那个古代的隐士，愿意随他在一起。最后六句写自己归田十二年来，虽姿容已改，年岁渐高，十二年的农耕与辛苦，十二年的容颜变老，都不能改变他坚持隐居的节操。

按，陶渊明的家境并不富裕，归隐之后，要靠自身的力量以耕植谋求一家大小的温饱，实在不是一件轻而易举的事。尽管诗人付出了极大的努力，可是仍然经常陷家人于饥寒贫困之中。在陶诗里，描写诗人贫居生活的句子几乎俯拾皆是。他自谓"凄厉岁云暮，拥褐曝前轩。南圃无遗秀，枯条盈北园。倾壶绝余沥，窥灶不见烟"，"弊襟不掩肘，藜羹常乏斟"（《咏贫士》）；"弱年逢家乏，老至更长饥"（《有会而作》）；"劲气侵襟袖，箪瓢谢屡设。萧索空宇中，了无一可

---

① ［明］钟惺、谭元春评选：《古诗归》卷九，见《陶渊明资料汇编》下册，中华书局，1962年，第149页。

悦"（《癸卯岁十二月中作与从弟敬远》），日子过得十分惨淡可怜。不妨再看其《怨诗楚调示庞主簿邓治中》：

> 天道幽且远，鬼神茫昧然。
> 结发念善事，僶俛六九年。
> 弱冠逢世阻，始室丧其偏。
> 炎火屡焚如，螟蜮恣中田。
> 风雨纵横至，收敛不盈廛。
> 夏日抱长饥，寒夜无被眠。
> 造夕思鸡鸣，及晨愿乌迁。
> 在己何怨天，离忧凄目前。
> 吁嗟身后名，于我若浮烟。
> 慷慨独悲歌，钟期信为贤。

这首诗写于诗人54岁，诗人以忧伤的心情，倾诉了他大半生中的坎坷遭遇。自诗人回乡躬耕自资以来，不仅霜露风寒不胜其苦，同时天灾人祸也交侵而至。诗人的生活极其困苦。天灾、人祸都是延及千家万户的事，诗人通过自己苦难的悲歌，同时也反映了当时广大农民的生活境况。诗人毫不掩饰地记录了他所经历的饥寒困苦，喟叹之情跃然纸上。陶渊明晚年，穷到了经常断炊的境地。尽管常年辛勤劳动，"岁功聊可观"也成了不复再现的过去。在生活艰难得实在无法的情况下，年衰体弱的老人，就不得不出去讨饭，他还写下了真实而感人的《乞食》诗。

就在诗人乞食的时候，江州刺史檀道济上门探访，并赠

之以粱肉。他挥而去之，拒绝了新朝的"关怀"。他情愿沦
为乞食者，忍着饥饿，漫无目标地奔波。善良人们的遗赠他
是接受的，这并没有什么不光彩，但朝廷新贵檀道济的东西
不能要，因为这是嗟来之食！

3. 隐逸与躬耕的实践，使陶渊明思考人类社会合理的模式，于是桃花源理想产生了

王尧认为《桃花源记并诗》是陶渊明入宋后的作品，
此时诗人57岁。他归耕田园已经16年了。在艰苦的躬耕实
践中，他为人们勾画了一个理想的乡村社会的图景，标志
着他社会理想的高度。所谓桃源社会，其主要特点：一是
"相命肆农耕"，人人劳动，自耕自食；二是"秋熟靡王
税"，没有君主，没有剥削压迫，从而没有等级。王安石
说："此来种桃经几春，采花食实枝为薪。儿孙生长与世
隔，虽有父子无君臣。"（《桃源行》）陶渊明《桃花源诗》
这样描写道：

> 荒路暧交通，鸡犬互鸣吠。
>
> 俎豆犹古法，衣裳无新制。
>
> 童孺纵行歌，班白欢游诣。
>
> 草荣识节和，木衰知风厉。
>
> 虽无纪历志，四时自成岁。
>
> 怡然有余乐，于何劳智慧！

桃源清明和谐，风光优美，一直保持着古老的美德；桃
源人勉力耕种，日出而作，日落而息，老幼欢欣，各得其所，

巧智、机心在这里是毫无用处的。桃源社会理想是陶渊明归隐后经过长期的劳作、思考的结果。他一方面吸取了古代先哲的思想资源，比如他吸取了《礼记·礼运》大同社会"天下为公""人不独亲其亲，不独子其子，使老有所终，壮有所用，幼有所长"的博爱友善，但又扬弃了"选贤与能"的竞争；他吸取了老子"小国寡民""甘其食，美其服，安其居，乐其俗"（《老子·第八十章》）的自然纯朴，但扬弃了"邻国相望，鸡犬之声相闻，民至老死不相往来"的隔绝。此外，庄子的"朴素而民性得"的"至德之世"（《庄子·马蹄》），以及列子所描绘的"其国无师长，自然而已；其民无嗜欲，自然而已"的"华胥氏之国"（《列子·黄帝》）等思想，都被陶渊明合理的接受。另一方面，陶渊明又有自己的思考和实践，这与他目睹战乱及其给老百姓带来的深重灾难、自己勉力躬耕仍不能免受饥寒的切身感受有关。最终以一个故事的形式将理想的社会呈现出来，使其更鲜明具体、更有感召力和说服力。

清人邱嘉穗说桃源理想："设想甚奇，直于污浊世界中另辟一天地，使人神游于黄、农之代。公盖厌尘网而慕淳风，故尝自命为无怀、葛天之民，而此记即其寄托之意。"[①] 陶渊明是以理想中的古朴社会来比照、映衬当时社会的纷乱、污浊、倾轧，以此否定其存在的合理性，体现了一个诗人应有的社会责任。正如葛晓音教授所说的："从先秦以来，所有的进步文人都对社会现实做出过不同程度的批判和否定，但是

---

① ［清］邱嘉穗：《东山草堂陶诗笺》卷五，见《陶渊明资料汇编》下册，中华书局，1962年，第353页。

能够在躬亲耕稼的实践中，从小生产者的愿望出发，正面提出人生真谛和社会理想的，却只有陶渊明一人”。① 海德格尔也说：“由于诗人如此这般独自保持在对他的使命的极度孤立中，他就代表性地因而真正地为他的民族谋求真理。”② 由此反观陶渊明不顾自己的生存境遇，孤心独诣，在黑暗中、在一片污浊中坚守自己，并为千万处在水深火热之中的贫苦百姓探求适合他们生存的社会模式，探求人类的理想未来。由此，桃花源就成为后世美好风景、美好生活、美好社会的代名词。所以，郑振铎说，从桃花源理想看，陶渊明“不仅是一位田园诗人，彻头彻尾的诗人，而且是伟大的政治理想家”③。陈寅恪先生的名论是：“陶渊明实为吾国中古时代之大思想家，岂仅文学品节居古今第一流，为世所共知者而已哉！”④

最后，借用俞樟华、陈兴伟的观点，对陶渊明的隐士情怀作如下概括：

第一，陶渊明没有像一般隐士那样远啸山林，离群索居，安享优游自在的清福，而是把隐居之庐结在“人境”，与普通农民朝夕相见，共呼吸，同命运，脚踏实地地走着“躬耕自资”的生活道路。

第二，陶渊明没有像一般隐士那样“泰山崩，黄河溢，

---

① 葛晓音：《八代诗史》，中华书局，2007年，第118页。
② ［德］海德格尔：《荷尔德林诗的阐释》，商务印书馆，2000年，第53页。
③ 郑振铎：《插图本中国文学史》，人民文学出版社，1957年，第239页。
④ 陈寅恪：《金明馆丛稿初编》，上海古籍出版社，1980年，第205页。

隐士们目无见，耳无闻"①，于国计民生毫不关心，而是身离官场，情系农民，并没有浑身静穆到不关心时事和民情。其关于桃源社会模式的探究就是他关注社会、关怀黎民的表现。

第三，陶渊明既没有像有的隐士那样"身在江湖，心怀魏阙"，也没有假作清高，沽名钓誉，走终南捷径，而是坚定不移地过着隐居生活。朝廷的征召，舆论的干扰，生活的困苦，都没能动摇得了他老而弥坚的归隐思想。

第四，谢灵运辞官归隐时，恣情山水，曾带着数百人寻山陟岭，伐木开径，以致使当地百姓以为来了"山贼"。陶渊明隐居农村时，不仅没有像谢灵运那样扰民生事，反而用自己的诗文记载了农村的贫苦生活，反映了他们的理想愿望，比之谢灵运，陶渊明显得更平易近人，亲切可爱。魏晋南北朝时期隐逸成风，隐士众多，但是像陶渊明这样既高洁伟大，又平凡朴实的隐士，却再也找不出第二个。②

总之，陶渊明"回归田园不是消极的退隐，而是人生另外一种形式的积极热烈的奋进。"③ 他忍受常人难以想象的贫苦，亲自参加劳动，不倦地探索安顿人生的路径，探索在乱世中应采取的处世方式，全力维护人性的崇高和庄严，提升个体生命的价值，从而为后世开辟出一条仕宦之外的人生大路和一片更为晴朗阔大、也更为开阖自如的精神世界。

---

① 鲁迅：《且介亭杂文二集·隐士》，《鲁迅全集》第六卷，人民文学出版社，2005 年，第 232 页。

② 俞樟华、陈兴伟：《陶渊明》，春风文艺出版社，2000 年，第 14—15 页。

③ 高建新：《自然之子陶渊明》，内蒙古大学出版社，2007 年，第 95 页。

第五章　作为"达士"的陶渊明

一般的印象中，陶渊明是一个不拘小节、思想融通的"达士"，他自己酿酒，酿熟了，便取下头上的葛巾漉酒，漉罢又戴上；他同人饮酒，若是醉了，便对那人说："我醉欲眠，卿可去。"天真如赤子，丝毫不拘礼数。每当酒兴，他即抚琴以寄其意，而琴又无弦，遂有言曰："但识琴中趣，何劳弦上声！"在《与子俨等疏》中他这样表白自己的生活："少学琴书，偶爱闲静，开卷有得，便欣然忘食。见树木交荫，时鸟变声，亦复欢然有喜。常言：五六月中，北窗下卧，遇凉风暂至，自谓是羲皇上人。"可是，如果深入阅读陶渊明作品就会发现他其实一点儿也不达观，在其近140篇存世的诗文中，正面歌吟生死这一主题的诗就有51首之多，加上他侧面和间接涉及生死之忧或迟暮之叹的作品，吟咏生死的诗文就占了其全部创作的一半以上——陶渊明这位人生的智者从未躲闪过人生难以躲闪的死亡。这样就使我们必须去追问一个问题：陶渊明对死的沉思在多大程度上影响了他对生的体验和选择？如果不进行这一追问，那就根本不能理解：诗人为什么要选择他所走的那条人生道路？他为什么不享受"公田之利"而去"种豆南山"？他的诗文为什么能削尽铅华而自然真淳？

一、陶渊明之前的生死意识

魏晋之前，生命的短促并未构成人们精神上的多少困扰。《诗经》虽偶有"今我不乐，日月其除"（《唐风·蟋蟀》）的慨叹，但现世生活的艰辛与喜悦才是先民们注目的中心。《楚辞》中倒是充满了关于生死的反思，但屈原主要是在价值颠倒的时代追问自己是死还是生，充满了对政治腐败、君王昏庸的愤懑怨怒，并不是对人生短暂的焦虑太息。至于汉代那些煌煌大赋多忙于对自然和建筑的描绘铺陈，心灵还无暇栖息于内在的精神世界，更无暇去关注生命的自然限度。这一切在很大程度上都是被儒家哲学所遮蔽了。孔子将个体生命抽象为伦理的存在物，"仁"与"道"成了生命的本质和目的，"朝闻道，夕死可矣"①，"志士仁人，无求生以害仁，有杀身以成仁"②，意谓有志之士和仁德之人，决不会贪生怕死而损害仁德的，只有牺牲自己而成全仁德，个体的生死不值得关注。既然生命的惟一目的和最高价值是为了成仁，那么礼仪的娴熟、典籍的温习、节操的修养就成了人生正当的功课。于是，死亡的深渊就被掩盖了起来。

道家生死思想，庄子认为悦生恶死毫无道理，生与死其实是一回事，说不定死后比生时更快乐。故当妻子死后，他

---

① 杨伯峻：《论语译注·里仁》，中华书局，1983 年，第 37 页。
② 杨伯峻：《论语译注·卫灵公》，中华书局，1983 年，第 163 页。

要“鼓盆而歌”。庄子说:“天地者,万物之父母也,合则成体,散则成始。形精不亏,是谓能移;精而又精,反以相天。”① 由此,陶渊明才有“咨大块之受气,何斯人之独灵”(《感士不遇赋》)、“茫茫大块,悠悠高旻,是生万物,余得为人”(《自祭文》)的感悟,认为人与万物都是受气而化生。既然是禀受宇宙元气而生,人的死亡也不过是回归宇宙的气场,与自然融为一体。

东汉末年,统治者种种残忍卑劣的行径践踏了他们自己所宣扬的那套悦耳动听的王道,随着汉帝国大厦的倒塌崩溃,关于儒学的信仰也逐渐动摇,集中体现儒学教条的名教日益暴露出虚伪苍白的面孔,奸佞之徒借仁义以行不义,窃国大盗借君臣之节以逞不臣之奸。这时人们才发现,除了个体自身的生死以外,过去被说成是生命目的和价值的“仁义”原来是扭曲生命的桎梏,与仁义相关的那些气节、操守、礼义、道德通通是假的。价值世界与现实世界的脱节带来了人的觉醒,一旦认识到仁道并不是生命的目的与归宿,那么对个体自身存在的珍惜与依恋就变得格外急切和深沉:“死生亦大矣,岂不痛哉!”(王羲之《兰亭集序》)

以上就是陶渊明生命思想的文化语境。

二、陶渊明的生死之忧

即如前文所言,陶渊明在诗文中对岁月的飘忽不居和人

---

① [清] 王先谦:《庄子集解》,见《诸子集成》第三卷,团结出版社,1999 年,第 291 页。

生的短促无常是非常敏感的，尤其节序的变化往往引起他对死亡的焦虑：

> 靡靡秋已夕，凄凄风露交。
> 蔓草不复荣，园木空自凋。
> 清气澄余滓，杳然天界高。
> 哀蝉无留响，丛雁鸣云霄。
> 万化相寻绎，人生岂不劳！
> 从古皆有没，念之中心焦。
> 何以称我情，浊酒且自陶。
> 千载非所知，聊以永今朝。
>
> （《己酉岁九月九日》）

> 市朝凄旧人，骤骥感悲泉。
> 明旦非今日，岁暮余何言！
> 素颜敛光润，白发一已繁。
> 阔哉秦穆谈，旅力岂未愆？
> 向夕长风起，寒云没西山。
> 厉厉气遂严，纷纷飞鸟还。
> 民生鲜常在，矧伊愁苦缠。
> 屡阙清酤至，无以乐当年。
> 穷通靡攸虑，憔悴由化迁。
> 抚己有深怀，履运增慨然。
>
> （《岁暮和张常侍》）

　　此二诗一写于重九，一写于除夕。前者作于安帝义熙五年（409），陶渊明45岁。母亲孟氏、程氏妹的先后下世，使诗人十分哀伤，常触发人生短促之想。如今又是重九暮秋，春后为夏，夏必寻秋，天地万物循环不断。正如天地有春、夏、秋、冬一样，人世也免不了喜怒哀乐、贫富贵贱的扰攘，而比这些扰攘更令人烦忧的还属那使人摆脱不了的"从古皆有没"的命运。稍能称情的只有"浊酒自陶"而已。袁行霈《陶渊明集笺注》评曰："由秋景引发人生悲哀，而借酒以消之。写秋景，笔墨凄清。"既然相寻于千载之后的事既不可知也不想知，那就姑且抓住生命的每一天吧。伤时悲逝，油然而生。后者作于除夕，诗人对生命有限性的感慨更深了：转眼又是新岁，市朝满眼已无旧的面孔，当年那些翻云覆雨的朝臣都已死去，人生之速真如白驹过隙。自己也由壮年而老年，由黑发而白发，既感流年之速，又叹己之将亡，"民生鲜长在，矧伊愁若缠"，这"抚己深怀"多么凄然悲切。在写法上，整篇以岁暮着笔。首两句语带双关，既紧扣伤时主线，又隐隐涉及时政，随即点出岁暮，慨叹垂老。中间四句即景寓情。下面转写窘困，连解忧的酒也已告罄。清吴菘分析说："'岁暮'二字便有意，因时起兴，易代之悲不言自喻矣。前后皆极悲愤，而中以阙酒为不乐，以化迁为靡意，正以掩其悲愤之迹。"[①]（《论陶》）

　　有时，自然景物的荣枯也会触发诗人的生死之忧，他从"非我"的变化中看到了自我的命运，如《杂诗十二首》之

---

　　① ［清］吴菘：《论陶》，见《陶渊明资料汇编》下册，中华书局，1962年，第109页。

三："荣华难久居，盛衰不可量。昔为三春蕖，今作秋莲房。严霜结野草，枯悴未遽央。日月有环周，我去不再阳。眷眷往昔时，忆此断人肠。"人事的盛衰如同草木的枯荣，可人的生死又不像草木"还复周"，因而发出了人不如草木的慨叹。从"三春蕖"与"秋莲房"的对比中，不难体会到诗人对自我"不再阳"的"往昔"的眷恋，从野草"枯悴未遽央"的半死半生之状更可见出诗人对目前衰蔽之容的叹惋，"忆此断人肠"中有多少盛时难再的忧伤！

不仅如此，他人的辞世也会加深陶渊明对个体存在有限性体认的触媒，与死者故居、遗物的照面把他带到了生命的边缘：

> 畴昔家上京，六载去还归。
>
> 今日始复来，恻怆多所悲。
>
> 阡陌不移旧，邑屋或时非。
>
> 履历周故居，邻老罕复遗。
>
> 步步寻往迹，有处特依依。
>
> 流幻百年中，寒暑日相推。
>
> 常恐大化尽，气力不及衰。
>
> 拨置且莫念，一觞聊可挥。
>
> （《还旧居》）

该诗约作于义熙八年（412），陶渊明48岁。诗人42岁时离开上京里故居，去园田居（后移南村）躬耕，不觉六年，今日复归故庐。六年躬耕，使渊明历尽艰难困苦；而今

126

体力渐衰，再加上眼前破落的故里，邻居老人大多故去的现实，诗人不禁心生恻怆之情。"恻怆多所悲"，既是悲人也是悲己，邻老的现在就是后死者的未来。"步步寻往迹，有处特依依"，这里的空间已被时间化了，它是诗人在恋恋不舍地回溯已经走过的生命历程；这里的时间又在做逆时针走动，诗人是在从自己的未来回望自己的过去——由对即将临头的"大化尽"的恐惧转向对业已流逝的生命的眷顾，要拨置生死之念只得借助于挥觞酣饮。诗人说得似乎挺旷达，我们读来却十分酸楚。另一首《诸人共游周家墓柏下》所抒写的是同一情怀。据《晋书·隐逸传》载："（渊明）乃赋《归去来》。其辞曰：……顷之，征著作郎，不就。既绝州郡觐谒，其乡亲张野及周旋人、羊松龄、庞遵等，或有酒要之，或要之共至酒坐……所之唯至田舍及庐山游观而已。"征诗人为著作郎当在义熙九年（413），时 49 岁，估计该诗可能作于是年。山上墓园，常常是登临观赏的去处。然而在题目中点明是周墓，在诗中又点明柏下人，说明作者自有其深意，死者已矣，生者自欢。绿酒芳颜，清吹鸣弹，恣意作乐，放旷的行为却源自忧伤的心境，有"感彼柏下人"的彻悟才有"安得不为欢"的纵心，因而乐事反添悲戚。黄文焕分析说，诗的最后两句"结得渊然。必欲知而后殚，世缘安得了时？未知已殚，以不了了之，直截爽快。"① 然而，这种"以不了了之"的"爽快"中不是分明藏有诗人对人生无常难以了之的哀伤与无奈吗？

甚至良辰、美景、赏心、乐事不仅不能使陶渊明沉醉忘

---

① ［明］黄文焕：《陶诗析义》卷二，明崇祯刻本。

情，反而常常勾起他对人生短暂的焦虑，赏心竟然成了伤心。如《拟古九首》之七："日暮天无云，春风扇微和。佳人美清夜，达曙酣且歌。歌竟长叹息，持此感人多。皎皎云间月，灼灼叶中华。岂无一时好，不久当如何！"时间是天澄气和风微云淡的春夜，人物为含苞待放的"佳人"，"佳人"面对"清夜"不觉生出"如此良夜何"的赞美。可是当夜阑歌尽酒醒人散之后，佳人却转欢为愁，变歌为叹：这微云掩映的皎皎明月，这绿叶衬托的灼灼红花，它们是那样美好又是那样短暂，皎月转眼就要隐没，红花顷刻间也将凋零。此花此月不正像青春和人生一样既美丽珍贵又不可久留吗？

陶渊明不仅以单篇诗歌吟生死，而且还在组诗中絮絮不休地叠言老大之恨与迟暮之哀。如《杂诗十二首》中虽然愁叹万端，但叹老却是贯穿组诗的主调，初首曰："盛年不重来，一日难再晨，及时当勉励，岁月不待人。"第二首曰："气变悟时易，不眠知夕永。欲言无予和，挥杯劝孤影。日月掷人去，有志不获骋。"第三首曰："日月有环周，我去不再阳。眷眷往昔时，忆此断人肠。"第四首曰："丈夫志四海，我愿不知老。……百年归丘垄，用此空名道！"第五首曰："荏苒岁月颓，此心稍已去。……古人惜寸阴，念此使人惧。"第六首曰："求我盛年欢，一毫无复意。去去转欲远，此生岂再值。"第七首曰："日月不肯迟，四时相催迫。寒风拂枯条，落叶掩长陌。弱质与运颓，玄鬓早已白。素标插人头，前涂渐就窄。"……故清人方宗诚指出："《杂诗》第一首'盛年不重来'四句，语意精警，令人发深省。第二首'欲言无予和'二句，李白诗'举杯邀明月，对影成三人'

本此。第三首起二句，语意如当头一棒。第五首'猛志逸四海，骞翮思远翥'，观此二句，渊明非无志于天下也，特生当天下无道之时，不得不隐耳。'古人惜寸阴，念此使人惧'，读此二句，渊明岂徒旷达人哉？"（《陶诗真诠》）道出陶渊明不旷达的特质。

还有比上述程度更深的，陶渊明还有意让自己"先行到死"，偏要让自己去体验、去"经历"自己的死亡，死前不仅写了著名的《拟挽歌辞三首》，还写了《自祭文》。晋人喜欢作挽歌也喜欢唱挽歌，《世说新语·任诞》篇载："张湛好于斋前种松柏。时袁山松出游，每好令左右作挽歌。时人谓'张屋下陈尸，袁道上行殡'。"[1] 同篇又载"张驎酒后，挽歌甚凄苦"，可见作挽歌和唱挽歌在晋代名士之间是盛行的风气。不过，他人作挽歌多成于暇日，而陶渊明的挽歌则为绝笔之词，并且诗人以"死者"的身份去体验死亡，自己为自己作挽歌，这在文学史上可谓是绝无仅有的。诗人先行到死中去体验死亡，诗中的"死者""经历"了由殓到祭到葬的全过程，"首篇乍死而殓，次篇奠而出殡，三篇送而葬之"[2]，章法井然。字里行间，不忘乎酒，颇具幽默。亲悲人歌，世情淋漓。三诗虽然出之以自在旷达之语，但仍掩不住凄怆悲凉之情。"死者"那"千年不复朝，贤达无奈何"的伤感，与其说流露了诗人对死的恐惧，不如说表达了诗人对生的

---

① ［南朝宋］刘义庆撰，徐震堮著：《世说新语校笺》，中华书局，1984 年，第 406—407 页。

② ［清］邱嘉穗：《东山草堂陶诗笺》卷四，见《陶渊明资料汇编》下册，中华书局，1961 年，第 312 页。

眷恋。

  陶渊明屡复不休地沉吟死亡很容易让人产生这样的认识，即他虽然挣脱了俗网但未必已勘破生死。孔子说："未知生，焉知死。"① 他通过对生的繁忙操心来驱除排遣对死的沉思忧心，对"人固有一死"这一事实漠然处之才是一个智者所应有的生存取向。古希腊的伊壁鸠鲁与孔子同样理性："死与我们毫无关系。因为当我们存在的时候，死亡并不在；而当死亡在这里的时候，我们就不在。因此死与我们完全无关。"② 既然如此，陶渊明为什么非要去沉吟死并让死搅扰生的宁静呢？

  从常识的角度看，陶渊明确实太在乎生死，"贤达无奈何"的伤感的确有欠明达，但如果从另一角度去理解他的生死之忧，我们就会发现：陶渊明比那些有意回避死亡的人更富有生命的激情，对生命的体验也更有深度。只有直面死的深渊才可能有生的决断。帕斯卡尔说："人不过是一根苇草，是自然界最脆弱的东西；但他是一根能思想的苇草。用不着整个宇宙都拿起武器来才能毁灭他；一口气、一滴水就足以致他死命了。然而，纵使宇宙毁灭了他，人却仍然要比致他于死命的东西高贵得多；因为他知道自己要死亡，以及宇宙对他所具有的优势，而宇宙对此却一无所知。"③ 为什么人"知道自己要死"就要比致他于死命的东西高贵得多呢？人

————————

  ① 杨伯峻：《论语译注·先进》，中华书局，1983 年，第 113 页。

  ② 伊壁鸠鲁语，引自 [德] 黑格尔：《哲学文讲演录》第三卷，商务印书馆，1959 年，第 81 页。

  ③ [法] 帕斯卡尔：《思想录》，商务印书馆，1985 年，第 157—158 页。

如果像其他动物一样不知道自己会死，他也像动物一样不会有自我完善的道德意向，不会有超越自我的内在要求，也一样会浑浑噩噩地了却一生。正因为知道"吾生也有涯"，明白自己"有生必有死"的结局，人才强烈地意识到自己生命不可重复的价值，才决心从庸庸碌碌的世俗沉沦中抽身而出，进行自我筹划和自我完善，努力实现自己潜在的无限可能性。超越自我是人的一种强烈而深沉的冲动，而这种冲动正来于人对自身存在有限性的自我意识。假如每一个体是永恒的或自以为是永恒的，那么，人们就失去了向上追求的内驱力，既不想去超越自己的有限性，也不想去改变现实的不完满，因为现实的不完满会在不现实的永恒中得到补偿；假如每一个体是永恒的或自以为是永恒的，那么，人们就不会参悟人生的意义、价值、目的，就会像一切草木一切动物那般木然。

因此，不能从否定的意义上去解读陶渊明的生死意识，对死的感怀正标识了他对生的自觉。死亡不仅是陶渊明生命的一部分，而且是他生命体验的背景，甚至左右着他生命的价值取向。比如，就连他那篇名为"检逸辞而宗淡泊"但实则摇荡而流宕的《闲情赋》，也是在人生短促的感伤中抒写对爱情的渴求："佩鸣玉以比洁，齐幽兰以争芬；淡柔情于俗内，负雅志于高云。悲晨曦之易夕，感人生之长勤。同一尽于百年，何欢寡而愁殷……叶燮燮以去条，气凄凄而就寒。日负影以偕没，月媚景于云端。鸟凄声以孤归，兽索偶而不还。悼当年之晚暮，恨兹岁之欲殚。"要是没有"同一尽于百年"的意识，也就没有"何欢寡而愁殷"的叹息；要是没有"悼当年之晚暮"的焦急，必然没有"神飘摇而不安"的爱情冲动，死的意识强化了诗人爱的激情。仅此一赋就可看出，在诗人所咏叹的死中凝聚着诗人生的秘密。因为"归根结底，从生到死，这一关联最深刻而普遍地规定了我们此在的感受，这是因为那由死而来的生存的界限，对于我们生的体验和评价，总是具有决定性的意义"①。死作为一种极端的可能性进入并存在于陶渊明的生命过程中，使他在面临死的深渊时做出生的决断，对自己的存在（生命与生活）方式进行抉择，积极筹划各种实现自身的可能性，在意识到生命有限性的时候实现对这种有限性的超越。

以上就是陶渊明——一个文学史上非常矛盾的诗人。那么，陶渊明是如何超越了形而下的生死之忧，而最终实现了悠然平和的圆满呢？即他为自己找到了一条什么样的淡化和消解不遇之悲、迁逝之痛的有效途径呢？

三、陶渊明的生命思想

陶渊明哲学思想的内核就是"自然"，这是他之所以成为陶渊明的最重要的原因，他的隐逸思想、躬耕思想，以及本章这里所要探究的生命思想，都是其"自然"思想在不同层面、不同领域中的呈现。在一个因果链条中，"自然"是因，其他的表现就是果，或者"自然"既是因，也是果，它是我们把握、理解陶渊明的思想、人格、精神、境界、文学、

---

① ［德］狄尔泰：《体验与诗》，引自海德格尔《存在与时间》，三联书店，1987年，第299页。

审美等一切的钥匙。

1. 以"天人合一"为底色的自然和谐

在农耕为主的生产背景下，人们的饮食作息和自然界的太阳运转已达成一种实际的默契，人对自然环境的依赖，对风调雨顺的期盼，使得人们对寒暑易节、气候变迁格外敏感，并由此而逐渐形成了与环境和宇宙间的自然生命相互依存的文化心态，认为人的自然生命与宇宙万物的生命是协调、统一的。在这种梦幻般的境界里，人们依赖自然，与天地万物和谐相处。同时，自然万物又是愉情悦性的对象，人们可以从中获得身心的愉悦，实现个体生命与宇宙生命的融合。所以在传统文化中，"天人合一"的境界就是"天人和谐"的境界。比如儒家的孟子和荀子就主张人体天道，尊重自然，对林木水产的砍伐获取要依时令而行。孟子主张"斧斤以时入山林"①，荀子则讲"污池渊沼川泽，谨其时禁"②，都体现了儒家重视人与自然之间亲善和谐的智慧。到宋代，理学家张载还提出了著名的"民胞物与"的观点，强调以天地之体为身体，以天地之性为本性，将民众看成是同胞，万物看成是朋友。与此同时，道家更是向往回归自然，比如庄子追求"以人合天"，人与物为一，通过遵循自然规律的途径以求得精神的自由，把人看作大自然的一部分，与大自然本为一体："天地与我并生，万物与我为一。"（《庄子·齐物论》）庄子要求人的行为应与天地自然保持和谐统一——"与麋鹿

---

① 杨伯峻：《孟子译注·梁惠王上》，中华书局，2005 年，第 5 页。
② 张觉：《荀子译注·王制》，上海古籍出版社，1995 年，第 164 页。

共处"。

由此可见，儒、道两家的基本思想和价值取向虽然迥然有别，但其关于"天人合一"的理解却有很强的同一性，儒家的天人观强调对照宇宙精神下道德观的参与和提升，这种天人观的终极价值是推己及物，发挥仁爱与同情，视万物为一体同仁；而道家因其精神上追求个体生命对尘世束缚的超越和自由，强调人生的真性纯情，其天人观则偏于宗教精神，其终极追求在于对自然生生不息的历程和精神的领悟与默契。因此，儒家的人的配合自然，与道家的人的归向自然是一致的，儒家的天人配合致中和的美，与道家崇尚自然的美是统一的。

历代的文人都在其艺术创作中传达着对"天人合一"真谛的体悟，也在物我为一的和谐中提升着自己的生命境界，陶渊明就是其中最好的典型。汤一介说陶潜"是一个大思想家，他体现了魏晋时文士最高尚的一种人生境界"，"这种与自然为一体的放达，虽不同于孔子的'天人合一'的思想境界，却正是魏晋人所追求的一种'天人合一'的精神境界。"① 这种天人合一的境界，冯友兰谓之"天地境界"②。陶氏名作《形影神》就是这方面的代表作。清代马墣曾说："渊明一生之心寓于《形影神》三诗之内。"③ 今人钱志熙也

---

① 汤一介：《中国传统文化中的儒道释》，中国和平出版社，1988年，第3页。

② 冯友兰：《贞元六书》，华东师范大学出版社，1996年，第356页。

③ ［清］马墣：《陶诗本义》卷二，见《陶渊明资料汇编》下册，中华书局，1962年，第36页。

指出，该组诗"是陶渊明一生思想的结晶，是陶的生命哲学"①。《形影神》不仅是陶渊明"一生之心"的寄寓，是了解他生命境界的关键，也是魏晋哲学所能做出的关于生命本质最透彻的认识，达到了当时最高的水平。"形"代表的是生命本身，面对死亡它是恐惧的，它克服恐惧的办法就是通过物质享受——以"酒"为代表——来战胜恐惧与空虚；"影"是比"形"高一级的精神追求，它也为死亡所折磨，它解决人生苦短的良方是超越物质生命的局限，追求精神生命的永恒——建立善行（"立善有遗爱"）。而"神"代表的是一种哲学的理性，就是从生命的自然本质出发，不用惜生、忧生，也不用去营生，而采取委运任化的方式，顺应自然，"应尽便须尽，无复独多虑"。钱志熙认为，形影神是存在于生命体内部的三种要素，即物质的需要、影响的需要和终极的需要，是陶渊明"自觉地运用哲学范畴来思考生命问题，建立起自己的生命思想体系"，"是借助形影神三个人格化的形象，各自讲述其人生价值观念，即形、影各自代表一种世俗的、流行的生命观，而神则是作为哲学家陶渊明对前两种世俗生命观的剖析，并且提出一种具有终极性的对于人生与人性的解释。"② 陶渊明指出，形、影都受个体生命欲望的支配，是人类痛苦的根源，只有超越于个体生命欲望之上的理性精神，才能认识到生命的本相，并建立起顺应自然、天人

---

① 钱志熙：《陶渊明〈形影神〉的哲学内蕴与思想史位置》，《北京大学学报》，2015 年第 3 期，第 127 页。

② 钱志熙：《陶渊明〈形影神〉的哲学内蕴与思想史位置》，《北京大学学报》，2015 年第 3 期，第 129 页。

合一的生命思想。"纵浪大化中，不喜亦不惧"，"每一个渺小的人类个体，只要汇入大化流衍的宇宙生命之中，便能一体俱化，'上下与天地同流'，犹如一滴水融入浪花，每朵浪花中都有它的分子，新新不停，生生不尽"，"人与自然为一个生命整体，于是死亡不再是'逝'，而是'归'，归依大宇宙的生命气场。"① 所以"神辨自然"指向的是一种理性和谐的生命境界，是以自然之理来解决世界上万物的生存矛盾甚至人身与功名的矛盾。

不仅《形影神》的诗心是这样的，陶渊明还有其他的相似表述，如"寒暑有代谢，人道每如兹"（《饮酒》其一）、"目送回舟远，情随万化遗"（《于王抚军座送客》）、"聊乘化以归尽，乐夫天命复奚疑"（《归去来兮辞》），等等。对此，林语堂曾做过诗性的评说，他说："有人也许会把陶渊明看做'逃避主义者'，然而事实上他并不是。他想要逃避的是政治，而不是生活本身。……在他看来，他的妻儿是太真实了，他的花园，伸过他的庭院的树枝，和他所抚爱的孤松是太可爱了；……他就是这样酷爱人生的，他由这种积极的、合理的人生态度而获得他所特有的与生和谐的感觉。……陶渊明仅是回到他的田园和他的家庭的怀抱里去，结果是和谐而不是叛逆。"② 下面我们结合陶诗中"飞鸟""饮酒"等意象的营构，予以具体阐释：

---

① 张泽鸿：《论陶渊明人生境界的审美范型及其现代性》，《江西师范大学学报》，2006 年第 1 期，第 21—22 页。

② 林语堂：《生活的艺术》，华艺出版社，2001 年，第 1 页。

其一，"飞鸟"意象与返回自然

为了表达与大自然相亲相谐的喜悦，陶渊明写鸟、写菊、写松柏、写云朵，其实，这类意象的真正美学意义并不是对自然物本身的欣赏，而是诗人对自我人格和生命精神的一种象征和肯定。其中诗人最常用的一个意象就是"飞鸟"，他时而就像"载翔载飞"的"翼翼归鸟"（《归鸟》），时而又像"日暮犹独飞"的"栖栖失群鸟"（《饮酒》之四）。透过这个意象，诗人把自己内心的人与自然相通相融的生命意识抒发得清新别致。最能代表诗人深意的要属《饮酒》其五："结庐在人境，而无车马喧。问君何能尔？心远地自偏。采菊东篱下，悠然见南山。山气日夕佳，飞鸟相与还。此中有真意，欲辨已忘言。"宗白华先生指出："陶渊明从他的庭园悠然窥见大宇宙的生气与节奏而证悟到忘言之境"，"中国古代农人的农舍就是他的世界。他们从屋宇得到空间概念；从'日出而作，日入而息'（《击壤歌》），由宇中出入而得到时间观念。空间、时间合成他的宇宙而安顿着他的生活。"[1] 此时诗人与鸟已恍然为一物，鸟之于山林，恰如诗人之于田园和自然。山林为鸟栖息之巢穴，田园则为诗人生命与精神托付之家园。当然，诗人的回归田园并非是草率、任性式的选择，而是经过理性的探索与判断的，从中可见其人格涵养的力量。叶嘉莹先生对诗人的这一段求索历程，也作过深入的解析，她说："自渊明诗中，我们就可深切地体悟到，他是如

---

① 宗白华：《美学散步·中国诗画中所表现的空间意识》，上海人民出版社，1981年，第89页。

何在此黑暗而多歧的世途中，以其所秉持的、注满智慧之油膏的灯火，终于觅得了他所要走的路，而且在心灵上与生活上，都找到了他自己的栖止之所，而以超逸而又固执的口吻，道出了'托身已得所，千载不相违'的决志。所以在渊明诗中，深深地揉合着仁者哀世的深悲、与智者欣愉的妙悟。"① 因而，终老归田、托身所依，这绝不是无病呻吟式的呓语，而是陶渊明"拼却一生休"换来的一句沉甸甸的"天人合一"、诗意回归的誓言。

其二，"饮酒"意趣与渐近自然

萧统《陶渊明集序》云："有疑陶渊明诗篇篇有酒。吾观其意不在酒，亦寄酒为迹焉。"确实，品味陶渊明之诗酒，虽有排遣内心郁闷、"颇示己志"的用意，但细细品味，却也能看出陶渊明关于生命的大智慧来。

首先，陶渊明把酒视为生活的艺术享受，是他生命中不可或缺的一部分。"愿君取吾言，得酒莫苟辞"（《形赠影》）是他的名句，从"得酒莫苟辞"中，可看出陶渊明是反对"营营惜生"的。他觉得"营营惜生"——用惨淡的经营方式来顾惜生命，是反自然的，因此，他用"天人合一"的生命观抨击那种轮回报应，强调把握现世——"得酒莫苟辞"，享受生活中的快乐。但渊明并不是"沽酒买醉"的无聊酒徒，除了饮酒，他还有其他更具意义的追求，比如在饮酒的日子里，他或登高读书，或与朋友谈心，或采菊于东篱，那在南风下张开翅膀的新苗、那日见苗壮的

---

① 叶嘉莹：《迦陵论诗丛稿》，河北教育出版社，1997 年，第 151 页。

桑麻，都让他为之喜悦和倾倒。就是在这种"斗酒散襟颜"中，他喜悦地体验着"欢言酌春酒，摘我园中蔬"的朴素而诗意的生活。

其次，也是更重要的，陶渊明的饮酒还表现了他对时光飘忽和人生短促的感慨，进而倾诉了诗人"渐近自然"的生命意识。从汉末到南北朝，整个社会陷入一种风波浩荡的混乱之中，统治者争权夺利，老百姓饿莩遍野。人为的因素成为威胁人生命的可怕力量，因而人们普遍发出了对人生短暂无常的感慨。陶渊明这类感慨自然也是很多的——《杂诗》其一："人生无根蒂，飘如陌上尘"；《归田园居》："人生似幻化，终当归空无"；而《饮酒诗》二十首中就更多，如"衰荣无定在，彼此更共之""一生复能几，倏如流电逝""宇宙一何悠，人生少至百"，等等。但这种感慨经过陶渊明诗性地求索之后，最终回到了委运任化、顺应自然的轨道上来，这不能不让人感到他的伟大。还是看《形影神》——"形"和"影"的一赠一答，表现出诗人对两种世俗人生的探索和考量，而"神"却是最后理性的结论者，超然地启悟、释迷，在这种自我说服进而又说服别人的大彻大悟中，读者可清楚地感到诗人为摆脱世俗的羁绊所做的包括饮酒在内的努力，即"泛此忘忧物"的目的就是为了"远我遗世情"。此外，其《孟府君传》也有助于我们理解渊明的"酒中深味"。文章说外祖父孟嘉"好酣饮，逾多不乱。至于任怀得意，融然远寄，旁若无人。温尝问君：'酒有何好，而卿嗜之？'君笑而答曰：'明公但不得酒中趣尔。'又问听妓，丝不如竹，竹不如肉，答曰：'渐近自然。'"所谓"酒中深味"和"酒中趣"就是使人"渐近自然",使人得以展露个体存在的本真性。所以诗人在超越生死的同时,也向后人昭示了他生命的深度,那就是洒落悠然又尽性其命,不慕荣利而超凡脱俗的生命境界。①

总之,"天人合一"是陶渊明生命思想的底色,但他绝不是空洞的思想者、讲述者,而是一个稳健的实践者,他将"天人合一"的思想具化于陶渊明式的人生实践之中,"既不受物质的羁绊,也不让声名拖累,反对心为形役,维护心灵的自然和本真,自觉进入到自足自由的生命境界。"② 这就是委运任化、顺应自然。

2. 精神疗救视域下的诗意栖居

那么,在具体落实的方法上,陶渊明是怎样消解内心的焦灼而臻于自然冲淡、平和悠然的呢?其实,如果人的精神能量不能向外追求,那么一般就会退回内心,在反思之中求得升华,陶渊明也不例外。具体说来,他这种生命智慧的获得来源于其对道家逍遥自适人生哲学的深刻领悟和对儒家"乐亦在其中"生活信念的切实落实,即来源于他"天人合一"生命观下深入的"精神疗救"。概而言之,其途径有三:

其一,安时处顺、审美自足信念的探求

庄子将"自由"看作是包括人类在内的一切生命生存的

---

① 戴建业:《澄明之境——陶渊明新论》,华中师范大学出版社,1998年,第101页。

② 江合友:《论陶渊明的哲学境界》,《景德镇高专学报》,2002年第3期,第60页。

终极意义，在《秋水》中他说："牛马四足，是谓天；落马首，穿牛鼻，是谓人。故曰：无以人灭天，无以故灭命，无以得殉名，谨守而勿失，是谓反其真。"[1] 可是对所谓人为的荣誉地位、功名利禄的追求却常常使人的心灵陷入痛苦焦灼的情状，使生命处于"异化""非我"的状态之中。对此陶渊明也不能免俗，他也曾为此而焦灼痛苦，但经历过一番艰苦的探寻求索之后，他提出了"自然哲学"的智慧。对此，骆玉明指出："陶渊明的'自然哲学'内涵，既包含了自耕自食、简朴寡欲的自然生活方式，又深化为人的生命与自然的统一和谐。在陶渊明看来，人不仅是在社会、在人与人的关系中存在，而且，甚至更重要的，每一个个体生命作为独立的精神主体，都直接面对整个自然和宇宙而存在。从本源上说，人的生命原来是自然的一部分，……只是人们把自己从自然中分离出来，投入到毫无价值的权位与名利的追逐中，以至丧失了本性，使得生命充满了焦虑和矛盾。所以，完美的生命形态，只有回归自然才能求得。"[2] 这也就是说，陶渊明对功业无成的无奈、人生的苦难，对外界自然和社会环境限制人的事实都坦然地接受了，但同时他又从"自然哲学"思辩的高度超越着这种苦难和束缚，寻找着心灵的自由。在其《五月旦作和戴主簿》中，诗人首先运用《庄子·列御寇》"泛若不系之舟，虚而遨游"的典故，表达任凭时光流

---

① ［清］郭庆藩撰，王孝鱼点校：《庄子集释》，中华书局，1961 年，第 590—591 页。

② 骆玉明：《饮酒二十首（其五）》赏析，见吴小如等《汉魏六朝诗鉴赏辞典》，上海辞书出版社，1992 年，第 554 页。

逝而不拘泥于悲哀的人生智慧。然后写时光飞逝，说一年刚
过就感到似已逝去一半了，自然万物也随季节转换而老去。
人与物同理，有生自有死。在贫困但快乐的生活中等待生命
的终了，那又有什么悲伤呢？时运变化时顺时难，只要顺心
适志就行了。由此可见，通达之士应"不以物喜，不以己
悲"，只有恬淡寡欲，索要的尽可能的少一些，人生才能获得
宝贵的自由。在诗人的心目中，人世间的功名利禄比起超功
利的精神自由来实在算不了什么。他要把人生的苦水通过诗
意的智慧转化为一杯甜美的琼浆。

于是，陶渊明用自己的诗和智慧展示了对审美性、自然
化生活方式的求索。诚然，诗人最后的22年田园生活在物质
方面是失败的，但穷困所带来的种种问题，最终并没有动摇
他对"自然哲学"的思考和坚持。几许探寻，多少挣扎，陶
渊明所求的不过是简单的生活，并甘心乐意去过这种生活而
已。对于物质生活，他向来持达观的态度，他不讳言物质需
要，且躬耕田园以求利。但是，他所求的不过是正当衣食之
需。其行为迥异于东晋的时代风气，据《世说新语·汰侈》
记载，此时的士风崇尚物质享受，穷奢极欲，炫财斗富，如
有的人用人奶喂猪，以求猪肉鲜美；有的用金钱装饰骑射场
在围墙，以示豪奢。因此，他们有的爱钱如命，赤裸裸地追
求钱财，如身居高位的王戎，敛财百万，每晚与妻子摆弄钱
薄，并以此为乐；家财万贯的和峤，为人极其吝啬，被时人
称为"钱癖"；巨富石崇甚至还公开宣称："士当身名俱泰，
何至瓮牖哉！"但陶渊明与这种时代风气背道而驰，他反对物
质至上，但也有物质追求，但他要的是简单的衣食之需，"营

己良有极，过足非所钦"（《和郭主簿二首》其一）、"倾身营一饱，少许便有余"（《饮酒》其十），所以，陶渊明追求的欢乐是一种朴素的、审美的、自足的欢乐，他乐于清晨去南山种豆锄草，用汗水换来秋天"岁功聊可观"的收成；或在"晨出肆微勤，日入负耒还"的劳作之后，舒坦地"盥濯息檐下，斗酒散襟颜"（《庚戌岁九月中于西田获早稻》）；或与邻曲二三"素心人"一起"奇文共欣赏，疑义相与析"（《移居二首》之一）。可以说，陶渊明将生活中朴素的精神快乐作为生命境界的极致，这种快乐是摆脱了魏阙紫印、贪得无厌等等世俗束缚后生命的洒脱自由。因此，王先霈指出："（陶渊明）看重的个人精神的自由，是不以心为形役，不让精神需求服从于物质的需求，看重的人在与自然的和谐相处中得到的宁静、舒适。"[①] 正是由于没有过分的世俗价值追求，也就没有了时刻涌动在胸中的期待、渴望、焦虑等紧迫的精神负荷，于是焦虑情绪也渐渐消释。将远寄的心收回，将无尽的期待收回，将人生的关注收缩到眼前与当下，于是心平静了，神也安宁了。莫砺锋指出："他的简朴生活已经达到了超越的境界，他用实践修复了人类生活未被异化之前的原生状态。一句话，陶渊明的人生就是诗意人生。"[②]

其二，自由闲静、任真自适的心态定位

庄子倡导理想人格，其所谓的理想人格就是超越人世

[①] 王先霈：《陶渊明的人文生态观》，《文艺研究》，2002 年第 5 期。

[②] 莫砺锋：《陶渊明》（下），《古典文学知识》，2015 年第 7 期，第 21 页。

俗情萦绕，超越功利目的的束缚。庄子心目中的理想人物，不论是"神人"，还是"圣人""真人"，都明确表现出一种超然世外的态度。陶渊明对庄子的理想人格非常神往，加之性格所至，形成了具有其自我色彩的自由闲静、任真自适的智者心态，这种心态的定位最终使他超越功业无成、时间压迫的焦灼和"贫富长交战"的矛盾而走向冲淡平和。"居止次城邑，逍遥自闲止。坐止高荫下，步止荜门里"（《止酒》）；"此事真复乐，聊用忘华簪。遥遥望白云，怀古一何深"（《和郭主簿二首》其一），诗人由衷地赞美这田园淳朴自然的生活。不仅如此，其诗文中每每称道的人物，也都具诗人之胸怀和慧心。在前文提到的《孟府君传》中，陶渊明深情地称赞外祖孟嘉的风度："任怀得意，融然远寄，旁若无人。"有时他甚至还自言："闲静少言，不慕荣利。好读书，不求甚解，每有会意，便欣然忘食！"（《五柳先生传》）由于庄子思想的指引和对自由生活的向往，陶渊明终于由亦仕亦隐、矛盾两端而彻悟，过上自己想要的田园生活。

陶渊明的归田，打开了一个超越具体人生的境外之趣。栗里小村，几间茅舍，烟云舒展，竹篱密密，杨柳依依。每日里，或弹琴饮酒，或登高赋诗，或耕地种园，他的这种生活具体可感，充满着人间烟火气息。在他看来，归隐田园并非人生的不幸，而是终于挣脱了枷锁，走向新的自由境界。他抛弃外在的功名利禄，超越田园生活的劳役之苦，艺术地观赏着生活，从中领略真正的生命意义。他发现、感悟着自然美，同时也在这种发现与感悟中找回了真正的自我，他久受扭曲的灵魂终于在清新的大自然中得到复苏。① 在大自然的怀抱中，一切都超越了具体的功利性，他不受拘牵、向往自由的性格得到了充分的伸张，他肯定地告诫自己"托身已得所，千载不相违"（《饮酒》其四）！所以宋人陈师道在其《后山诗话》中会心地以为："渊明不为诗，写其胸中之妙尔。"② 普通的田园景物已经融入了诗人"真淳""自然"的人生理想，物中有我，我中有物，物我合一，用叶燮《原诗》中的话来说，真所谓"陶潜胸次浩然，吐弃人间一切，故其诗俱不从人间得！"③

其三，躬耕陇亩、自耕自资生活方式的选择

在陶渊明的田园诗中，其实我们强烈感受到的不仅仅是田园之美，更多的是诗人对"自我"共生和谐、和乐超越审美人格的执着与铸造。在诗人的笔下，"我"虽失去建功求名的机会，也郁积着某种苦闷和焦灼，但却没有走向沉沦和绝望，而是坚守着"自我"为本位的人生思考，以一种清醒而自觉的意识调适着自我，在"物"与"我"之间建立起一种贵"我"轻"物"的理想范式。《饮酒》诗云："不觉知有我，安知物为贵"（其十四）、"所以贵我身，岂不在一生"（其三）。世俗的功名利禄、富贵荣华，都不过是身外之物，惟有自我心灵的快乐，才是人生的第一价值。可以说，陶渊

① 张瑞君：《庄子审美思想与陶渊明人生境界》，《西南师大学报》，1997 年，第 3 期。

② ［宋］陈师道：《后山诗话》，上海古籍出版社，1992 年，第 56 页。

③ ［清］叶燮撰，霍松林校注：《原诗》，人民文学出版社，1979 年，第 32 页。

明就是凭借艺术活动和对自然的审美，才舒缓并最终治疗了人生种种苦难所带来的不安和焦虑。所以，贯穿其诗文始终的是一种浓烈的自傲、自足、自得、自乐之情，一种真正的"自我"生命意识的觉醒。这种觉醒的表现除了上面所谈的两个方面外，我们认为还表现在他关于躬耕陇亩、自耕自资生活方式的选择和坚持上。换言之，陶渊明不仅是归田的隐士，而且也是中国古代隐逸史上少有的亲自耕作、自耕自食的思想家。章培恒、骆玉明就认为："这种农业劳作的实际意义，在于它体现了陶渊明的一种信念。"①

即如前文所述，躬耕陇亩、自耕自资生活方式的选择，也与陶渊明现实的生存状况有关。"弱年逢家乏，老至更长饥"（《有会而作》），陶渊明一生都在"家乏"中挣扎。为摆脱贫的困扰，他毫不犹豫地操持起为儒家所鄙弃的稼穑之事。他将自食其力的躬耕劳动看作实践自我"自然哲学"的开端，并且把它放置在人性起码良知的心理层面上加以强调。他说："孰是都不营，而以求自安？"（《庚戌岁九月中于西田获早稻》）因而，陶渊明躬耕的意义在于：他把儒家高悬于空中的人生之"道"落实到了具体可感的现实人生之中。而且，通过自己的躬耕努力探寻着摆脱贫苦人生的路径和"天人和谐"的生命境界。"但愿长如此，躬耕非所叹！"（《庚戌岁九月中于西田获早稻》）在此，躬耕作为对人生之"道"的一种承担已超出了普通劳动的单纯意义，而成了陶渊明的人生信念和精神寄托。戴建业将其与农民种田比较后说："农

---

① 章培恒、骆玉明主编：《中国文学史》（上），复旦大学出版社，1996年，第358页。

民的耕作是对命运的被动接受，而陶渊明的躬耕行为则是实现自我生命存在方式的主动选择。"① 体现了他对人生、生命价值的哲学思考。所以，陶渊明的名言就是："四体诚乃疲，庶无异患干。盥濯息檐下，斗酒散襟颜。"（《庚戌岁九月中于西田获早稻》）四肢虽然疲劳，但却躲闪开了人生中无谓的灾祸，获得了收割的喜悦以及自在的心理休息，心情当然是愉快的。同时更重要的，这一心理调整使得诗人获得了宝贵的安全感，为审美境界的打开铺平了道路。《癸卯岁始春怀古田舍二首》其二云："秉耒欢时务，解颜劝农人。平畴交远风，良苗亦怀新。虽未量岁功，即事多所欣。"农事的艰辛，在这里变成了一种精神上的享受，和风的惬意，良苗怀新的美景扑面而来，让诗人感到了无限的惊喜与欢欣。由此可以说，在躬耕陇亩、自耕自资生活方式的坚持中，诗人最终他完成了"结庐在人境，而无车马喧"的"精神治疗"！

综上，陶渊明的人生是丰富的，一方面他对现实人生有那么多的失望，对自己对现实的无力有深深的焦灼，但由于他的生命思想——"自然"的审美追求，使得他最终在为人、为诗等层面上达到了冲淡平和、旷远悠洁的人生境界。把人还原于自然，把人的情感回归于自然，让人的身心获得解放，这是哲学所追求的命题，也是文学艺术所寻觅的答案。尤其是当今社会，在现代化不断向前的滚滚车轮声中，在"人类中心主义"还依然占有市场的时候，在人与自然的关

① 戴建业：《澄明之境——陶渊明新论》，华中师范大学出版社，1998年，第196页。

系日渐隔膜的时候，重新审视陶渊明的生命智慧，确实有着重要的现实意义，我们从他的歌吟和求索中，看到了一个伟大的灵魂——一个从种种矛盾、失望、悲苦、焦灼之中，经过艰苦卓绝的努力，而终于从人生的困惑中挣脱出来的智者的灵魂！

第六章　作为雅士的陶渊明

　　作为一个"识字耕田夫"，陶渊明在平凡甚至灰暗的生活中，将日子过得有滋有味，他赏菊观云、饮酒赋诗、抚琴读书，有感于青松秋菊，神交于南山归鸟，一轮陪着他荷锄而归的明月，一缕善解人意的南风，一只"乘和以翻飞"的水鸥，一株怀新的秧苗，以及床上的清琴、壶中的浊酒、依依升起的炊烟……无不化为他笔下的美好景象，足见诗人是一位"种豆南山"的慧心雅士，他的生活是诗意化的。"陶诗的一大特点也是他的一种开创，就是将日常生活诗化，在日常生活中发现重要的意义和久而弥淳的诗味。"[①] 所以，陶渊明将寻常人生提炼为高雅脱俗的生活艺术，他有着独特的审美情趣，对"什么是美"有着深刻的思考和认知，这也是其诗文具有极高审美价值的原因。故本章拟对陶氏的艺术人生和审美思想的内涵予以探究。

---

　　① 袁行霈主编：《中国文学史》（第二卷），高等教育出版社，2014年，第66页。

一、神思妙赏：陶渊明的艺术化生活

人们常常会以为，陶渊明生活在朴素的田园里，躬耕自给，每天关注桑麻的长势，关心"聊可观"的"岁功"，应该是一个很务实的归隐者。其实，他深受魏晋风度的影响，颇有浪漫的气质，有着丰富的想象、浪漫的情怀。他的外祖孟嘉是典型的魏晋名士，陶渊明在为其所写的传记里，热情地颂扬了孟嘉许多名士风流的故事，实际上陶渊明的行为也很有些外祖父的影子。比如，他自己酿酒，酿熟了，便取下头上的葛巾漉酒，漉罢又戴上。他同人家饮酒，若是醉了，就对那人说："我醉欲眠，卿可去。"丝毫不管什么礼数。他较少注意物质生活的厚薄，而追求一种精神上的自足，重在自得其"乐"。他有一双超越功利的眼睛，有一份超越常人的慧心，完全是在经营一种艺术的人生。也即如有学者所看到的，他"用审美的态度对待衣食住行，以艺术家的眼光打量着身边细事，将其'诗化'、艺术化，从世俗中辟出一片清幽淡雅的意境，体悟出一点玄澹高远的意趣。"①

人的生活大体可以分为两个范畴：一个是行为范畴，即一个人具体所做的事，古人称之为"迹"。苏轼有诗曾说："人生到处知何似，应是飞鸿踏雪泥。泥上偶然留指爪，鸿飞那复计东西。"（《和子由渑池怀旧》）"雪泥鸿爪"是关于人生所历踪迹，即"迹"的一个有名的比喻。另一个就是精神

---

① 韦凤娟：《悠然见南山——陶渊明与中国闲情》，济南出版社，2004年，第100页。

范畴，即人的精神生活，古人往往称之为"心"。人们在"迹"这一方面不顺畅的时候，往往就从"心"上去弥补，进入精神中的天地。就"迹"与"心"两个范畴来说，行为（"迹"）是外现的，现实的属性很强，受社会现实的制约很大，不是人想怎样就怎样，常常是不由自主的。有时在某种条件下，还不得不违心地去行动，顺从现实的形势去泪泥扬波。如魏末的阮籍，本来不满意司马氏，却不得不在司马氏的手下做官，虚与委蛇，维持一个不彻底绝裂的表面形式，因为不这样就会招来杀身之祸。他的好友嵇康就是因为不肯周旋，而被司马氏杀了头。相对于"迹"来说，"心"则是比较自由的，它对外是隐蔽的，较少现实力量的约束，很少有什么东西能够限制人精神上的活动与追求。正如刘勰在《文心雕龙·神思》中所说的："文之思也，其神远矣。故寂然凝虑，思接千载；悄焉动容，视通万里；吟咏之间，吐纳珠玉之声；眉睫之前，卷抒风云之色，其思理之致乎？"[1] 也即艺术的想象具有超越时空和千变万化的特点，身在斗室，却可驰骋千年，漫游宇宙，千年的历史、万里之外的事物，珠圆玉润的声音、风云卷舒的景色，在想象的一瞬间，就可呈现在眼前。陶渊明在生活中正是突出地发展了"心灵"这一方面，重在"神思妙赏"。

有此思维基础，我们就能明白，陶渊明笔下的田园实在不是真实的田园，那是陶渊明心目中的"第二自然"，是经过其哲学思想的过滤而重新创造出来的精神王国。所以，在

---

① ［南朝梁］刘勰撰，范文澜注：《文心雕龙注·神思》，人民文学出版社，1958年，第493页。

现实中无法实现的，他就要在田园里找回来；如果田园也不能完全如愿，那就发挥"神思妙赏"的方法来弥补。他的生活是艺术的，他既现实，又有丰富的想象，"身在江海之上，心存魏阙之下"，这样，田园不是古代社会，却常常几乎成了陶渊明心目中的古代社会；田园也不是桃花源，却常常几乎成了现实版的桃花源。他就是这样在现实的田园生活中，神思妙赏，进入他所理想的生活境界。与其说他是生活在现实的田园中，还不如说他是生活在一种陶氏田园的境界中。

我们可从陶渊明的名诗《饮酒》其五来考察其实际生活情态。诗歌写他长日无事，饮酒至微醺，便在草屋旁的篱笆下采摘菊花。偶一抬头，秀逸的南山映入眼帘，在他面前展现出一幅傍晚的山林画面："山气日夕佳，飞鸟相与还。"这里，陶渊明采菊之悠然，即是南山之悠然；飞鸟的知返，也是他的知返。所谓"以物观物，不知何者为我，何者为物"的"无我之境"①，也是诗人观照万物时所体悟到的"真意"——在夕阳余辉映射下的优美暮色中，鸟儿结伴飞返山林之中的巢穴了。面对这幅画面，诗人不禁神思腾跃："此中有真意，欲辨已忘言！"——诗人在这画面中体悟到了"真"的意蕴，并且借那意蕴，沉浸到一种称作"真"的生活境界里去了。魏晋玄学讲究"得意忘言"，认为言、象只是表意的工具，重在得其意蕴、与意冥合而不滞留于言、象的表面。陶渊明就在观赏夕阳归鸟的薄暮景色中，"得意忘言"了，冥合到那称作"真"的意蕴中去了。什么是"真"呢？"真"

---

① 王国维：《人间词话》（手稿本全编），内蒙古人民出版社，2003年，第60页。

就是自然，就是因任自然。万物都按物性的本然生活，自由自在，自得自足，就是"真"的生活境界。飞鸟饥则出林觅食，饱则投林归巢，正是这样一种因任自然的生活情景，陶渊明在此画面中悟得了自然之"意"，便从精神上与其合为一体了。诗中所写无疑是现实的田园生活，可是其中又明显地伴有精神的超越，进入到一种精神境界之中。如此看来，陶诗中的自然风物已不是简单的比兴，它们顺乎自然的存在，与诗人顺乎自然的生活，都成为自然之道的一种感性显现的形式。所以这首诗"突出地表现诗人与大自然的契合心情"①。可以说，陶渊明就常常是这样，生活在既现实又理想的艺术状态里。

再看《癸卯岁始春怀古田舍二首》其一，写他躬耕下田时的状态："屡空既有人，春兴岂自免？夙晨装吾驾，启涂情已缅。"诗人大清早就做下田的准备，一上路便神思飞越了。他的思绪飞到哪里去了呢？从下文知道他想起了古时隐居于田的荷蓧丈人。他这时虽然踏在当代的田间小路上，却在精神上与古人交融在一起了。所以诗的下面说："寒草被荒蹊，地为罕人远。是以植杖翁，悠然不复返。"陶渊明的现实田园，也俨然成了荷蓧丈人的生活环境，他自己也就是荷蓧丈人再世了。可见，陶渊明发挥"神思妙赏"的作用，而活在一种浪漫的艺术人生里。下面就透过陶渊明的一些生活侧面，来具体考察一下他艺术化的生活情状：

---

① 见陈文忠：《中国古典诗歌接受史研究》，安徽大学出版社，1998年，第295页。

1. 抚琴："但识琴中趣，何劳弦上声"

《宋书》陶潜本传载曰："潜不解音声，而畜素琴一张，无弦，每有酒适，辄抚弄以寄其意。"①《莲社高贤传》中的陶渊明传又有所补充：

> （潜）性不解音，蓄素琴一张，弦徽不具，每朋酒之会，则抚而叩之。曰："但识琴中趣，何劳弦上声！"②

试想一下，一个人酒酣意适的时候，抚琴以抒其怀，这琴却是无弦的，而抚者则在这无声的世界里如醉如痴。他凭借的是什么呢？当然是"神思妙赏"。琴对于陶渊明来说，它的价值只在"抚弄以寄意"（苏轼语），不过是"寄意"，所以有弦无弦，有声无声，无关紧要，并不妨碍他冥会琴心琴意。借助声音固可，不借声音也无妨，"但识琴中趣，何劳弦上声"！只要内心有个旋律便行，有没有发出琴声，又有什么关系呢？可见他重"心灵"的倾向和善于冥入意想的本领。陶渊明在《自祭文》中说："欣以素牍，和以七弦。"素牍是指读书，七弦即指弹琴。他称琴为"七弦"，古人固然常以"五弦""七弦"代指琴，是一种遣辞造语的修辞方式，但也说不定他有的就是一张七弦琴，不只有弦，而且七根！如果是这样，弹无弦琴就是一种传说了。但考虑到陶渊明田

---

① ［唐］房玄龄等撰：《晋书》卷九十四《陶渊明传》，中华书局，1974年，第2463页。

② 见《陶渊明资料汇编》上册，中华书局，1962年，第11页。

园生活日益贫困，后来七弦琴的琴弦坏了而没钱更新，也是情理之中的事。古人鼓琴多为自娱，比如阮籍诗"夜中不能寐，起坐弹鸣琴"（《咏怀诗》其一）、王维也有诗"独坐幽篁里，弹琴复长啸"《竹里馆》，夜深人静，弹琴的目的当然是自娱，陶渊明也不例外，无非是抒发情志而已，有无声音并不重要，关键是"寄意"即可，别人在乎的是琴声，诗人在意的是心声！所以，这个故事发生在陶渊明身上，是可信的，符合他艺术化生活情状的实际。

2. 读书："不求甚解"与"欣然忘食"

陶渊明在《五柳先生传》中说自己的读书态度是："好读书，不求甚解；每有会意，便欣然忘食。""不求甚解"一句的含义曾引起过不小的争论，人们的理解不尽相同。其实这个问题如果从陶渊明重心灵、尚艺术的生活倾向上考虑，是很容易理解的。这里实际是说两种不同的读书态度。一般人读书是为求得对书的内容的深入把握，这自然不免要沿文讨义，这就是所谓"甚解"，重点在掌握书。陶渊明的读书态度与此不同。他读书不过是想从书中寻得一些"会意"的东西，重点是在得其"意"。浏览之中，一旦碰上与自己心心相印的东西，深契我心，引爆了心灵深处的火花，所谓"每有会意"，便陶醉其中，喜悦得连饭都忘记吃了。这就是他的独特的重"心"的读书态度。他在《读山海经》其一中说他读《穆天子传》和《山海经》时的感受，可作一例证。诗说："泛览周王传，流观山海图。俯仰终宇宙，不乐复何如？"四方上下曰宇，古往今来曰宙。借此两部奇书，俯仰之间，心灵就神游千古，精骛八极，意畅神舒，怡然自乐。有此"会意"，便陶醉在自得自足的境界里了，哪里还需要去求什么"甚解"呢！

3. 品酒："汎此忘忧物，远我遗世情"

陶渊明自言"性嗜酒"，"偶有名酒，无夕不饮"（《饮酒二十首》诗序），但是他的饮酒也与一般酒徒寻求酒精麻醉大异其趣，他有艺术化情趣的指向。《饮酒》其七曰："汎此忘忧物，远我遗世情。一觞虽独进，杯尽壶自倾。日入群动息，归鸟趋林鸣。啸傲东轩下，聊复得此生。"他是藉饮酒来忘忧遗世的，他傲啸在东轩之下，自斟自饮，"神思妙赏"，把污浊的现实远远抛开了，在日入万动俱息、归鸟投林的景象中，体认着任真自得的生活意趣，觉得赢得了自己的人生。苏轼《题渊明诗》说："靖节以无事自适为得此生，则凡役于物者，非失此生耶！""役于物"就是为富贵名利驱遣奔波之类，那是"失此生"，无事自适，自得其乐，才是"得此生"。陶渊明在这里是藉"酒"以得"意"的。酒好像是一块魔术的幕布，把他同现实隔开了，酒能助力"神思"，把诗人送进别一种生活天地里去。

相似的例子还有《连雨独饮》："试酌百情远，重觞忽忘天。天岂去此哉！任真无所先。云鹤有奇翼，八表须臾还。"试着喝一杯便百种世情皆消，几杯下肚，连天都不晓得了。难道天还会离人而去吗？自然不会。但是进入了"真"的境界，便没有任何能够先于它而存在的东西了。他已经与自然完全合为一体了。在这里，酒又好像一对神奇的翅膀，载着诗人遨游在理想的境界里。"云鹤有奇翼，八表须臾还"，这是多么广阔自由的天地！唐人白居易说陶"归来五柳下，还以酒养真。人间荣与利，摆落若泥尘"（《效陶潜体诗》其十二），颇能得陶渊明饮酒之趣。清人汪琬说："渊明之饮亦然，当其醺然微醉，悠然长吟，不自以为黄、绮，即自以为无怀、葛天之民。故其诗有云'一酌百情远，重觞忽忘天'，几若不知此身之在义熙、永初者，彼其视醉乡亦甚无以异于桃花源也。"这话颇得陶渊明"酒中趣"的真谛。"义熙"是晋安帝的年号，"永初"是宋武帝的年号，以二者来指称陶渊明生活的现实。几杯酒下肚，便已脱离了现实，而其醉乡又无异于桃花源，这不是藉酒进入理想生活境界了吗？可见其饮酒意在"神思妙赏"，意在人生的艺术化。

4. 赋诗："渊明不为诗，写其胸中之妙尔"

陶渊明不仅喜"神思妙赏"，同时还是一个写"心"绘"意"的能手。他的人生是艺术化的，感情也是艺术化的，写诗不过是感情的流露，所谓"不待安排，胸中自然流出"（朱熹语）、"如风吹水，自成文理"（苏轼语），所以，他写诗是"自娱""颇示己志"，他是为自己写的，写自己对生活的会心和感悟，从不考虑迎合谁，达到什么功利的目的。比如，陶渊明有一首五言诗《答庞参军》，一般不太为人注意，却是难得的佳作。诗前小序就可以当诗来读：

> 三复来贶，欲罢不能。自尔邻曲，冬春再交。款然良对，忽成旧游。俗谚云，数面成亲旧。况情过此者乎？人事好乖，便当语离。杨公所叹，岂惟常悲。吾抱疾多年，不复为文。本既不丰，复老病继之。辄依《周礼》往复之义，且为别后相思

之资。

话语平平常常，毫无渲染，读起来却觉得醇厚而隽美。款款之情，感人至深，非常人所能及，为小品文之佳作。温汝能评曰："陶公小序，多雅令可诵。序中起数语，何等缠绵，令人神往。"[①] 诗曰：

> 相知何必旧，倾盖定前言。
>
> 有客赏我趣，每每顾林园。
>
> 谈谐无俗调，所说圣人篇。
>
> 或有数斗酒，闲饮自欢然。
>
> 我实幽居士，无复东西缘。
>
> 物新人惟旧，弱毫多所宣。
>
> 情通万里外，形迹滞江山。
>
> 君其爱体素，来会在何年。

诗歌平易自然，好似诗人面对老友在唠家常一样，一往情深地叙述了他们交游时的欢乐以及别后的思念。它没有奇特的想象，如李白的"狂风吹我心，西挂咸阳树"；没有新颖的构思，如柳宗元的"春风无限潇湘意，欲采苹花不自由"；也没有感情的跌宕和结构上的波澜，如韩愈的《八月十五日夜赠张功曹》；更没有字句的雕琢，如谢灵运的《酬从弟惠连》。陶渊明只是把一篇平平淡淡的话组织成诗，就让

---

① ［清］温汝能：《陶诗汇评》卷二，见《陶渊明资料汇编》下册，中华书局，1962 年，第 77 页。

读者联想起自己和好友的深挚情谊，而得到美的享受。特别是"相知何必旧""物新人惟旧""情通万里外，形迹滞江山"，这些诗句，越读越觉得美，越品越觉得有诗味儿。这就是陶诗，诗人的感情就像一股清泉渗透在诗中，景物也总是饱含着感情。那在南风吹拂下张开了翅膀的麦苗，那陪伴他锄草归来的月亮，那不嫌他门庭荒芜、重返旧巢的春燕，那榆柳桃李、鸡鸣狗吠，等等，无不富于情趣。陶诗不但富于情趣，也富于理趣。他常在抒情写景之中，用朴素的语言阐说人生的哲理，给读者以启示。所以，他的诗不是在一般意义上反映着他的生活观，而是在更高的层次上表现了他对宇宙和人生的认识，是探求人生的奥秘和意义、认真思索和实践的结晶。而这一切又是用格言一样既有情趣又有理趣的语言加以表现的。如"人生归有道，衣食固其端"（《庚戌岁九月中于西田获早稻》）、"吁嗟身后名，于我若浮烟"（《怨诗楚调示庞主簿邓治中》）、"形迹凭化往，灵府长独闲"（《戊申岁六月中遇火》）、"连林人不觉，独树众乃奇"（《饮酒二十首》其八）等，无不言简意赅，发人深省。

如此，弹琴、读书、饮酒、赋诗是陶渊明生活的一些重要方面，无不表现出重在"神思妙赏"的生活情态。关于他日常那种艺术化的生活情态，在《与子俨等疏》中他还有生动的描述：

少学琴书，偶爱闲静，开卷有得，便欣然忘食。见树木交荫，时鸟变声，亦复欢然有喜。常言：五六月中，北窗下卧，遇凉风暂至，自谓是羲皇上人。

前四句还是讲读书弹琴，接下去三句讲与田园自然风物融为一体的喜悦心境，实际已是与自然合一的一种境界了。再看下面四句：在五、六月的大热天里，往北窗下一卧，一阵凉风袭来，浑身清爽，他就好像跳出了现实，成为羲皇时代的人了。是什么东西能够使他一下子有如此巨大的腾越呢？不是别的，就是这个"神思"。这是神思妙赏创造出来的奇迹。这便是陶渊明生活情态上的一个根本特点，不了解这一点，就很难了解陶渊明的浪漫与审美，这也是把握他的诗歌本质的一把钥匙，不了解这一点，也就很难理解陶渊明的诗歌。

总之，正如宗白华先生所看到的："魏晋时代人的精神是最哲学的，因为是最解放的、最自由的……晋人酷爱自己的精神自由……这种精神上的真自由、真解放，才能把我们的胸襟像一朵花似地展开，接受宇宙和人生的全景，了解它的意义，体会它的深沉的境地。"[1] 而陶渊明是"魏晋风度的最高优秀代表"[2]。他退居到田园中，躬耕自给，生活并不充裕，甚至常受到饥寒的威胁。但即使如此，他还是用审美观照让世俗生活"脱俗"，努力从世俗生活中品尝出超尘脱俗的韵味，在神思妙赏中去投入和体验一种理想的生活状态，他把田园变成了他的一个理想国，成为寄寓他理想的领域和天地。所以说，陶渊明是一个寻找美，甚至去制造美的雅人高士。

---

[1]　宗白华：《美学散步》，上海人民出版社，1981年，第215—216页。
[2]　李泽厚：《美学三书·美的历程》，安徽文艺出版社，1999年，第109页。

二、陶渊明的审美思想

还要看到，"迹"与"心"虽然可分为两个范畴，人们也都可以拥有一个精神的世界。但是，陶渊明还是和一般人有别：在生活方式上他犹如农人，将日常生活融会在自然的节律与四时的运化之中，与之沉浮；但诗人在思想境界上又超越了农人，所谓"百姓日用而不知"[1]，而诗人却能于日常之中游目骋怀，神游物外，在自然的时空里进行生命的沉思[2]。即他不仅将自己的生活过成了一种艺术、一种美，而且他在这种追求诗性生活的过程中，逐渐形成了他独特的审美思想。

（一）美是自然的精神

袁行霈先生指出："陶渊明以'自然'为美。他认为自然的人生，才是美的人生，自然的文学才是美的文学。"[3] 也即他是从自然中寻找到美，寻找生命性情的自由表达。其外祖孟嘉认为"丝不如竹，竹不如肉"，原因是"渐近自然"。写的虽是孟嘉，却是陶渊明的理念。孔子强调美与善的统一，老子强调真而排斥美，庄子以朴素为美，而陶渊明则比较明确地表达了"自然"是美的极致的思想，这在中国美学史上有特殊意义。陶渊明要过自然的人生、写自然的文学，也就

---

① 周振甫：《周易译注》，中华书局，1991年，第235页。

② 张泽鸿：《论陶渊明人生境界的审美范型及其现代性》，《江西师范大学学报》，2006年第1期，第20页。

③ 袁行霈：《陶渊明研究》，北京大学出版社，1997年，第40页。

是美的人生、美的文学，都是上述思想的反映。论及"美是自然的精神"的内涵，笔者以为至少有如下表现形式：

第一，美是适性的自然。

陶渊明总结自己的性格说："少无适俗韵，性本爱丘山。"生活中他以适合自己的本性为原则，自由自在、自得自足地面对着周遭的人和事，"适性"的才是美的。他喜爱自然中那些天机活泼的景象，诗文中常写这些景象所带给他的欣喜与美感。例如《归园田居》中写到的远人村、墟里烟和狗吠、鸡鸣等动态的景物，处处表现出美感。《与子俨等疏》说："见树木交荫，时鸟变声，亦复欣然有喜。"春夏之交，万物充满生机，渊明由衷地感到喜悦。《归去来兮辞》说："木欣欣以向荣，泉涓涓而始流"；《时运》说："山涤余霭，宇暖微霄。有风自南，翼彼新苗"，以上诗句都可说明，陶渊明观照自然时，以生机盎然、活泼流动的适性为美。究其原因，乃是因为他审美思想的哲学基础，源于道家的自然之义。运动不息，生机盎然，是大自然的客观属性，也是老庄崇尚的"道"的外在显现。所谓天法道，道法自然，天地万物的生生不已，正是道的体现。所以当诗人观照"山气日夕佳，飞鸟相与还"（《饮酒》其五）时，才体会到了此中的"真意"；看着"新葵郁北墉，嘉穗养南畴"（《酬刘柴桑》）时，滋生了"今我不为乐，知有来岁不"的想法。流观草木茂盛，树影扶疏，从"众鸟欣有托"，悟出"吾亦爱吾庐"（《读山海经》其一）的朴素道理。这都表明，陶渊明审美的思维特征是"善万物之得时"（《归去来兮辞》）。万物的勃勃生机和自由自在，常会使作者感到美和愉悦，并由实入虚，感悟出任真自得、委运大化的哲理。

第二，美是宁静的自然。

陶渊明对于田园乡村的审美，常伴随对世俗社会喧嚣的否定。他以宁静为美的审美倾向，既是哲学的，也是实践的。他在诗文中多次表达对静美的赞叹：

《感士不遇赋》："抱朴守静，君子之笃素。"

《五柳先生传》："闲静少言，不慕荣利。"

《与子俨等疏》："少学琴书，偶爱闲静。"

《祭从弟敬远文》："静月澄高，温风始逝。"

《停云》："静寄东轩，春醪独抚。"

《时运》："我爱其静，寤寐交挥。"

《荣木》："静言孔念，中心怅而。"

《庚子岁五月中从都还阻风于规林二首》其二："静念园林好，人间良可辞。"

《丙辰岁八月中于下潠田舍获》："悲风爱静夜，林鸟喜晨开。"

再如《时运》一诗写作者暮春独游，最后他向往《论语·先进》中曾皙所描绘的美好境界："延目中流，悠想清沂。童冠齐业，闲咏以归。我爱其静，寤寐交挥。""静"，即是陶渊明观照自然时的审美体验。如果我们以此来观照他的生活天地，就会发现，这里的风物景色又有平静的一面："清气澄余滓，杳然天界高"（《己酉岁九月九日》）、"鸟哢欢新节，泠风送余善"（《癸卯岁始春怀古田舍二首》其一）；这里的居处环境是朴素静谧的："方宅十余亩，草屋八九间"（《归园田居》其一）、"孟夏草木长，绕屋树扶疏"（《读山海经》其一）；这里的生活行事是实在、安宁的："新葵郁北墉，嘉穗养南畴"（《酬刘柴桑》）、"晨出肆微勤，日入负耒还"（《庚戌岁九月中于西田获早稻》）；这里人们之间的交谊是自然平和的：与田父"相见无杂言，但道桑麻长"（《归园田居》），与知心朋友"奇文共欣赏，疑义相与析"（《移居》），与邻里"得欢当作乐，斗酒聚比邻"（《杂诗》其一）。至于和家人，同样是和谐亲密的："命室携稚弱，良日登远游"（《酬刘柴桑》）。这里的整个环境和情事，都散发着浓郁的、宁静的气氛。诗人由衷地喜爱这种朴素的环境和平实的生活。他的眼光全贯注在这样的情境上，诗中所写，无非是些平平淡淡普普通通的日常生活，决不追求奇情奇事，呈现给我们的也是一幅幅朴朴实实的生活画面。可以说，只有对人生充满深情的人，才能对大自然有这样慧心的体察，才能在微小而饱满的事物中，获得生气和生活的哲理。

以虚静（宁静）为美的审美观，与老庄哲学有很深的关系。陶渊明以虚静为美的审美观，与道家的"无言之美"相通。"虚室生白"，有生于无。陶渊明说"虚室有余闲"，"虚室"不是空无，它容纳了"余闲"。因为心里宁静，所以才能从"虚室"中体味出闲暇之美。这便是后人所说的"静照"的妙用。

我们或许看出陶渊明"美是适性"与"美是宁静"的矛盾处，即前者强调生机盎然、活泼流动的适性，而后者又侧重风物景色的宁静。实际上，无论是前者的灵动活泼（动），还是后者的宁静平和（静），都是"自然之性"——万物按照自己的本性而存在于天地之间，或"动"或"静"，自由自在，自得自足，"称情即自然"，而作家创作就是"人禀七情，应物斯感，感物吟志，莫非自然"（《文心雕龙·明诗》），这样，"自然之性"实际就是陶氏"美是自然的精神"的另一种表述而已。

第三，美是和谐的自然。

陶渊明总是保持着平和的心境，并按照这样的心态去结构、编织其躬耕生活，尽管躬耕生活是那样艰苦，在他眼里却是充实、愉悦的。所以诗文中他经常表达对和谐之美的赞美，如"始妙密以闲和，终寥亮而藏摧"（《闲情赋》）、"君色和而正，温甚重之"（《孟府君传》）、"能正能和，惟友惟孝"（《祭程氏妹文》）、"春服既成，景物斯和"（《时运》）、"卉木繁荣，和风清穆"（《劝农》）、"直方二台，惠和千里"（《命子》）、"和风不洽，翻翻求心"（《归鸟》）、"天气澄和，风物闲美""气和天惟澄，班坐依远流"（《游斜川》）、"和泽同三春，华华凉秋节"（《和郭主簿二首》其二）、"风雪送余运，无妨时已和"（《蜡日》）、"日暮天无云，春风扇微和"（《拟古九首》其七）、"草荣识节和，木衰知风厉"（《桃花源诗》）等等。孔子曰："君子固穷，小人穷斯滥矣。"（《论语·卫灵公》）陶渊明从孔子的遗训中汲取了生活的智慧，当人面对生活困苦时，就应该像颜回那样用内心"道"的充盈消除现实中穷困和欲望的羁绊，这样就可以具有包容万物的博大心胸和广摄深远的眼光，捕捉到凡人忽略的生活之美和人生情致。在他的笔下，既有劳动的艰辛，也有收获的喜悦；既有贫穷的烦恼，也有亲情的可爱，但不管什么样的状况，都具有和谐的美感。他在起居饮食的日常生活中发现了乐趣，比如用普通的饭菜招待邻居："漉我新熟酒，只鸡招近局。日入室中暗，荆薪代明烛"（《归园田居》之五）；又如膝下牙牙学语的幼儿："弱子戏我侧，学语未成音。此事真复乐，聊用忘华簪"（《和郭主薄二首》其一）。他从鸡犬桑麻的农村景象中获得了美感，如在风中摇摆的新苗："平畴交远风，良苗亦怀新"（《癸卯岁始春怀古田舍二首》其二），又如园中的一棵青松："青松在东园，众草没其姿。凝霜殄异类，卓然见高枝"（《饮酒》其八），乃至仲春时分的草木虫鸟："众蛰各潜骇，草木从横舒。翩翩新来燕，双双入我庐"（《拟古九首》其三）。"或命巾车，或棹孤舟。既窈窕以寻壑，亦崎岖而经丘"（《归去来兮辞》），在欣悦心境、审美兴致的观照下，山光水色、方宅茅舍、鸡鸣犬吠、风土人情都让诗人任性自得，忘怀得失，他用返归人性真淳的心态消弭了世俗中的一切丑和困顿。朱光潜指出："渊明打破了现在的界限，也打破了切身利害相关的小天地界限，他的世界中人与物以及人与我的分别都已化除，只是一团和气，普运周流，人我物在一体同仁的状态中各徜徉自得，如庄子所说的'鱼相与忘于江湖'。他把自己的胸襟气韵贯注于外物，使外物的生命更活跃，情趣更丰富；同时也吸收外物的生命与情趣来扩大自己的胸襟气韵。这种物我的回响交流，有如佛家所说的'千灯相照'，互相增辉。"[①]

---

① 朱光潜：《诗论》，见《朱光潜全集》（第三卷），安徽教育出版社，1987年，第259页。

第六章 作为雅士的陶渊明

陶渊明这种在亲耕垄亩中发掘出独特的审美思想，在中国美学史上有着开创的意义。"千岩竞秀，万壑争流"的壮丽的山川之美，在陶渊明之前已经为人所欣赏和赞美了，而宁静朴素的田园之美，平淡朴素的农村劳动，却几乎无人注目。只有陶渊明才真正将田园作为独立的审美对象，并从中发掘出不同于壮丽山川的美感。这一点最能说明，他的美即自然思想，既是魏晋审美新思潮的产物，但又独标一帜。名作《桃花源记并诗》，可以说是陶渊明审美追求和审美理想最成熟、最有代表性的体现。"它寄托了诗人的审美情趣、道德诉求和人生境界的三重理想。在审美情趣上，'桃源'体现出个体淳朴之美；在道德理想上，'桃源'体现了群体和谐之善；在人生境界上，'桃源'体现了超越尘世、保持原态之真。"① 毫无疑问，桃源境界的创造即或有传闻作为依据，但归根结底是艺术虚构，是诗人美的思想的形象显现，也即关于美是宁静、适性和和谐——"美是自然"思想的艺术呈现。诗人心中美的社会在这里被描绘得鲜明形象，宛然在目——"忽逢桃花林，夹岸数百步，中无杂树，芳草鲜美，落英缤纷。"还未进桃源，一路上的景物已美得令人陶醉。桃源中更有宁静和美的自然风光——"土地平旷，屋舍俨然。有良田、美池、桑竹之属。阡陌交通，鸡犬相闻。"有自由自在的和谐劳作——"相命肆农耕，日入从所憩。"没有君主，没有王税，一切其乐融融——"春蚕收长丝，秋熟靡王税。"有古朴的生活方式——"荒路暖交通，鸡犬互鸣吠。俎豆犹

---

① 张泽鸿：《论陶渊明人生境界的审美范型及其现代性》，《江西师范大学学报》，2006年第1期，第18页。

古法，衣裳无新制。"有男女老少一片和谐的怡然自乐——"黄发垂髫，并怡然自乐。"有不需智慧的大朴——"虽无纪历志，四时自成岁。怡然有余乐，于何劳智慧?"总之，桃源境界是自然、和谐、美好的高度统一，是陶渊明心目中理想社会的形象图景，是一个"醇朴的乌托邦"①。

追溯远源，陶渊明关于社会审美的思想，无疑起源于《老子》"小国寡民"的思想。《老子》三章说："是以圣人之治：虚其心，实其腹，弱其志，强其骨。"② 意谓使人民无知无欲，饱食无饥，不争不盗，体力坚实。《老子》又提出一切智慧、文明都是不美的表现，因此主张绝圣去智。《老子》十八章说："大道废，有仁义，慧智出，有大伪。"③ 十九章说："绝圣弃智，民利百倍；绝仁弃义，民复孝慈；绝巧弃利，盗贼无有。"④ 八十章说："小国寡民，使有什伯之器而不用，使民重死而不远徙。虽有舟舆，无所乘之；虽有甲兵，无所陈之；使人复结绳而用之。甘其食，美其服，安其居，乐其俗，邻国相望，鸡犬之声相闻，民至老死，不相往来。"⑤ "绝圣弃智"和"小国寡民"的思想，从根本上说，是《老子》以无为美思想的反映。《桃花源记并诗》描绘的理想社会，以"真""朴"为主要特征，以和谐美为基本思想底蕴。

---

① 朱光潜：《诗论》，见《朱光潜全集》（第三卷），安徽教育出版社，1987 年，第 260 页。
② 陈鼓应：《老子注译及评介》，中华书局，1984 年，第 71 页。
③ 陈鼓应：《老子注译及评介》，中华书局，1984 年，第 134 页。
④ 陈鼓应：《老子注译及评介》，中华书局，1984 年，第 136 页。
⑤ 陈鼓应：《老子注译及评介》，中华书局，1984 年，第 357 页。

当然，桃源社会虽然受到《老子》"小国寡民"思想的影响，但二者还是有区别的。桃源社会没有君主，没有赋税，是"天下为公"的大同社会，是一种"无君"的政治制度。可见，陶渊明是将老子思想借来加入自己的内涵，分别铸造为其人性美和社会美的标准，用作斥伪黜薄的武器。《桃花源诗》说："奇踪隐五百，一朝敞神界。淳薄既异源，旋复还幽蔽。"理想的桃花源是"淳"的，现实的世界是"薄"的，二者境歧源异，朱墨难合。陶渊明在《饮酒》诗中说，孔子汲汲一生，也是力求把羲农以下丧真趋伪的社会"弥缝使之淳"。陶渊明这种表面看来平和的美学观念，实际含有批判污浊现实的针砭意义。

桃花源不过是陶渊明的社会理想，它闪耀于现实土壤之上，却又像《老子》所说的"道"，"恍兮惚兮"，永远无法寻觅。对此，陶渊明有清醒的认识。《桃花源记》写太守遣人随渔人寻桃花源，"遂迷不复得路"。《诗》说："淳薄既异源，旋复还幽蔽。借问游方士，焉测尘嚣外。"其意都是指桃花源与"丧真"的现实社会淳薄异源，无法寻其踪迹。可见，它不过是陶渊明社会审美理想的虚构而已。

（二）美是至善的人格

《闲情赋》是陶集中非常特别的文章。此文反映了陶渊明对于女性的审美评价，由此可探讨其"美是至善"的思想内涵。赋中的美人，是陶渊明善与美统一的审美观的形象创造。美人既有倾城之美色，又有如玉一般的品德，是形体美与精神美的统一。诗人写道："夫何瑰逸之令姿，独旷世以秀群。表倾城之艳色，期有德于传闻。佩鸣玉以比洁，齐幽兰以争芬；淡柔情于俗内，负雅志于高云。""令姿""艳色"，以及后面写到的"神仪妩媚，举止详妍"，写美人的外在之美。"佩鸣玉以比洁"以下四句，写美人的内在之美。美之外观和善之内质既有区别，又是统一的。这种女性人格的审美评价，源于儒家的美学思想。在孔子学说中，美与善不可分割，善的都是美的，而凡是美的，也必然是善的，善与美几乎是同义词，所以孔子说："里仁为美。"（《论语·里仁》）"如有周公之才之美。"（《论语·泰伯》）又将"君子惠而不费，劳而不怨，欲而不贪，泰而不骄，威而不猛"，称为"五美"（见《论语·尧曰》）。君子的"五美"，属于善的范畴，孔子将它们看作是美。再如《论语·八佾》："子夏问曰：'巧笑倩兮，美目盼兮，素以为绚兮。何谓也?'子曰：'绘事后素。'曰：'礼后乎?'子曰：'起予者商也！始可与言《诗》已矣。'"可见，孔子以为女性的审美，不仅有倩盼美质，而且须有礼的约束。后者即是善，只有合乎善的美质，才是美人。《论语·雍也》说："智者乐水，仁者乐山。"《论语·子罕》说："岁寒，然后知松柏之后凋也。"孔子取山水、松柏等具体自然物，象征、比拟人内在的精神美。《闲情赋》"佩鸣玉以比洁，齐幽兰以争芬"二句，以鸣玉比美人之高洁，以幽兰比美人之芬芳，显然源于儒家的审美思想。

"美是至善的人格"的思想，体现在陶渊明的很多作品中。如《感士不遇赋》说："原百行之攸贵，莫为善之可娱。"《荣木》诗说："匪道曷依，匪善奚敦！"《酬丁柴桑》诗称丁"聆善若始"。《祭程氏妹文》称程氏妹"闻善则乐"。尤其是《感士不遇赋》一文，列举古代怀正志道之士，"洁己清操之人"。陶渊明赞美古贤的德行操守，以善来评价人物，是继承了儒家的美学思想。

《咏贫士七首》尚友古贤，既寄托了作者安贫乐道之志，也反映出他的审美追求。在作者笔下，有年高九十、衣衫褴褛却欣然弹琴的荣启期；有弊襟肘见、破鞋出踵却不以为病的原宪；有安贫守贱、不受好爵和不纳厚馈的黔娄；有大雪中闭门不出，不愿干人的袁安……他们安贫乐道，人穷志坚，至大至刚，具有松柏那种"岁寒而知后凋"的品格美。很明显，陶渊明歌咏的荣启期等古贤，属于传统人格美的范畴，与魏晋时代推崇的潇洒飘逸、任情放达的人格美不属同一类型。在他心目中，美就是志节高尚。他在作品中喜欢用青松、秋菊、幽兰等自然风物来比喻坚贞的品格。这是古已有之的传统"比德"之法，并不是沉潜玩味自然美。如《和郭主簿二首》其二写秋菊和青松："芳菊开林耀，青松冠岩列。怀此贞秀姿，卓为霜下杰。衔觞念幽人，千载抚尔诀。"秋高气爽，芳菊盛开于林间，青松挺立于崖上。芳菊和青松是美的，之所以美，在于一为"贞秀姿"，一为"霜下杰"。千百年来，隐士们都赞美着松菊的傲霜之迹。很明显，这是直接继承了孔子人与自然的"比德"说。再有《饮酒二十首》其八："青松在东园，众草没其姿。凝霜珍异类，卓然见高枝。连林人不觉，独树众乃奇。"《饮酒二十首》其十七："幽兰生前庭，含薰待清风。清风脱然至，见别萧艾中。"前者写青松，后者写幽兰。青松之美，美在凝霜珍灭众草之后，惟有它"卓然见高枝"。幽兰之美，乃在清风飒然而至时，散幽香于萧艾中。在作者的观照中，青松幽兰，象征着志士拔出

171

流俗的精神品格。陶渊明还爱写独栖林间的孤鸟。如《归鸟》："翼翼归鸟，驯林徘徊。岂思天路，欣反旧栖。虽无昔侣，众声每谐。日夕气清，悠然其怀。"《咏贫士》其一："朝霞开宿雾，众鸟相与飞。迟迟出林翮，未夕复来归。"作者写飞鸟，其意不在观赏，而是借鸟自喻，表达不趋时俗的志节。

上述美是善、是高洁人格的思想，在陶渊明的审美思想中是统一的。这是他既深受道家和玄学美学思想影响，也接受儒家美学思想的结果。事实上，魏晋品题人物虽特别欣赏神情旷达，但并不排斥传统的人格之美，诸如守志不屈、耿介狷洁、临危不惧等品格，仍旧为人赞美。《世说新语·方正》中颇多这类人物。如夏侯玄既被桎梏，钟会因与玄不相知，此时就乘势侮辱玄。玄曰："虽复刑余之人，未敢闻命！""考掠初无一言，临刑东市，颜色不异。"夏侯玄身陷囹圄，志节不亏，凛然不可侵犯，视死如归。他那种"士可杀而不可侮"的品格，与儒家关于士之志节、操守的教育不无关系。名士这种门无杂宾、不滥交的品格，固然是自视清高，但其与儒家交友之道不无关系。《世说新语·方正》载："刘真长、王仲祖共行，日旰未食。有相识小人贻其餐，肴案甚盛，真长辞焉。仲祖曰：'聊以充虚，何苦辞？'真长曰：'小人都不可与作缘。'"刘孝标注曰："孔子称：'唯女子与小人为难养，近之则不逊，远之则怨。'刘尹之意，盖从此言也。"魏晋固然蔑弃礼法、放荡无检成风，然并不都以此为美。如竹林七贤之一的阮咸，爱姑母的鲜卑婢，借客驴着重服追之。于是"世议纷然"，自魏末沉沦闾巷，到晋咸宁中才做上官（见《世说新语·任诞》）。周顗甚有名德，但行为常不检点，有人便讥其"与亲友戏，秽杂无检节"（同上）。《语林》载："伯仁（周顗字）正有姊丧，三日醉。姑丧，二日醉，大损资望。"因他晚年常以酒失，故庾亮不无贬义地称："周侯末年，可谓凤德之衰也。"这些对放达过甚的批评，反映出对人物的赞美评价，不废儒家的美学原则。王羲之和谢安为东晋第一流人物，二人共登冶城。谢悠然远想，有高世之志。王却以为应该效法夏禹和周文王的勤勉，批评清谈为"虚谈废务，浮文妨要，恐非当今所宜。"（《世说新语·言语》）陶侃勤事练达，自强不息，其人格与那些惟务清谈的名士大相径庭。《世说新语·政事》注引《晋阳秋》说："侃练核庶事，勤务稼穑，虽戎陈武士，皆劝励之。……侃勤而整，自强不息，又好督劝于人。常云：'民生在勤。大禹圣人，犹惜寸阴；至于凡俗，当惜分阴。岂可游逸！生无益于时，死无闻于后，是自弃也。'又：'《老》、《庄》浮华，非先王之法，言而不敢行。君子当正其衣冠，摄以威仪，何有乱头养望，自谓宏达邪？'"[1]

以上事例皆可说明，魏晋人格审美的主流虽崇尚任情放达，宅心玄远，但传统的人格美仍具有深远影响。隐逸放旷之士脱略世务，当然可以游山泽、观鱼鸟，任达不已，但在朝官吏，特别像陶侃这种支撑局面的统帅，靠浮华与宏达毕竟不能治军养民。因此，对社会负有责任心的一部分士人的人格审美取向，就与任诞之士不一致。陶渊明思想"外儒而

① ［南朝宋］刘义庆撰，徐震堮著：《世说新语校笺·政事》，中华书局，1984年，第99页。

内道"，任真自得，又耿介狷洁，安贫乐道，为新的人格美与
传统人格美的完美结合，这样，他既赞美孟嘉那种宅心高远
的名士风度，又向往荣启期一类安贫穷贱、穷且益坚的古贤，
自然不难理解了。由此观之，陶渊明关于"美是至善"思想
的内涵就十分明确了。

（三）美是幽默的风度

后世读者喜欢陶渊明，不止是因他那种坚守自我、绝不
与现实妥协的志节，也不止是因他那自然真淳的至美诗文，
其实还有更重要的一点，那就是他的幽默可爱。他像一个可
爱又有一些搞笑的邻家大叔，诙谐地写自己年轻时对美人夜
不能寐的爱慕，调侃着自己的贫困，嘲笑自己不成才的儿子、
自己对酒的热爱，以及自己如何去乞食，甚至对自己的死亡
也要写诗戏谑一番，他简直就是将自己的一切都放在一个叫
"幽默"的容器里过滤一遍，让自己和读者在笑声中去打量、
去思索这并不美好的人生。汪曾祺曾说："人总要有点东西，
活着才有意义。人总要把自己生命的精华都调动出来，倾力
一搏，像干将、莫邪一样，把自己炼进自己的剑里，这，才
叫活着。"所以，陶渊明的审美思想中有一条是不能忽视的，
那就是：美是一种幽默的风度。关于陶氏的幽默感，黄庭坚
有言曰："观渊明之诗，想见其人，岂弟慈祥戏谑可观也。"①
同样具有幽默气质的林语堂也曾做过一大段议论：

---

① ［宋］黄庭坚：《书渊明责子诗后》，见《黄庭坚全集》，四川大学
出版社，2001 年，第 655 页。

> 正始以后，王何之学起，道家势力复兴，加以竹林七贤继出倡导，遂涤尽腐儒气味，而开了清谈之风。在这种空气中，道家心理深入人的性灵，周秦思想之紧张怒放，一变而为恬淡自适，如草木由盛夏之煊赫繁荣而入于初秋之豪迈深远了。其结果，乃养成晋末成熟的幽默之大诗人陶潜。陶潜的《责子》，是纯熟的幽默。陶潜的淡然自适，同于庄生之狂放，也没有屈原的悲愤了，他《归去来辞》与屈原之《卜居》《渔父》相比，同是孤芳自赏，但没有激越悲愤之音了。他与庄子，同是主张归返自然，但对于针贬世俗，没有庄子之尖利。陶不肯为五斗米折腰，只见世人为五斗米折腰之愚鲁可怜。庄生却骂干禄之人为豢养之牛、待宰之彘。所以庄生的愤怒的狂笑，到了陶潜，只成温和的微笑。我所以言此，非所以抑庄而扬陶，只见出幽默有各种不同。议论纵横之幽默，以庄为最，诗化自适之幽默，以陶为始。大概庄子是阳性的幽默，陶潜是阴性的幽默，此发源于气质之不同。①

林先生告诉我们，是魏晋清谈的风气、道家思想的深入人心，培养出成熟的幽默大诗人陶渊明。并通过与庄子、屈原的比较，认为淡然平和、洒脱适意是陶渊明幽默之美的主要风格特征。这在陶氏的一系列作品中都有清楚的表现，可

---

① 林语堂：《论幽默》，见万平近编：《林语堂论中西文化》，上海社会科学出版社，1989 年，第 264 页。

以说，幽默是他的人，幽默也是他的笔墨。据魏正申所论，陶氏戏谑之趣的诗文占其全部作品的十分之一左右①，著名的有《饮酒二十首》《责子》《止酒》《有会而作》《乞食》《拟古九首》《拟挽歌辞三首》《五柳先生传》《闲情赋》《自祭文》等等。在这些可以说是陶渊明最重要的作品中，我们会轻易地感知陶氏幽默可爱的一面，也能见出他幽默风格的多样性，像《五柳先生传》是轻快而富有诗意的幽默，《拟挽歌辞》《自祭文》是带有悲剧色彩的幽默，《责子》的幽默具有调侃的风味，而《拟古九首》其四又是幽默的讽刺，等等，风格不一，丰富多彩，见出陶渊明对幽默人格美的慧心感悟。

作为陶渊明年轻时期的作品，《闲情赋》通篇皆为香艳之辞，是一篇关于某男士"单相思"的幽默记录。当主人公看到"倾城之艳色"后，写他"待凤鸟以致辞，恐他人之我先"的迫切激动，"意惶惑而靡宁，魂须臾而九迁"的魂不守舍，让人在感受到他对爱情的渴望的同时，也让人感到了诙谐——这无论如何也让我们无法将它和陶渊明的形象连在一起，尤其是主人公的"十愿"与"十悲"，更是有趣：

> 愿在衣而为领，承华首之余芳；悲罗襟之宵离，怨秋夜之未央。愿在裳而为带，束窈窕之纤身；嗟温凉之异气，或脱故而服新。愿在发而为泽，刷玄鬓于颓肩；悲佳人之屡沐，从白水以枯煎。愿在眉

---

① 魏正申：《陶渊明探稿》，文津出版社，1990年，第74页。

而为黛，随瞻视以闲扬；悲脂粉之尚鲜，或取毁于
华妆。愿在莞而为席，安弱体于三秋；悲文茵之代
御，方经年而见求。愿在丝而为履，附素足以周旋；
悲行止之有节，空委弃于床前。愿在昼而为影，常
依形而西东；悲高树之多荫，慨有时而不同。愿在
夜而为烛，照玉容于两楹；悲扶桑之舒光，奄灭景
而藏明。愿在竹而为扇，含凄飙于柔握；悲白露之
晨零，顾襟袖以缅邈。愿在木而为桐，作膝上之鸣
琴；悲乐极以哀来，终推我而辍音。

这个陷入爱情里不能自拔的男子，他甘心情愿地要化为
所爱女子的衣领、衣带、发膏、眉黛、莞席、丝鞋、身影、
蜡烛、竹扇、鸣琴等，以求能与她亲密接触，片刻不离；而
每生一愿，又伴着一悲，觉得即使化为这些近身附丽之物，
也终不免被抛弃，或喜或忧，思念之切，反复缠绵。这不顾
礼仪的"十愿"，作者充分运用辞赋所具有的铺陈、用韵、
骈偶和辞采华美等特点，将那种不可能的爱情作了淋漓尽致
的描绘和渲染，充满了戏谑的情趣。关于这篇赋的创作，学
界有很多说法，比如梁昭明太子萧统在为陶渊明编集时有称
"爱嗜其文，不能释手，尚想其德，恨不同时"，但对《闲情
赋》却大加批评，认为陶文中"白璧微瑕者，惟在《闲情》
一赋，扬雄所谓劝百而讽一者，卒无讽谏，何必摇其笔端，
惜哉，无是可也！"① 清人方东树甚至大骂此赋影响坏，"后

---

① ［梁］萧统：《陶渊明集序》，见《陶渊明集校笺·附录一：各本
序跋》，上海古籍出版社，1996年，第470页。

世循之，直是轻薄淫亵，最误子弟"（《续昭昧詹言》）。针对这些批评，鲁迅先生则说："陶潜先生在后人的心目中，实在飘逸得太久了，但在全集里，他却有时很摩登，'愿在丝而为履，附素足以周旋，悲行止之有节，空委弃于床前'，竟想摇身一变，化为'阿呀呀，我的爱人呀'的鞋子，虽然后来自说因为'止于礼仪'，未能进攻到底，但那些胡思乱想的自白，究竟是大胆的。"① 陶渊明确实有些"摩登"，鲁迅先生的话切中了其幽默的心性。

如前所论，陶渊明说自己著文的目的是"自娱"。所谓"自娱"不过就是自己找乐，自娱自乐而已，所以"幽自己一默"就成了他文学创作的一种动机。所谓"借助于这种态度，一个人拒绝接受痛苦，强调他的自我对现实世界是所向无敌的，胜利地坚持快乐的原则"②，这在《饮酒二十首》中表现最为明显。其诗前小序云："余闲居寡欢，兼比夜已长，偶有名酒，无夕不饮。顾影独尽，忽焉复醉。既醉之后，辄题数句自娱。纸墨遂多，辞无诠次。聊命故人书之，以为欢笑尔。"丘嘉穗评曰："公抱道统绝续之忧，而终以酒自解如此，可抵韩子《答孟尚书书》，而带滑稽之趣。"③ 所以其十三首曰："有客常同止，趣舍邈异境。一士长独醉，一夫终年醒。醒醉还相笑，发言各不领。规规一何愚，兀傲差若颖。

① 鲁迅：《"题未定"草（六）》，见《鲁迅全集·且介亭杂文二集》，人民文学出版社，2005年，第436页。

② ［奥地利］弗洛伊德：《弗洛伊德论美文选》，知识出版社，1987年，第144页。

③ ［清］邱嘉穗《东山草堂陶诗笺》卷三，见《陶渊明资料汇编》下册，中华书局，1962年，第199页。

寄言酣中客，日没烛当炳。"诗用漫画式的笔法写了两个朝夕相处的人，一个是敢于鄙视世俗而"长独醉"的"一士"，他才是真正的清醒者，而愚蠢糊涂的反倒是那个"终年醒"的"一夫"。在"醒者"与"醉者"的对比之中寄寓了诗人的幽默感。清人对此也评道："陶公自以人醒我醉，正其热心厌观世事而然耳。要之，醒非真醒而实愚，醉非真醉而实颖。其箴砭世人处，却仍以诙谐出之。"① 对于陶渊明饮酒，前文已有讨论。由于饮酒会使人改变常态，甚至会失去理性，人此时不免变得诙谐可笑，所以从汉代邹阳的《酒赋》、扬雄的《酒箴》，到魏晋孔融的《难曹公表制酒禁书》、刘伶的《酒德颂》等文学作品，都多少带有诙谐风趣的幽默色彩，陶渊明关于酒的文字也是这样。陶渊明一生喜饮酒，从某种意义上，他的形象是和酒联系在一起的，饮酒使陶渊明增添生活的乐趣，减轻人生的重压，冲淡心理的痛苦，是其艺术人生不可或缺的媒介物，所谓"酒中有深味"（《饮酒二十首》其十四）。可晚年的他，生活常陷入困顿，无酒可饮，所以遂作《止酒》诗："居止次城邑，逍遥自闲止。坐止高荫下，步止荜门里。好味止园葵，大欢止稚子。平生不止酒，止酒情无喜。暮止不安寝，晨止不能起。日日欲止之，营卫止不理。徒知止不乐，未知止利己。始觉止为善，今朝真止矣。从此一止去，将止扶桑涘。清颜止宿容，奚止千万祀。"诗歌传神地表现了陶氏的幽默感。诗人一方面渲染酒对于自己无比重要，说戒了酒就气血不通，经脉不顺，寝食难安。

另一方面，又说戒酒对自己是有好处的，故从今天开始就发誓戒酒了，要戒它个青春永驻，戒成个活神仙！诗人越说戒酒，越是重复而夸张地运用"止"字——"重要的事情说三遍"，就越发表现出本质与现象的喜剧性的不谐调，给人他一定戒不了酒的感觉，从而产生出幽默的效果。诗人是因没酒喝，才说戒酒，一旦有了酒，自然就不"止酒"了。这正是《止酒》诗的幽默滑稽处，可见，这是陶渊明自我打趣逗乐之作①。清人邱嘉穗评曰："《止酒》诗是陶公戏笔。"②

《五柳先生传》也属于陶渊明"自娱"性质的作品，文中的"五柳先生"是个隐士，实是陶渊明的化身。既然是隐士，本来就不需为自己立什么传的，可陶渊明却偏要虚拟出一个五柳先生来为自己立传。这种反传统本身就有喜剧色彩，试看：

> 先生不知何许人也，亦不详其姓字。宅边有五柳树，因以为号焉。闲静少言，不慕荣利。好读书，不求甚解；每有会意，便欣然忘食。性嗜酒，家贫不能常得。亲旧知其如此，或置酒而招之。造饮辄尽，期在必醉；既醉而退，曾不吝情去留。环堵萧然，不蔽风日。短褐穿结，箪瓢屡空。晏如也。常著文章自娱，颇示己志。忘怀得失，以此自终。

---

① 郑凯：《幽默大师陶渊明》，《华南师范大学学报》，1998 年第 3 期，第 79 页。

② ［清］邱嘉穗：《东山草堂陶诗笺》卷三，见《陶渊明资料汇编》下册，中华书局，1962 年，第 202 页。

　　赞曰：黔娄之妻有言："不戚戚于贫贱，不汲汲
于富贵。"其言兹若人之俦乎？酣觞赋诗，以乐其
志，无怀氏之民欤？葛天氏之民欤？

　　有趣的是，作传却不知传主的出身与姓氏，这也属于不
按套路出牌；至于其他"拧巴"的行为就更多：读书本该求
"解"读明白的，可这位五柳先生却"不求甚解"；他到亲戚
朋友家喝酒，一定要不醉不休，醉了才走，至于什么得失啊、
家贫啊，都不重要，名利富贵什么的也都无所谓。既然是庄
重地为自己作传，可采取的又是什么都不在乎的态度，于是
喜剧性的不谐调就出来了。并且表达方式也是幽默的，文中
从头到脚都用一个"不"字，以否定的方式来说传主洁身自
好、任真自得的品性与情怀，一幅幽默的自画像跃然纸上。
清代浦起龙评《五柳先生传》说："于《客难》诸体后，别
开畦埒，超绝。"（《古文眉诠》卷四十二）之所以称其"超
绝"，主要就是指陶氏的幽默风趣。

　　要说陶渊明比较狼狈的糗事，当属家里穷得揭不开锅，
到外边乞食了，但陶渊明写来也颇有黑色幽默的味道：

饥来驱我去，不知竟何之。

行行至斯里，叩门拙言辞！

主人解余意，遗赠岂虚来？

谈谐终日夕，觞至辄倾杯。

情欣新知欢，言咏遂赋诗。

感子漂母惠，愧我非韩才。

陶渊明评传

> 衔戢知何谢，冥报以相贻！
>
> （《乞食》）

温汝能评曰："此诗非设言也。因饥求食，是贫士所有之事，特渊明胸怀，视之旷如，固不必讳言之耳。起二句谐甚、趣甚，以下求食得食，因饮而欣，因欣而生感，因感而思谢，俱是实情实境。盖渊明耻事二姓，自甘穷饿，不乞于权贵，而乞于田野，所谓富贵利达，不足以动其中也。渊明之乞，其诸异乎人之乞与！"① 饥饿袭来，肚肠实在难以忍受，必须出去找点吃的，可是又不知到哪里去找。就这样，犹犹豫豫地敲开了一家房门，但嘴张了半天也没说出什么来。主人明白了我的来意，怎么会让我白来啊？这是寓诙谐的自嘲于叙事之中，从而消解了乞食的尴尬气氛。后面人家不仅给了他吃的，而且还请他喝了酒，这让他连眼前的处境都忘了，竟然快乐地和主人"谈谐终日夕"，甚至还情不自禁地赋起诗来——这心可真够大的！诗人幽默诙谐的性情因而展露无遗。对此明人曾有议论："'谈谐终日夕''情欣新知欢'，非真乞食也，盖借给园行径，以写其玩世不恭耳。右丞乃云'一惭之不忍而终身惭乎'，此与腐鼠之吓何异？"② 人老了，本应更加疼惜儿子，但陶渊明却在垂垂老矣的时候，状写了儿子们种种荒唐可笑，以幽默的笔触加以揶揄责备。其《责子》

---

① ［清］温汝能：《陶诗汇评》卷二，见《陶渊明资料汇编》下册，中华书局，1962 年，第 69—70 页。

② ［明］黄廷鹄：《诗冶》卷十一，见《陶渊明资料汇编》下册，中华书局，1962 年，第 67 页。

182

诗云："白发被两鬓，肌肤不复实。虽有五男儿，总不好纸笔。阿舒已二八，懒惰故无匹。阿宣行志学，而不爱文术。雍端年十三，不识六与七。通子垂九龄，但觅梨与栗。天运苟如此，且进杯中物。"他这五个儿子，一个个可真够瞧的：老大阿宣十六岁了，不务正业，懒散怠惰无人能比；老二阿宣即将十五岁了，也不爱学习；老三阿雍、老四阿端一对双胞胎，都十三岁，竟分不清六与七，老五阿通也快九岁了，可他却是吃货一枚，每天只知道吃。陶渊明对五个儿子，爱之深，责之切，期盼殷切，但能否成才，实在不敢乐观。谚云："尽人事，听天命。"面对如此五个儿子，他哭笑不得，只好长叹一声："天运苟如此，且进杯中物。"如果是上天命运注定的话，就不要苛责了，还是"浮一大白"，把杯中的酒喝了吧！

如前所论，陶渊明有强烈的生死之忧，但他委运任化、顺应自然的生命思想使他最终勘破了生死。所以，他以幽默诙谐的笔调写了《拟挽歌辞》三首和《自祭文》，不妨看《拟挽歌辞三首》其一：

有生必有死，早终非命促。

昨暮同为人，今旦在鬼录。

魂气散何之，枯形寄空木。

娇儿索父啼，良友抚我哭。

得失不复知，是非安能觉！

千秋万岁后，谁知荣与辱。

但恨在世时，饮酒不得足。

诗人想象自己死了，感慨自己昨天还是人，如今却成了鬼。而死后不知得失、不晓是非云云，无疑是诗人明知故说、假装糊涂的幽默话。陶渊明的一生该有多少无法完成的遗憾啊，死前的他回顾总结自己的一生，也当有向儿女交代的重要事项，可没想到的是，他说自己一生最大遗憾是酒没喝够！这样，死的庄重与饮酒的轻微放在一起，就造成一种理性倒错的幽默感。① 如此轻松诙谐地写死亡这一令人恐惧的事件，只能说诗人内心是无比强大的。正如凯瑟琳·威尔逊所说的："幽默感通过把痛苦的体验提高到一个使心灵感到高兴而不是感到烦恼的水平而净化了痛苦。"② 清人也曾有评曰："陶靖节一生自乐，未尝屈己徇人。有时独乐，自乐也；有时偕乐，亦自乐也；有时期于偕乐，而终于独乐，尤自乐也。"③

此外，陶渊明还有记述外祖孟嘉一生经历的《晋故征西大将军长史孟府君传》，不管是"风吹帽落"的龙山之饮，还是外祖"好酣饮，愈多不乱"的风度，以及他回答桓温问题时所说的："公未得酒中趣耳。"加上他喜欢读书，偶有心得，便登山望远，直到日落西山时才尽兴而归，等等，都呈现出一种幽默洒脱的审美人格，这何尝不是陶渊明自己的人格？在他心目中人格美的标准就是幽默风趣、卓尔不群、洒脱不羁，而这种特质我们概括为："美是一种幽默的风度。"

---

① 郑凯：《幽默大师陶渊明》，《华南师范大学学报》，1998 年第 3 期，第 81 页。

② ［新西兰］拉尔夫·皮丁顿：《笑的心理学》，中山大学出版社，1988 年，第 149 页。

③ ［清］钟秀：《陶靖节纪事诗品》卷四《恬雅》，见《陶渊明资料汇编》下册，中华书局，1962 年，第 11 页。

即面对人生的苦难，面对理想与现实无法调和的深刻矛盾，面对人生的悲剧性，陶渊明有一种强大的心理调适能力，其中最重要的表现就是他的幽默感，他或自嘲，或调侃，或滑稽，或挪揄，或戏谑，在他面前所谓的庄严神圣、生死之忧、荣辱得失、贫富扰攘，一切都变得可笑、可叹、可悲，甚至不值一提，这是陶渊明战胜现实苦难的人生态度，也是他关于人生之美的别样体验。作为幽默人生观的获得者，他"不仅不屈从于痛苦，而且用理性的力量、用道德的力量、用喜剧的心态，去挑战痛苦，振奋精神，平衡心理，拥抱生活，体验人生的真善美，超越现实世界，获得人生的乐趣"①。故幽默是诗人的一种审美风度，更是他热爱生命的一种激情。

汪曾祺说："人的心最好不是招摇的枝柯，而是静默的根系，深藏在地下，不为尘世的一切所鼓惑，只追求自身的简单和丰富。"陶渊明就有这样的心。作为躬耕垄亩的雅士，他"坚守躬耕田亩的'俗行'，固穷守节，老死丘园，以脱落世故、纵浪大化、委运随顺的态度洞悉生命本质，体味人生百态；用平淡冲和的田园诗风，彰显其傲岸拔俗的精神气韵、平俗随顺的生活态度，以及不同流俗的审美视野。"② 他的审美思想既源于传统儒、道文化的滋养，更有他自己的亲身实践，他是一个浪漫多情的艺术家，饮酒忘忧，读书欣喜，弹琴适意，登高舒啸，临流赋诗，顾盼有俦……他简直是把寻

---

① 郑凯：《幽默大师陶渊明》，《华南师范大学学报》，1998 年第 3 期，第 82 页。

② 段幼平：《论陶渊明"雅""俗"并容的审美人生境界》，《湖南工业大学学报》，2011 年第 4 期，第 77 页。

常人生过成了高雅的艺术。他有着独特的审美慧心，对"什么是美"有着深邃的体悟，他认为，美是自然，是至善，更是一种幽默的风度。自然的宁静、适性、和谐契合他关于委运任化、顺应自然的生命哲学；君子固穷守节、追求至善的人格，是他关于人性美的思考；生活中他卓尔不群，以幽默风趣的态度应对人生的喜怒哀乐，显示出他非凡的人格气度与力量。所有这些关于审美的思考与实践，使他超越人间苦难，将自己变成了一个制造美的雅士，将自己平凡的生活翻转成了艺术的人生。

第七章　作为学者的陶渊明

据陶氏传世作品统计，陶渊明写得最多的内容是饮酒，故萧统才说"疑篇篇有酒"，而占居次席的则是读书。陶渊明为人的可贵之处在于，无论何时何地，他始终对生活都保有一种热忱和洒脱，这不是一般人所能达到的境界。而他快乐生活的法宝很多，其中之一就是读书。他一生都是在"半耕半读"，书是他排遣孤独时光、摆脱贫乏生活、战胜人生苦难的宝器，读书在他的生活中占有十分重要的地位。他"少学琴书"（《与子俨等疏》），到临终前还"欣以素牍，和以七弦"（《自祭文》），一生都孜孜为学，可谓综赅百家，弥纶经史，是一位真正博览群书、学识丰富的学者。

一、读什么书："历览千载书"

陶渊明读了些什么书？颜延之说他"心好异书"，也就是说他喜欢《山海经》《穆天子传》一类奇异险怪的书。但他自己又常说："少年罕人事，游好在六经"（《饮酒》其十六）、"谈谐无俗调，所说圣人篇"（《答庞参军》），可见他从小就喜欢读儒家的经典。从他诗文中所征引的词句或典故来看，他也非常喜欢道家的书，故其作品关于老庄的典故最多，有49处，其次才是《论语》，有37处，《列子》21处。对于他读书的书目，朱光潜先生归纳说："他摩挲最熟的是《诗经》《楚辞》《庄子》《列子》《史记》《汉书》六部书；从偶尔谈到隐逸神仙的话看，他读过皇甫谧的《高士传》和刘向的《列仙传》那一类书。他很爱读传记，特别流连于他所景仰的人物，如伯夷、叔齐、荆轲、四皓、二疏、杨伦、邵平、袁安、荣启期、张仲蔚等。"[①] 可以说，陶渊明好学不倦，一生都保持着浓厚的阅读兴趣，"历览千载书"，因而才建立起他强大的精神世界。但其阅读又呈现出明显的阶段性，即随着人生境遇的不同，他读书有一定侧重性，显出不同的特点。

青年时期，29岁入仕之前，陶渊明读书主要侧重在儒家经典上，这和他建功立业、大济苍生的志向有关。作为陶侃的玄孙、陶门后人，陶渊明从下就接受了正统的儒家教育，"弱龄寄事外，委怀在琴书"（《始作镇军参军经曲阿》），所谓"寄事外"不是有学者所解释的"寄托于世事之外，指不愿出仕"[②]，而是指不关心读书之外的事，所谓"两耳不闻窗外事，一心只读圣贤书"，也即心无旁骛，努力学习儒家的典籍，这自然是为未来出仕为官做准备的。并且，年轻的陶渊明

① 朱光潜：《陶渊明》，见《陶渊明资料汇编》上册，中华书局，1962年，第362—363页。
② 吴泽顺校注：《陶渊明集》，岳麓书社，1996年，第30页。

用世的志向很高，"忆我少壮时，无乐自欣豫。猛志逸四海，骞翮思远翥"（《杂诗》其五），志气干云，甚至还想去收复失地、北伐中原，"少时壮且厉，抚剑独行游。谁言行游近？张掖至幽州"（《拟古》其八），有此远大的功业志向，自然就要下苦功读书了。按，人们读书，一般有两种目的，一是为"有用"而读书。所谓"书中自有黄金屋，书中自有颜如玉"，"万般皆下品，惟有读书高"，读书会让人获得种种好处，功名富贵、锦衣玉食，所谓"吃得苦中苦，方为人上人"，这是一种为功利目的而读书，也是大多数人发愤苦读的动力之源。另一种是为"无用"而读书。这是回归阅读本身的读书，纯粹地为读而读，通过读书使自己获得心灵的愉悦、精神的提升，阅读超越了现实的平凡，使内心变得丰盈强大、变得幸福快乐。显然陶渊明青年时期的阅读更多的是一种"有用"之读，他的鹏程之志寄寓在青灯黄卷之中，寄托在书山学海之间。

从 29 岁到 41 岁，陶渊明的人生进入亦仕亦隐时期。"理想很丰满，现实很骨感"，理想和现实的矛盾难以调和，"遥遥从羁役，一心处两端"（《杂诗》其九），诗人的身体走在仕途上，可心灵却后悔着、矛盾着，"误落尘网中，一去三十年。羁鸟恋旧林，池鱼思故渊"（《归园田居》其一）。此期诗人写的诗，如《庚子岁五月中从都还阻风于规林二首》《辛丑岁七月赴假还江陵夜行塗口》《始作镇军参军经曲阿》《荣木》等二十几首作品，差不多有一个共同的主题，就是视仕途为"尘网""樊笼"，将田园看作是自由美好的象征，慨叹自己误入歧途，深情地回忆着、歌颂着田园，那里环境和谐优美，生活恬静安宁，心情自在舒畅，而其中最让人愉快的事情，就是能读心爱的书。读书成了他与现实对抗、追求人生自由的赏心乐事，"息交游闲业，卧起弄书琴"（《和郭主簿二首》其一）、"诗书敦宿好，林园无世情"（《辛丑岁七月赴假还江陵夜行涂口》）、"既耕亦已种，时还读我书"（《读山海经》其一），可见此期的阅读既有"有用"的阅读，更多的是为"无用"而读。他读得最多的大概就是老、庄的书。道家摆脱人间枷锁，崇尚自然天性的精神，深契诗人之心，所以他对老、庄情有独钟，"商歌非吾事，依依在耦耕。投冠旋旧墟，不为好爵萦。养真衡茅下，庶以善自名"（《辛丑岁七月赴假还江陵夜行涂口》），是道家的先哲给了他一种战胜庸繁世俗的力量。与此同时，诗人对仕途并没有完全绝望，历史上那些循吏、志士、贤哲的事迹常常给予他澄清天下的激情。所以读史书也是此期阅读的重点，他在《癸卯岁十二月中作与从弟敬远》中说："萧索空宇中，了无一可悦。历览千载书，时时见遗烈。高操非所攀，谬得固穷节"；《荣木》诗也说："先师遗训，余岂云坠。四十无闻，斯不足畏。脂我名车，策我名骥。千里虽遥，孰敢不至"，此外还有《读史述九章》中的《管鲍》《屈贾》《韩非》《七十二弟子》诸篇，通过这些"遗烈"的事迹、先师孔子的遗训，本来"一心处两端"的陶渊明，又重新鼓起勇气，毅然离开家园，或江陵、或京口、或建康，奔波在求仕的路上，试图以此实现少小就树立的鹏程之志。

义熙元年（405），陶渊明辞官彭泽，从此走上了隐逸之路。"衣沾不足惜，但使愿无违"（《归园田居》其三），诗人从此坚定了隐志，拒绝朝廷的"纳贤"、"田父"的"好怀"，

"登东皋以舒啸，临清流而赋诗"（《归去来兮辞》），在田园中过着自己想要的生活，"久在樊笼里，复得返自然"（《归园田居》其一），他如鱼回故渊，鸟返旧林，终于得其所乐。因而此时期的读书，就以"适性"为原则，为"无用"而读书，他说："衡门之下，有琴有书"（《答庞参军》）、"悦亲戚之情话，乐琴书以消忧"（《归去来兮辞》）、"既耕亦已种，时还读我书"（《读山海经》其一）、"曰琴曰书，顾盼有俦"（《扇上画赞》），以及"欣以素牍，和以七弦"（《自祭文》）等等，读书成了他获得生活乐趣的精神享受，愉心悦性，陶冶情怀，其"孤云独无依"的心灵找到了归宿，归田后的困苦生活充满了艺术的趣味，书籍和田园一样，成了陶渊明安身立命的精神家园。关于此期的阅读活动，陶渊明在《读山海经》其一、《移居》其一中有较集中的描写："既耕亦已种，时还读我书。……泛览周王传，流观山海图。俯仰终宇宙，不乐复何如？""邻曲时时来，抗言谈在昔。奇文共欣赏，疑义相与析。"在陶渊明看来，风调雨顺的孟夏时节，草木欣欣向荣，树上鸟鸣婉转，园中长满菜蔬，加上杯中的薄酒，案头的闲书，再有时时来访的友朋，志同道合地谈古论今、赏文析义，没有比这样的生活更令人喜悦的了。这是陶渊明归田后最美好的生活图景，也是他多少年来梦寐以求的理想人生。

　　归田后陶渊明随心所欲地读书，"有一种业余的消遣和从容"，"不慌不忙地浏览"[1]，《山海经》《穆天子传》《列仙

① 钱钟书：《写在人生的边上·序》，中国社会科学出版社，1990年，第1页。

传》等一些"闲书"进入他的视野，《史记》《汉书》《三国志》等史书更是经常翻阅的爱物，并且一些文士的诗文也成为他玩味研习的对象，如贾谊、董仲舒、扬雄、张衡、蔡邕、王粲、曹植、陈琳、阮籍、张华、应场、左思等人的文章，均有涉猎。比如他说"余读《史记》，有所感而述之"（《读史述九章并序》）；"昔董仲舒作《士不遇赋》，司马子长又为之。余尝以三余之日，讲习之暇，读其文，慨然惆怅"（《感士不遇赋序》）。至于从小就读的儒家之书，他也会常常读起，只不过不再是青年时期那种"苦其心志"般地阅读，他更看重其中独善其身、安贫乐道的志节，正如他所写的："奉上天之成命，师圣人之遗书"（《感士不遇赋》）、"不赖固穷节，百世当谁传"（《饮酒》其二）、"竟抱固穷节，饥寒饱所更"（《饮酒》其十六）、"斯滥岂攸志，固穷夙所归"（《有会而作》）等等，通过领会古圣先贤的思想和事迹，来化解归隐后"贫富长交战""有志不获骋"的矛盾，开辟出一片审美的天地。所以，此期的阅读最为广泛，儒家经典、诸子百家、志怪志人、亦玄亦史，无所不包，无所不读，既有读儒家经典不为章句所拘，重于领会精神的欣然自乐，也有观小说神话不避奇崛险怪、陶醉其中而欣然忘食的感受，这样，"读书生活与他虚静自然、泯灭物我的人生境界融为一体，成为他生命的本质需要"。①

---

① 左健：《陶渊明"好读书，不求甚解"论》，《云南社会科学》，1994 年第 5 期，第 92 页。

二、怎样读书：“不求甚解”与“会意”

如前所论，陶渊明读书视野非常广泛，无所不读，后来根据自己的经验，他还总结出了一套读书的方法，就是《五柳先生传》中所说的：“好读书，不求甚解；每有会意，便欣然忘食。”王瑶认为《五柳先生传》作于陶渊明二十八岁时，逯钦立则断为陶渊明五十六岁前后①。究竟系于何年，此处搁置不论，但就总结读书方法而言，显然二十八岁、“学无称师”的陶渊明是做不到的，这样《五柳先生传》应是陶氏晚年的作品，该读书方法实在是其一生读书实践的总结。

（一）何为“不求甚解”？

关于“不求甚解”的含义，关键是“甚”字，一般有“极”“很”“过分”的意思。“甚解”就是超过原书或原文的原意，硬是捕风捉影地“挖掘”其“内涵”，或曰所谓“深层意蕴”，强求其“微言大义”等等，也即如詹福瑞先生所说的：“甚解”就是深解和旁解，所谓过度阐释，不仅“望风捕影”，还“无中生有”②。陶渊明明确表示不去这样读书，不去钻牛角尖，读书要领会要旨而不过于在字句上花功夫，反对穿凿附会离题万里，以避免走到斜路上去。这就是陶渊明的读书法。其实这种读书法也不是陶渊明孤明先发，

① 逯钦立：《陶渊明集》，附录二《陶渊明事迹诗文系年》，中华书局，1979 年，第 287 页。
② 詹福瑞：《不求甚解——解读民国古典文学研究十八篇》，中华书局，2008 年，第 2 页。

早在王粲《英雄记钞》中就记载过诸葛亮"观其大略"的读书法，说诸葛亮、徐庶、石广元、孟公威等人一起读书，"三人务于精熟，而亮独观其大略"①，这当与陶渊明"不求甚解"相类。那读书为什么要"不求甚解"呢？

一是和陶渊明所处的历史文化学术语境有关。陶氏这种读书态度和方法是魏晋以来学风的继承和发扬，也是对两汉学风的批判和否定。清人陶澍《靖节先生集·评陶汇集》引冯班语曰："所谓甚解者，如郑康成之《礼》、毛公之《诗》也。"② 自汉武帝"罢黜百家，独尊儒术"之后，尤其是东汉学界"修起太学，稽式古典"③，训诂考据之学大兴，所谓"一经说至百余万言"。据桓谭《新论》说，一位叫秦延君的经师讲解《尚书》上"尧典"这两个字，竟达十余万言，说"曰若稽古"四字多至三万言④。这样，读书人一辈子钻在经书里，多数成为不知时变的鄙儒，以至三国时期，读书人"以儒家为迂阔，不周世用"了。鱼豢的《魏略》记录了汉末至魏儒学衰颓的情形："从初平之元，至建安之末，天下分崩，人怀苟且，纲纪既衰，儒道尤其。至黄初元年之后……而诸博士率皆粗疏，无以教弟子。弟子本亦避役，竟无能习学，冬来春去，岁岁如是。……（正始中）朝堂

---

① 转引自邓拓：《燕山夜话》，北京十月文艺出版社，2010 年，第196 页。

② 陶渊明：《陶渊明集》（国学典藏本），上海书籍出版社，2015 年，第220 页。

③ ［宋］范晔撰，［唐］李贤等注：《后汉书》卷七十九上《儒林传》，中华书局，1965 年，第2545 页。

④ 张国刚，乔治中：《中国学术史》，东方出版社，2002 年，第1150 页。

公卿以下四百余人，其能操笔者未有十人，多皆相从饱食而退。"① 真可谓"章句之学，破碎大道"。这种窒息人的治学方法，虽早已受到有识之士如班固、王充、桓谭等人的批判，甚至连皇帝都无法忍受，史载汉光武帝曾下诏，命钟兴删汰《春秋》章句之重复者；汉明帝时，学者桓荣将朱普所作四十万字的《尚书章句》删削为二十三万字，后来其子桓郁又加删减，至十二万字。即便如此，魏晋时期仍有繁缛章句之流衍，如郭璞就强调训诂是"九流之津涉，六艺之钤键，学者之潭奥，摛翰者之华苑"②，东晋大儒范宣及其"名冠同门"的弟子周续之等，也极力推崇汉代重考据"贵经术"的学风。

但时代潮流一去不返，随着儒学势力的式微，章句之学逐渐为魏晋玄学之"得以忘言"及简约之风所荡涤，删繁就简成为魏晋学术的必然趋势。《晋书·阮瞻传》载："瞻字千里。性清虚寡欲，自得于怀。读书不甚研求，而默识其要，遇理而辩，辞不足而旨有余。"③《世说新语》等文献也表彰这种简约之风，如《轻诋》篇注引《支遁传》，说支遁"解释章句，或有所漏，文字之徒，多以为疑。谢安石闻而善之，曰：此九方皋之相马也，略其玄黄而取其俊逸。"④ 以相马取

① ［晋］陈寿撰，［宋］裴松之注：《三国志》卷十三《魏书·王肃传》注引，中华书局，1999 年，第 316 页。

② 郭璞：《尔雅注·序》，浙江古籍出版社，2011 年，第 1 页。

③ ［唐］房玄龄：《晋书》卷四十九《阮籍传附阮瞻传》，中华书局，1983 年，第 1363 页。

④ ［南朝宋］刘义庆撰，徐震堮著：《世说新语校笺》，中华书局，1984 年，第 451 页。

其精神略其形色为例，提出读书治学也应"得其精，亡其粗；在其内，亡其外；见其所见，不见其所不见；视其所视，遗其所不视"（《轻诋》篇注引《列子》）。刘宋朝的颜延之推重"竹林七贤"之一的向秀，称赞"向秀甘淡薄，深心托毫素。探道好渊玄，观书鄙章句"（《五君咏·向常侍》）；齐梁时的任昉倡导"才同文锦，学非书肆"（《答刘居士诗》），认为真正要达到对天人事理会心把握，决非书肆章句之学所能胜任。对此，汤用彤指出："汉代经学依于文句，故朴实说理，而不免拘泥。魏世以后，学尚玄远，虽颇乖于圣道，而因主得意，思想言论乃较为自由。"① 正是在这样的社会风气之下，陶渊明才提出"好读书，不求甚解"的理论。对此，明人杨慎《丹铅杂录》也曾有论："《晋书》云陶渊明好读书不求甚解。此语俗世之见，后世不晓也。余思其故。自两汉来，训诂甚行，说五字之文，至于二三万言，陶心知厌之，故超然真见，独契古初；而晚废训诂，俗士不达，便谓其不求甚解矣。又是时周续之与学士祖企、谢景夷，从刺史檀韶聘，讲《礼》城北，加以雠校，所住公廨，近于马肆，渊明示以诗云：'周生述孔业，祖谢响然臻。马队非讲肆，校书亦已勤。'盖不屑之也。观今诗云：'先师遗训，今岂云坠。'又曰：'诗书敦夙好。'又云：'游好在六经。'又云：'泛览周王传，流观山海图。'岂世之鲁莽不到心者邪！"②

---

① 汤用彤：《魏晋玄学论稿》，三联书店，2009 年，第 29 页。

② ［明］杨慎：《丹铅杂录》，见《陶渊明资料汇编》上册，中华书局，1962 年，第 139—140 页。

　　另一方面，陶氏的"不求甚解"说，还基于文章事物中确有许多不可思议、难以言传之性征①。《老子》的名言是："道可道，非常道。名可名，非常名。"《庄子·天道》亦说："世之所贵道者书也。书不过语，语有贵也。语之所贵者意也，意有所随。意之所随者，不可以言传也，而世因贵言传书。世虽贵之，我犹不足贵也，为其贵非其贵也。"庄子在这里明确指出"道"这种最珍贵的东西是"不可言传"的，"意"的丰富深刻与"言"的有限传达之间存在着差距、距离和不对等。同样的意思，西方的学者比如黑格尔在《哲学史讲演录》中也看到："语言实质上只表达普遍的东西，但人们所想的却是特殊的、个别的东西。因此，不能用语言来表达人们所想的东西。"② 所以，陶渊明才有"此中有真意，欲辨已忘言"（《饮酒二十首》其五），"形骸久已化，心在复何言"（《连雨独饮》）的诗句，这说明"真意"只可体味难以言辩。如果我们死抠真意，即"求甚解"，就不免陷入到"望风捕影""无中生有"③ 的境地上去，反而远离了"真意"。故明人有言曰："读书不求甚解，此语如何？曰静中看书，大意了然。唯有一等人，穿凿附会，反致背戾，可笑。"④

------

　　① 左健：《陶渊明"好读书，不求甚解"论》，《云南社会科学》，1994 年第 5 期，第 92 页。

　　② 转引自王希杰：《汉语修辞学》，商务印书馆，2014 年，第 42 页。

　　③ 詹福瑞：《不求甚解——解读民国古典文学研究十八篇》，中华书局，2008 年，第 2 页。

　　④ ［明］朱国祯：《涌幢小品·己丑馆选》卷十，《明清笔记丛刊》，中华书局，1959 年，第 224 页。

（二）什么是"会意"？

"会意"是指读者以自我之心去体验作品，达到与"古人"相通的地步，所谓正契我心，心领神会。或者"会意"是指读者"开卷有得"，进入浑然忘我、欣然忘食的境界。一般说来，"善于读书的人充满悟性和灵气，能会其意而忽略非本质的内容；死读书的人则执着于皮相，求其面面俱到的'甚解'，结果是什么也解不了。"①

"不求甚解"与"会意"是什么关系呢？有些人把"不求甚解"和"每有意会，便欣然忘食"割裂开来，不考虑它们之间的联系。"不求甚解"正是为了求"深解"，试想不理解书籍的主旨大义，哪来的心得体会？没有心得体会，不解其中之滋味，又怎么会"欣然忘食"呢？二者实际是指读书的两个阶段：一个是早期阶段，在于领会要旨而不过于在字句上"死抠"；二是读书到了最高境界——"会意"而"忘食"，其方法就是熟读深思。而"观其大略"在先，重在博览；"务于精熟"在后，期在"会意"，这无疑是治学视域下的读书过程。朱熹在谈做学问时也说："学须先理会那大底。理会得大底了，将来那里面的小底，自然通透。"② 同样的看法，还有陆九渊的"未晓处且放过，不必太滞"，"未晓不妨权放过"，也即"且放过"与"权放过"③。这是"不求甚解"的具体运用，其实都是在强调"不放过"，只有"不放

---

① 王定璋：《陶渊明的读书观》，《文史杂志》，1996 年第 2 期，第 22 页。
② 张伯行：《朱子语类辑略》卷八，商务印书馆，1936 年。
③ 转引自邓拓：《燕山夜话》，北京十月文艺出版社，2010 年，第 32 页。

过"才会有突破难关的时候，也才会迎来喜出望外的收获，即"有会意"，这正是做学问、写文章经常会发生的情况。或者，"不求甚解"与"会意"又是指两种读书法，"解"与"会意"其内涵虽有交汇之处，但性质之差异还是明显的，"解"以认知分析为特征，是科学型的；"会"是以情感体验为特征的，是艺术型的①。对于后者，一般会应用在文学批评上，读者或批评家能把握作品的要旨、精粹、大节，会其意，在无形中实现与作者对话谋面，相视而笑，即所谓"不着一字，尽得风流"（司空图语）。

陶渊明这种读书理论，除了与时代语境、"文本事物中确有许多不可思议、难以言传之性征"有关，还与他个人适性的性格、崇尚自然的哲学思想、人生态度有关。颜延之说他："心好异书，性乐酒德，简弃烦促，就成省旷"（《陶徵士诔》），这里所说的"简弃烦促，就成省旷"，既说出他的性格作风的特征，也说出了他的学风、诗风的特征。他为人"偶爱闲静"，"闲静少言"，"少无适俗韵，性本爱丘山"，耽于幻想，天真浪漫，不喜雕章琢句，这种性格的读书自然是"不求甚解"，不会陷入"死读书，读死书"的境地。其读书与他弹琴、饮酒一样，皆"适性"使然，捧一卷书在手，心与书通，每到会心处不禁抚掌，真是赏心乐事！其读书就是为表现自己"得意"时所特有的精神满足和乐趣，是为了表现自己忽忘形骸、纵浪大化的生活理想。所以，"好读书，不求甚解，

---

① 左健：《陶渊明"好读书，不求甚解"论》，《云南社会科学》，1994 年第 5 期，第 92 页。

每有会意，便欣然忘食"就是他这种人生思想的产物。

总之，概括起来，陶氏读书方法论有四点值得注意：一是要喜于读书，以读书为乐事；二是不因片言只语而苦恼，不为难尽之理所困扰；三是突出"会意"，即领会文章旨意，有心得体会，独到见解；四是进入读书的最高境界，也就是要置身于以致游心于诗文的意境之中，品味作品的审美特质，达到欣然忘食也欣然忘我的地步。① 这是陶渊明数十年读书经验的总结，无疑是正确的理论和方法。

三、为什么读书："得知千载外，正赖古人书"

如前所论，陶渊明读书是出于他内心的需要，其"不戚戚于贫贱，不汲汲于富贵"，读书如同"著文章"一样，皆为"自娱"，注重陶冶情怀、愉悦心性，快乐地读书。即如有学者所反复强调的："渊明读书一如其人，不拘一格，任性而已。即如讲究'开卷有得'，意在求知；提倡泛读、浏览，既获取知识又调节生活求得娱乐。"② 同时，作为一个学者的陶渊明，他并没有将学问高悬起来，而是和切实的人生相联系，成为解决其人生矛盾、安顿心灵的途径和方法。

（一）陶渊明的读书之意

读书是陶渊明生活中一个重要的消遣，是他寻求生活乐

---

① 张玉声：《由陶渊明之读书论及读陶渊明之书》，《新疆师范大学学报》，1994 年第 4 期，第 23 页。

② 张玉声：《由"奇文共欣赏，疑义相与析"说起》，《新疆师范大学学报》，1995 年第 4 期，第 11 页。

趣的精神享受。"衔觞赋诗，以乐其志"（《五柳先生传》），诗人以相当洒脱的审美眼光来看待他的生活，哪怕生活困顿，"环堵萧然，不蔽风日。短褐穿结，箪瓢屡空"（《五柳先生传》），但对大自然和人生的挚爱，仍使他眼中的田园充盈着诗意和韵味。"乐琴书以消忧""欣然忘食"，说的正是在艺术鉴赏中所得到的审美愉悦。固然，《山海经》《穆天子传》《列仙传》等书并不是纯文学著作，但这些典籍中的神话传说、奇闻异事、传奇人物都有很强的文学色彩。更重要的是，他读书的兴趣不都是为探讨义理、研究学术，而为艺术的欣赏，在于丰盈贫乏的生活。为此，他不管书中内容之虚实真假，只留意于书中人物形象的事迹和思想情感。从书中的西王母、穆天子、精卫、夸父、刑天等神话人物身上，所谓"泛览周王传，流观山海图"，找到了自己内心关于宇宙、人生的妙想。可以说，这不是一般的读书求知，而是他精神和心灵上的自我观照。在现实生活中，他落落寡和，"与物多忤"，但在精神生活中，却可以呼朋引伴，"从吾所好"，"奇文共欣赏，疑义相与析"（《移居》其一），"情欣新知欢，言咏遂赋诗"（《乞食》），"翳翳衡门，洋洋泌流。曰琴曰书，顾盼有俦"（《扇上画赞》），因此，他读书，可以无意于文字，贵在会意；他弄琴，可以无心于琴弦，贵在自得。其会心自得处，原不在书、琴本身，而在乎那言外之意、弦外之音。①

---

① 刘文刚：《"不求甚解"辨》，《辽宁师范大学学报》，1986年第6期，第49页。

即如他读《山海经》，对于这类"异书"的阅读，没有别的目的，就是轻松、自在的消遣，如同今人"追剧"、阅读玄幻小说一样，不带任何功利的目的。他一生循性而行，顺乎自然，从不愿矫饰作态，故读书亦然。他通过书中关于神话世界的描述，对仙境优雅、精神自由的景象的书写，似乎进入了他心目中的美好社会，这里凤自歌、鸾自舞，这里有不死国、不死民还有令人不死的神奇药物，这里有夸父、精卫、刑天等神奇而无私的英雄……这种阅读给陶渊明带来极大的愉悦，以至于连饭都忘记吃了。他在"心好异书"的同时，还"性乐酒德"，何谓"酒德"？就是指醉酒后达到的一种陶然自乐心境。陶渊明自称"挥兹一觞，陶然自乐"（《时运》），"何以称我情，浊酒且自陶"（《己酉岁九月九日》）。每当进入陶然醉态以后，他便在幻觉中暂时摆脱了这纷乱而污浊的现实，从而忘却了一切忧愁与烦恼，所谓"泛此忘忧物，远我遗世情"（《饮酒》其七）、"试酌百情远，重觞忽忘天"（《连雨独饮》），各种情感都远他而去，忧愁、烦恼当然也不复存在了。正因为只有在醉乡中才能达到悠然的境界，所以陶渊明才那么喜欢酒。他用读书、饮酒、弹琴、赋诗等形式"修复了人类生活未被异化之前的原生状态"①，从而使他的人生成了诗意人生。

读书不仅是陶渊明的消遣方式，而且从读书中往往能加深对现实人生的认识，提高自己的道德修养。必须看到，归

---

① 莫砺锋：《陶渊明》（下），《古典文学知识》，2015年第7期，第21页。

隐后的陶渊明是孤独的，一者他的归隐以及后来拒绝朝廷的
"征召"，是不被官场人物如檀道济等所认同的；二者归隐后
的躬耕更是与传统文化以及士风格格不入，这就是《饮酒》
其九（"田父有好怀"）的诗旨，甚至他"恨邻靡二仲，室无
莱妇"（《与子俨等疏》），所以他是孤独的，没有知音，即如
其诗中所感叹的："栖栖失群鸟，日暮犹独飞"（《饮酒》其
四）、"慷慨独悲歌，钟期信为贤"（《怨诗楚调示庞主簿邓治
中》）。并且，诗人在很长的时间内内心都是矛盾的，出与
处、生与死、贫乏与富足、理想与现实的矛盾，都如影随形
地纠缠着他，"日月掷人去，有志不获骋"（《杂诗十二首》
其二），"此理将不胜，无为忽去兹"（《移居》其二），"贫
富长交战，道胜无戚颜"（《咏贫士七首》其五）等等。现实
没有知音怎么办？又如何化解缠绕于心的矛盾？于是他就将
目光投向古人，"颂其诗，读其书"，他读古代文化与历史的
典籍，以寻找精神的榜样，以古人为师友，激励自己树立高
洁人格，坚守归耕之路。这些先哲，具体的像隐士伯夷、叔
齐、张挚、杨伦，像安贫乐道的颜回、荣启期、袁安、原宪，
还有功成身退的"二疏"疏广、疏受，为国尽忠的三良，以
及除暴安良、敢为知己而死的荆轲等等，这些仁人志士都是
陶渊明在书中神交的先师益友。他以自己的审美情趣、审美
理想去领略古人的精神品格、志向怀抱，从中求得精神上的
默契和共鸣（"会意"）。从他们身上，找到了自己的精神同
调和归宿，"何以慰吾怀？赖古多此贤"（《咏贫士七首》其
二）、"奉上天之成命，师圣人之遗书"（《感士不遇赋》）、
"得知千载外，正赖古人书"（《赠羊长史》），这是他战胜饥

寒、顶住社会舆论压力、化解人生矛盾，勉励自己坚守自我人格、立善成名的方法。

（二）陶渊明的治学之道

陶渊明不死读书、读死书。孟子有言："尽信书，不如无书。"作为传统文化载体的书籍，不过是特定历史条件下人们对客观世界的认识，必然会带有时代和个人局限。因而，典籍之中既有真知灼见，也难免会有落伍的观念，甚至是谬误。如果对前人的成果不加判断，一概盲从，那种重复前人的思想、重复前人的劳动是没价值的。这是陶渊明对待书籍、前人思想成果的态度，这使他成为一个有独立识见的学者，其关于自然的哲学思想、生命思想、隐逸思想、审美理想，甚至交友观、读书理论等，既有前人的思想资源，更有自己的独立探究，最终形成了陶氏独特的思想体系。所以，陶氏许多有价值的治学经验值得总结。

首先，陶渊明治学转益多师，兼取诸家之长。颜延之称他"学无称师"（《陶徵士诔》），可见他没有具体的老师和师承，这当然会给他读书、治学造成一定的困难，他需要自己摸索着去学习求知，但同时这也使他没有门户之见，对各家学问、各类思想、各种流派都能做到兼容并蓄，为己所用。他的思想里既有清晰的儒、道思想的底蕴，也有墨家的侠义思想、农家思想（躬身力行的"农夫哲学"）[①]，甚至还有佛教的思想观念，他喜欢神仙故事、传奇人物，他还读了许多文学名家的诗赋作品，受时代熏染，他也精通玄学，崇尚他

---

① 魏耕原：《陶渊明论》，北京大学出版社，2011年，第7页。

外祖父孟嘉那样的魏晋风度。可以说，他一生转益多师，兼取诸家之长，不拘一家，不执一体，博采众长，最终自成一家。这是他治学、读书最重要的特点。

其次，陶渊明治学与人生相结合，主张学问为现实服务，反对空洞的章句之学。他读书的目的是为解决生活中的困扰，抑或说有指导人生实践的用意。但他又不是"尽信书"的，书是为他所用的。清代方宗诚《陶诗真诠》指出："渊明诗曰：'区区诸老翁，为事诚殷勤'，盖深嘉汉儒之抱残守缺及章句训诂有功于六经也。然又曰：'好读书，不求甚解'。盖又嫌汉儒章句训诂之多穿凿附会，失孔子之旨也。是真持平之论，正得读经之法。"[①] 所以，陶渊明熟读儒家经典，但他从来不教条地亦步亦趋，而是有自己的眼光，如名诗《癸卯岁始春怀古田舍二首》其二，这里诗人尊奉孔子为"先师"，说"先师有遗训，忧道不忧贫"，此句语出《论语·卫灵公》："子曰：'君子谋道不谋食。耕也，馁在其中矣；学也，禄在其中矣。君子忧道不忧贫。'"[②] 这是孔子的一个基本主张，君子应该大济苍生，以道济天下为己任，小人才会整日只顾个人的利益而"谋食"。但归隐后的陶渊明，对躬耕有自己的认识，认为耕田是对"自然"之道的践行，认为夫子之论"瞻望邈难逮"——自己赶不上也达不到，故转而致力于"长勤"。诗中还引用长沮桀溺的典故："行者无问津"，

①　[清] 方宗诚：《陶诗真诠》，见《柏堂读书笔记》，光绪八年（1882）刻本。

②　杨伯峻：《论语译注·卫灵公》，中华书局，1983年，第168页。

以此来感慨当今再也没有像孔子那样为天下人奔走、为国家寻找出路的人了。这里他没有将孔子当成至高无上的圣贤，他一方面不认同夫子"君子谋道不谋食"的思想，另一方面又对孔子心忧天下持肯定、赞扬态度，这就是陶渊明的治学，他不盲从，圆通融汇，一切从实际出发，从自己立身行事的实践去考量，他的学问既源于先哲，又有自己的识见。他不是空头思想家，更像一个稳健的实践派。所以有学者说："陶渊明虽然奉孔子为'先师'，并不是为了谋取仕途的'荣利'；也读《老子》《庄子》，却不必用来非议孔子，……他虽然为生活所迫而去'谋食'，却依然坚守'君子固穷'的道德信念。"① 可见，他读书为学皆为现实人生计，这是他思考生死之忧、人生哲学的出发点。他常常将读书的心得体会写成诗文，借以表达其学术观点，比如读《史记》，他就写了《读史述九章》，读了《山海经》就写了《读〈山海经〉十三首》，其他的像《咏三良》《咏荆轲》《咏二疏》《咏贫士》等，都是读书为学的产物，表达了陶渊明的历史观、侠义观、隐逸思思等等。

还有一个最典型的例子，那就是桃花源社会理想的产生过程，这也是陶渊明读书为学、独立思考的结果。他似乎认识到，其诗文里所描绘的生活理想，诸如"方宅十余亩，草屋八九间。榆柳荫后檐，桃李罗堂前。暧暧远人村，依依墟里烟。狗吠深巷中，鸡鸣桑树巅"（《归园田居》其一），在

---

① 于翠玲：《读〈论语〉："不求甚解"、"欣然忘食"——从陶渊明〈癸卯岁始春怀古田舍〉说起》，《文史知识》，2007 年第 10 期，第 142 页。

现实社会里其实也是难以真正实现或长期确保的。于是他思索着、寻求着，希冀找到一种适合人们生存的理想的社会模式。在读书过程中，《诗经·国风》的理想"乐土"启发着他；隐士们无忧无虑、无人欺压的生活是他神往的；历史上许多逃避赋税而隐居深山的人物故事也激励着他；身边人物如刘子骥、羊松龄等亲历或耳闻的真实事件，也敦促他构思自己心目中的理想王国；特别是当他对社会、历史有较为深刻的认识，长期的躬耕使他经受了生活的洗礼、饥寒交迫的威胁，以及农村的残破、农民的贫困，"徘徊丘陇间，依依昔人居。井灶有遗处，桑竹残朽株。借问采薪者，此人皆焉如？薪者向我言：'死没无复余'"（《归园田居》其四）等等，上述诸种因素，促成了他思想的飞跃，于是理想的社会——桃花源产生了。即如后世王阳明所说的：学问不是悬空的，只有把它和实践相结合，才是它最好的归宿。

朱熹曾在《论语集注》中提出"为己之学"的治学理论。所谓"为己之学"就是重在内心的修行，追求自我道德的完善。朱熹说："为己，欲得之于己也。为人，欲见之于人也。"[1]"为己"不是为记住词句，向人炫耀学问，而是通过读书以修其身，它是向内的，而"为人之学"的目的是向外的，雕章琢句，逞才使气，显示才华，"以钓声名，取利禄而已"。以此来衡量，陶渊明之学显然是"为己之学"，他"不为'荣利'所役使，不为'固穷'所烦恼，也不拿孔子做靶

---

[1] 〔宋〕朱熹：《四书章句集注·论语集注》卷七《宪问》，中华书局，1983年，第155页。

子，真正'好读书，不求甚解'，默默地与'先师'相沟通，并坚守道德自我完善的境界"①。这样的例子很多，还可举《形影神》组诗，诗人采取"主客问答"的形式，回答了其对于生死的理解，这实际是说服他自己的探索，最后归结为："纵浪大化中，不喜亦不惧。应尽便须尽，无复独多虑"，也即所谓委运任化、顺应自然。朱光潜在《诗论》中评价陶氏诗风时说："陶诗的特色正在不平不奇、不枯不腴、不质不绮，因为它恰到好处，适得其中；也正因为这个缘故，它一眼看去，却是亦平亦奇、亦枯亦腴、亦质亦绮。这是艺术的最高境界。可以说是'化境'，渊明所以达到这个境界，因为像他做人一样，有最深厚的修养，又有最率真的表现。"②但如果以此来评判陶渊明的治学之道，何尝不是切评呢？

第三，陶氏"不求甚解，每有会意，便欣然忘食"的读书方法论，既适用于一般书籍的阅读，更适宜于文学作品的阅读和批评，它是文学批评的重要原则。作为以形象思维为主的文学艺术，除给人以理性的启迪以外，它更重要的给人以情感上的愉悦，使读者获得悲壮、崇高、恬淡、和谐等审美感受。而这种审美感受不仅是作者给予的，更是读者创造的，所以孟子讲"以意逆志"，陶渊明讲"会意""忘食"。尤其是后者强调的是读者的情感体悟和共鸣。这当然与魏晋时期"崇无""体道"的玄学思潮有关，但更多的是陶渊明

---

① 于翠玲：《读〈论语〉："不求甚解"、"欣然忘食"——从陶渊明〈癸卯岁始春怀古田舍〉说起》，《文史知识》，2007 年第 10 期，第 143 页。

② 朱光潜：《诗论》，见《朱光潜全集》（第三卷），安徽教育出版社，1991 年，第 266 页。

的自我创见：其一，作为文学批评，首先要理解文本内容的精神实质，会通其意，反对爬罗剔抉，断章取义，要对作品有整体的观照。一般读者也没有爬罗剔抉的心思，其阅读不过是一种消遣，只想从中获得一种"契于我心"的感受，"会心一笑"而已，这就是陶氏所谓的"不求甚解"，是一种"此中有真意"的体验，是指读者与作品的情感共鸣。其二，文学批评强调读者的权利，而其个人"体悟"的能力尤其缺失不得。任何一部文学文本，它既是一个完成了的、自足的系统，同时它又是一个未完成的、待开发的系统，而这未完成、待开发的使命就落在读者的头上。所以，现代西方阐释学派就将读者置于审美创造的位置上，姚斯认为："文学作品并不是对于每一个时代每一个观察者以同一种面貌出现的自在客体，并不是一座自言自语地宣告其超时代性质的纪念碑，而像一部乐谱，时刻等待着阅读活动才能将作品从死的语言材料中拯救出来，并赋予它现实的生命。"① 同样的意思，清人沈德潜也讲过："古人之言包含无尽，后人读之，随其性情浅深高下，各有会心，如好《晨风》而慈父感悟，讲《鹿鸣》而兄弟同食，斯为得之。"② 读者接受作品，既要诉诸感性，也要诉诸理性；既要有情感的领会，也要做理性的分析，而陶渊明的"每有会意，便欣然忘食"显然更侧重读者情感"体验"的能力，即其自身的直觉、兴趣、感受能否与作品

---

① ［德］姚斯：《文学史作为文学学科的挑战》，见毛荣贵《翻译美学》，上海交通大学出版社，2006年，第335页。

② ［清］沈德潜编：《唐诗别裁集·凡例》，中华书局，1975年，第3页。

内容的契合，它靠的是感悟，而不是知解。实际上，"会意"，即所会之"意"是先于作品就存在于读者（批评者）心中的，读者阅读的时候不是去"发现"，而是去"验证""体验"，将作品中与己相通的"意"引出来，协调、契合、融汇，证明自我主体精神的存在①。因而，阅读（批评）是一种个性化的思维活动，所谓"一千个观众有一千个哈姆雷特"，用刘勰的话说就是："慷慨者逆声而击节，蕴藉者见密而高蹈，浮慧者观绮而跃心，爱奇者闻诡而惊听。"② 这是陶渊明读书方法论在文学批评中的具体运用，他与钟嵘的"滋味说"、司空图的"不着一字，尽得风流"、严羽"别材别趣"的理论，以及明代的竟陵派、清代王夫之的"自得"说等等，都具有本质上的贯通之处，是文学批评史上最重要的美学原则之一。

综上所论，作为一个学者的陶渊明，一生与书为伴，综贩百家，弥纶经史，"历览千载书"，无所不读，书籍和田园一样，成了他安身立命的精神家园。并且他提出了独具特色的读书方法，以解决"怎样读书"的问题："好读书，不求甚解，每有会意，便欣然忘食"。此理论的提出既有时代学术文化的影响，更多的是陶氏的慧心感悟，即读书要掌握要旨大端，不做断章取义的章句之徒，同时更强调自我的心得体会，进入一种高级的阅读境界。并且，他读书、治学有两个

① 李正春：《释"以意逆志"与"不求甚解"》，《铁道师院学报》，1990 年第 4 期，第 44 页。

② ［南朝梁］刘勰撰，范文澜注：《文心雕龙注·知音》，中华书局，1986 年，第 714 页。

目的，一个是"乐琴书以消忧"，另一个是将读书、治学与
切实的人生联系起来，用来解决人生中的各种困惑，因而他
的治学不是高谈阔论，与玄学家的清谈体玄迥然有异，他更
看重对人生实践的指导作用。所以，陶渊明的读书、为学都
和他的生命遭际有关，是"为己之学"，是获得心灵安宁的
一种重要方式。

第八章 作为友朋的陶渊明

陶渊明是性情中人，一生最喜欢和朋友在一起，朋友在他生活中占有十分重要的地位，因而他的诗文也最爱写和朋友在一起的美好情形，如"邻曲时时来，抗言谈在昔。奇文共欣赏，疑义相与析"（《移居二首》其一）；如"有客赏我趣，每每顾林园。谈谐无俗调，所说圣人篇"（《答庞参军》）；再如"辛酉正月五日，天气澄和，风物闲美。与二三邻曲，同游斜川"（《游斜川序》）等等。如对其诗文进行统计，就会发现其与友人酬唱赠答之作颇多，有《赠长沙公并序》《酬丁柴桑》《答庞参军并序》（四言）《答庞参军并序》（五言）《五月旦作和戴主簿》《和刘柴桑》《酬刘柴桑》《和郭主簿二首》《与殷晋安别并序》《赠羊长史》《岁暮和张常侍》《和胡西曹示顾贼曹》《癸卯岁十二月中作与从弟敬远》《示周续之祖企谢景夷三郎时三人共在城北讲礼校书》《怨诗楚调示庞主簿邓治中》《于王抚军座送客》等17首之多。关于赠答诗的作用，有学者看到："所谓'赠'，是先作诗送给别人，'答'则系就来诗的旨意进行回答，其回环往复之际，自然形成一对应自足的情意结构。……而它之所以被写作，当系作者意识到人我有别，并欲借此向投赠者传情达意。"①陶渊明作赠答诗当然也是为与朋友传情达意，以朋友为倾诉对象，表白自己的心志和友情。更重要的，陶氏赠答诗还为后人留下了了解他生平、交游及其思想的重要文献，梳理其赠答诗，可知陶渊明的朋友圈大体上有三类人：第一类是和他经历相仿佛、情趣相投的州郡官员，如王弘、庞参军、郭主簿、戴主簿、陶敬远、丁柴桑、刘柴桑、庞主簿、邓治中、羊松龄（羊长史）、顾贼曹、胡西曹、殷晋安等等；第二类是一些隐士或方外之士，如庐山慧远和尚、刘子骥、张常侍、周续之、刘程之（刘遗民）、祖企、谢景夷等；第三类就是一些乡民田父，姓名无考，由此可见陶渊明交游的范围和特点。除赠答诗之外，在其他的作品中，他也写了与友人过从相处的情景，如《停云》《移居二首》《游斜川》《诸人共游周家墓柏下》，以及《归园田居》其二、其四等。可以说，朋友之情、友谊之乐贯穿了诗人一生绝大部分的时光，故清人指出："陶渊明全副精神在朋友、田园上用。"②那么，作为友朋的陶渊明，他是怎样和朋友相处，他的交友之道是什么呢？

一、结交在相知

中国古代文化素来重视朋友关系，认为君臣、父子、兄

---

① 梅家玲：《汉魏六朝文学新论——拟代与赠答篇》，北京大学出版社，2004 年，第 101 页。

② 牟愿相：《小澥草堂杂论诗》，见《清诗话续编》，上海古籍出版社，1983 年，第 918 页。

弟、夫妇、朋友为人生之"五伦"，是最基本的社会关系，其中父子、兄弟、夫妇、君臣，往往是人们无法做出自我选择的，而选择谁做朋友则有自我的主观意志，正如宋人所说："父子兄弟之亲，天然之自然者也。夫妇之合，以人情而然者也。君臣之从以众心而然者？是虽欲自废而理势持之何能也？唯朋友者，举天下之人莫不可同，亦举天下之人莫不可异，同异在我，则义安所卒归乎？"以何人为友，至少得是德性相投，所谓"物以类聚，人以群分"。对此，传统儒家强调朋友要做到道义连接，"友者也，友其德也"①，"友兮友兮，以有德兮，以有志兮"②，提出"君子之交接如水，小人之交接若醴"（《礼记·表记》）。道家也追求"君子之交淡若水"（《庄子·山木》），崇尚一种"君子之交"。可见，儒道的交友之道是一致的，都强调朋友之间排除功利因素，不因势力而结交，不为物欲而往来，主张精神契合，情志相投。正如清人张潮《幽梦录》所表彰的："对渊友如读异书，对风雅友如读名人诗文，对谨饬友如读圣贤经传，对滑稽友如阅传奇小说。"总之，朋友带来的应该是情趣相合与精神愉悦，就像刘禹锡所歌咏的："君行金谷堤上，我在石渠水里。两心相忆似流波，潺湲日夜无穷已。"（《叹水别白二十二，一韵至七韵》）

　　陶渊明交友既有传统文化"君子之交"的气韵，更有他

---

① ［清］焦循撰，沈文倬点校：《孟子正义·万章下》，中华书局，1987年，第690页。

② ［元］郝经《陵川集·友箴》，《郝文忠公陵川文集》卷二十一，景印文渊阁四库全书本。

在仕隐生活中所特有的实践与认知，比如他对与自己志趣不同的朋友，也能表现出一定的厚道和宽容。但他主要是以"相知"为交友之道的，与朋友互为知己，肝胆相照，所谓"道义共振，以及由此产生的心灵和鸣"①，这使得他有诗书交、方外交，但却没有势利交。比如他倾心交从颜延之。颜氏之所以能和渊明"情款"，主要在于二人的性格志趣相合，彼此视为知己，即如陶渊明在给庞参军的诗中所说的："相知何必旧，倾盖定前言。"关于他们的交往，《宋书·陶潜传》载曰："先是，颜延之为刘柳后军功曹，在寻阳，与潜情款。后为始安郡，经过，日日造潜，每往必酣饮致醉。临去，留二万钱与潜，潜悉送酒家，稍就取酒。"颜延之（384—456），字延年，山东临沂人，曾任始安、永嘉二郡太守，累官至金紫光禄大夫。他"少孤贫，居负廓，室巷甚陋。好读书，无所不览，文章之美，冠绝当时"。晋未亡时他曾任后将军、吴国内史刘柳的参军，后"转主簿，豫章公世子中军行参军"。据清代陶澍《陶靖节年谱考异》考证："刘柳为江州刺史，《晋书》柳本传不纪年月。考《宋书·孟怀玉传》，怀玉义熙十一年（415）卒于江州之任；《晋书·安帝纪》，义熙十二年六月，新除尚书令刘柳卒。《南史·刘湛传》：父柳，卒于江州。是柳为江州，实踵怀玉之后，以义熙十一年到官，十二年除尚书令，未去江州而卒。延之来浔阳，与先生情款，当在此两年也。"《宋书》颜延之本传还说他好饮酒，不拘小节。颜延之与陶渊明结识时，约为三十二岁，陶

---

① 周晓琳:《道义的共振与心灵的和鸣——试析中国古代作家的交友之道》,《西南民族学院学报》,1999 年第 3 期,第 99 页。

渊明五十一岁左右。二人年龄虽有差，但秉性相投，志气相合。史载颜延之性格耿直，屡犯权要。比如，入宋以后，傅亮以助刘裕受禅而地位显要，又以文辞之美而自居一朝。颜延之却不以为然，结果被傅亮所嫉，外放为始安郡太守，道经汨潭，颜延之作《祭屈原文》。元嘉三年（426），颜延之征为中书侍郎，转太子中庶子，领步兵校尉。见刘湛（刘柳之子）及殷景仁等把持朝政，深为不满，尝说："天下之务，当与天下共之，岂一人之智所能独了？"

由于对刘湛不满，他甚至当面对刘湛说：我之不显，大概就是由于做过你们家的官的缘故。为此，刘湛衔恨在心，诋毁颜延之好饮酒，放诞不守礼，朝廷遂以此贬颜氏为永嘉太守，延之遂作《五君咏》以表达愤慨之情。他所咏的五君为"竹林七贤"中的阮籍、嵇康、刘伶、阮咸、向秀。如在咏向秀中写道："向秀甘淡薄，深心托毫素。"这完全是在写他自己的性情和怀抱。由于颜延之性格倔强，不怕得罪人，故时人称其为"颜彪"。这就不难明白陶渊明与颜延之成为好友的原因了。在文学上，颜延之名冠当时，时人谓"江右称潘、陆，江左称颜、谢"。他写诗不如谢灵运自然，喜形式上的雕琢，故鲍照有评曰："谢五言如初发芙蓉，自然可爱；君诗若铺锦列绣，亦雕缋满眼。"正是颜延之身处官场却能坚守自己的人格，特立独行，不苟流俗，甚至有些天真可爱的个性，颇与陶渊明的某些性格相近，所以他们成为相知的好友。甚至，渊明百年之后，还是颜延之这个忘年之友为其撰写诔文，对陶翁盖棺定论，表彰他的事迹，肯定他的人格，成为后世了解陶渊明最可靠的研究资料。

陶渊明就是按照"结交在相知"的原则交友，排斥了世俗的功利目的，注重心灵之交，其含义就是，这种朋友与你同在，是一种懂得，一种相知，他分享你的快乐、分担你的伤悲，他用心来陪伴你。因而陶渊明特别希望得遇相知之友，比如他对殷隐的友情。其《与殷晋安别》诗曰：

> 游好非少长，一遇尽殷勤。
> 信宿酬清话，益复知为亲。
> 去岁家南里，薄作少时邻。
> 负杖肆游从，淹留忘宵晨。
> 语默自殊势，亦知当乖分。
> 未谓事已及，兴言在兹春。
> 飘飘西来风，悠悠东去云。
> 山川千里外，言笑难为因。
> 良才不隐世，江湖多贱贫。
> 脱有经过便，念来存故人。

关于殷晋安是何许人，说法较多，自宋代吴仁杰以来，认为是殷景仁，但今人龚斌、袁行霈等先生则依《宋书》《资治通鉴》等史料详考后否认此说。邓安生的《陶渊明年谱》断为"晋安太守殷隐"①，今学界一般采信此说。殷隐在浔阳时曾与陶渊明有过较长时间的交往，因而结下了真挚的友谊。后刘裕任太尉，召殷隐为参军，殷氏于是"移

---

① 转引自徐正英等注评：《陶渊明诗集》，中州古籍出版社，2012年，第143页。

家东下"，赴京都任职，陶渊明遂写诗以赠别。诗歌的意思是说：你我相识并不长久，但感觉却倾盖如故。几天几夜都有说不完的话，彼此是那样的亲近。去年我迁居到南村，就此与你成了近邻。拄着手杖我们结伴同游，哪管是夜晚还是清晨？最终我们在仕与隐上有了分歧，看来分别就是早晚的事了。只是没想到这一天来得这么快，别离就在今春。风从西方来，云往东边去。你也要东下，我们将被千山万水所阻隔，恐怕再也没有聚首的缘分。你有大才，终究不会隐没于世，而我甘心江海，贫贱自守。未来你如果有机会再经过故地，那就来看看故人吧。——诗歌写得情真意切，情辞婉转，末四句尤其情致缠绵，显示出诗人的温厚与宽容。诗人与殷隐一隐一仕，志趣不同，人生选择各异，但陶渊明却能将人生志向与个人友谊区别开来，不以自己的价值标准和人生追求强加于友人，这也是他交友之道的独特之处。

除了颜延之、殷晋安以外，陶渊明还与张野、羊松龄、庞遵等人交往相处。张野，字莱民，南阳（今属河南）人，后居于柴桑。喜属文，曾举秀才，征辟不就，隐居乡野。师事庐山慧远，加入白莲社。史书说张野和陶渊明有姻亲，两家是儿女亲家。他曾被朝廷征为散骑常侍，然未赴任，故按当时习惯，称之为"张常侍"，陶渊明曾有《岁暮和张常侍》诗。羊松龄在受左将军朱石龄派遣入川之前，和州主簿庞遵等大约都住在南村。这时，陶渊明与他们多有往来，常常在一起饮酒论文。有人邀请羊松龄或庞遵饮酒，羊、庞也请渊明一起前往。虽然和主人不相识，但陶渊明也不拂逆二人相邀之情，一旦喝醉了，便起身而返，也不与主人客套。假如没人请他饮酒，他也从不造访谁家。就是这样，陶渊明从不主动讨好谁、逢迎谁，与友朋相处，以诚相待，自然而然。他与江州刺史王弘时有交往，王弘，据《宋书》卷四十二《王弘传》，王弘是王导的曾孙、王珣的儿子。由《宋书》"高祖为镇军，招补谘议参军"的记载可知，陶翁与他曾为同僚，都曾做刘裕的属官。后来王氏在刘裕麾下一功封侯，义熙十四年（418），任抚军将军、江州刺史。陶渊明有《于王抚军座送客》诗，这个王抚军就是王弘。尽管王氏显为一方诸侯，陶翁也待之如一般的朋友，不卑不亢，自然地与之相处。他穷得没有鞋子，一直光着脚，王弘要为他造一双，他就伸脚过去，让做鞋的人来量尺码。王弘在庐山上请他饮酒，但他有脚疾，行走不便，王氏"使门生二儿舆篮舆"，将他抬上山去，他就任他们抬着。一切都是自然洒脱，很少为如何处理人际关系而纠结。明人黄文焕曾指出陶渊明与人饮酒，有"异调之饮"和"同调之饮"之别，而其中"异调之饮"就是能与"异趣"的人交往，对于他们不同于己的人生选择，从不像嵇康般的断然绝交，依然愿意与其同饮，"且共欢此饮"（《饮酒》其九）、"有客常同止"（《饮酒》其十三），显出一种豁达、圆通的交友理念。

陶渊明与志趣相投的朋友交往过从，其内容多是饮酒抚琴、登高赋诗、赏文论史、曲水流觞等，可以说，与朋友在一起陶渊明是最快乐、幸福的。如《游斜川》《诸人共游周家墓柏下》等诗表达了与朋友游历山水，感悟生活之美与生死之忧。尤其是前者《游斜川》，在一个天晴气朗的春日里，诗人与二、三好友游览浔阳附近的斜川，仰观晴空之下鸥鸟展翅飞翔，俯察斜川之中鲂鲤自在游弋，远望"独立中皋"的曾成之山，遥想起昆仑九重的神话，大自然的一切都各得其所、各得其乐，诗人陶醉在这美景之中，遂与友朋举杯畅饮，"提壶接宾侣，引满更献酬"。但酒酣之际，诗人又忽然悟到："未知从今去，当复如此不"，于是禁不住悲欣交集，"悲日月之遂往，悼吾年之不留"，这种时光流逝、功业无成的哀伤，与王羲之的《兰亭序》十分相似。与此同时，在赠答诗中陶渊明有时还向友朋倾诉心志，或喜或悲，或感或叹，敞开心扉，希望得到知己的理解和同情，如《和刘柴桑》《酬刘柴桑》都是写给好友刘柴桑的作品。刘柴桑，即刘程之，字仲思，后自号"遗民"，曾为柴桑令，故渊明称之为"刘柴桑"。前诗是因为刘氏加入庐山慧远的白莲社，故招渊明希望他抛弃家人而"索居"于庐山，渊明不肯，遂向好友表白自己的隐居及与亲旧家人团聚之乐；后诗则向好友叙说自己的躬耕之事、天伦之乐，虽题曰"酬刘柴桑"，但不及酬答之意，全是自述情怀。[1] 而《怨诗楚调示庞主簿邓治中》则向友朋庞主簿邓治中诉说自己一生的遭际与晚年贫苦的境遇，诗人丝毫不避讳，真实叙写，娓娓道来。诸如此类，陶渊明将友人作为固定的读者或听众，向他们倾诉怀抱，表达隐逸躬耕之志，其赠答诗可谓是他为获得知音的艺术努力。所以有学者指出："其赠答诗中几乎没有枯燥的玄言，亦难觅

---

[1]　袁行霈：《陶渊明集笺注》，中华书局，2003年，第144页。

颂美的踪迹，是在诗中大量开拓日常生活的细节叙述，使赠答诗重新回归言志抒情的传统。"①

总之，"相知"是陶渊明的交友之道，哪怕有的朋友选择了不同于他的人生道路，如颜延之、殷晋安、刘遗民、周续之、戴主簿等等，但由于这些人理解自己，"有客赏我趣"，诗人就感念他们的"相知"，愿意与他们过从，有的甚至成了终身的朋友。可以说，陶渊明是在不放弃自我原则的前提下，不以眼前的分歧来否定昔日的友爱，不绝谊，不忘情，在各行其志中求同存异的。这种交友之道，日本作家吉田兼好曾感怀说："与志同道合者悠然闲适，吟风诵月也好，谈论琐事也罢，均能真心相对，毫无隔阂。彼此言语互慰，实乃一大乐事。"② 也正是有如此宽容、开阔的交友理念，使得归隐后的陶渊明一直处于和睦、温暖的人际关系之中，从而获得了一种满足与幸福感。

二、择有道而交

陶渊明交友除了看重"相知"，他更重视"择有道而交"，即如后世所说的："君子与君子以同道为朋。"③ 陶渊明因道取人，论志交友，所以他作《读史述九章》，其中有

---

① 凌云：《论陶渊明赠答诗的内涵在两晋诗坛上的独特性》，《名作欣赏》，2015 年第 12 期。

② ［日］吉田兼好著，王新禧译：《徒然草》，长江文艺出版社，2011 年。

③ ［宋］欧阳修：《朋党论》，见《欧阳修全集》，中华书局，2001 年，第 297 页。

《管鲍》曰："知人未易，相知实难。淡美初交，利乖岁寒。管生称心，鲍叔必安。奇情双亮，令名俱完。"这里他由衷地赞赏管仲、鲍叔牙的有道之交、君子之谊。据《史记·管晏列传》载：管仲"少时常与鲍叔牙游，鲍叔知其贤。管仲贫困，常欺鲍叔，鲍叔终善遇之，不以为言。已而鲍叔事齐公子小白，管仲事公子纠。及小白立为桓公，公子纠死，管仲囚焉。鲍叔遂进管仲。管仲既用，任政于齐，齐桓公以霸，九合诸侯，一匡天下，管仲之谋也。管仲曰：'吾始困时，尝与鲍叔贾，公财利多自与，鲍叔不以我为贪，知我贫也。吾尝为鲍叔谋事而更穷困，鲍叔不以我为愚，知时有利不利也。吾尝三仕三见逐于君，鲍叔不以我为不肖，知我不遭时也。吾尝三战三走，鲍叔不以我为怯，知我有老母也。公子纠败，召忽死之，吾幽囚受辱，鲍叔不以我为无耻，知我不羞小节而耻功名不显于天下也。生我者父母，知我者鲍子也。'"[1]诗人非常推崇这种心心相印、志同道合的交友之道，说他们"奇情双亮，令名俱完"，管鲍之佳事与美名交相辉映，达到了极高的境界，被后人奉为楷模，字里行间表现出他对这种莫逆之友的钦慕。为此他非常珍惜身边的志同道合的朋友，比如他之于陶敬远、庞参军等。陶敬远既是陶渊明的从弟，也是他的同道知己，虽然相差十六岁，但两人的关系非常密切。可惜的是敬远三十岁即亡故了。为此，陶渊明写了一篇情真意切、悲不自胜的祭文：

① ［汉］司马迁撰：《史记·管晏列传》，中华书局，1959年，第2131—2132页。

于铄我弟，有操有概。孝发幼龄，友自天爱。
少思寡欲，靡执靡介。后己先人，临财思惠。心遗
得失，情不依世。其色能温，其言则厉。乐胜朋
高，好是文艺。遥遥帝乡，爰感奇心，绝粒委务，
考槃山阴。淙淙悬溜，暧暧荒林，晨采上药，夕闲
素琴。曰"仁者寿"，窃独信之；如何斯言，徒能
见欺！年甫过立，奄与世辞，长归蒿里，邈无
还期。

惟我与尔，匪但亲友，父则同生，母则从母。
相及龆龀，并罹偏咎。斯情实深，斯爱实厚！念彼
昔日，同房之欢，冬无缊褐，夏渴瓢箪；相将以道，
相开以颜。岂不多乏，忽忘饥寒。余尝学仕，缠绵
人事，流浪无成，惧负素志。敛策归来，尔知我意，
常愿携手，置彼众议。每忆有秋，我将其刈，与汝
偕行，舫舟同济。三宿水滨，乐饮川界，静月澄高，
温风始逝。抚杯而言，物久人脆，奈何吾弟，先我
离世！

……

（《祭从弟敬远文》）

整篇祭文以事寓情，诗人深情地回忆起他与敬远之间相
知相惜的关系。说他俩同是在八岁时丧父，都在贫困中长大。
冬天没御寒之衣，夏天少解渴之物，但是两人相互扶持，相
互帮助，同悲同乐，友谊使他们忘记了饥寒。两人的关系远
远超过了一般的同宗兄弟，陶敬远是最能理解陶渊明志趣的

知己。当渊明辞官归田后，是敬远时时陪伴在他的身边。他们一起采药，一起弹琴，舫舟同济。正是因为有敬远的理解与支持，陶渊明才不介意众人的非议。可惜的是，敬远壮年辞世，这让陶渊明感到分外的悲伤。在陶氏传世的诗文中，为一个人而写两篇诗文的情形并不多，但他却为这位知己兄弟写了一诗一文，除了上述祭文以外，还有一首《癸卯岁十二月中作与从弟敬远》诗，"癸卯岁"为晋安帝元兴二年（403），陶渊明39岁，时丁忧在家。"此抒志之作也。"① 首四句写欲有所为而不得，遂退而隐居。次四句写室外的风雪天气和雪景，以渲染自己孤寂的心情。再四句写自己衣食不继的贫困、冷落萧索的室内景象和百无聊赖的心情，以此揭示躬耕隐居的艰辛。下六句借对古代仁人贤士的赞美，表达自己坚持隐居、固穷守节的决心。最末二句写自己的难言之隐及从弟敬远与自己的心灵契合，以点出诗题。读此诗，"既让人感受到一种澡雪精神、高旷情怀，更让人感受到一种松柏气骨、磊落人格"②，袁行霈先生分析说："欲有为而不可得，遂退而隐居，与世隔绝，其中颇有难言之隐，唯敬远能得其心。"③ 但就是这样的知己兄弟，却过早地离世了，人生还有比这更悲伤、更遗憾的吗？

再看庞参军，他也是陶翁的同道之人。虽然其身份可能一直是个官场人物，但从陶渊明款款深情的两首《答庞参军》诗可知，诗人一直引其为同道，结为知交。庞氏姓名不

---

① 袁行霈：《陶渊明集笺注》，中华书局，2003 年，第 210 页。
② 徐正英等注评：《陶渊明诗集》，中州古籍出版社，2012 年，第 52 页。
③ 袁行霈：《陶渊明集笺注》，中华书局，2003 年，第 210 页。

详，一说为卫军将军、江州刺史王弘参军庞通之①，究是何人，难以确知，此处不赘。不妨看渊明五言《答庞参军》。清人释曰："庞为公邻，历时未久，时庞欲出，以诗招公，公答此诗以谢之，且送其行也。"② 诗前有序曰："三复来贶，欲罢不能。自尔邻曲，冬春再交，款然良对，忽成旧游。俗谚云，数面成亲旧。况情过此者乎？人事好乖，便当语离。杨公所叹，岂惟常悲？吾抱疾多年，不复为文，本既不丰，复老病继之。辄依《周礼》往复之义，且为别后相思之资。"诗人以自然平易的语言，如同谈唠家常一样，一往情深地叙述了他们交游的欢乐和美好，以及自己此刻的心情——庞君就要行役江陵了，之前他有诗赠己，故今作诗以答。后人评之曰："序中起数语，何等缠绵，令人神往。"③ 其诗曰：

相知何必旧，倾盖定前言。

有客赏我趣，每每顾林园。

谈谐无俗调，所说圣人篇。

或有数斗酒，闲饮自欢然。

我实幽居士，无复东西缘。

物新人惟旧，弱毫多所宣。

情通万里外，形迹滞江山。

---

① ［元］吴师道：《诗话》，转引自袁行霈《陶渊明集笺注》，中华书局，2003 年，第 32 页。

② ［清］张荫嘉：《古诗赏析》卷十三，见《陶渊明资料汇编》下册，中华书局，1962 年，第 77 页。

③ ［清］温汝能：《陶诗汇评》卷二，见《陶渊明资料汇编》下册，中华书局，1962 年，第 77 页。

君其爱体素，来会在何年！

诗人用较多文字回忆了和庞参军过从的美好，他们所谈的未尝有"俗调"，所喜的都是圣人的诗文。如果家中恰好有数斗之酒，就悠然对饮。二人志趣相投，以诚相见，感情真挚。并且诗人着力宣示："我实幽居士，无复东西缘。"我就是一个隐居的人，不再有东奔西走追名逐利的机缘。在世俗的眼光里，我实在是个无用的人啊！可亲爱的朋友，你"每每顾林园"，经常来到我的"敝庐"，就是因为你"赏我趣"，你真是我的知己，我们是纯粹的君子之友啊！而这正是后世文人们所神往的友朋境界："吾斋之中，不尚虚礼。凡人此斋，均为知己。随分款留，忘形笑语，不言是非，不侈荣利。闲谈古今，静玩山水，清茶好香，以适幽趣。臭味之交，如斯而已。"① 可是，就像杨朱所感叹的，"人事好乖"，这种美好的友情，这饮酒论文的情形即将不再——我原本希望与君莫逆相交，可谁会料到人事之变，从此以后，就只能看君天涯路远，我现在唯一能做的就是"情通万里外"，祝福你：多保重身体吧，希望来日再见！真可谓"相见恨晚，相别恨远，眷恋依依，情溢乎词"②。诗人珍惜友情，但从不夸大其辞，其朴素而真诚的态度自能打动人的心灵。

但也要看到，其实由于陶渊明坚持终生自耕而食，与世人

① ［明］郑瑄：《昨非庵日纂》，见［明］陈继儒撰、陈桥生评注：《小窗幽记》卷七，中华书局，2008年，第190页。
② ［明］蒋薰评：《陶渊明诗集》卷一，《陶渊明资料汇编》下册，中华书局，1962年，第20页。

不同；他生性高洁，有自己人生的追求，对于社会局势及诸种
事物的看法，他内心常常又是孤独的。所以平时虽有不少人与
他往来，但相处当中，真正同道者却不多。同样是庞姓的朋
友，其对庞参军引为同道知己，而对庞主簿则不然，清代陶澍
就将《答庞参军》与《怨诗楚调示庞主簿邓治中》对比，指
出："若于主簿，则为《怨诗楚调》示之，历叙生平艰苦，至
以钟期相望，非同心莫逆，肯交浅言深若是乎？盖先生之于旧
好新知，各如其分，未尝一概絫施也。"① 可见，渊明交友是有
分寸的，就是择有道而交。在陶渊明五十二岁这年（义熙十二
年）秋天，檀韶为江州刺史。为重振古礼，檀韶请陶氏好友周续
之出来讲经学，于是周续之带领学士祖企和谢景夷，在浔阳城北
设棚讲经礼，并且加以雠校。陶渊明并不认同，写了《示周续之
祖企谢景夷三郎时三人共在城北讲礼校书》诗加以劝诫：

> 负疴颓檐下，终日无一欣。
> 药石有时闲，念我意中人。
> 相去不寻常，道路邈何因？
> 周生述孔业，祖谢响然臻。
> 道丧向千载，今朝复斯闻。
> 马队非讲肆，校书亦已勤。
> 老夫有所爱，思与尔为邻。
> 愿言谢诸子，从我颍水滨。

---

① ［清］陶澍集注：《靖节先生集》卷一，《陶渊明资料汇编》下册，
中华书局，1962 年，第 21 页。

陶渊明在这里诉说了自己的痛苦，当然同时也说明了自己精神的苦闷。周续之自幼好学，一直避世隐居，陶渊明大概对他印象不错。但没想到这时候他却出来讲经学，而且他的讲经处竟然如马厩一样，在这种条件下，还那样勤恳地工作，难道不知道眼下的社会是什么样子的吗？在目前这种弊端百出、世人争权夺势、完全不顾道德礼仪的现实中，这种工作又有什么意义呢？所以陶渊明劝他们，倒不如放弃这些陈腐之说，我们一起到颍水之滨隐居好了。后来朱熹曾评论说："晋、宋人物，虽曰尚清高，然个个要官职，这边一面清谈，那边一面招权纳货。陶渊明真个是能不要，此所以高于晋宋人物。"这实际上也正道出了陶渊明此时的心境。可见，诗人朋友虽不少，但真正同道的并不多，这也注定了他经常处于孤独之中，于是他寄情于酒，希望借助酒，摆脱心无同道的孤寂。酒对于诗人，好像是一位不会说话的朋友，为他解除孤独，助他忘了忧伤。如《连雨独饮》：

运生会归尽，终古谓之然。

世间有松乔，于今定何间？

故老赠余酒，乃言饮得仙。

试酌百情远，重觞忽忘天。

天岂去此哉！任真无所先。

云鹤有奇翼，八表须臾还。

自我抱兹独，僶俛四十年。

形骸久已化，心在复何言。

　　关于本诗主旨，袁行霈先生阐释说："连雨天气，少与友朋交往，故有孤独之感。独饮中体悟人生，多有哲学思考。"① 此处的哲学思考，就是生死追问。诗人感悟到，人有生有死，神仙并不存在，惟忘乎物，进而忘乎天，任真自得，顺乎自然，才能超脱生死的羁绊。而这一切的获得，是借助酒来实现的，"试酌百情远，重觞忽忘天"，初酌就已远离世情，所谓喜怒哀乐、各种名利扰攘都忽然远去了，再饮就连天都给忘了，诗人的心境于是进入了"道"的境界。再如《饮酒》其七："秋菊有佳色，裛露掇其英。汎此忘忧物，远我遗世情。一觞虽独进，杯尽壶自倾。日入群动息，归鸟趋林鸣。啸傲东轩下，聊复得此生。"写诗人赏菊和饮酒的悠然自得。由于酒的力量，诗人忘却了尘世的烦恼，摆脱了忧愁，逍遥闲适，自得其乐，以此来宣示他归隐的真正原因，那就是归隐使诗人啸傲东轩，获得了宝贵的人生自由，即"得此生"，故苏轼指出："靖节以无事自适为得此生，则凡役于物者，非失此生耶？"（《东坡题跋·题渊明诗》）还有四言《答庞参军》："我求良友，实觏怀人。欢心孔洽，栋宇惟邻。伊余怀人，欣德孜孜。我有旨酒，与汝乐之。乃陈好言，乃著新诗。一日不见，如何不思！嘉游未歝，誓将离分；送尔于路，衔觞无欣。"诗人忧伤友人远行，不知何时再见晤谈，内心悲伤以至连心爱的美酒都提不起兴趣了，于是殷殷叮嘱好友保重身体，真挚的惜别之情与谆谆勖勉之意洋溢在诗句之中。就是这样，孤独的陶渊明经常以酒为友，酒如同会心的

① 　袁行霈：《陶渊明集笺注》，中华书局，2003 年，第 126 页。

同道一般始终与他相守，不离不弃，"欲言无余和，挥杯劝孤影"（《杂诗十二首》其二），是酒陪伴他度过孤寂的归耕岁月，战胜贫苦的现实人生，最终通向了渊明之境，所以酒简直就是诗人的同道知己。

三、神交在先贤

陶渊明有一种"知音"情结，在现实中找寻志同道合者，然"同道"寥寥，于是退而求其次，如遇"相知"也好。但"不识歌者苦，但伤知音稀"（《古诗十九首》），于是他去读书，发挥想象的作用，到书中、历史的长河中寻找知音，从那些古圣先贤的身上汲取精神力量，"微斯人，吾谁与归"？以之为同道。正如孟子所说："一乡之善士斯友一乡之善士，一国之善士斯友一国之善士，天下之善士斯友天下之善士。以友天下之善士为未足，又尚论古之人，颂其诗，读其书，不知其人可乎？是以论其世也。是尚友也。"[①] 所以，陶渊明读书不倦，"尚友"古人——历史的烟尘消散，那些古圣先贤们静静地立于书册之间，他们的事迹与人格就如航标灯一般指引着诗人的人生方向，使他有动力坚定前行。为此，陶渊明情深意切地写了很多篇咏史诗文，如《咏贫士七首》《咏二疏》《咏三良》《咏荆轲》《读山海经十三首》《读史述九章》《饮酒》《感士不遇赋》等等。他寻找进而神交的先贤大体上有两类，一类是隐士，如长沮、桀溺、许由、伯

---

① ［清］焦循撰，沈文倬点校：《孟子正义·万章下》，中华书局，1987年，第725—726页。

夷、叔齐、荷蓧丈人、疏广、疏受、卜式、杨伦、长公等；另一类是贫士，如荣启期、原宪、袁安、黔娄、阮公、刘恭、张仲蔚、伯牙、钟子期、颜回、田子泰、扬雄等等。通观这些古圣先贤，他们都有共同特点，或是人品高洁而不容于世，而选择归隐；或是在贫困的生活中坚守气节，安贫乐道，矢志不移。他们简直就是历史上的陶渊明，是他的前世。陶渊明神交他们实际就是追溯自己生命的根脉，探寻自己所来的路，从他们身上获取了精神的勇气，他们简直就是陶渊明的恩人、知己和导师。

（一）隐士："高风始在兹"

如前所述，41 岁的陶渊明辞官彭泽令，成了真正隐士，过着躬耕常勤的生活，"晨兴理荒秽，带月荷锄归"，但他这种"逃禄而归耕"的选择，时人或有不解，甚至有非议渊明者，如前文所举《饮酒》其九"清晨闻叩门"即是显例。所以，归耕而孤独的诗人除了在生活中寻找同道以外，更是将古代那些避祸远害、独善其身的隐逸之士引为同道，奉为榜样。为此他曾作《咏二疏》诗，将"二疏"当作自己的精神导师。"二疏"是西汉时的两个隐士——疏广、疏受。疏广，字仲翁。疏受，字公子，为疏广兄子。东海兰陵人。据《汉书·疏广传》载，宣帝时，疏广为太子太傅，疏受为太子少傅。"太子每朝，因进见，太傅在前，少傅在后。父子并为师傅，朝廷以为荣。在位五岁，皇太子年十二，通《论语》《孝经》。广谓受曰："吾闻'知足不辱，知止不殆'，'功遂身退，天之道'也。今仕官至二千石，宦成名立，如此不去，惧有后悔，岂如父子相随出关，归老故乡，以寿命终，不亦善乎?'受叩头曰:'从大人议。'即日父子俱移病。满三月赐告,广遂称笃,上疏乞骸骨。上以其年笃老,皆许之。"归乡后二人将朝廷所赐金钱分与亲友,不留与子孙。对于二疏这种立功不居、功成身退、有金不私的事迹,陶渊明由衷地赞赏:"大象转四时,功成者自去","问金终寄心,清言晓未悟"。清人评曰:"渊明仕彭泽而归,亦与二疏同,故托以见意。"① 这时,二疏不仅是陶渊明的人生知己,甚至成了他自己的化身,在某种层面上,他已与二疏融为了一体,浑融莫辨。同样的例子,还可看《饮酒》二十首,其虽题以"饮酒",但清人方东树却指出:"据序亦是杂诗,直书胸臆,直书即事,借饮酒为题耳,非咏饮酒也。"② 其一曰:"衰荣无定在,彼此更共之。邵生瓜田中,宁似东陵时!寒暑有代谢,人道每如兹。达人解其会,逝将不复疑;忽与一觞酒,日夕欢相持。"此处所说的"邵生",就是西汉初年的隐士邵平。《史记·萧相国世家》载曰:"召平者,故秦东陵侯。秦破,为布衣,贫,种瓜于长安城东。瓜美,故世俗谓之'东陵瓜'。"陶渊明诗中称引邵平事,自然是以归耕的邵平自比——自己并不寂寞,前辈邵平在指引着自己。《饮酒》其十二曰:

长公曾一仕,壮节忽失时。

杜门不复出,终身与世辞。

---

① [清]邱嘉穗:《东山草堂陶诗笺》卷四,见《陶渊明资料汇编》下册,中华书局,1962年,第278页。

② [清]方东树著,汪绍楹点校:《昭昧詹言》,人民文学出版社,1961年,第111页。

仲理归大泽，高风始在兹。

一往便当已，何为复狐疑？

去去当奚道，世俗久相欺。

摆落悠悠谈，请从余所之。

清人释曰："此又借古人仕而隐者（指张挚、杨伦），以解其辞彭泽而归隐之本怀。"[1] 长公，指张挚，是西汉名臣张释之之子。《史记·张释之传》曰："其子曰张挚，字长公，官至大夫，免。以不能取容当世，故终身不仕。"陶渊明《扇上画赞》《读史述九章》中均赞美长公。仲理，指杨伦。《后汉书·儒林传》曰："杨伦字仲理，陈留东昏人也。……为郡文学掾。更历数将，志乖于时，以不能人间事，遂去职，不复应州郡命。讲授于大泽中，弟子至千余人。元初中，郡礼请，三府并辟，公车征，皆辞疾不就。后特征博士，为清河王傅。……阎太后以其专擅去职，坐抵罪。顺帝即位，……征拜侍中。……尚书奏伦探知密事，激以求直。坐不敬，结鬼薪。……阳嘉二年，征拜太中大夫。大将军梁商以为长史。谏诤不合，出补常山王傅，病不之官。……遂征诣廷尉，有诏原罪。"袁行霈先生认为："杨仲理既已归隐，讲授于大泽中，又三次出仕，每次均以获罪告终，渊明不以为然也。"指出该诗首四句叙张长公，次四句叙杨仲理，两人对举。意

---

[1] ［清］邱嘉穗：《东山草堂陶诗笺》卷三，见《陶渊明资料汇编》下册，中华书局，1962年，第185页。

谓一堪效法，一不足效法。① 不管这种解读恰当与否，但在二疏、张挚等人身上我们还是能清晰地见出陶渊明的影子。由于其仕隐之路与诗人极其相似，从他们身上陶渊明获得了归隐的价值与意义。此外，像长沮、桀溺坚持躬耕的行为、伯夷、叔齐不食周粟，饿死首阳山的事迹，"商山四皓"拒绝朝廷征召而隐居山野的选择，都是陶渊明所津津乐道的，这些人的人生道路、高贵品质都是与陶渊明共通的。他们虽隔千载，但陶渊明能和他们隔空相应，心意相通，"遥遥沮溺心，千载乃相关"（《庚戌岁九月中于西田获早稻》），他们就是诗人千年前的同道知己。

（二）贫士："赖古多此贤"

陶渊明说自己"弱年逢家乏，老至更长饥"（《有会而作》），一生都与贫穷为伍，并且选择归耕田园，实际就是选择要过贫穷的生活，隐士一般都是贫士。"知音苟不存，已矣何所悲"（《咏贫士七首》其一），贫苦无依使陶翁陷入孤独的处境中。所以，他把目光投向了幽渺的历史，引古代贫士为同调，感慨自己和他们一样，赞美他们"固穷安贫"的气节，为自己的人生选择伸张，慰藉自己寂寞的心灵。这些贫士的共同点是：生活贫困，地位卑微，但却视富贵名利为粪土，始终坚持自己的志向，绝不与世俗世界讲和，不因贫穷而改变初衷。渊明尽管自己也时常"贫富长交战"，但最终还是能"道胜无戚颜"，这个"道"就是贫士固穷守节之道。其《咏贫士》七首、《拟古》其五、《饮酒》其二等都艺术地

---

① 袁行霈：《陶渊明诗》，中华书局，2014 年，第 200 页。

表达了这一主题。

《咏贫士七首》是陶渊明展示自己归田之后向先贤学习、战胜贫困生活的咏史组诗。诗中他借古代贤士安贫守节之行，反复伸张自己不慕荣利、坚守品德操守、矢志不移的志节。在结构体式上，组诗明显承袭左思《咏史》之结构，首章总论，次章自咏，下五章分咏古代贫士。[①] 在其一中，诗人以孤云、飞鸟自比，抒发知音不存、心灵寂寞的慨叹，提出"量力守故辙，岂不寒与饥"，认为"守故辙"的代价就是"寒与饥"。此诗颇类序诗，为整个组诗定下了基调；其二渲染自己"倾壶绝余沥，窥灶不见烟"的贫困之状，"何以慰吾怀，赖古多此贤"点明创作初衷，即固穷的贤士才是诗人的楷模。其三至其七，分咏固穷之士：荣启期、原宪、黔娄、袁安、阮公等。具体的，其三曰："荣叟老带索，欣然方弹琴；原生纳决履，清歌畅商音。"荣叟即荣启期，为春秋时期隐士。据《列子·天瑞》载：孔子游泰山，见到荣启期。他年近九十，穿着用绳子连着鹿皮制成的衣服，可他却悠然地弹琴唱歌。原生，即原宪，也是春秋时期隐士，宋国人，他曾经是孔子的弟子。据《韩诗外传》载，原宪住在一间上漏下湿的房子里，穿着露着脚趾的鞋，十分贫困。子贡来看他，可他却嘲笑子贡华丽的车马，使子贡羞惭地离开。陶渊明这里赞美荣启期、原宪坚决不仕，贫困到以绳索衣带，以菜羹为食，却能悠游高歌、自得其乐的人生境界。其四曰："安贫

---

① 韦春喜：《陶渊明咏史诗试论》，《乐山师范学院学报》，2001 年第 5 期，第 33 页。

守贱者，自古有黔娄。好爵吾不萦，厚馈吾不酬。一旦寿命尽，弊覆仍不周。"这里的黔娄指的是春秋时鲁国的隐士。皇甫谧的《高士传》记载他终身不求进于诸侯，安贫守节。鲁恭公仰慕他的贤德，赐粟三千钟，请他为国相，他坚辞不受。后来齐王也以金百斤聘他为卿，他也拒绝了，直到老死于家。黔娄死后，曾子前去吊唁，见他的身上只盖一块短布被，头和脚都露在外边。黔娄这样的贫士其实就是诗人归田后的自画像，其安贫乐道、固穷守志的高贵品质，是鼓舞渊明的精神力量。其五曰："袁安困积雪，邈然不可干。阮公见钱入，即日弃其官。"袁安，字邵公，东汉汝南汉阳人。据《后汉书·袁安传》注引魏周斐《汝南先贤传》载："时大雪积地丈余，洛阳令身出案行，见人家皆除雪出，有乞食者。至袁安门，无有行路。谓安已死，令人除雪入户，见安僵卧。问何以不出。安曰：'大雪人皆饿，不宜干人。'令以为贤，举为孝廉也。"[①] 阮公，事迹不详。渊明写二人，亦是以之自况。其六写张仲蔚："仲蔚爱穷居，绕宅生蒿蓬。翳然绝交游，赋诗颇能工。"张仲蔚，据《高士传》载，"隐身不仕，善属文，好诗赋。常居穷素，所处蓬蒿没人。时人莫识，唯刘龚知之"。张氏所乐不在穷通与否，而在于自乐其乐，渊明为此引为同调。其七歌咏的是黄子廉："昔在黄子廉，弹冠佐名州。"黄氏不知何许人，陶诗说他"弹冠佐名州"，据《三国志·黄盖传》说黄盖为南阳太守黄子廉之后，这个"佐名

---

① ［宋］范晔撰，［唐］李贤等注：《后汉书·袁安传》，中华书局，1965 年，第 1518 页。

州"的黄子廉大概就是黄盖的先祖吧。而他辞官归乡，清贫自守，也正是诗人心中的楷模。可见，诗人"塑造了一个个看似凄凉而内在有着铁骨凌霜道德精神的悲壮艺术形象，表露出对他们道德人格和精神理念的充分肯定和衷心赞赏。"①从这些贫士身上，诗人确认了自己固穷安贫、隐居守志的历史价值，"皆咏古来贫士以为证也"②。

再有，《拟古》其五是咏子思之作，"此渊明自咏也"③；《饮酒》其二咏伯夷、叔齐和荣启期，"不赖固穷节，百世谁当传"，也是写固穷安贫的主题。由此观之，陶渊明将这些高士视作是自己精神上的同道，"何以慰吾怀，赖古多此贤"，这些前代知己的事迹和人格精神，帮助他战胜了精神上的孤独，增强了安贫乐道、坚守自己人生道路的决心与勇气。生活中同道寥寥，知音者稀，但古代有那么多的古圣先贤，他们就是陶渊明的好友，他们在历史的书册中，鲜活地注视着渊明，鼓励着他固穷守节，安贫乐道，使他在选定的道路上坚定地前行。

在诗人神交的古圣先贤之中，除了上述隐士、贫士之外，还有一些"金刚怒目"的豪杰志士，如荆轲、"三良"、田畴等，这方面的名作有《咏荆轲》《咏三良》《读山海经》等。比如《咏荆轲》，清代温汝能《陶诗汇评》分析说："荆轲刺

---

① 韦春喜：《陶渊明咏史诗试论》，《乐山师范学院学报》，2001 年第5 期，第 33 页。

② ［清］张玉穀：《古诗赏析》，上海古籍出版社，2000 年，第 317 页。

③ ［清］陈沆：《诗比兴笺》卷二，见《陶渊明资料汇编》下册，中华书局，1962 年，第 235 页。

秦不中，千古恨事。先生目击禅代，时具满腔热血，观此篇可以知其志矣。人只知先生终隐柴桑，安贫乐道，岂知却别有心事在。"① 从令人热血偾张的荆轲身上，我们看到了陶渊明的另一面，即他也曾想做一个慷慨豪迈，期冀力挽狂澜于既倒的英雄。《咏三良》歌吟的是子车氏三子奄息、仲行、鍼虎为秦穆公殉葬事，赞美了"三良"为君赴死的忠义精神。有学者将其与刘裕鸩弑晋末帝的事件联系起来阐释②，不管这种解读正确与否，我们都从中看到了陶渊明"猛志"的一面，正如龚自珍所感叹的："陶潜酷似卧龙豪，万古浔阳松菊高。莫信诗人竟平淡，二分梁甫一分骚。"所以，荆轲、"三良"是陶渊明心中悲剧英雄梦的一个缩影。

综上所论，陶渊明一生最喜友朋，他隐居田园并非离群索居，而是"结庐在人境"，即如李泽厚所云："他没有后期士大夫那种对整个人生的空漠之感，相反，他对人生、生活、社会都有很高的兴致。"③ 所以，友朋不仅是他生活的重要内容，甚至成了他的生活方式。他主张友朋间要"相知"，尤其主张"择有道而交"，渴望结交志同道合的君子之友，所以颜延之、陶敬远、庞参军、殷晋安等成了他最看重的同道之友。然而，陶渊明又颇具君子之风，对友人显出一种豁达与宽容的态度，即使友人后来"语默自殊势"，志趣有变，

---

① ［清］温汝能：《陶诗汇评》卷四，见《陶渊明资料汇编》下册，中华书局，1962 年，第 285 页。

② 韦春喜：《陶渊明咏史诗试论》，《乐山师范学院学报》，2001 年第 5 期，第 32 页。

③ 李泽厚：《美的历程》，中国社会科学出版社，1984 年，第 129 页。

诗人也在不放弃自我原则的前提下，不以眼前的分歧来否定昔日的情谊，从不做嵇康式的"绝交"之举，他总是以自然的态度与友朋交往，这使得他一直处于和睦、温暖的人际关系之中。与此同时，既然现实人生中难寻同道，诗人就发挥想象的作用，向古圣先贤寻找知己，结识了一批特别的友朋。即他通过读书的办法，尚友古人，于是那些闪耀人性光彩的先贤走进了诗人的生活，并以非凡人格力量帮助陶渊明独善其身，完成了自我，成就了文化史上一位固穷守节的道德楷模。

第九章　作为诗人的陶渊明

陶渊明是以诗人的身份被后世所熟知的，他是古代诗歌史上最伟大的诗人之一，他是"隐逸诗人之宗"，是"田园诗派宗师"，苏轼认为陶渊明在诗歌史上的地位甚至"李杜诸人皆莫及"①。近代王国维则说："屈子之后，文学上之雄者，渊明其尤也。"② 一直到现代，朱光潜还坚持认为："渊明在中国诗人中的地位是很崇高的。可以和他比拟的，前只有屈原，后只有杜甫。"③ 可见，陶渊明在中国古代诗歌史上的崇高地位。所以，作为诗人的他是十分成功的，尽管他的传世作品并不多（125 首诗、12 篇文章）。那么，他的诗才、诗艺有何非凡之处呢？他对中国古典诗歌有什么独特贡献呢？

陶诗的分类，一般以题材为标准来划分，袁行霈认为可

---

① ［宋］苏轼：《与子由书》，《苏轼文集》第六册，中华书局，1986年，第 2515 页。

② 王国维：《文学小言》，引自郭绍虞主编：《中国历代文论选》第四册，上海古籍出版社，1980 年，第 380 页。

③ 朱光潜：《诗论》，三联书店，1984 年，第 277 页。

分为五类，即田园诗、咏怀诗、咏史诗、行役诗、赠答诗①，而孙静则将陶诗分为田园生活诗、田园咏怀诗两大类②。在诗歌史上，田园诗与山水诗一度并称，以至到唐代二者合而为一，形成了"山水田园诗派"。但其实这是两类不同的题材。简单说来，田园诗是以农村田园风光与农民古朴生活为对象，山水诗则以描写大自然山川风物为主，往往和行旅联系在一起。陶渊明的诗严格地讲只有《游斜川》《归园田居》其四等极少的作品涉及山水行旅，他写得最多、最能体现其艺术创造性的是田园诗。可以说，陶诗之所以在中国诗歌史上占有崇高的地位，主要是由于其高妙的田园诗。其田园诗是对中国诗歌发展所做出的独特贡献，假若没有他的田园诗，中国诗歌史势必大为逊色。

一、情韵高妙的田园诗

在现存的 125 首陶诗中，约有 50 首是写田园景象与农民淳朴生活的田园诗。大致以义熙五年（409）为界，可将陶氏田园诗分为前、后两期（陶诗的系年颇不易确定，故这样划分并不特别严格）。前期为归田之前和归田初期的作品，此时期陶渊明物质生活较富足，精神愉悦，心态悠闲，"久在樊笼里，复得返自然"（《归园田居》其一），因而笔下的田园是

---

① 袁行霈主编：《中国文学史》（第二卷），高等教育出版社，2014年，第63页。

② 孙静：《陶渊明的心灵世界与艺术天地》，大象出版社，1997年，第107页。

美好的，一种闲适、惬意的情绪洋溢在诗中。义熙五年
（409），诗人归田已五年了。他曾相信"民生在勤，勤则不
匮"（《劝农》），可是辛勤的劳作并未使他生活富足，加上义
熙四年（408）家中遇火，"一宅无遗宇"，生活状况逐渐陷
入困顿。其田园诗创作于是进入后期，此期的田园诗缺少了
归田之初的轻松和满足，而渐渐生出凄苦的情怀，写自己的
贫困、农村的凋敝。可见，陶氏田园诗前、后两期作品的思
想内容并不相同，艺术特色上也有差异。

（一）前期的田园诗

1. 田园的静美之景和诗人自在之情

审视陶渊明的田园诗，其最大特点就是将田园、自然、
"隐逸"结合在一起，他写田园的静美之景，也写归隐田园
的自由之乐，这是其田园诗最重要的、也是最富创造性的主
题。这方面其前期田园诗书写得最为生动鲜明。此期，诗人
对田园的感受，或是想象中田园的悠然闲适，或是现实中田
园的自在快乐，总之田园里的一切都是自由的、美好的。具
体而言，有如下表现形式：

其一，歌吟家园美好："众鸟欣有托，吾亦爱吾庐"。

此方面的代表作，当是《归园田居》五首其一：

> 少无适俗韵，性本爱丘山。
>
> 误落尘网中，一去十三年。
>
> 羁鸟恋旧林，池鱼思故渊。
>
> 开荒南野际，守拙归园田。
>
> 方宅十余亩，草屋八九间。

榆柳荫后檐，桃李罗堂前。

暧暧远人村，依依墟里烟。

狗吠深巷中，鸡鸣桑树巅。

户庭无尘杂，虚室有余闲。

久在樊笼里，复得返自然。

　　这组诗作于归田的第二年（义熙二年，406）的夏秋，真实地再现了陶渊明归田之初自由自在的生活和心境。诗中他把官场比作"尘网"和"樊笼"，把田园比作"旧林"和"故渊"，通过二者的对比，凸显了田园的平静和自由。诗的后半部分写他的家居和乡村的宁静，以及生机勃勃的自然风光，抒写了脱离仕途，重返田园的喜悦。尤其值得注意的是，"方宅十余亩"八句写诗人初归田园时的家居环境，勾画出了一幅平和静穆的田园风光图。他仿佛就是一个开心的导游，带领着读者参观他的新居，先是参观近景实景：地有几亩、屋有几间、树有几株、花有几种，一一指点，如数家珍；再看远景虚景：远处依稀可见的村落，缕缕升起的炊烟，是国画一般的景致。然后"狗吠深巷中，鸡鸣桑树巅"，以村落的鸡犬之声来烘托田园的宁静，最后表达自由适意的情怀："户庭无尘杂，虚室有余闲。久在樊笼里，复得返自然！"由此，让读者体会到诗人去忙就闲，一种刚刚挣脱官场羁绊、重获自由如释重负的轻松之感与愉悦之情，当然，更有诗人高洁的情趣。

　　同样作于归田之初的《读山海经十三首》其一，也写出了同样的愉悦心情：

孟夏草木长，绕屋树扶疏。

众鸟欣有托，吾亦爱吾庐。

既耕亦已种，时还读我书。

穷巷隔深辙，颇回故人车。

欢言酌春酒，摘我园中蔬。

微雨从东来，好风与之俱。

泛览周王传，流观山海图。

俯仰终宇宙，不乐复何如？

袁行霈先生认为该诗作于义熙二年（406）[1]，陶渊明42岁，是归田之初的作品。不难看出，与前诗相比，前诗写的是诗人家园的春景，该诗写的是家园的初夏之景。在写法上，前诗用罗列法，展览式逐一介绍家园景物，重在突出家园的"静"；此首则用动态的词语和写法，重在强调诗人内心的"闲"。清人王士禛曾分析说："时当初夏，草木宜长，扶疏之树，绕我屋庐，不但众鸟欣然有此栖托，吾亦爱吾庐得托扶疏之荫。既耕田，复下种，还读书而候故人，吾庐之乐事尽矣。车大则辙深，此穷巷不来贵人，颇回故人之驾。欢然酌酒，而摘蔬以侑之，好风同微雨，俱能助我佳景，乃得博欢图传，以适我性。如此以终宇宙，足矣。若不知乐，又将如何哉！"[2] 而清人吴淇的阐释也颇得诗心："靖节所读一种书，不专指《山海经》与《周穆传》。二书原非圣人之书，

---

[1] 袁行霈：《陶渊明集笺注》，中华书局，2003年，第395页。

[2] ［清］王士禛：《古学千金谱》卷十八，见《陶渊明资料汇编》下册，中华书局，1962年，第291页。

乃好事者所作，语最荒唐，只是偶尔借他消夏耳。'孟夏'
二句，好读书之时。'众鸟'二句，好读书之所。'既耕'二
句，生务将毕，正好读书。'穷巷'二句，人客不到，正好
读书。'微雨'二句，好读书之景。'泛览'二句，好读书之
法。"① 在前人基础上，今人徐正英也做了深入的解析：

> 孟夏时节，草木竟相生长，树木扶疏，众鸟有
> 托，都写出了环境的"动"，而正是各物的动，恰
> 恰写出了环境的恬静，暗示了读书的好处所。而
> "耕"、"种"、"辙"、"车"、酌酒、摘蔬，甚至微
> 雨东来，好风与俱，从物到人，无一不给读者
> "动"的感觉，而正是这一个个表动态的词语，却
> 告知了一个休闲时节，让人感受到了诗人的一种闲
> 适心情。因为此诗的主旨是写田园的读书之乐，所
> 以，如果说首四句暗示了诗人读书的好处所的话，
> "既耕"二句则写出了诗人耕作之余读书的好时节，
> "穷巷"二句写出了诗人读书的好心境，"欢然"二
> 句写出了诗人读书的好情致，"微雨"二句写出了
> 诗人读书的好天时，善解人意的"微雨"和"好
> 风"结伴而至，为诗人创造了读书自娱的好时光。②

---

① ［清］吴淇：《六朝选诗定论》卷十一，见《陶渊明资料汇编》下
册，中华书局，1962 年，第 293 页。
② 徐正英等注评：《陶渊明诗集》，中州古籍出版社，2012 年，第
324 页。

可见，全诗写的是诗人归田之初的自在悠闲之乐，因而最受后人喜爱，清人陈仲醇将其与陶诗最为人称道的名篇《饮酒》其五做比，甚至认为："予谓渊明此篇最佳。咏歌再三，可想陶然之趣。'欲辨已忘言'之句，稍涉巧，不必愈此。"①

不管是《归园田居》其一，还是这首"孟夏草木长"，诗人都表现了对自己托身之所——家园的喜爱。这既是诗人现实的家，是他诞生、生活和老死的地方，更是它与黑暗现实对抗的精神家园，是他梦绕魂牵、归去来兮的寄托，它对诗人具有特殊的意义，对他拥有绝对的感召力量。这个地方叫浔阳，位于长江南岸名胜之地庐山西南麓的山脚之下。十二世纪南宋的大儒朱熹曾来此地做地方官，他敬仰陶渊明的为人，赞美陶渊明的文学成就，故专程拜访陶渊明的故里，并赋诗曰："予生千载后，尚友千载前。每读高士传，独叹渊明贤。及此逢醉石，谓言公所眠。况复岩壑古，缥缈藏风烟。仰看乔木阴，偏听横飞泉。景物自清绝，优游可忘年。结庐倚苍峭，举觞酹潺湲。临风一长啸，乱以归来篇。"② 可以看出陶渊明的家乡的确是景色优美，诗意盎然。陶渊明非常喜爱自己的家乡，在四言诗《时运》的第一章里，他写道："迈迈时运，穆穆良朝。袭我春服，薄言东郊。山涤余霭，宇暖微霄。有风自南，翼彼新苗。"温煦的南风吹过了平和的原

---

① 转引自徐正英等注评：《陶渊明诗集》，中州古籍出版社，2012年，第86页。

② 朱熹：《陶公醉石归去来馆》，见傅璇琮、陈新主编：《全宋诗》，北京大学出版社，1991年，第27612页。

野，稚嫩的新苗随风起伏，好像都被吹拂得张开了翅膀。——生动地写出诗人愉悦的心情，甚至带有孩子般的童真。诗人自在地栖息在这块长江南岸邻近鄱阳湖的水乡，诗的第二章还说："洋洋平津，乃漱乃濯。邈邈遐景，载欣载瞩。称心而言，人亦易足。挥兹一觞，陶然自乐。"远山近水，莫不称心如意；渴了喝，脏了洗，兴致来了，举目远眺，遐景怡人；再饮一杯酒，陶陶然然，自足自乐，譬如鸟栖一枝，鼠居一穴，如此人生，还用追求什么呢？

其二，表现自由心境："久在樊笼里，复得返自然"。

陶渊明家境素不富裕，但在归田前后，尚不致有饥寒之虞。从"欢然酌春酒，摘我园中蔬"（《读山海经》其一）的自足自乐中，也可以看到他生活的安逸舒适。大概在义熙四年遇火之前，他的经济状况尚可，这自然使他感到闲适和满足。因此，前期的田园诗，通过描写田园景物的恬美、田园生活的简朴，集中表现他"复得返自然"的自由心境。于是，或春游，或登高，或酌酒，或读书，或与朋友过从，或与家人团聚，或盥濯于檐下，或采菊于东篱，以及在南风下张开翅膀的新苗、日见苗壮的桑麻，无不化为他笔下美妙的诗歌。

最有代表性的诗是《归园田居》五首。上文已经说了第一首，不妨再看其他几首，第二首写乡居生活的朴素和平静。说诗人与官场断绝了关系，却与淳朴的乡民时常来往。"时复墟里人，披草共来往。相见无杂言，但道桑麻长。"这样地道的"田家语"，在陶渊明以前的诗里是从未看到过的，这也是陶渊明突破魏晋诗歌繁缛之习，独辟新境的表现之一。第三首写他的劳动和心情。"晨兴理荒秽，带月荷锄归"，此二句诗写出了一个整日劳作的农夫形象，极有美感。"道狭草木长，夕露沾我衣。衣沾不足惜，但使愿无违"，平淡无奇的景象，真实不过的心情，写得如此单纯明净。第五首前四句写一种与自然融合的美妙。后六句写还家后邀请邻居欢饮达旦的场景："漉我新熟酒，只鸡招近局。日入室中暗，荆薪代明烛。欢来苦夕短，已复至天旭。"这是一幅多么真实朴素的农家欢宴图！

《和郭主簿》二首也作于归田初期，写作者自得自乐的生活，以及决心隐居的志向。其第一首写夏天乡居的清幽凉爽，淳朴悠闲，表现了知足常乐，缅怀古代的情趣：

> 蔼蔼堂前林，中夏贮清阴。
>
> 凯风因时来，回飙开我襟。
>
> 息交游闲业，卧起弄书琴。
>
> 园蔬有余滋，旧谷犹储今。
>
> 营己良有极，过足非所钦。
>
> 春秫作美酒，酒熟吾自斟。
>
> 弱子戏我侧，学语未成音。
>
> 此事真复乐，聊用忘华簪。
>
> 遥遥望白云，怀古一何深。

诗中的景是乐景，事皆是乐事，情景交融，物我浑成，读者仿佛随着诗人的笔端走进那宁静、清幽的村庄，领略那繁木林荫之下凉风吹襟的惬意，聆听那琅琅的书声和悠然的琴韵，看到小康和谐的农家、自斟自饮的酒翁和那父子嬉戏的情景，并体会到诗人返璞归真、陶然自得的心态。人们最熟悉的《饮酒二十首》其五"采菊东篱下，悠然见南山。山气日夕佳，飞鸟相与还。此中有真意，欲辨已忘言"数句，写的也是家园环境之美和隐居之乐，只不过此时所写家居之美是以庐山烘托的虚写法，写乐是升华到哲理层面的人生之乐了。其七"日入群动息，归鸟趣林鸣。啸傲东轩下，聊复得此生"数句，勾勒了诗人的隐居之所和隐居之情，只不过放达自得中似乎多了几分伤感。诗人的赠答诗《和胡西曹示顾贼曹》，虽然后半不免有叹老嗟衰之情，但前半所写仲夏田园风光和诗人的惬意之感还是颇为生动的："蕤宾五月中，清朝起南飔。不驶亦不迟，飘飘吹我衣。重云蔽白日，闲雨纷微微。流目视西园，晔晔荣紫葵。于今甚可爱，奈何当复衰。"和风习习，细雨濛濛，葵花朵朵，美不胜收，面对此景，诗人既感到清新，又觉得舒心。

其三，描写田园友爱："相思则披衣，言笑无厌时"。

如前所述，陶渊明是个性情中人，他特别喜欢和朋友在一起。其《停云》诗说："霭霭停云，濛濛时雨。八表同昏，平路伊阻。静寄东轩，春醪独抚。良朋悠邈，搔首延伫。停云霭霭，时雨濛濛。八表同昏，平陆成江。有酒有酒，闲饮东窗。愿言怀人，舟车靡从。"他盼望能与友朋同饮共聚，是那样的真诚，以至为此很是焦急不安。与他往来的友人和邻居大多是与他身份相类、志趣相近的人物，他们相聚在一起，饮酒赋诗，共谈文艺，无拘无束，互吐衷情。他的《移居》二首有云："昔欲居南村，非为卜其宅。闻多素心人，乐与数晨夕……邻曲时时来，抗言谈在昔。奇文共欣赏，疑义相与析。"（其一）"春秋多佳日，登高赋新诗。过门更相呼，有酒斟酌之。农务各自归，闲暇辄相思。相思则披衣，言笑无厌时。"（其二）写他们的交往，完全超越了世俗人间的功利目的，所以，一切都是那么自然，那么随便，又那么和谐。"漉我新熟酒，只鸡招近局"（《归园田居》其五），写尽邻里欢宴的纯朴之情；"亲戚共一处，子孙还相保"（《杂诗十二首》之四），聚家而居，相亲相爱；"弱子戏我侧，学语未成音"（《和郭主簿二首》其一），在亲子之情，享受天伦之乐上，陶渊明一如常人，富有人间情味。要是农闲，他还会跟一般的农夫相往来，谈论的话题虽然变了，但一颗真诚的心丝毫没有变："野外罕人事，穷巷寡轮鞅。白日掩荆扉，虚室绝尘想。时复墟里人，披草共来往。相见无杂言，但道桑麻长。桑麻日已长，我土日已广。常恐霜霰至，零落同草莽。"（《归园田居》其二）有人认为陶渊明的田园诗绝少写农民，其诗中没有出现过农民的形象，从这首诗来看并非如此，"披草"而来的"墟里人"，只能是当地的农夫。他们的话题是那样的单纯，始终围绕着正在生长而未完全成熟的桑麻，担忧寒冷的气候对桑麻生长造成致命的损害，一如他们的情感，纯朴而自然。正是这一点，使我们确信，陶渊明的田园诗已和他归隐的生活完全打成一片，就像宋代的施德操所说的："渊明随其所见，指点成诗，见花即道花，遇竹即说竹，更无一毫作伪。"（《北窗炙輠录》）

2. 对田园躬耕生活的体验与认识

陶渊明田园诗还以大量篇幅写诗人的躬耕劳动，表现他

对劳动的认识与体验。这是其田园诗最有特点的部分，也是
最为独特的部分。中国古代贵族士大夫阶层历来轻视劳动甚
至鄙视劳动，在门阀森严的晋代更是如此。同样作为士人的
陶渊明，其可贵甚至伟大之处就在于，他不仅过了常人难以
跨越的利禄关，退出了利禄官场，还过了一般隐士隐居山林
的常规隐居关，直接回到了田园之中，更跨越了文人士大夫
最难跨越的一道门槛——躬耕劳动关，这一点甚至意味着陶
渊明超越了自己的阶级属性。因此，在他的田园诗中，反映
躬耕生活与体验是前无古人，后无企及者的。可以说，土地
真正的诗魂是被陶渊明唤醒的。陶渊明这类诗歌，从两个层
面体现了作者的思想感情，一是体验劳动之乐，二是从理论
上认识劳动意义。

首先看第一个层面：体验劳动之乐。此方面的代表作要
数《癸卯岁始春怀古田舍二首》：

在昔闻南亩，当年竟未践。

屡空既有人，春兴岂自免？

夙晨装吾驾，启涂情已缅。

鸟哢欢新节，泠风送余善。

寒草被荒蹊，地为罕人远。

是以植杖翁，悠然不复返。

即理愧通识，所保讵乃浅？

先师有遗训，忧道不忧贫。

瞻望邈难逮，转欲患长勤。

> 秉耒欢时务，解颜劝农人。
>
> 平畴交远风，良苗亦怀新。
>
> 虽未量岁功，即事多所欣。
>
> 耕种有时息，行者无问津。
>
> 日入相与归，壶浆劳近邻。
>
> 长吟掩柴门，聊为陇亩民。

这是诗人用田园风光和怀古遐想所编织成的一幅图画。两首诗表现了同一题材和同一思想旨趣，都写田野的美景和亲身耕耘的喜悦，并由此抒发诗人思古之感怀。第一首称自己一早便准备好了农具和车马，刚一启程心就先飞到田野中去了。第二首写先师遗训"忧道不忧贫"之不易实践，夹叙了田间劳动的欢娱，联想到古代隐士长沮、桀溺的操行，而深感忧道之人的难得，最后以掩门长吟"聊作陇亩民"作结。尤其是其中"平畴交远风，良苗亦怀新。虽未量岁功，即事多所欣"，说自己修整过的平坦田野上吹来了习习春风，一田的禾苗充满了生机活力。虽然尚未估量一年的收成会是多少，但眼前的劳动之事本身就给诗人带来了快乐与满足。尤其是"日入相与归，壶浆劳近邻"句，太阳落山后诗人与农夫们结伴而归，回到柴门所掩之庐，便提上一壶浊酒与左邻右舍小聚闲饮，以解除一天劳作的困乏。字里行间流露出诗人的惬意与自足，充满浓郁的生活气息。所以，这两首诗犹如一首长调词的上下阕，内容既紧相联系，表现上又反复吟咏，回环跌宕，言深意远。仿佛诗人就站在读者的面前，敞开心扉，既不假思虑，又不择言词，只是娓娓地将其所做、所感、所想，毫无保留地加以倾吐。明人许学夷在《诗源辩体》中有精警分析，一则说："靖节诗句法天成而语意透彻，有似《孟子》一书。谓孟子全无意为文，不可；谓孟子为文，琢之使无痕迹，又岂足以知圣贤哉！以此论靖节，尤易晓也。"再则说："靖节诗直写己怀，自然成文。"三则说："靖节诗不可及者，有一等直写己怀，不事雕饰，故其语圆而气足；有一等见得道理精明，世事透彻，故其语简而意尽。"这些，都道出了陶氏田园诗的独特的风格和高超的艺术成就。

再如，著名的《归园田居》其二、其三也表达了诗人初归田园躬耕劳动的生活体验。其二"白日掩荆扉，虚室绝尘想"二句，以柴门日掩暗示刚归隐的主人每天都到田间辛勤劳作。"时复墟里人，披草共来往。相见无杂言，但道桑麻长"四句，则通过空间转换，生动再现了诗人在田间劳作时与农人相见攀谈的情景，令人有身临其境之感。写诗人的生活内容和话题已农民化，关注点已经转移，将耕作之外的话题全视为了杂言。"桑麻日已长，我土日已广。常恐霜霰至，零落同草莽"四句是诗的结尾，写劳动成果及充满丰收期待的同时，表达了诗人的担心与牵挂。如果说前面四句写农民式的话题意味着诗人外在生活方式的变化的话，这四句对庄家遭霜歉收的担心，则又说明诗人内在思想感情的变化，一个文人士大夫已有了普通农民的喜和忧。其三是更为典型的劳动生活和感受记录，开篇"种豆南山下，草盛豆苗稀"二句，老实交代了作为一介劳动新手的文人糟糕的劳动效果，其表述不乏幽默风趣。"晨兴理荒秽，带月荷锄归"则写自己虽然劳动不在行，但却很尽心、很勤快，披星戴月，并且早出晚归的劳动生活使自己心境宁静而充实。"道狭草木长，夕露沾我衣。衣沾不足惜，但使愿无违"，同样是诗末归结劳动体验和感受。此处的体验比上首更深了一层，有弦外之音，并非真的在乎衣服被露水打湿，其"愿"也绝非仅仅是庄稼的好收成，而是对自己弃官归隐选择的无悔。

其次，再看第二层面：从理论上认识劳动意义。

《劝农》诗以说理为主，共分六章，从远古写到当时，从多个角度勉励人们重视农业劳动，并从理论上再次申述了圣人不事农耕的行为高不可攀，人生在世必须勤勉劳作的一贯主张，比较集中地体现了诗人的农本思想。虽然描写不多，但其中写农夫桑妇忙于春耕和蚕桑的景象，尤富于泥土气息：

> 熙熙令音，猗猗原陆。卉木繁荣，和风清穆。
>
> 纷纷士女，趋时竞逐。桑妇宵兴，农夫野宿。

真如一幅乡村风俗画。尤为可贵的是作者对不失农时、勤于耕作的意义的看法，以及对孔子和董仲舒轻视农业的态度不以为然，这些平凡而超异的见解，在中国古代文人中绝无仅有。诗人称颂劳动的重大意义，其道理简单而朴素："人生归有道，衣食固其端。孰是都不营，而以求自安！"（《庚戌岁九月中于西田获早稻》）他认为，人是归向道义的，但是穿衣吃饭才是归向道义的开始，一切道义都是从关注人的生存开始的。人之所以为人，首先是其具有吃喝拉撒求生存的动物性，其次才是其社会性和道德性。陶渊明对道义的基本认识无疑是正确的，其对劳动意义的认识是极为重要的。

正是基于这一认识，他认为作为一个人，穿衣吃饭这样的事情都不经营，如何心安理得呢？也正因如此，陶渊明对孔子影响深远的"忧道不忧贫"的理论提出了质疑："先师有遗训，忧道不忧贫。瞻望邈难逮，转欲患长勤。秉耒欢时务，解颜劝农人。"（《癸卯岁始春怀古田舍二首》其二）机智的诗人并不直接质疑孔子的观点，而只是说仰望遗留下来的教导，高远而不可企及，所以才转而立志长期从事农耕劳动的。理性地思考孔子的言论，确有提高人的道德境界或治国意识的重大意义，但其也不免犯了以偏概全，忽视社会分工之弊。按通常理解，"忧道不忧贫"之"道"主要指治国之道，若然，则对于众多的普通劳动者来说，确实是遥远不相干的，那应是当政者和当政者的后备军知识分子的事情。故陶渊明在质疑这一观点普适性的同时，"解颜劝农人"，笑着劝勉农夫热爱劳动无疑是正确之举。

也可能正是基于对劳动意义的如上认识，陶渊明为激励自己践行自己的理论，所以才屡屡在诗中将春秋时期躬耕田野的隐士长沮、桀溺、荷蓧丈人作为自己效法的榜样（见《癸卯岁始春怀古田舍二首》其一），诗人甚至对荷蓧丈人启发了自己表示由衷的感谢（见《丙辰岁八月中于下潠田舍获》），并决心从其而栖，躬耕下去（见《庚戌岁九月中于西田获早稻》）。这里需要注意的是，历代诗人难以做到弃官躬耕。荷蓧丈人和长沮、桀溺虽做到了隐居躬耕，但又不是诗人，唯有陶渊明既做到了躬耕田园又写作了躬耕的诗歌，所以他伟大。①

---

①　徐正英等注评：《陶渊明诗集》，中州古籍出版社，2012年，第327—330页。

（二）后期田园诗

后期田园诗主要写田家的辛苦、感叹人生的劳累艰难。

义熙五年（409），陶渊明归田已有五年了，生活状况逐渐走向困顿，悠然闲适的日子愈来愈远了。经过几年实实在在的劳动生活体验，诗人在感受劳动快乐的同时，也体会到了劳动的辛苦，并由己及人想到了农人的艰苦。透过《己酉岁九月九日》诗，可约略见他的心情渐渐生出凄苦的情怀："靡靡秋已夕，凄凄风露交。蔓草不复荣，园木空自凋。……万化相寻绎，人生岂不劳！从古皆有没，念之中心焦。何以称我情，浊酒且自陶。千载非所知，聊以永今朝。"这种生活和心态上的变化，真实地反映在他后期的田园诗里。于是我们看到了另一个陶渊明：他体验到了田家的辛苦，感叹着人生的劳累，开始怀疑天道，甚至慷慨悲歌了。因而此时的田园诗旷达依旧，但增添了不少悲凉的意味，平静恬淡的田园景象少了，而多了叹老嗟贫。

如前所述，《庚戌岁九月中于西田获早稻》是陶渊明田园诗中的重要作品。此时，诗人已经归田第六年了。六年间风里来、雨里去的耕作，使他饱尝了劳动的艰辛。正因为如此，他对农民的辛苦，对劳动的意义、人生的艰难，认识得更深刻了：

> 人生归有道，衣食固其端。
>
> 孰是都不营，而以求自安！
>
> 开春理常业，岁功聊可观。
>
> 晨出肆微勤，日入负耒还。

山中饶霜露，风气亦先寒。

田家岂不苦？弗获辞此难！

四体诚乃疲，庶无异患干。

盥濯息檐下，斗酒散襟颜。

遥遥沮溺心，千载乃相关。

但愿长如此，躬耕非所叹。

　　写诗人和普通的农人一样，已将一年四季春耕、夏耘、秋收、冬藏作为自己的常业，将预算年的收成、晨出晚归的劳作当做生活的主要内容，由自己的劳动体验和"山中饶霜露，风气亦先寒"的歉收牵挂，联想到了辛苦的农人没有办法摆脱这种艰难的困境，对他们表示出了莫大的同情。孔子说，君子谋道不谋食。不仅把道与食对立起来，甚至否定了谋食。陶渊明却把食与道统一起来，并且把食放在道的首位，这种见解比孔子的看法高明得多，是实实在在的真理。那么，衣食从哪儿来？来自躬耕。既然明白了这层道理，田家的种种辛苦就不能也无法推卸了。这不仅仅是"衣食固其端"，还可以庶几免遭"异患"的伤害，即使身体疲劳，却避免了许多灾祸，这灾祸不但包括兵凶战厄，也包括世俗官场的尔虞我诈、颠倒黑白的戕害。在这里，诗人再次点明了归隐的深层原因。此诗很真实地反映了陶渊明归田六年后的生活与思想，而更重要的地方，还在于作者对于劳动的深刻见解和真实体验。

　　具体描写作者参加劳动的还有《丙辰岁八月中于下潠田舍获》诗：

贫居依稼穑，戮力东林隈。

不言春作苦，常恐负所怀。

司田眷有秋，寄声与我谐。

饥者欢初饱，束带候鸣鸡。

扬楫越平湖，泛随清壑回。

郁郁荒山里，猿声闲且哀。

悲风爱静夜，林鸟喜晨开。

曰余作此来，三四星火颓。

姿年渐已老，其事未云乖。

遥谢荷蓧翁，聊得从君栖。

丙辰岁（416）是陶渊明躬耕生活的第十二个年头。从诗中可以看出，经过十几年的躬耕劳作，已步入老年的诗人对劳动的体验更深了：种田已成为他惟一的经济来源，惟有依靠稼穑才能生活下去。这样，诗人此时的"戮力""稼穑"已无多少精神的需要，更多是"贫居"时赖以生存的出路了，所以"春作苦"就不必说了，为了使自己和家人"欢初饱"即填饱一次肚子，诗人就要到远处"东林隈"去收获一片庄稼，他半夜就起床"束带候鸣鸡"，然后就是赶水路转山路。但诗人称，尽管自己归耕田园十二载，已经衰老了，但农耕之事"未云乖"，还要坚持下去。诗歌十分真实地写出了诗人常常挨饿和辛苦劳作的情况，不仅非"寒馁常糟糠者不能造出"，而且"非惯穷不知此趣"①，所以读来感人至

---

① ［明］钟惺、谭元春：《古诗归》卷九，见《陶渊明资料汇编》下册，中华书局，1962年，第149页。

深。但他还告诉那个古代的隐士，愿意随他在一起，"遥谢荷
蓧翁，聊得从君栖"。十二年的农耕，十二年的辛苦，十二年
的容颜衰老，都不能改变他隐居躬耕的节操。

　　我们知道，陶渊明的家境本来艰难，归隐之后，要靠自
身的力量以耕植谋求一家大小的温饱，实在不是一件轻而易
举的事。尽管诗人付出了极大的努力，可是仍然经常陷家人
于饥寒贫困之中。在陶诗里，描写诗人贫居生活的诗句几乎
俯拾皆是。《饮酒》其十六中说："弊庐交悲风，荒草没前
庭。披褐守长夜，晨鸡不肯鸣。"严冬之夜，诗人饥寒交迫，
因又冷又饿睡不着，便披衣坐等天亮。总感到夜长难熬，该
报晓的鸡却迟迟不肯鸣叫。越到后来，由于庄稼遭灾，年关
岁底青黄不接，这位挨饿十几天的大名士，在《咏贫士》其
二中真切描述了自己的晚景和窘态："凄厉岁云暮，拥褐曝前
轩。南园无遗秀，枯条盈北园。倾壶绝馀沥，窥灶不见烟。
诗书塞座外，日昃不遑研。"在北风凄厉的年末，老人身裹粗
布棉衣蜷缩在檐下晒太阳取暖，相信眼前这一幕，每位读者
读后都会留下令人同情怜悯的孤凄印象。诗人连园中的烂菜
叶都吃得一片不剩，树上的干树叶烧得一叶不余。这是房外。
再看看房内，倾倒酒壶，里面没有剩余一滴浊酒，这对常人
没什么，而对以酒为生命的陶渊明来说，无异于要他命了，
诗人内心之苦可想而知。看看锅灶，早已不见烟火，也许已
经断炊数日。再重新回到房外，看看诗人晒太阳的座位，诗
书塞满座下，一生爱好读书的老人，此时因饥饿心慌根本不
可能读得下去，诗人内心之苦又可想而知。这一现实对诗人
的心灵不能不产生巨大的冲击，其弃官归田的代价确实不低。

正如其《与子俨等疏》所言："僶俛辞世，使汝等幼而饥寒。"诗人心里不免深感内疚。他也希望全家人过着幸福的生活，但是在经过数年的躬耕劳作以后，他知道那是完全不可能的了。我们不妨再看一看他的《怨诗楚调示庞主簿邓治中》：

> 天道幽且远，鬼神茫昧然。
> 结发念善事，僶勉六九年。
> 弱冠逢世阻，始室丧其偏。
> 炎火屡焚如，螟蜮恣中田。
> 风雨纵横至，收敛不盈廛。
> 夏日长抱饥，寒夜无被眠。
> 造夕思鸡鸣，及晨愿乌迁。
> 在己何怨天，离忧凄目前。
> 吁嗟身后名，于我若浮烟。
> 慷慨独悲歌，钟期信为贤。

该诗写于诗人54岁。他以忧伤的心情，倾诉了自己大半生中的坎坷遭遇。自诗人回乡躬耕以来，不仅霜露风寒不胜其苦，同时天灾人祸也交侵而至。他的生活极其困苦。天灾、人祸都是延及千家万户的事，诗人通过自己苦难的悲歌，同时也反映了当时广大农民的生活境况。在《有会而作》中，诗人自述少年时期家道中落就开始过起了贫困饥乏的日子，而老了之后更是经常忍饥挨饿食不果腹，窘况仅次于一月只吃九顿饭的子思，62岁高龄的他这一年竟是这样悲苦地过来的。因此诗人常常怀念赞许施舍粥食的黔敖的善心，而深深地遗恨那位用衣袖遮面不肯接受施舍的人的错误做法。嗟来之食何必羞耻怨恨，白白饿死实际就是自我抛弃。作为一位最看重人格尊严的名士和老者，如果不是长时间经受饥饿痛苦的折磨，如何能写出如此感念古齐国设粥棚救济灾民的黔敖，而批评起那位不食"嗟来之食"的遮面人的诗句呢？在生活艰难得实在无法的情况下，年衰体弱的老人，就不得不出去讨饭，他为此写下了真实而感人的《乞食》诗：

> 饥来驱我去，不知竟何之！
> 行行至斯里，叩门拙言辞。
> 主人解余意，遗赠岂虚来？
> 谈谐终日夕，觞至辄倾杯。
> 情欣新知欢，言咏遂赋诗。
> 感子漂母惠，愧我非韩才。
> 衔戢知何谢，冥报以相贻。

诗人在饿得实在难以忍受之时，不得不鼓足勇气向乡邻乞食，此时他内心的复杂和难堪真是可想而知的：由于饥饿驱使离家"行乞"，出门后不知该到谁家去乞要，所以走在路上是那样缓慢、犹豫不决。"驱""不知"和"拙言辞"，写出一个人身不由己的精神状态和欲言又止的复杂心理，非切身体验者是写不出来的。他试探着敲开大门后却又脑子一片空白，不知该怎么说、说什么。好在善良的主人猜出了他的心意，不仅给他粮食，而且还"谈谐终日"，热情地用酒食款待了他。诗人以铭感之心记下了主人的美意，并借漂母救韩信的故事来作比，表达来世报恩之意。不可忽视的是诗歌最后的四句感激之辞，在凸显主人善良美德和诗人重情重义的同时，还昭示了一顿饭、几升粮对于诗人生命的意义，进一步烘托渲染了诗人的晚景之悲。

就在诗人乞食的时候，江州刺史檀道济亲自上门探访，并送来丰厚的米和肉。但诗人却挥而去之，拒绝了新朝的"关怀"。他情愿沦为乞食者，忍着饥饿漫无目标地奔波。善良人们的馈赠他是接受的，这并没有什么不光彩。但檀道济的东西就是不能要，因为这才是嗟来之食！

还有值得关注的一点，那就是陶渊明的田园诗还具有一定的社会认识作用，比如《还旧居》和《归园田居》其四等，客观上为后世留下了当时农村破败的真实记录，令读者以小见大感受到了那个时代。两诗虽为感悟世事沧桑、人生无常而作，但在前一诗中，诗人感慨说六年前上京的田间小路虽依旧未变，可仅仅六年，村舍房屋却已断壁残垣，自己绕村一周，原有的老人、熟人已所剩无几，不免让人凄凉。诗人虽未告知人们村落破败的原因，但读者大致可以想象得出，是由于战乱或饥荒，一些能跑得动的年轻人也许逃荒或逃难到别处去了，因走不动而留守下来的老人多贫病而死。在后一首诗中，诗人写刚从官场退隐到园田，出于新鲜感，他携子侄辈到周围去转一转，但不经意中从墓地（或土丘田埂）中依稀辨认出，这里曾是人们居住过的地方：水井、炉灶还有遗迹，桑树、竹子还残留朽株。询问打柴人才知道，这个村落的人全都"死没无复余"了，原因仍然不外乎战乱和饥荒。所以，同样可以以小见大，让读者感受到东晋后期那个动乱的年代，感知那个年代人民的苦难。按，诗人是怀着对官场厌倦、对田园向往的心态回归农村的，他主观上是将淳朴农村田园作为污浊官场的对立面和审美对象来描写的，所以诗人眼中和笔下的田园难免被赋予了主观化的美好色彩。故而一般读者会认为陶氏对农村的负面认识不深、描写不多，甚至成了陶渊明田园诗的一个弱项和不足。其实，我们还是能看到陶氏正面描写农村凋敝的诗章的，他还是有关注农村现实的书写和用心的，要不然我们就无法理解《桃花源记》中那种对理想社会模式的思考与构想。正是因为陶渊明看到了农村的凋敝、农民的贫困、封建制度的弊端，他才勾画出了一个令人向往的桃源社会，这说明诗人是关注现实民生疾苦的，并不是整天的悠悠然。

总之，陶渊明不是圣人，对田园生活的认识也和普通人一样经历了从肤浅到深刻的过程。在归园之初，他认为"虽未量岁功，即事多所欣"，此时的躬耕垄亩更多带有一种审美的意味。但是，随着田园成为他劳动的主要场所，农耕成为维系家计的唯一手段时，他对劳动的认识就有了转变："常恐霜霰至，零落同草莽"、"田家岂不苦，弗获辞此难"。陶渊明亲眼目睹了田园的凋敝，经历了从小康之家到家徒四壁的人生变故。如果他被生活的困苦、平庸和琐碎磨蚀了志向而变得怨天尤人的话，那么他与那些满口玄理，貌似超然俗尘，实则向往富贵利禄的假名士又有何区别！又怎能身处俗世而又不流于俗！陶渊明的方法就是用审美的观照让世俗生活"脱俗"，努力从世俗生活中品尝出超尘脱俗的韵味。孔子说："君子固穷，小人穷斯滥矣。"（《论语·卫灵公》）陶渊明从孔子的遗训中汲取了生活的智慧，当面对生活困苦时，他就像颜回那样用内心"道"的充盈来消除现实中穷困和欲望的羁绊，这样就可以具有包容万物的博大心胸和广摄深远的眼光，捕捉到一般人忽略的生活之美。所以，在陶渊明的田园诗里，"晨兴理荒秽，带月荷锄归"的农耕生活虽然艰辛，但他却从中获得了"但使愿无违"的精神自足，领略到了"山涧清且浅，可以濯我足。漉我新熟酒，只鸡招近局"的人生乐趣，同时也获得了"过门更相呼，有酒斟酌之"的人间至情。山光水色、方宅茅舍、鸡鸣犬吠、风土人情让陶渊明心境冲和闲淡，任性自得，忘怀得失，他用返归人性真淳的心态消弭了世俗中的一切丑陋和困顿，用审美的态度对待衣食住行，以艺术家的眼光打量着身边琐事，将其诗化、艺术化，从俗世中开辟出一片清幽淡邈的意境。这就是陶氏田园诗的艺术主旨。

二、寄托深远的咏怀诗[①]

作为诗人，陶渊明所创作的田园诗显示出独特的艺术才华，成为中古诗坛上的绝唱，也是中国古代文学中不可多得的瑰宝。由于这些田园诗是陶诗中最有价值的部分，最能体现陶诗的艺术特色，所以一般读者往往把陶诗和陶渊明的田园诗画等号。或者，陶渊明的田园诗表现平淡闲适之趣，因

---

① 龚斌：《陶渊明传论》，华东师范大学出版社，2001年，第178—184页。

此有些人常以偏概全，认为他的田园诗都写闲适之趣。这些看法其实都是片面的，陶渊明除了情韵深厚的田园诗以外，他还有艺术水平很高的咏怀诗、咏史诗、赠答诗等。尤其是他的咏怀诗，寄托了诗人对社会与时局的看法，表达了他的人生抱负，批判了现实的黑暗。

如前所论，陶渊明本来是有政治理想的人，青年时代就受到儒家建功立业人生观的影响。归田以后，他安贫守道，绝不再重回官场，但他对动荡的时代并未完全忘怀，而且偶或也遗憾自己抱负的无法实现。特别是到了晚年，生活越来越贫穷，东晋灭亡了，靠杀戮起家的刘裕建立了新朝，个人的窘境和时代的巨变，常常激发起他内心深处的波澜。于是，他写了不少咏怀诗，其中最重要的作品有《饮酒》二十首、《拟古》九首、《杂诗》十二首、《咏贫士》七首、《述酒》等。这些咏怀诗的思想内容十分丰富，有不少作品寄托深沉，非三言两语就能揭示出其深刻内涵。如果勉强概括的话，可做如下归纳：

首先，肯定归田隐居，表现不与世俗妥协的孤傲品格。

不难发现，陶渊明的咏怀诗有许多是以组诗的形式写成的，如《饮酒》《拟古》《杂诗》等。我们不妨先看《饮酒》二十首。该组诗大概作于义熙十二、十三年间（416、417），正是晋宋易代前夕。借饮酒来逃避险恶的社会现实，寄托情怀，是东汉末年以来一些正直知识分子的处世作风。在陶渊明之前，魏末的阮籍就常借饮酒来逃避现实、抒发情感，写了许多"咏怀诗"。陶渊明的《饮酒》既继承了阮籍诗歌的传统，又把咏怀与饮酒直接地联系起来。所以，在中国文学史上，描写饮酒，借饮酒来咏怀——寄托情感的诗歌传统，可以说是陶渊明开创的。他归田后的十多年间，多半处在劳动的艰辛和生活的窘迫中，但他对于人生道路的选择毫不反悔，隐居之志老而弥坚。《饮酒》二十首中有多首写他对隐居道路的思考与坚守。如《饮酒》其九：

> 清晨闻叩门，倒裳往自开。
> 问子为谁欤？田父有好怀。
> 壶浆远见候，疑我与时乖。
> 褴褛茅檐下，未足为高栖。
> 一世皆尚同，愿君汩其泥。
> 深感父老言，禀气寡所谐。
> 纡辔诚可学，违己讵非迷！
> 且共欢此饮，吾驾不可回！

此诗借诗人和田父的对话，寄托自己的怀抱。自然淳真的田园生活安顿了他疲惫的身心，打开了一个审美化的生活空间，他可以用来自自然的宁静过滤心灵的感伤和沉郁，以会心的愉悦来摒弃人世的丑恶。诗中田父好心携酒问候，婉言批评诗人不合时宜，并劝说他："褴褛茅檐下，未足为高栖。一世皆尚同，愿君汩其泥。"以为诗人困顿茅檐，未为"高栖"，开导他与世尚同，与皆浊的世人一样，"汩其泥而扬其波"。然而，诗人决绝地回答："纡辔诚可学，违己讵非迷！"一面感谢田父的好意，一面表白自己禀性如此，很难和社会合拍，并说委屈出仕也不是不可以，但违背自己的心愿岂不是糊涂？诗人通过与田父的对话，拒绝了时人趋众合流的劝告，明确表示了自己绝不回头的决心和态度。

如前所述，陶渊明还常从古代先贤那里汲取精神力量，以坚定隐居之志。如《饮酒》其十二咏汉代张长公和杨伦故事。当然，赞美古人就等于是肯定自己的归隐。这方面比较重要的是《咏二疏》，咏汉代疏广、疏受功成身退。如前所述，西汉人疏广为太子太傅，侄子疏受为太子少傅。他们懂得世间事物的盛衰盈虚之变，在职五年后"功成者自去"。陶渊明认为二疏是衰周以来难得的"知趣"之人。诗末说："谁云其人亡？久而道弥著。"意谓二疏虽死犹存，因为他们身上体现的"道"历久弥著。言外之意就是，二疏的道，不是在我陶渊明身上体现得更加明显了吗？在诗人看来，自己的归田与二疏的辞官是很有相似之处的。

此外，陶渊明又常借青松、幽兰等美好事物，抒写自己坚持隐居躬耕的高洁品格。如《饮酒》其八以青松自比，《饮酒》其十七又自比幽兰。尤其后者，首先说幽兰在清风里散发着芬芳，然后把自己以前的出仕比作迷失了道路，认为只有遵循"道"才能走通人生之路。最后说："觉悟当念还，鸟尽废良弓。""高鸟尽，良弓藏"，这是汉初韩信被杀时候的感慨。陶渊明从历史中觉悟到"鸟尽弓藏"的教训，所以决计归田了，并且永不再返仕途。

其次，抒写安贫乐道，君子固穷之志。

面对沉重的生活压力，陶渊明表现出惊人的勇气与执着。"草庐寄穷巷，甘以辞华轩"（《戊申岁六月中遇火》），辞弃华丽的官车，寄身于草庐穷巷，这是他自己坚定不移的选择；

"量力守故辙，岂不寒与饥"（《咏贫士七首》其一），这是选择归隐躬耕必须付出的代价。诗人没有因为饥寒交迫、度日维艰而摇摆或退缩，相反，他在不停地为自己辩解，为自己伸张。其《癸卯岁十二月中作与从弟敬远》曰：

> 历览千载书，时时见遗烈。
> 高操非所攀，谬得固穷节！

"固穷"意指不因境遇困厄而放弃道德原则。陶渊明诗文中有六处写到"固穷"一词，本诗要传达给读者的是，尽管萧条度日，内心却十分充实，遍览古书，神交先烈，虽然赶不上先贤高操，也算是具备了先贤的气节。集中表达这种安贫乐道之志的首推《咏贫士》七首，组诗看似是咏古诗，实为咏怀之作。如前所论，第一首为组诗总纲（序诗），以比兴的手法抒写守志不变的怀抱："万族各有托，孤云独无依。暧暧空中灭，何时见余晖。朝霞开宿雾，众鸟相与飞。迟迟出林翮，未夕复来归。量力守故辙，岂不寒与饥？知音苟不存，已矣何所悲。"诗人把自己比做一片飘荡的孤云，它昏暗不明，在空中消失了，不知道何时才能见到它的余晖。这是诗人对自己处境和命运的思索。后面又把自己比做迟迟出林的鸟：当朝霞驱散宿雾之时，众鸟都飞出去了，但独有它迟迟出林，而且，还未到傍晚就栖息归林了。其喻意是说刘宋新朝取代东晋旧朝之时，许多人赶紧依附新贵，像众鸟纷纷飞出一样，只有自己不愿趋炎附势。后面四句直接抒情，说自己坚守隐居的生活道路，岂能不受饥寒之苦呢？没有知音，还有什么比这更悲伤的呢？《咏贫士》第二首写诗人的贫困生活和安贫乐道之志。岁暮无衣御寒，只好以晒太阳来取暖。南圃北园，一派萧瑟的景象。壶中倒不出一滴酒，锅灶里也看不到炊烟……此情此景，使诗人想起了当年孔子在陈断粮，想起了孔子和学生子路的对话。古代固穷守道的贤士，成了诗人坚持隐居的精神支柱。《咏贫士》第三首至第七首，歌颂了古代的六位贫士。诗中描写和赞颂的古代贫士，都带着诗人自己的影子，因而诗中的议论，也就是诗人对社会人生的看法，是对固穷守节的赞美和肯定。如第五首写了贫士袁安和阮公以后，说："贫富长交战，道胜无戚颜。"这二句写出了陶渊明晚年虽不能避免内心贫富冲突的矛盾，但终究不肯轻易求人，最终坚持隐居之道，获得精神上和道义上的胜利。确实，从不忧贫到"道胜"，陶渊明是完全可以自豪的。再如第六首，写东汉贫士张仲蔚，乐于住在蓬蒿丛生的穷居中，断绝了与世俗的交游，赋诗自得。这些古代的贫士，不正是诗人的自我写照吗？

　　有人注意到，陶渊明的以咏贫为内容的诗与宋玉《九辩》所创的叹贫传统不同。西晋左思的《咏史诗》八首之七、八以及东晋张望的《贫士诗》也曾有叹贫内容，这些叹贫诗对饥寒贫困之细节的描写，各有详略，惟其一点与《九辩》相同，即皆是自伤不遇之辞，强调的是贫士之失意与潦倒，表现的是一份意欲摆脱当前困境的心情。而陶渊明之叹贫，固然继承了宋玉以来的叹贫传统，同样是士子文人对自身境遇的观察与感受，但其旨趣却与前人之叹贫迥然不同，显示出他作为伟大诗人的又一创新性，即陶渊明反复吟叹渲染其贫困境遇，目的不在自哀自怜，博取同情，或期待改变现状，而是为了强调其固穷之志、不易之心，始终遵守诺言，安贫乐道。如《庚戌岁九月中于西田获早稻》："人生归有道，衣食固其端。孰是都不营，而以求自安……遥遥沮溺心，千载乃相关。但愿长如此，躬耕非所叹。"《癸卯岁始春怀古田舍二首》其二又说："先师有遗训，忧道不忧贫。瞻望邈难逮，转欲患长勤。秉耒欢时务，解颜劝农人……日入相与归，壶浆劳近邻。长吟掩柴门，聊为陇亩民。"诗人再三强调的都是这种坚守固穷之志的情怀。不断地重复这样的心志，含蕴的似乎是一份力图自我肯定的意识。诗人不但要说服读者，也要说服自己，他的选择是正确的，对此，他无怨无悔。

第三，感叹人生短暂，宣扬及时行乐。

同时我们也应看到，陶渊明毕竟是一个士人，即使躬耕自资，隐身陇亩，他的心态、他对生活的感受依然有别于一般的农夫。最悲切、最难忍受的是在困境中知音难觅的孤独，与淹没无闻的忧虑。《饮酒二十首》之十六曰：

> 少年罕人事，游好在六经。
>
> 行行向不惑，淹留遂无成。
>
> 竟抱固穷节，饥寒饱所更。
>
> 弊庐交悲风，荒草没前庭。
>
> 披褐守长夜，晨鸡不肯鸣。
>
> 孟公不在兹，终以翳吾情。

在诗中，诗人不仅倾吐了自己少年时期的爱好、志趣，成年后一事无成的悲酸，而且在最后两句引用了东汉刘龚识举张仲蔚的典故，很委婉地表达了世无知音的郁闷与凄苦。相同的主题还有《拟古》其八："不见相知人，惟见古时丘。路边两高坟，伯牙与庄周。此士难再得，吾行欲何求。"此诗引用了钟子期死、伯牙绝弦破琴和惠施卒而庄子再无辩友的著名故事，抒发了自己的不遇与无奈。所以诗人只能遥想古代贫士以慰襟怀，并且希望自己也能像他们一样以固穷之德行传名于后世，聊以补偿不能建功立业的遗恨，不至像"孤云"那样，"暧暧空中灭"，连一点痕迹都没留下。

知音不遇的孤寂，素抱未展的抑郁，促使陶渊明常常用一种变迁的眼光看待历史和人生。如前所述，陶渊明虽然信奉委运任化的哲学思想，然而作为富有感情的诗人，面对大千世界中花开花落和生老病死的变迁，终究无法心如止水。所以，陶渊明歌吟生命的短暂，并由此生出及时行乐的想法，就成了很自然的事。诗人在"班班有翔鸟，寂寂无行迹"的灌木荒宅中慨然喟叹："宇宙一何悠，人生少至百。岁月相催逼，鬓边早已白。"（《饮酒二十首》其十五）天地是多么的悠远，人生又是多么的短暂，岁月无情，不知不觉之中，两鬓已经染成了白色。这是一种非人力可以左右的自然规律，社会的法则也是如此。其《杂诗》十二首中的许多篇章，便不断咏唱着这一传统的主题。

《杂诗》其一说："人生无根蒂，飘如陌上尘。分散逐风转，此已非常身。"意谓人生无常，似无根之木，无蒂之花，又好比陌上尘土，随风飘荡。既然人生无常，那么就应该及时行乐。于是诗人劝勉大家："得欢当作乐，斗酒聚比邻。盛年不重来，一日难再晨。及时当勉励，岁月不待人。"后四句常被人们引用来勉励年轻人要抓紧时机，珍惜光阴，努力学习，奋发上进。但陶渊明的本意却与此大相径庭，是鼓励人们要及时行乐。既然生命是这么短促，人生是这么不可把握，社会是这么黑暗，欢乐是这么不易寻得，那么，对生活中偶尔还能寻得的一点点欢乐，不要错过，就要及时抓住它，尽情享受。这种及时行乐的思想，我们必须放在当时特定的历史条件下加以考察，它实质上标志着一种人性的觉醒，即在怀疑和否定旧有传统标准和信仰价值的条件下，人对自己生命、意义、命运的重新发现、思索、把握和追求。陶渊明在自然中发现了纯净的美，在村居生活中找到了质朴的人际关系，在田园劳动中得到了自我价值的实现。

《杂诗》其三一开头就说："荣华难久居，盛衰不可量。"概括指出天地间一切都变动不居的普遍现象。然后从花草的盛衰，联想到年华的流逝："日月有环周，我去不再阳。眷眷往昔时，忆此断人肠。"可见，陶渊明对生命的流逝终究不能无动于衷。社会、人生、历史、个人的志向无成，在这里交织成一种迁逝的悲哀和深沉的喟叹。这种悲哀与喟叹所表达的不仅仅是陶渊明个人的感伤，也是一个时代普遍的焦虑和痛苦。

《杂诗》其四描述了诗人晚年的理想生活："丈夫志四海，我愿不知老。亲戚共一处，子孙还相保。觞弦肆朝日，樽中酒不燥。缓带尽欢娱，起晚眠常早。孰若当世士，冰炭满怀抱。百年归丘垄，用此空名道！"通过对比表明自己的人生态度。所谓"丈夫"并不是指正道直行的大丈夫，而是下文所说的"当世士"；所谓"志四海"也不是以天下太平为己任，而是追名逐利。因此，"丈夫志四海"一句是委婉的嘲讽。与此相反，"我愿不知老"才是诗人的理想生活。当然，作者很明白人总是会老的。他所说的不知老，也就是及时行乐，尽情享受人生乐趣的意思。诗人还描写了种种乐事，与那些"当世士"内心忍受着矛盾冲突的煎熬，正形成鲜明的对照。"当世士"为了追逐空名，丧失了自我，丧失了人生的欢娱。诗人正是因为脱离了官场，才获得了人生的至乐。从本诗可以看出，陶渊明的及时行乐，绝不是沉迷酒色，也不是秉烛夜游，和豪富的骄奢淫逸不能等同而语，它是"斗酒聚比邻"的农家之乐，是一种平凡和朴素的欢乐。

第四，表现"傲然自足，抱朴含真"的生命意识。

如前文《作为"达士"的陶渊明》中所讨论的，如果陶渊明一味沉溺在个人的感伤而不能自拔，那么陶渊明之所以为陶渊明就无从谈起了。陶渊明的独特之处，在于他为自己找到了一条淡化和消解不遇之悲、迁逝之痛的有效途径。他一方面从传统的"天人合一"思想中寻找理论依据，形成了一种委运任化的人生态度；另一方面固守纯真朴实的田稼生活，从中获得了一种远离尘嚣的真实体验。两个方面互为影响，互为支持，使诗人最终成功地弥合了人格的分裂与对抗，把自己提升到一种积极的自然状态，从而达到了审美世界和艺术人生的彼岸。

千百年来，大家都爱读《桃花源记》，爱读诗人的自传《五柳先生传》。《桃花源记》所反映的社会理想，《五柳先生传》所反映的淡泊洒脱的人格形象，在其诗作里都有生动的表现。陶渊明最著名的两句诗是"此中有真意，欲辨已忘言"（《饮酒》其五），而其中的"真"字，认真地追寻其意蕴的人不多。那什么叫"真"呢？《庄子·渔父篇》答曰："礼者，世俗之所为也。真者，所以受于天也，自然不可易也。故圣人法天贵真，不拘于俗。"可见，"真"就是自然、淳朴的意思，是与世俗所为的"礼"相对立的哲学概念。而在125首陶诗中，"真"字出现了六次。陶渊明把"抱朴含真"作为人生的一种理想境界，就是要恢复人的本性，解除人为的束缚，回到自然的状态，与自然保持高度的和谐，从而获取最大的自由。因而陶渊明人生哲学的核心就是崇尚自然，返归自然。所以，陶渊明的诗作质朴而真诚，他的为人率性而任真。他不屈己，不媚俗，不役于物。他爱喝酒，几不为讳，以至被认为"篇篇有酒"。他声称酒有特殊的功能："汎此忘忧物，远我遗世情"（《饮酒》其七），并有"试酌百情远，重觞忽忘天"（《连雨独饮》）的体验。酒在陶渊明既是"不觉知有我，安知物为贵"的中介，又是达生贵我的依凭。他在《饮酒》其三诗中说："道丧向千载，人人惜其情。有酒不肯饮，但顾世间名。所以贵我身，岂不在一生。一生能复几？倏如流电惊。"诗人追求生命的密度，不肯为短暂的虚名而空耗生命。陶渊明在生死的问题上表现得异常的达观，他相信万物都处在流化的过程中，这是自然的法则，没有人可以超越这一法则，他不再像前人那样哀叹人生的脆弱，哀叹人生的短暂。他十分幽默地创作了《自祭文》和三首《拟挽歌辞》，并以组诗的形式把人分解为形、影、神三部分，让它们互相对话，以此来表达他的人生观和生死观。诗中陶渊明面对死亡的"纵浪大化"而"不喜不惧"，其境界何其高远，其胸襟多么博大！可以说，诗人在超越生死的同时，也向人们昭示了他生命意识的深度，展示他生命存在的高度。关于陶渊明的生命意识，前文第五章已有充分讨论，可参看，此处不再赘述。

通过上述分析，不难看出，陶诗的确有着相当丰富甚至复杂的内容。陶渊明与前代诗人相比，显示出非凡的创造性——这绝不仅仅是因为他清韵深厚的田园诗，而且也是因为他寄托深远的咏怀诗，也不仅是因为咏怀诗，还因为他有强烈的现实主义色彩的咏史诗。

三、批判现实的咏史诗[①]

如前所说，陶诗有咏怀诗和咏史诗之分。然细观之，其实二者有十分相近的内涵，咏史实际也是咏怀，不过是借史实为媒介而已，因而二者的边界有时甚至难以区分。陶渊明尽管归隐田园，但他并不是一个忘情世事的人物。那曾经刺激他遗世的一切，时时会回旋在他的脑海里，激起他的鄙视，有时甚至是愤怒的感情。卡西尔说："艺术使我们看到的是人的灵魂最深沉和最多样化的运动。但是这些运动的形式、韵律、节奏是不能与任何单一情感状态同日而语的。我们在艺术中所感受到的不是哪种单纯的或单一的情感性质，而是生

---

① 孙静：《陶渊明的心灵世界与艺术天地》，大象出版社，1997 年，第 131—138 页。

命本身的动态过程。"① 陶氏咏史诗恰恰是其"灵魂最深沉和最多样化的运动"的折射，是其"生命本身的动态过程"的诗性表达。具体说陶氏咏史诗的主题大致有二，即表现为对污浊现实的鄙薄与对残暴势力的抨击。具体的：

其一，鄙薄污浊的现实

陶渊明对污浊现实的鄙薄，是贯穿于其诗歌创作的一种精神。除了对田园生活美好境界的歌咏，隐含着对现实污浊的鄙弃外，还有许多直接的批判，显示出一种力量和激情。这一点在《饮酒》二十首中表现得最为鲜明。如其六说：

> 行止千万端，谁知非与是？
> 是非苟相形，雷同共誉毁。

"行止千万端"，自然是指社会上人们行为多样，但诗人对这千奇百怪、层出不穷的行为显然是贬斥的，对如此复杂多端的行止，谁能判定它们的对和错呢？行止的是非，本来是有客观标准的，应当不难判定，然而在当时的社会现实中，是非却并非按照事物本来面目来断定的，而是"雷同共誉毁"，庸俗奸邪之人，说好即好，说坏即坏。这是诗人对晋代社会没有真正的是非标准的揭露和抨击。其十二说："去去当奚道，世俗久相欺"，长久以来，这个社会就是充满欺诈的；其二十又说："羲农去我久，举世少复真"，少真就是多伪，

---

① ［美］卡希尔著，甘阳译：《人论》，上海译文出版社，1985年，第189页。

与"相欺"意思相同；其十七还说："觉悟当念还，鸟尽废良弓！"秦汉之际的韩信，为刘邦在楚汉之争中战胜项羽、建立汉王朝，立下了大功，但刘邦立国之后，却一心要除掉他。《史记·淮阴侯列传》载，当韩信被逮之时，曾说："果若人言，'狡兔死，良狗烹；高鸟尽，良弓藏；敌国破，谋臣亡。'天下已定，我固当亨（烹）！"[①]"鸟尽废良弓"，就是用这个故事来抨击统治阶层残忍寡恩的，他们只是把人当作一种谋取私利的工具，一旦达到目的，为了自身地位的安全，就想方设法地把人除掉。诗人在《庚戌岁九月中于西田获早稻》中说："田家岂不苦？弗获辞此难！四体诚乃疲，庶无异患干。"在《赠羊长史》中也说："驷马无贳患，贫贱有交娱。"都道出宦途的险危。再看《拟古九首》其一：

> 出门万里客，中道逢嘉友。
>
> 未言心相醉，不在接杯酒。
>
> 兰枯柳亦衰，遂令此言负。
>
> 多谢诸少年，相知不忠厚。
>
> 意气倾人命，离隔复何有？

这是对上层社会中人情浇薄、自私冷酷、不讲信义的颓风的揭露和指斥。陶渊明在这一方面与一般现实主义诗人不同，不是去细致地描绘现实社会腐朽污浊的具体情状，而是加以高度概括之后，投以极度鄙视的目光，而那抨击的态度

---

① ［汉］司马迁撰：《史记》，中华书局，1959 年，第 2627 页。

即寓含其中。

其二，抨击残暴的势力

陶渊明对黑暗势力的抨击，主要是在归田后期，与刘裕篡晋的政治形势相关。这一类诗虽然仍具有艺术的概括性，但与泛泛地概括社会现象并不完全一样，它们往往有具体的针对性。自然，即使如此，作为艺术形象的典型含义，我们仍不能将其意义仅仅局限于具体所指。这在《读〈山海经〉十三首》里表现得最突出。如其十一曰：

> 巨猾肆威暴，钦䲹违帝旨。
> 窫窳强能变，祖江遂独死。
> 明明上天鉴，为恶不可履。
> 长枯固已剧，鹓鹑岂足恃！

这首诗使用了《山海经》中两个故事。《西山经》载，鼓与钦䲹在昆仑之阳杀了祖江，天帝遂在钟山之东杀了鼓与钦䲹，后钦䲹化为大鹗，鼓也化为鵕鸟。又据《海内西经》载，贰负之臣杀了窫窳，天帝遂把他拷锁在疏属之山。巨猾就是大奸，指随意肆虐的贰负之臣。这首诗因为用两个故事，所以开端双起，首句言贰负之臣，次句言钦䲹。第三句承首句，讲受害的窫窳。据《海内南经》载，窫窳龙首，郭璞说它本来是蛇身人面，被贰负之臣杀害后，才化为了龙首，所以这一句说"窫窳强能变"。第四句承第二句，讲被害的祖江。他被杀后没有化为它物，所以这一句说"祖江遂独死"。诗人是同情受害者窫窳和祖江的凄惨遭遇的。诗末四句主要是通过为恶的钦䲹等受到天帝的惩罚，说明有上天的明鉴，不可肆意为恶，早晚会遭到报应的。"长枯"句即指贰负之臣被桎梏在疏属之山，"鵕鹗"句即指钦䲹与鼓的变为鵕鹗。被永久桎梏是可怕的，变为它物也是不可依仗的，所以，诗人对肆暴者的指斥诅咒之意是显然的。该诗大约是为晋恭帝被刘裕所弑杀而作，借咏神话指斥刘裕的残忍卑劣行径。另外，《述酒》诗也写得极其隐晦，可能也是为这一事件而发。《读〈山海经〉十三首》的第十首，则歌咏虽死不屈的复仇精神。诗云：

> 精卫衔微木，将以填沧海。
> 刑天舞干戚，猛志固常在！
> 同物既无虑，化去不复悔。
> 徒设在昔心，良晨讵可待？

走独善其身之路，而终不忘兼济天下之志，这是陶渊明乃至许多中国古代知识分子苦闷的根源。陶渊明写《读〈山海经〉》时，距刘裕弑晋恭帝不久，他拈出精卫、刑天的复仇故事，或许是借神仙荒怪之论，以发其悲愤不平之慨。《山海经》载曰：炎帝幼女女娃，溺死于东海，化为精卫鸟，衔木填海以报冤仇；刑天是与天帝争神的兽，被天帝砍去头颅后，"以乳为目，以脐为口"，挥盾斧而战。陶渊明从他们身上发现了共同的复仇之志，激情难抑，遂写下了这曲英雄壮歌。开篇四句，选取两个动态的特写镜头，生动地反映了精卫、刑天的复仇精神，境界阔大，基调高昂壮烈。而陶渊明的金刚怒目之态，也历历在目。诗中的小鸟、微木与大海，刑天与天帝并列，构成复仇的猛志与罪恶的势力的对比，寄寓着诗人无限痛惜之情。陶渊明"忧道"终生，却难以施展抱负，细细体会，诗句中正融汇了诗人复杂而痛苦的人生体验。

"同物既无虑"实写现实，言变鸟、断首之后，已同于万物，勇猛战斗自无须忧虑。"化去不复悔"推进一层，虚写假想：战斗着的精卫、刑天纵然再次死去，也毫不后悔！虚实相生，把精卫、刑天死而不已的复仇精神推到顶点。可是如弦张过度，猛然崩断，"徒设在昔心，良辰讵可待"的深沉感叹，又使勇猛的呐喊突转为苍凉的悲鸣，显示了陶渊明对黑暗现实令人战栗的清醒。这是自然的引发，也是自我心境的写照。陶渊明追索理想的道路与精卫、刑天是不同的，他与黑暗政治决裂，归田以求抱朴守真；年近老境，而万事蹉跎，怎能不忧愤苦闷！这使他仰慕精卫、刑天这样切近现实的战斗者，但精卫、刑天也没有实现壮志的良机，结果是劳而无功，所以诗人不禁为之痛心疾首。

通过咏《山海经》的故事作诗，不过把歌咏历史故事以见志变为歌咏神话故事以见志罢了，但它扩展了咏史诗言志的手段，这无疑是陶渊明对咏史诗的一种新创造。和这首诗主题相类的，还有《咏荆轲》一诗：

> 燕丹善养士，志在报强嬴。
>
> 招集百夫良，岁暮得荆卿。
>
> 君子死知己，提剑出燕京。

素骥鸣广陌，慷慨送我行。

雄发指危冠，猛气冲长缨。

饮饯易水上，四座列群英。

渐离击悲筑，宋意唱高声。

萧萧哀风逝，淡淡寒波生。

商音更流涕，羽奏壮士惊。

心知去不归，且有后世名。

登车何时顾，飞盖入秦庭。

凌厉越万里，逶迤过千城。

图穷事自至，豪主正怔营。

惜哉剑术疏，奇功遂不成！

其人虽已没，千载有余情。

　　这首诗借歌咏荆轲刺秦王的故事，以表现诗人除暴安良的强烈感情与意志。《战国策·燕策》和《史记·刺客列传》都记载了荆轲刺秦的故事。燕太子丹为抗御强秦的吞并，厚遇壮士荆轲，派他入秦劫杀秦王嬴政。荆轲带着燕国督亢的地图前往，伪装是献图纳土，里面却藏着匕首。秦王展图，图穷匕见。荆轲以匕首刺秦王，可惜没有刺中，事败被杀。诗虽然是歌咏史事，却是借史抒怀，全诗突出表现了诗人除暴的精神，着重颂扬了荆轲志除暴秦的英雄行为和浩然正气。

　　对该诗，表面是发思古之幽情，实际是为了现实。不过这"现实"亦不宜说得过窄过死，如某些论者所言，这首诗是诗人出于"忠晋报宋"而作——为什么呢？首先，因为陶渊明反复地说过："少时壮且厉，抚剑独行游。谁言行游近？

张掖至幽州"(《拟古》之八);"忆我少壮时,无乐自欣豫。
猛志逸四海,骞翮思远翥"(《杂诗》之五)。这使我们看到
在诗人的生活、志趣和性格中,也早已具有着豪放、侠义的
色彩,即诗人很早就有英雄主义的情怀。其次,诗人也曾出
仕于晋朝,不过他说这是"误落尘网中,一去三十年"(《归
田园居五首》之一),悔恨之情溢于言表,足见"晋"也并
不是他的理想王国,当然"宋"亦如此。这些都是我们不必
将《咏荆轲》的作意胶柱于"忠晋报宋"的理由。诗人一生
"猛志"不衰,疾恶除暴、舍身济世之心常在,诗中的荆轲
也正是这种精神和理想的艺术折光。说得简单一点,便是借
历史之旧事,抒自己之爱憎,这样看是比较接近诗人心迹
的吧。①

　　再如《拟古九首》其二,歌咏田子泰。东汉末年,董卓
挟逼献帝迁于长安,幽州牧刘虞派田畴即子泰为使节至长安
奔问献帝,诏拜为骑都尉,田畴坚辞不受。后来北归,隐于
无终山中,百姓跟他而去的有五千多家。诗中咏道:"闻有田
子泰,节义为士雄;斯人久已死,乡里习其风。生有高世名,
既没传无穷。不学狂驰子,直在百年中。"这好像也与刘裕废
晋恭帝的形势有关,借田子泰这一故实,指斥那些追逐富贵、
一味趋附而毫无节操之人。萧统《陶渊明集序》说陶诗"语
时事则指而可想",确非空言。

　　总之,从陶渊明的诗歌中,我们看到了一个伟大的灵魂,
是如何从种种矛盾、失望、寂寞、悲苦之中,以其自力更生、

---

　　① 赵其钧:《咏荆轲》赏析,见吴小如等《汉魏六朝诗鉴赏辞典》,
上海辞书出版社,1992 年,第 510 页。

艰苦卓绝的努力，而终于从人生的困惑中挣脱出来，从而做到了转悲苦为欣愉，化矛盾为圆融的一段可贵的经历。

四、雅润而清腴的四言诗①

纵观陶渊明的传世诗作，其体式有两种，一是五言，二是四言。《陶渊明集》中有四言诗九首，即第一卷的《停云》《时序》《荣木》《赠长沙公》《酬刘柴桑》《答庞参军》《劝农》《命子》《归鸟》等诗，题材涉及游览、述志、酬赠和说理，内容还是比较丰富的。这些四言诗表现出非常娴熟的技巧，显示出《诗经》以后、汉魏以来四言诗的重要发展，从而更见出陶渊明的非凡创造性。正如刘克庄所说："四言自曹氏父子、王仲宣、陆士衡后，惟陶公最高。"② 这样的评价恰如其分。

（一）陶渊明之前的四言诗

四言诗早在《诗经》时代就已取得辉煌成就。春秋战国之交，诗学衰微，诸子论辩之文勃兴。汉代，五言诗因新声乐府的需要，从民歌吸收养料而蓬勃发展，然古老的四言诗却罕有人写作。刘勰《文心雕龙·明诗》指出："汉初四言，韦孟首唱，匡谏之义，继规周人。"③ 所谓"韦孟首唱"是指

---

① 龚斌：《陶渊明传论》，华东师范大学出版社，2001 年，第 178—184 页。

② ［宋］刘克庄撰，王秀梅点校：《后村诗话》卷一，中华书局，1983 年，第 3 页。

③ ［南朝宋］刘勰撰，周振甫译：《文心雕龙》，中华书局，1986 年，第 58 页。

韦孟为了规谏楚元王之孙刘戊而作的《讽谏诗》，以及后来作的《自劾诗》和《戒子孙诗》。这些诗亦步亦趋《诗经》的写法，内容陈腐，语言板滞，并无新意。以后班固有《论功德诗》《宝鼎诗》《白雉诗》，歌功颂德，润色宏业，鲜有作者性情。与班固同时的作家傅毅作《迪志诗》，内容虽然较可取，但风格庄重典雅，语言形式亦缺乏创新。

直到曹操横空出世，传统的四言诗才重放光彩。这位"改造文章的祖师"（鲁迅语），给四言诗注入新的活力，把它变成抒写诗人主观情志的艺术形式。《诗经》绝大多数为无名氏作品，不存在作家特殊风格。汉代的四言诗体现着诗教的美刺作用，即或是少数言志之作，也不重于抒写真实情感，因此也无从见出作者的个性。曹操的四言诗摆脱儒家诗教的束缚，用以抒情写意，不仅有深刻的思想内容，而且艺术上有很大的创造性，语言面目一新，虽然有时还称引《诗经》成句，但遣词造句，活泼流动，与《诗经》的古朴典雅已有很大不同。可以说，从曹操开始，四言诗开始表现诗人的个性才情，成为文人抒情写志的新形式。

曹操以后写作四言诗的高手当数嵇康。他的四言诗不仅数量多，占其诗歌总量的半数左右，而且质量颇高，有着独特的风格，不论叙事还是抒情，都能真实地反映诗人的思想和情趣。因此，人们喜爱嵇康的四言诗胜过他的五言诗，明代王夫之就说过"中散五言颓唐不成音理，而四言居胜"的话。最能代表嵇康四言诗风格的是《赠兄秀才入军诗》十八首，特别是其中的第九和第十四首历来为人称赏：

良马既闲，丽服有晖。左揽繁弱，右接忘归。

风驰电逝，蹑景追飞。凌厉中原，顾盼生姿。

息徒兰圃，秣马华山。流磻平皋，垂纶长川。

目送归鸿，手挥五弦。俯仰自得，游心太玄。

嘉彼钓叟，得鱼忘筌。郢人逝矣，谁与尽言。

无论从思想情趣以及诗歌的语言风格来看，嵇康的四言诗都离开《诗经》很远了。《诗经》中多的是温和平静、怨而不怒的感情，而嵇康这两首诗描写的人物具有魏晋风度，外貌漂亮，个性潇洒，精神自由，领悟了天地之道的奥妙。可见，其所描写的人物和表现的生活情趣和审美情趣，都是魏晋新时代的产物。从语言风格来看，诗句清虚脱俗，飘逸不群，不仅与《诗经》的古雅典重绝不相同，而且也与曹操慷慨悲凉的四言诗不同。陈祚明《采菽堂古诗选》说："叔夜诗实开晋人之先，四言中饶俊语，以全不似《三百篇》，故佳。"中肯地指出了嵇康四言诗与《诗经》全不相同的特点。

也就是说，曹操以来的四言诗的风格大致有两种：一种"雅润"，有《三百篇》的余风，这类诗相对来说缺乏创新精神。另一种离雅正的《诗经》越来越远，呈现出"清丽"的美学风貌。在传统的审美观念中，四言诗以"雅润"为正宗。挚虞《文章流别论》说："夫诗虽以清志为本，而以成声为节。然则雅善之韵，四言为正。其余虽备曲折之体，而非音之正也。"又说："王粲所与蔡子笃及文叔良、士孙文始、杨德祖诗，及为潘文则作思亲诗，其文当而整，皆近乎

雅矣。"挚虞认为王粲的四言诗近乎雅，也就是说与《诗经》
的风格相近。直到刘勰仍以为："若夫四言正体，以雅润为
本；五言流调，则清丽居宗。"（《文心雕龙·章句》）挚虞和
刘勰对四言诗的看法，显然比较保守，原因是过分强调以
《诗经》为准则，固守正声则雅的传统观念不放，从而妨碍
了他们对四言诗新变意义的理解。

体现四言诗雅正标准的作家首推王粲。挚虞说他的四言
诗近乎雅，朱熹《楚辞后语》卷四引归来子说："粲诗有古
风。"章太炎《国故论衡·文学·辨诗》说："……《三百
篇》者，四言之至也。在汉独有韦孟，已稍淡泊。下逮魏氏，
乐府独有《短歌》《善哉》诸行为激卬也。自王粲而降，作
者抗志，欲返古初，其辞安雅。"指出王粲四言诗"欲返古
初，其辞安雅"，与挚虞的评价一致。确实，王粲《赠蔡子
笃》等诗温文敦厚，语言典雅，虽然也有"风流云散，一别
如雨"等少数佳句，但总的风格仍近于雅。故吴淇《六朝选
诗定论》卷八评王粲《赠蔡子笃诗》说："通篇词古雅，无
甚新意。"这是很中肯的评语。

西晋写作四言诗的作者很多，作品数量也超越魏代。由
于司马氏热衷创制雅乐，遂引起文学上的模拟之风。他们模
拟《诗经》中的《雅》《颂》，也模拟两汉乐府。形式有四
言，也有五言。由于雅乐为正声的观念根深蒂固，遂使歌功
颂德的四言诗大量出现。一些宣扬儒家教义的诗如成公绥
《中宫诗》，傅咸《孝经诗》《论语诗》《毛诗诗》《周易诗》
等，实在是一堆毫无意义的假古董。不过，也须注意到四言
诗的变化，这就是除用于庙堂的四言雅诗外，还有些述志或

酬赠之作，透露出清新的气息。如张华的《励志诗》九章，潘岳的《关中诗》十六章，陆机《赠冯文罴迁斥丘令诗》八章、《答贾谧诗》十一章，陆云《谷风》，张翰《赠张弋阳诗》等，可称得上较好的四言诗。张翰的《赠张弋阳诗》，在太康时期的四言诗中，或许是最优秀的。如此诗的第一章："时道玄旷，阶轨难寻。散缨放冕，负剑长吟。昆弟等志，托兹幽林。玄墨澄气，虚静和心。"不难体会，这些诗句与嵇康的四言诗一样，也有一种清旷之气。

2. 陶渊明的四言诗

陶渊明堪称魏晋四言诗复兴时期成就最高的诗人。他的四言诗风格和五言诗完全一样，平淡奇妙，情韵醇厚，善于造境，不依傍《三百篇》，具有鲜明的独特风格。他的四言诗是魏晋四言诗中最具个性的作品，作者的思想、个性、情趣以及整个人格都得到极其充分的表现。可以说，四言诗的复兴从曹操开始，中经嵇康，收束于陶渊明。陶渊明的四言诗是这一古老诗歌形式的绝唱，好像天边最后一抹绚丽的晚霞。

（1）从《诗经》中来

陶渊明的四言诗与《诗经》有明显的继承关系。尤其是其四言诗的语言，与《诗经》相仿者很多，有的直接引用《诗经》成句，有的稍加变化，有的推陈出新。如《停云》"濛濛时雨"，由《豳风·东山》"零雨其濛"化出；"搔首延伫"，由《邶风·静女》"搔首踟蹰"而来。《时运》"有风自南，翼彼新苗"，由《邶风·凯风》"凯风自南，吹彼棘心"化出。《答庞参军》"衡门之下，有琴有书"，出于《陈风·衡门》"衡门之下，可以栖迟"；"昔我云别，仓庚载鸣。
今也遇之，霰雪飘零"，由《小雅·采薇》"昔我往矣，杨柳
依依。今我来思，雨雪菲菲"化出。《命子》"日居月诸"，
为《邶风·日月》成句；"夙兴夜寐"，为《卫风·氓》成
句；"尔之不才，亦已焉哉"二句，亦从《氓》变来……以
上例子说明，陶渊明很熟悉《诗经》，他的四言诗与《诗经》
有着不可分割的渊源关系。

此外，在篇章结构和表现形式上，陶渊明四言诗明显仿
袭《诗经》。《诗经》诗题皆以首章二字为题，诗前有小序。
他的《停云》《时运》《赠长沙公》《答庞参军》数首，诗题
和小序皆依仿《诗经》，至于重章叠字，仿效《诗经》的就
更多了。其题目的出处也与《诗经》相同，如"霭霭亭云"
"迈迈时运""采采荣木"等。

（2）对《诗经》的新变

正如前文所述，挚虞、刘勰等人认为四言诗以"雅润"
为本，而把"清丽"排斥在外。显然，他们将"雅润"作为
四言诗的准的，是一种保守的文学观。刘勰等似乎没有看到
魏晋四言诗事实上有两种风格，一种"雅润"，一种"清
丽"，前者为传统的四言诗风格，是对《雅》《颂》的继承和
模仿，后者却是四言诗的新变，是开拓和创新。曹操的四言
诗已经与"雅润"不同，而嵇康的四言诗清峻玄远，表现了
新的情感和新的审美观。

作为最具创新精神的诗人，陶渊明四言诗既是对《风
》《雅》的继承，又是新变的产物，继承和创新达到了很好
的统一。许学夷《诗源辨体》说："陶靖节四言，章法虽本

《风》《雅》，而语自己出，……靖节无一语盗袭，而性情溢出矣。"上面说过，陶渊明四言章法本《风》《雅》，语言也有因袭《诗经》的地方，但称其诗"性情溢出"，却是中肯之言。他的四言诗虽然在章法、语言上有仿效或化自《诗经》之处，表现出"雅润"的一面，但毕竟是新变大于因袭，尤其是抒写真实情怀，与《雅》《颂》不可等同而语。简言之，陶渊明四言诗源自《诗经》，故有庄重、肃穆、拙直之处，但更有新的创造，渐远《诗经》，抒情写意，绝少依傍，故清脟流动。

《命子》诗便兼有"雅润"和"清脟"的风格。这是一首说理诗，前面六章绍述祖德，远承《诗经》中的《颂》诗，庄重肃穆，语言比较板重，后面四章写念子、得子、命子和嘱子的心理、动作和感情，一片真情真景，语言活泼动荡，尤其是第九章，用《庄子》典故，把得子时的巨大欢乐和望子成龙的心情，写得妙趣横生，异常真实。陈祚明《采菽堂古诗选》说："《命子》前半叙述安雅，后半抒写淋漓。安雅为四古常格，其淋漓处笔腾墨飞，非汉魏以来所能拟。"①确实，《命子》诗既有远绍《诗经》的常格，又有自抒性情、笔墨腾飞的创格。

《赠长沙公》和《答庞参军》二诗，远承《诗经》中的怀人和宴乐之作，与王粲《赠蔡子笃》诗相近，基本风格为"雅润"，形成这种比较固定风格的主要原因是赠答之作的题材本身。这类诗抒写友情，以温雅敦厚为正格。从《答庞参

---

① ［清］陈祚明：《采菽堂古诗选》卷十三，清刻本，第5页。

军》诗"我有旨酒，与汝乐之"，"一日不见，如何不思"的
吟唱，读者自会想起《小雅·鹿鸣》和《王风·采葛》中的
诗句；而看"翩彼方舟，容与江中"等句，也会联想起王粲
《赠蔡子笃》诗中"航舟翩翩，以泝大江"的描写。从《诗
经》以来，赠答怀人之作多呈温雅平和之音，这早已成为惯
例。所以，陶渊明四言诗中的赠答之作，清真语朴，风格雅
润，基本上是继承传统所致。

《停云》《时运》《归鸟》等诗，则表现出清腴流丽的
风格，与《诗经》较远了。例如"山涤余霭，宇暖微霄。
有风自南，翼彼新苗"；"花药分列，林竹翳如。清琴横床，
浊酒半壶"（《时运》），"有风自南"二句，简直写出了风
中新苗的性情，而后面四句，景物中融入了诗人悠闲自得
的情趣。如果把《诗经》中的写景诗句与上面的诗句相比，
明显有古雅凝重和清逸流利之分。沈德潜《说诗晬语》卷
上说："渊明《停云》《时运》等篇，清腴简远，别成一
格。"① 意谓这些诗与《诗经》相比有不同风格。这是颇有眼
光的。

《归鸟》一诗，堪称陶渊明四言诗的压卷之作。此诗完
全是《诗经》以来仅见的独创。全篇用比兴，把自己比做
"鸟倦飞而知还"的归鸟。全诗共四章，通过描写归鸟的晨
去暮归，化情思为景物，将作者由仕而隐的经历与思想矛盾
表现得生动形象，淋漓尽致，简直有不可思议之妙。王夫之
《古诗评选》称赞说："《停云》《归鸟》，四言之佳唱，亦柴

① ［清］沈德潜著，霍松林校注：《说诗晬语》卷上，人民文学出版
社，1979 年，第 199 页。

桑之绝调也。"①

　　总之，陶渊明四言诗的特色是善用比兴，情景交融，平淡中见深厚的情韵，古朴中显淡远的格调，兼有雅润、清丽和简远的特色。这种风格形成的原因是什么？

　　与魏晋时期四言诗的发展趋向有关，也与诗人的独特人格有关。如前所述，魏晋四言诗继承《诗经》传统又有新发展，并非是清一色的"雅润"。那些庙堂乐章、赠别之作，大多数仿效《雅》《颂》，风格雅润平和，语言古奥。但抒情述志之作，与《诗经》的距离越来越远了。魏晋时标举"诗赋欲丽"这一新的审美标准，它必然会对四言诗的创作产生影响，必然会冲击四言以古雅为正格的旧有传统。从嵇康开始，四言诗的语言趋向清丽俊逸，前人称为"俊语"。除陈祚明《采菽堂古诗选》称嵇康诗"饶俊语"之外，何焯《义门读书记》说："四言诗，叔夜与渊明俱为秀绝。"沈德潜《古诗源》说："叔夜四言，时多俊语，不模仿《三百篇》，尤为晋人先声。"他们一致指出嵇康四言诗的语言，与《诗经》有绝大的不同。陶渊明四言诗清腴超远的风格，与嵇康一脉相承，是四言诗合乎逻辑发展的产物。从陶渊明人格和思想方面来说，任真自得，委运任化，情趣高远，也自然而然会形成清腴和简远的特色，可见陶氏四言诗实际是他崇尚自然的结果。

　　综上所论，作为魏晋时期最伟大的诗人，陶渊明显示出卓异的创新才能，他为中国古代诗歌增添了许多新的要素。

----

　　① ［明］王夫之：《古诗评选》，见《船山全书》，岳麓书社，1996年，第606页。

他创造了情韵高妙的田园诗，为诗歌史增添了一种新诗体。并且，他的田园诗将田园、自然、隐逸结合在一起，既写田园的静美之景，也写归隐田园的自由之乐，更写关于田园躬耕生活的切实体验，尤其是后者，是陶氏田园诗最有特点、最为独特的部分，是前无古人、后无企及的内容，因此可以说，土地真正的诗魂是被陶渊明唤醒的。同时，陶渊明还创作了大量的咏怀诗，其中的《饮酒》组诗既继承了阮籍诗歌的传统，又把咏怀与饮酒直接联系起来。由此，陶渊明开创了中国文学史上借饮酒来咏怀——寄托情感的诗歌传统；而陶渊明的咏史诗则继承左思的传统，咏史实际也是咏怀，但他或借史事抒发对污浊现实的鄙薄，或借神仙荒怪以发其悲愤不平之慨，亦有陶氏自我面目；四言诗自《诗经》以来，汉魏人物时有写作，但一般很难突破《诗经》藩篱，四言诗的复兴从曹操开始，中经嵇康，收束于陶渊明，陶氏四言诗是这一古老诗歌形式的绝唱。他一方面继承《诗经》庄重、肃穆、拙直之处，但另一方面更有新的创造，渐远《诗经》，显出一种清腴、流动之美。所有这些新创，使我们有充分的理由相信，陶渊明是无愧于我国诗歌史上"伟大诗人"的称号的。

附录一 陶渊明传记文献

陶徵士诔 并序

[宋] 颜延之

何法盛《晋中兴书》曰：延之为始安郡，道经寻阳，常饮渊明舍，自晨达昏。及渊明卒，延之为诔，极其思致。

夫璿玉致美，不为池隍之宝；桂椒信芳，而非园林之实。岂其深而好远哉？盖云殊性而已。故无足而至者，物之藉也；随踵而立者，人之薄也。若乃巢高之抗行，夷皓之峻节，故已父老尧禹，锱铢周汉，而绵世浸远，光灵不属，至使菁华隐没，芳流歇绝，不其惜乎！虽今之作者，人自为量，而首路同尘，辍涂殊轨者多矣。岂能以昭末景，泛余波！

有晋徵士寻阳陶渊明，南岳之幽居者也。弱不好弄，长实素心。学非称师，文取指达。在众不失其寡，处言愈见其默。少而贫病，居无仆妾。井臼弗任，藜菽不给。母老子幼，就养勤匮。远惟田生致亲之议，追悟毛子捧檄之怀。初辞州府三命，后为彭泽令。道不偶物，弃官从好。遂乃解体世纷，结志区外，定迹深栖，于是乎远。灌畦鬻蔬，为供鱼菽之祭；织绚纬萧，以充粮粒之费。心好异书，性乐酒德，简弃烦促，就成省旷。殆所谓国爵屏贵，家人忘贫者与？有诏征为著作郎，称疾不到。春秋若干，元嘉四年月日，卒于寻阳之某里。近识悲悼，远士伤情。冥默福应，呜乎淑贞！

夫实以诔华，名由谥高，苟允德义，贵贱何算焉？若其宽乐令终之美，好廉克己之操，有合谥典，无怨前志。故询诸友好，宜谥曰靖节徵士。

物尚孤生，人固介立。岂伊时邁，曷云世及？嗟乎若士！望古遥集。韬此洪族，蔑彼名级。睦亲之行，至自非敦。然诺之信，重于布言。廉深简絜，贞夷粹温。和而能峻，博而不繁。依世尚同，诡时则异。有一于此，两非默置。岂若夫子，因心违事？畏荣好古，薄身厚志。世霸虚礼，州壤推风。孝惟义养，道必怀邦。人之秉彝，不隘不恭。爵同下土，禄等上农。度量难钧，进退可限。长卿弃官，稚宾自免。子之悟之，何悟之辩？赋诗归来，高蹈独善。亦既超旷，无适非心。汲流旧巘，葺宇家林。晨烟暮蔼，春煦秋阴。陈书辍卷，置酒弦琴。居备勤俭，躬兼贫病。人否其忧，子然其命。隐约就闲，迁延辞聘。非直也明，是惟道性。纠缠斡流，冥漠报施。孰云与仁？实疑明智。谓天盖高，胡馨斯义？履信曷凭？思顺何寘？年在中身，疚维痁疾。视死如归，临凶若吉。药剂弗尝，祷祀非恤。傃幽告终，怀和长毕。呜乎哀哉！

敬述靖节，式尊遗占。存不愿丰，没无求赡。省讣却赙，轻哀薄敛。遭壤以穿，旋葬而窆。呜乎哀哉！

深心追往，远情逐化。自尔介居，及我多暇。伊好之洽，接阎邻舍。宵盘昼憩，非舟非驾。念昔宴私，举觞相诲。独正者危，至方则碍。哲人卷舒，布在前载。取鉴不远，吾规子佩。尔实愀然，中言而发。违众速尤，迕风先蹶。身才非实，荣声有歇。叡音永矣，谁箴余阙？呜呼哀哉！仁焉而终，智焉而毙。黔娄既没，展禽亦逝。其在先生，同尘往世。旌此靖节，加彼康惠。呜呼哀哉！

（《文选》，中华书局 1986 年版）

宋书·隐逸传

［宋］沈约

陶潜字渊明，或云渊明字元亮，寻阳柴桑人也。曾祖侃，晋大司马。

潜少有高趣，尝著《五柳先生传》以自况，曰：

先生不知何许人，不详姓字，宅边有五柳树，因以为号焉。闲静少言，不慕荣利。好读书，不求甚解，每有会意，欣然忘食。性嗜酒，而家贫不能恒得。亲旧知其如此，或置酒招之。造饮辄尽，期在必醉，既醉而退，曾不吝情去留。环堵萧然，不蔽风日，短褐穿结，箪瓢屡空，晏如也。尝著文章自娱，颇示己志，忘怀得失，以此自终。

其自序如此，时人谓之实录。

亲老家贫，起为州祭酒，不堪吏职，少日，自解归。州召主簿，不就。躬耕自资，遂抱羸疾，复为镇军、建威参军，谓亲朋曰："聊欲弦歌，以为三径之资，可乎？"执事者闻之，以为彭泽令。公田悉令吏种秫稻，妻子固请种粳，乃使二顷五十亩种秫，五十亩种粳。郡遣督邮至，县吏白应束带见之，潜叹曰："我不能为五斗米折腰向乡里小人。"即日解印绶去职。赋《归去来》，其词曰：

归去来兮，园田将芜胡不归。既自以心为形役，奚惆怅而独悲。悟已往之不谏，知来者之可追。实迷途其未远，觉今是而昨非。舟超遥以轻飏，风飘飘而吹衣。问征夫以前路，恨晨光之希微。

乃瞻衡宇，载欣载奔。僮仆欢迎，稚子候门。三径就荒，松菊犹存。携幼入室，有酒停罇。引壶觞而自酌，眄庭柯以怡颜。倚南窗而寄傲，审容膝之易安。园日涉而成趣，门虽设而常关。策扶老以流憩，时矫首而遐观。云无心以出岫，鸟倦飞而知还。景翳翳其将入，抚孤松以盘桓。

归去来兮，请息交而绝游。世与我以相遗，复驾言兮焉求。说亲戚之情话，乐琴书以消忧。农人告余以上春，将有事于西畴。或命巾车，或棹扁舟。既窈窕以穷壑，亦崎岖而经丘。木欣欣以向荣，泉涓涓而始流。善万物之得时，感吾生之行休。

已矣乎，寓形宇内复几时。奚不委心任去留？

胡为乎遑遑兮欲何之？富贵非吾愿，帝乡不可期。
怀良辰以孤往，或植杖而耘耔。登东皋以舒啸，临
清流而赋诗。聊乘化以归尽，乐夫天命复奚疑。

义熙末，征著作佐郎，不就。江州刺史王弘欲识之，不
能致也。潜尝往庐山，弘命潜故人庞通之赍酒具于半道栗里
要之，潜有脚疾，使一门生二儿舁篮舆，既至，欣然便共饮
酌，俄顷弘至，亦无忤也。先是，颜延之为刘柳后军功曹，
在寻阳，与潜情款。后为始安郡，经过，日日造潜，每往必
酣饮致醉。临去，留二万钱与潜，潜悉送酒家，稍就取酒。
尝九月九日无酒，出宅边菊丛中坐久，值弘送酒至，即便就
酌，醉而后归。潜不解音声，而畜素琴一张，无弦，每有酒
适，辄抚弄以寄其意。贵贱造之者，有酒辄设，潜若先醉，
便语客："我醉欲眠，卿可去。"其真率如此。郡将候潜，值
其酒熟，取头上葛巾漉酒，毕，还复著之。

潜弱年薄宦，不洁去就之迹，自以曾祖晋世宰辅，耻复
屈身后代，自高祖王业渐隆，不复肯仕。所著文章，皆题其
年月，义熙以前，则书晋氏年号，自永初以来唯云甲子而已。
与子书以言其志，并为训戒曰：

天地赋命，有往必终，自古贤圣，谁能独免。
子夏言曰："死生有命，富贵在天。"四友之人，亲
受音旨，发斯谈者，岂非穷达不可妄求，寿夭永无
外请故邪。吾年过五十，而穷苦荼毒，以家贫弊，
东西游走。性刚才拙，与物多忤，自量为己，必贻

俗患，俪偾辞世，使汝幼而饥寒耳。常感孺仲贤妻之言，败絮自拥，何惭儿子。此既一事矣。但恨邻靡二仲，室无莱妇，抱兹苦心，良独罔罔。

少年来好书，偶爱闲静，开卷有得，便欣然忘食。见树木交荫，时鸟变声，亦复欢尔有喜。尝言五六月北窗下卧，遇凉风暂至，自谓是羲皇上人。意浅识陋，日月遂往，缅求在昔，眇然如何。

疾患以来，渐就衰损，亲旧不遗，每以药石见救，自恐大分将有限也。恨汝辈稚小，家贫无役，柴水之劳，何时可免，念之在心，若何可言。然虽不同生，当思四海皆弟兄之义。鲍叔、敬仲，分财无猜，归生、伍举，班荆道旧，遂能以败为成，因丧立功，他人尚尔，况共父之人哉。颍川韩元长，汉末名士，身处卿佐，八十而终，兄弟同居，至于没齿。济北氾稚春，晋时操行人也，七世同财，家人无怨色。《诗》云："高山仰止，景行行止。"汝其慎哉！吾复何言。

又为《命子诗》以贻之曰：

悠悠我祖，爰自陶唐。邈为虞宾，历世垂光。御龙勤夏，豕韦翼商。穆穆司徒，厥族以昌。纷纭战国，漠漠衰周。凤隐于林，幽人在丘。逸虬绕云，奔鲸骇流。天集有汉，眷予愍侯。于赫愍侯，运当攀龙。抚剑夙迈，显兹武功。参誓山河，启土开封。

　　亶亶丞相，允迪前踪。浑浑长源，蔚蔚洪柯。群川载导，众条载罗。时有默语，运国隆污。在我中晋，业融长沙。桓桓长沙，伊勋伊德。天子畴我，专征南国。功遂辞归，临宠不惑。孰谓斯心，而可近得。肃矣我祖，慎终如始。直方二台，惠和千里。于皇仁考，淡焉虚止。寄迹风运，冥兹愠喜。嗟余寡陋，瞻望靡及。顾惭华鬓，负景只立。三千之罪，无后其急。我诚念哉，呱闻尔泣。卜云嘉日，占尔良时。名尔曰俨，字尔求思。温恭朝夕，念兹在兹。尚想孔伋，庶其企而。厉夜生子，遽而求火。凡百有心，奚待于我。既见其生，实欲其可。人亦有言，斯情无假。日居月诸，渐免于孩。福不虚至，祸亦易来。夙兴夜寐，愿尔斯才。尔之不才，亦已焉哉。

　　潜元嘉四年卒，时年六十三。

　　（《宋书·隐逸传》，中华书局 1974 年版）

陶渊明传

［梁］萧统

　　陶渊明字元亮，或云潜字渊明，浔阳柴桑人也。曾祖侃，晋大司马。渊明少有高趣，博学善属文，颖脱不群，任真自得。尝著《五柳先生传》以自况，曰：

　　　　先生不知何许人也，亦不详姓字。宅边有五柳树（一本无"树"字），因以为号焉。闲静少言，不慕荣利。好读书，不求甚解，每有会意，欣然忘食。性嗜酒，而家贫不能恒得。亲旧知其如此，或置酒招之。造饮辄尽，期在必醉，既醉而退，曾不吝情去留。环堵萧然，不蔽风日，短褐穿结，箪瓢屡空，晏如也。尝著文章自娱，颇示己志，忘怀得失，以此自终。

时人谓之实录。

亲老家贫，起为州祭酒，不堪吏职，少日，自解归。州召主簿，不就。躬耕自资，遂抱羸疾。江州刺史檀道济往候之，偃卧瘠馁有日矣。道济谓曰："贤者处世，天下无道则隐，有道则至。今子生文明之世，奈何自苦如此？"对曰："潜也何敢望贤，志不及也。"道济馈以粱肉，麾而去之。

后为镇军、建威参军，谓亲朋曰："聊欲弦歌，以为三径之资，可乎？"执事者闻之，以为彭泽令。不以家累自随，送一力给其子，书曰："汝旦夕之费，自给为难。今遣此力，助汝薪水之劳。此亦人子也，可善遇之。"公田悉令吏种秫，曰："吾常得醉于酒，足矣。"妻子固请种粳，乃使二顷五十亩种秫，五十亩种粳。岁终，会郡遣督邮至县，吏请曰："应束带见之。"渊明叹曰："我岂能为五斗米折腰向乡里小儿！"即日解绶去职，赋《归去来》。

徵著作郎，不就。江州刺史王弘欲识之，不能致也。渊明尝往庐山，弘命渊明故人庞通之赍酒具，于半道栗里之间邀之。渊明有脚疾，使一门生二儿舁（一作"舆"）篮舆。

既至，欣然便共饮酌。俄顷弘至，亦无迕也。先是，颜延之为刘柳后军功曹，在浔阳与渊明情款。后为始安郡，经过浔阳，日造渊明饮焉。每往必酣饮致醉。弘欲邀延之坐（一作"赴坐"），弥日不得。延之临去，留二万钱与渊明，渊明悉遣送酒家，稍就取酒。尝九月九日，出宅边菊丛中坐，久之，满手把菊。忽值弘送酒至，即便就酌，醉而归。

渊明不解音律，而蓄无弦琴（一作"无弦素琴"）一张，每酒适，辄抚弄，以寄其意。贵贱造之者，有酒辄设。潜若先醉，便语客："我醉欲眠，卿可去。"其真率如此。郡将尝候之，值其酿熟，取头上葛巾漉酒，漉毕，还复著之。

时周续之入庐山事释惠远，彭城刘遗民亦遁迹匡山，渊明又不应徵命，谓之"浔阳三隐"。后刺史檀韶苦请续之出州，与学士祖企、谢景夷三人，共在城北讲《礼》，加以雠校。所住公廨，近于马队。是故渊明示其诗云："周生述孔业，祖谢响然臻。马队非讲肆，校书亦已勤。"

其妻翟氏，亦能安勤苦，与其同志。自以曾祖晋世宰辅，耻复屈身后代，自宋高祖王业渐隆，不复肯仕。元嘉四年，将复征命，会卒，时年六十三。世号靖节先生。

（李公焕《笺注陶渊明集》卷十，见《四部丛刊初编集部》，上海商务印书馆缩印宋刊巾箱本）

附录二　陶渊明年谱

陶渊明年谱

晋哀帝兴宁三年乙丑（365 年）　　一岁

关于陶渊明的生年各书均无记载。颜延之《陶徵士诔并序》："元嘉四年月日，卒于寻阳之某里"；《宋书·隐逸传》："潜元嘉四年卒，时年六十三"。萧统《陶渊明传》、《晋书·隐逸传》《南史·隐逸传》与《宋书·隐逸传》记载相同，均为六十三岁。元嘉四年，是公元 427 年。据此推溯 62 年，则陶渊明当生于公元 365 年，即晋哀帝兴宁三年。陶渊明的生卒年应为（365—427），享年六十三岁。

本年释道安（312—385）五十二岁。道安为慧远（334—416）之师。东晋太元三年（378）前秦军陷襄阳，道安为前秦所留。慧远率弟子数十人下荆州，途径寻阳，见匡庐清净，遂不复他往，后住持东林寺多年。

晋废帝太和元年丙寅（366 年）　二岁

支遁（314—366）卒。支遁为东晋名僧，善谈玄理。

晋废帝太和二年丁卯（367 年）　三岁

晋废帝太和三年戊辰（368 年）　四岁

本年程氏妹生。《祭程氏妹文》说："慈妣早世，时尚孺婴。我年二六，尔才九龄。"知陶渊明长程氏妹三岁。

晋废帝太和四年己巳（369 年）　五岁

四月，桓温督步骑五万北伐前燕慕容晔。

九月，桓温粮尽退兵，慕容垂乘胜追击，桓温打败，死三万余人。

晋废帝太和五年庚午（370 年）　六岁

晋简文帝咸安元年辛未（371 年）　七岁

十一月，桓温废废帝为东海王，立丞相会稽王司马昱为帝，是为简文帝。

孙绰卒（314—371）。孙绰为东晋玄言诗代表作家，亦能赋，有《游天台山赋》。

晋简文帝咸安二年壬申（372 年）　八岁

本年父丧。《祭从弟敬远文》说："相及龆龀，并罹偏咎。"可证明陶渊明幼年丧父。《韩诗外传》："男子八月生齿，八岁而龆齿；女子七月生齿，七岁而龀齿。""龆龀"，指童年。"偏咎"，偏丧，指丧父。

七月，简文帝病死，子司马曜立，是为孝武帝

晋孝武帝宁康元年癸酉（373 年）　九岁

《晋书·孝武帝纪》载：秋七月已亥，桓温薨。"庚戌，

进右将军桓豁为征西军将军、以江州刺史桓冲为中军将军、都督扬豫江三州诸军事、扬州刺史，镇姑孰。"

晋孝武帝宁康二年甲戌（374 年）　十岁

晋孝武帝宁康三年已亥（375 年）　十一岁

晋孝武帝太元元年丙子（376 年）　十二岁

本年庶母（程氏妹生母）死。《祭程氏妹文》说："慈妣早世……我年二六。"

晋孝武帝太元二年丁丑（377 年）　十三岁

《晋书·孝武帝纪》载："闰月壬午，地震。甲申，暴风，折木发屋。""夏四月己酉，雨雹。"

晋孝武帝太元三年戊寅（378 年）　十四岁

《晋书·孝武帝纪》载："三月乙丑，雷雨，暴风，发屋折木。""六月，大水。"

二月，苻坚遣将侵沔中，四月，围洛阳，七月，又遣将侵淮北。

晋孝武帝太元四年己卯（379 年）　十五岁

《晋书·孝武帝纪》载："四年春正月辛酉，大赦，郡县遭水旱者减租税。""三月，大疫。壬戌，诏曰：'绞寇纵逸，藩守倾没，疆场之虞，事兼平日。其内外众官，各悉心戮力，以康庶事。又年谷不登，百姓多匮。其诏御所供，事从俭约，九亲供给，众官廪俸，权可减半。凡诸役费，自非军国事要，皆宜停省，以周时务。'""六月，大旱。"

此记载说明，陶渊明少年遭遇贫困，不仅缘于家境衰落，还有自然灾害。

晋孝武帝太元五年庚辰（380 年）　十六岁

《晋书·孝武帝纪》载："夏四月，大旱。癸酉，大赦五岁刑以下。""五月，大水。以司徒谢安为卫将军、仪同三司。""六月甲寅，震含章殿四柱，并杀内侍二人。甲子，以比岁荒俭，大赦。自太元三年（378）以前逋租宿债皆蠲除之，其鳏寡穷独孤老不能自存者，人赐米五斛。"

晋孝武帝太元六年辛巳（381 年）　十七岁

从弟敬远约生于本年。

本年佛学大师道安的弟子慧远来庐山弘法。汤用彤《汉魏两晋南北朝佛教史》（上册）："陈舜俞《庐山记》引《十八高贤传》，谓太元六年（慧远）至浔阳。"（中华书局 1983 年版，第 245 页）

《晋书·孝武帝纪》载："六年春正月，帝初奉佛法，立精舍于殿内，引诸沙门以居之。丁酉，以尚书谢石为尚书仆射。初置督运御史官。""夏六月庚子朔，日有蚀之。扬、荆、江三州大水。己巳，改制度，减烦费，损吏士员七百人。""秋七月丙子，赦五岁刑已下。甲午，交阯太守杜瑗斩李逊，交州平。大饥。""冬十一月己亥，以镇军大将军郗愔为司空。会稽人檀元之反，自号安东将军，镇军参军谢蔼之讨平。"此记载说明，陶渊明青少年时期，自然灾害与社会动乱频仍。

晋孝武帝太元七年壬午（382 年）　十八岁

晋孝武帝太元八年癸未（383 年）　十九岁

八月，前秦苻坚大发兵分道南侵，企图灭晋。

《晋书·孝武帝纪》载：本年十月，谢石、谢玄诸军与苻坚在淝水（亦称"肥水"，源出今安徽合肥市西北将军岭，西北流入寿县境，最终南入淮河）南大战，处于劣势的东晋打败了前秦苻坚的"百万大军，又乘势北伐，收复了徐、兖、青、司、豫、梁刘州。这是偏安东晋王朝第一次在军事上取得了巨大胜利，给十九岁的陶渊明以积极的影响。战后北方重新陷入分裂，东晋王朝得以暂时安宁。"

十二月，开酒禁。增民米税，口五石。

本年荆州刺史桓冲任江州刺史。

晋孝武帝太元九年甲申（384 年）　二十岁

八月，谢玄等分道攻秦，连下河南诸县。

时事纷乱，诗人生活艰难。《怨诗楚调示庞主簿邓治中》："弱冠逢世阻，始室丧其偏。"《礼记·曲礼》："人生二十弱冠。"古代男子二十而行弱冠礼，体犹未壮，故曰"弱冠"。《有会而作并序》："弱年逢家乏。""弱年"，弱冠之年。

本年陶渊明的好友颜延之（384—456）生。

本年桓伊任江州刺史。

晋孝武帝太元十年乙酉（385 年）　二十一岁

本年，会稽王司马道子专政，谢安受排挤；八月，谢安（320—385）卒，东晋乱败自此始。

《晋书·孝武帝纪》载："五月，大水。苻坚留太子宏守长安，奔于五将山。""六月，宏来降，慕容冲入长安。""秋七月，苻丕自枋头西走，龙骧将军檀玄追之，为丕所败。旱，饥。"

本年释道安（312 或 314—385）卒。

本年山水诗人谢灵运（385—433）生。后世以"陶谢"并称，见出二人的深远影响。杜甫说："陶谢不枝梧，风骚共推激"（《夜听许十损诵诗爱而有作》），"焉得思如陶谢手，令渠述作与同游"（《江上值水如海势聊短述》）。

晋孝武帝太元十一年丙戌（386 年）　二十二岁

本年拓跋珪自立为代王，改国号魏，北魏开国。

本年江州刺史桓伊为慧远立东林寺。汤用彤《汉魏两晋南北朝佛教史》（上册）第十一章《释慧远·慧远东止庐山》："按：桓伊于太元九年为江州刺史，曾移镇寻阳，约至十七年卒（参见《晋书》本传，《晋略方镇表》）。东林寺之立，盖在此诸年中（陈舜俞《庐山记》谓龙泉精舍距东林寺十五里远）。陈舜俞《记》引《十八高贤传》，谓寺成于太元十一年（公元 386 年），或实录也。"（中华书局 1983 年版，第 246 页）《晋庐山东林寺慧远法师传》载：释慧永先慧远到庐山，住西林寺，"永与远同门旧好，遂要远同止。永谓刺史桓伊曰'远公方当弘道，今徒属已广，而来者方多。贫道所栖褊狭，不足相处，如何？'桓乃为远复于山东更立房殿，即东林是也。远创造精舍，洞尽山美，却负香炉之峰，傍带瀑布之壑，仍石叠基，即松栽构，清泉环阶，白云满室。复于寺内别置禅林，森树烟凝，石筵苔合。凡在瞻履，皆神清而气肃焉。"（《高僧传》卷六，见《庐山慧远法师文钞》）

本年王献之（344—386）卒。

晋孝武帝太元十二年丁亥（387 年）　二十三岁

晋孝武帝太元十三年戊子（388 年）　二十四岁

本年谢玄（343—388）卒。

晋孝武帝太元十四年己丑（389 年）　二十五岁

晋孝武帝太元十五年庚寅（390 年）　二十六岁

晋永嘉人李耽起兵，未几败死。

晋孝武帝太元十六年辛卯（391 年）　二十七岁

慧远在庐山东林寺弘法。汤用彤《汉魏两晋南北朝佛教史》（上册）第十一章《释慧远·慧远年历》："晋孝武帝太元十六年（公元391 年），年五十八岁。僧伽提婆南止庐阜，在南山精舍。远公请出《阿毗昙心》（见《祐录》十，经序）。时远已居东林寺（远迁东林不知何年。惟寺立于桓伊为刺史时，即自太元九年至十七年中）。"（中华书局1983 年版，第243 页）

本年王凝之任江州刺史。

晋孝武帝太元十七年壬辰（392 年）　二十八岁

《晋书·孝武帝纪》载："十二月己未，地震。是岁，自秋不雨，至于冬。"

本年长子俨生。《与子俨等疏》中说："汝等虽不同生"，知长子俨必为前妻所生。《怨诗楚调示庞主簿邓治中》中说："始室丧其偏。""始室"，指三十岁；"丧其偏"，此处指丧妻。因知得长子俨必在三十岁以前。又，《责子》诗中说共有五男儿，当时俨十六岁，阿宣十四岁，雍、端皆十三，通近九岁，因知得长子俨必不能距三十岁过远（《陶渊明集》，王瑶编注，人民文学出版社1956 年版，第3 页）。

晋孝武帝太元十八年癸巳（393 年）　二十九岁

《晋书·孝武帝纪》载："十八年春正月癸亥朔，地震。

二月乙未，地又震。三月，翟钊寇河南。夏六月己亥，始兴、南康、庐陵大水，深五丈。秋七月，早。"始兴（今广东始兴县）、南康（辖境相当今江西赣州地区）、庐陵（今江西吉水县）。

本年陶渊明离开了田园，做了江州祭酒，不久即辞归。这是他第一次出仕。《陶徵士诔并序》说他"藜菽不给，母老子幼"；《宋书·隐逸传》说他"亲老家贫，起为州祭酒，不堪吏职，少日，自解归。州召主簿，不就"。《饮酒二十首》（其十九）说："畴昔苦长饥，投耒去学仕。将养不得节，冻馁固缠己。是时向立年，志意多所耻。遂尽介然分，终死归田里。""向立年"，将近三十岁；《论语·为政》："三十而立。"

晋孝武帝太元十九年甲午（394 年）　三十岁

本年丧妻。

陶渊明大约在二十岁以后结了婚，但不久妻子就去世了。《怨诗楚调示庞主簿邓治中》说："弱冠逢世阻，始室丧其偏。""始室"，指三十岁，《礼记·内则》："三十而有室，始理男事"，"四十始仕"。"丧其偏"，指丧妻。依照前人的解释，将"弱冠""始室"理解为顺接，这两句诗的意思就是，弱冠时始有室，旋又丧偶。

陶渊明后续娶翟氏为妻。萧统《陶渊明传》说："其妻翟氏，亦能安勤苦，与其同志"；《南史·隐逸传》说："其妻翟氏，志趣亦同，能安苦节。夫耕于前，妻锄于后云"。陶渊明有五个儿子，长子俨，小名阿舒，可以肯定是前妻所生；其余四子大约为翟氏所生。

晋孝武帝太元二十年乙未（395年）　三十一岁

《晋书·孝武帝纪》载："夏六月，荆、徐二州大水。"
"十一月，魏王拓拔珪击慕容垂子宝于泰谷，败之。"

晋孝武帝太元二十一年丙申（396年）　三十二岁

《晋书·孝武帝纪》载："二十一年春正月，造清暑殿。
三月，慕容垂攻平城，拔之。夏四月，新作永安宫。丁亥，
雨雹。慕容垂死，子宝嗣伪位。五月甲子，以望蔡公谢琰为
尚书左仆射。大水。六月，吕光僭即天王位。秋九月庚申，
帝崩于清暑殿，时年三十五。葬隆平陵。"孝武帝死后，太子
司马德宗继位，为晋安帝。

本年戴逵卒（？—396）。戴逵为著名画家、雕塑家。

晋安帝隆安元年丁酉（397年）　三十三岁

本年四月，世家大族王皇后之兄、兖州刺史王恭等起兵
以讨伐王国宝，反对会稽王司马道子擅权，晋开始内乱。见
《晋书·安帝传》及《王恭传》。

本年王愉任江州刺史。

晋安帝隆安二年戊戌（398年）　三十四岁

十二月，晋中领军司马元显杀五斗米道首领、故新安太
守孙泰，泰兄子恩入海。

本年，王恭第二次进攻建康。广州刺史桓玄、荆州刺史
殷仲堪、雍州刺史杨佺期等起兵响应。结果王恭兵败而死，
桓玄、殷仲堪闻讯后仓忙撤退，退至寻阳，共推桓玄为盟主。

晋安帝隆安三年己亥（399年）　三十五岁

本年晋朝益乱，民不聊生。

十月，会稽王司马道子及其子元显专政，毒害百姓，孙恩起义海上讨之，陷会稽，浙东八郡纷起响应，推孙恩为征东将军，声势甚大。

十二月，孙恩为刘琰、刘牢之所败，复入海。

本年桓玄火并殷仲堪。杨佺期，据有荆州上游。东晋以桓玄为荆州、江州刺史，都督荆、江、襄、秦、梁、益、宁八州军事。桓玄"树用心腹，兵马日盛"（《晋书·桓玄传》），封锁长江，不让上游物资运往下游，夺权野心日益膨胀。

晋安帝隆安四年庚子（400 年）　三十六岁

本年陶渊明第二次出仕。他来到江陵，做了荆州和江州刺史桓玄的幕佐。刚一出仕，他便又想回家，在《庚子岁五月中从都还阻风于规林二首》中说："行行循归路，计日望旧居。一欣侍温颜，再喜见友于。""久游恋所生，如何淹在兹。静念园林好，人间良可辞。当年讵有几？纵心复何疑！"

十一月，孙恩为刘牢之所败，复入海。

晋安帝隆安五年辛丑（401 年）　三十七岁

《晋书·安帝纪》："是岁，饥，禁酒。"

本年七月，陶渊明乘船夜经涂口（今湖北安陆），写下了《辛丑岁七月赴假还江陵夜行塗口》一诗："闲居三十载，遂与尘事冥。诗书敦夙好，林园无世情"，"商歌非吾事，依依在耦耕。投冠旋旧墟，不为好爵萦。养真衡茅下，庶以善自名。"关于诗题的含义，清人陶澍解释为："意必以事驶江陵，路出浔阳，事毕，便道请假归视。其辞简，犹曰'赴假还自江陵'云尔。"（《陶靖节年谱考异》）近人对此有异议，认为从诗中的"如何舍此去，遥遥至南荆""怀役不遑寐，中宵尚孤征"句看，诗人是从寻阳的家乡前往江陵。"赴假"，谓销假赴职："还"，指假还。诗题的准确意思是，辛丑岁七月假满，由寻阳赴还江陵任职，夜行至涂口作此诗。由此可知诗人时在桓玄幕任职（见《陶渊明集校笺》，龚斌校笺，上海古籍出版社 1996 年版，第 172 页）。

冬，生母孟氏卒，辞官奔丧回柴桑家。《祭程氏妹文》："昔在江陵，重罹天罚，兄弟索居，乖隔楚越，伊我与尔，百哀是切。黯黯高云，萧萧冬月，白云掩晨，长风悲节。感惟崩号，兴言泣血。"李公焕注："晋安帝隆安五年秋七月赴驾还江陵，是冬，母孟氏卒。"（见《笺注陶渊明集》卷八，四部丛刊初编集部）

《晋故征西大将军长史孟府君传》："渊明先亲，君之第四女也。《凯风》寒泉之思，实钟厥心。""《凯风》寒泉之思"，指思念母亲之情。《诗经·邶风·凯风》："凯风自南，吹彼棘心。棘心夭夭，母氏劬劳"；"爰有寒泉，在浚之下。有子七人，母氏劳苦。"知《晋故征西大将军孟府君传》作于母丧后不久。

本年慧远在庐山与慧永、慧持等结"白莲社"（亦称"莲社"），专修念佛（《中国文学大辞典》，上海古籍出版社1997 年版，第 1939 页）。冈村繁《陶渊明年表》：慧远在庐山建白莲社是在晋孝武帝太元十五年庚寅（390 年）（见《冈村繁全集》第四卷《陶渊明与李白新论》，上海古籍出版社2002 年版，第 130 页）。

本年桓伟（桓玄之兄）任江州刺史。

晋安帝元兴元年壬寅（402 年）　三十八岁

本年居丧在家。

正月，晋下诏讨桓玄，桓玄自江陵进军寻阳。

三月，桓玄入建康，废会稽王司马道子，杀其子元显等，总揽朝政大权。孙恩（？—402）起义再次战败，投海而死，其妹夫卢循（？—411）继之。

本年桓石生（桓玄之从兄）任江州刺史。

晋安帝元兴二年癸卯（403 年）　三十九岁

三月，桓玄率军东下，攻下建康，杀司马元显，"迁帝于浔阳"（《资治通鉴》卷一百十三），并逼迫安帝退位，桓玄自称太尉，总揽朝政，声势煊赫，朝野震动。

十二月，桓玄称帝，国号楚，改元永始，废晋帝为平固王，迁之寻阳。

本年春，陶渊明在家乡开始躬耕，实践自己"依依在耦耕"的夙愿，写下了《癸卯岁始春怀古田舍二首》。诗人为"鸟哢欢新节，泠风送余善"而欢欣不已，表达了"秉耒欢时务，解颜劝农人"的美好愿望。

本年作有《癸卯岁十二月中作与从弟敬远》。诗中有"寝迹衡门下，邈与世相绝。顾盼莫谁知，荆扉昼常闭"之句，亦可证明此时诗人正隐居于故乡。

晋安帝元兴三年甲辰（404 年）　四十岁

二月，北府旧将刘裕（即后来的宋武帝）、刘毅等以恢复晋室号召，起兵征讨桓玄，战于溢口，大破之。

三月，桓玄西走，刘裕入建康。

四月，桓玄挟晋安帝败退江陵，寻阳附近屡遭战祸。

五月，桓玄舍江陵西遁，益州督护冯迁杀之。

本年陶渊明第三次出仕，入刘裕幕为镇军参军，写有《始作镇军参军经曲阿》一诗。"始作"，指初就军职；"镇军"，镇军将军，指刘裕；"参军"，军府之幕僚；"曲阿"，地名，在今江苏丹阳。本年刘敬宣以建威将军的身份为江州刺史，镇寻阳。陶渊明因离家不远，便转入刘敬宣府，为建威参军。

本年作《连雨独饮》，诗中有"自我抱兹独，僶俛四十年"句，知此诗作于本年。

本年作《荣木并序》，诗中有"四十无闻，斯不足畏"句，知此诗作于本年。

晋安帝义熙元年乙巳（405年）　四十一岁

正月，刘毅等入江陵，改元义熙。

二月，晋安帝东还建康。

四月，刘裕都督荆、司等十六州诸军事，领兖州刺史。以卢循为广州刺史。

五月，桓玄余党桓亮等分扰荆、湘、江、豫诸州，刘毅等次第平之。

本年诗人奉命赴建康，写有《乙巳岁三月为建威参军使都经钱溪》。钱溪，今名梅根河，源出今安徽贵池东南太朴山，北流入长江，此处不远就是九华山。寻阳去建康至此已行一半路程。

本年八月，陶渊明做了彭泽（今江西彭泽西南，西晋永嘉后属寻阳郡）令。这是他第四次出仕，也是最后一次出仕。陶渊明说："于时风波未静，心惮远役，彭泽去家百里，公田之利，故便求之"。(《归去来兮辞并序》) 十一月，"郡遣督邮至，县吏白应束带见之，潜叹曰：'我不能为五斗米折腰向乡里小人。'即日解印绶去职。赋《归去来》"(《宋书·隐逸传》)；《陶徵士诔并序》："赋诗归来，高蹈独善。"

本年作《归去来兮辞并序》，序中说时在"乙巳岁十一月"，知本文作于归田之初。

本年程氏妹去世 (368—405)，年三十八岁。

晋安帝义熙二年丙午 (406 年)　四十二岁

彭泽令辞归。颜延之《陶徵士诔并序》："初辞州府三命，后为彭泽令。道不偶物，弃官从好"。

本年作《归园田居五首》，标志着仕宦生活的永远结束，归田生活的开始。宋人吴仁杰《陶靖节先生年谱》于本年之下云："有《归园田居》诗五首。味其诗，盖自彭泽归明年所作也"(见《陶渊明年谱》，许逸民校辑，中华书局 1986 年版，第 17 页)。

本年顾恺之 (约 345—406) 卒。顾恺之为著名画家、画论家。

本年何无忌任江州刺史。

晋安帝义熙三年丁未 (407 年)　四十三岁

本年作《祭程氏妹文》，文中有"维晋安帝义熙三年五月甲辰"句。渊明有妹比渊明小三岁，嫁与程氏，于晋安帝义熙元年 (405 年) 十一月死于武昌，年三十八岁。渊明曾辞去彭泽令前往奔丧："程氏妹丧于武昌，情在骏奔"(《归去来兮辞并序》)。

本年刘毅杀桓玄残党殷仲文等，夷其族。

晋安帝义熙四年戊申（408 年） 四十四岁

本年陶渊明家遭大火，林室尽焚。《戊申岁六月中遇火》诗描述了遭受大火的情形："正夏长风急，林室顿烧燔。一宅无遗宇，舫舟荫门前。"

本年作《责子》。据王瑶《命子》诗注，长子俨生于晋孝武帝太元十八年（393 年）诗人二十九岁时，则本年长子已十六岁："阿舒已二八，懒惰故无匹"（《陶渊明集》），王瑶编注，人民文学出版社 1956 年版，第 31 页），阿舒是长子俨的小名。

晋安帝义熙五年己酉（409 年） 四十五岁

本年作《己酉岁九月九日》。从"万化相寻绎，人生岂不劳！从古皆有没，念之中心焦"看，诗人正深入思考着自然人生。

晋安帝义熙六年庚戌（410 年） 四十六岁

三月，卢循义军攻下长沙等郡。

五月，卢循败刘毅于桑落洲（今江西九江东北，安徽宿松县西南长江中），进迫建康。

七月，卢循败退寻阳。

十二月，卢循与官军在大雷（今安徽望江）、左里（今鄱阳湖口）相继展开死战，损失惨重。

本年作《庚戌岁九月中于西田获早稻》。诗中写到："人生归有道，衣食固其端。孰是都不营，而以求自安！开春理常业，岁功聊可观。晨出肆微勤，日入负耒还。山中饶霜露，风气亦先寒。田家岂不苦，弗获辞此难。"诗人看到农民生活的艰难，认识到劳动是人类生存的第一要义。

本年作《移居二首》。清人顾易《柳村谱陶》：本年"迁南村里。有《移居》诗。公与殷晋安别在来岁，诗云：'去岁家南里，薄作少时邻'。故知今岁移居也。"（见《陶渊明年谱》，许逸民校辑，中华书局1986年版，第40页）

本年庾悦任江州刺史。

晋安帝义熙七年辛亥（411年）　四十七岁

本年从弟敬远（381—411）去世，年三十一岁。作《祭从弟敬远文》，文中有"岁在辛亥，月惟仲秋"之句，知此文作于本年。敬远与陶渊明志趣相投，一同躬耕、读书："每忆有秋，我将其刈，与汝偕行，舫舟同济。"文中还谈到少时生活的艰难："冬无缊褐，夏渴瓢箪"，"岂不多乏，忽忘饥寒"。

三月，卢循攻番禺（在今广东广州附近）不下，转至交州。

四月，刺史杜慧度大破之，卢循兵败赴水死。

本年作《与殷晋安别并序》。殷晋安被任命为太尉刘裕参军，自寻阳南里移家东下，陶渊明作诗以赠之。

晋安帝义熙八年壬子（412年）　四十八岁

九月，刘裕袭荆州，刘毅兵败自杀。

本年作《还旧居》。诗中有"常恐大化尽，气力不及衰"之句，"衰"，《礼记·王制》："五十始衰"，知此诗必作于五十岁之前，故暂系本年。

本年孟怀玉任江州刺史。

晋安帝义熙九年癸丑（413年）　四十九岁

本年作《五月旦作和戴主簿》。诗中有"星纪奄将中"

句，"星纪"，星次名，《左传·襄公二十八年》："虽在星纪"，杜预注："星纪在丑"，知星纪在丑年。又，陶渊明生平值丑年者三：一为隆安五年辛丑（401年），三十七岁；一为义熙九年癸丑（413年），四十九岁；一为元嘉二年乙丑（425年），六十一岁。从诗中反映内容看是归田之后的思想感情，据此，则本诗作于义熙九年癸丑年。

本年鸠摩罗什卒（344—413）。鸠摩罗什为著名的译经家，所译佛经，质高量多，开创了中国译经史上的新纪元。

晋安帝义熙十年甲寅（414年）　五十岁

本年作《杂诗十二首》。《杂诗十二首》（其六）说："昔闻长者言，掩耳每不喜。奈何五十年，忽已亲此事"，可以论定这组诗作于诗人五十岁时。《杂诗十二首》（其七）说："寒风拂枯条，落叶掩长陌。弱质与运颓，玄鬓早已白。素标插人头，前途渐就窄。"

晋安帝义熙十一年乙卯（415年）　五十一岁

本年作《与子俨等疏》。文中有"吾年过五十"之句，知此文必作于渊明五十岁之后，故暂系于此年。

晋安帝义熙十二年丙辰（416年）　五十二岁

正月，加刘裕都督二十二州。

八月，刘裕督兵伐后秦。

本年作有《丙辰岁八月中于下潠田舍获》。从中可见出诗人生活的艰难："贫居依稼穑，戮力东林隈。不言春作苦，常恐负所怀。"诗人不吝惜力气、不害怕辛劳，却担心劳非所得，白费辛苦。

本年刘柳后军功曹颜延之在寻阳，与陶渊明"情款"。

本年慧远卒（334—416）。

晋安帝义熙十三年丁巳（417 年）　　五十三岁

八月，刘裕攻陷长安，灭后秦。

本年作有《饮酒二十首》《赠羊长史并序》。《饮酒二十首》（其十六）说："竟抱固穷节，饥寒饱所更。弊庐交悲风，荒草没前庭。披褐守长夜，晨鸡不肯鸣。"可见渊明为了"固穷节"，物质生活到了何等贫困的地步。王瑶先生认为：《饮酒二十首》（其十九）中有"亭亭复一纪"语，"一纪"是十二年。"渊明辞彭泽令归田在晋安帝义熙元年乙巳（405），因知《饮酒》诗当作于义熙十三年丁巳（417），时渊明五十三岁。"（《陶渊明集》，王瑶编注，人民文学出版社1956 年版，第48、50 页）

晋安帝义熙十四年戊午（418 年）　　五十四岁

六月，刘裕为相国，封宋公，加九锡。

十二月，刘裕杀晋安帝，以帝弟琅邪王德文嗣，是为恭皇帝。

本年作有《岁暮和张常侍》，哀悼晋室将亡。《晋书·安帝纪》：义熙十四年（418）"十二月戊寅，帝崩于东堂，时年三十七。葬休平陵。帝不惠，自少及长，口不能言，虽寒暑之变，无以辩也。凡所动止，皆非己出。故桓玄之篡，因此获全……刘裕将为禅代，故密使王韶之缢帝而立恭帝"。王瑶先生认为，"本诗写市朝变化，风云严厉，最后抚己履运，不胜感慨；当为戊午（418）岁暮所作"（《陶渊明集》，王瑶编注，人民文学出版社1956 年版，第66 页）。李华先生认为，"此诗的特别之处，是作者把哀晋祚之终的感情，深深融入对生命向死亡迫近的悲叹之中"(《曹植·陶渊明选集》,李华选注,人民文学出版社 1997 年出版,第 302 页)。

《宋书·隐逸传》:"义熙末,征著作佐郎,不就。"颜延之《陶徵士诔并序》:"有诏征为著作郎,称疾不到('到'一作'赴')。"陶渊明依然艰难度日,躬耕不辍。

本年作有《怨诗楚调示庞主簿邓治中》。诗中这样写到:"炎火屡焚如,螟蜮恣中田。风雨纵横至,收敛不盈廛。夏日抱长饥,寒夜无被眠。造夕思鸡鸣,及晨愿乌迁。在己何怨天,离忧凄目前。"因诗中有"结发念善事,僶俛六九年",六九相乘等于五十四,故知此诗作于诗人五十四岁时。

本年王弘任抚军将军、江州刺史。

晋恭帝元熙元年己未(419 年)　五十五岁

七月,刘裕晋爵宋王。

本年江州刺史王弘临州,欲识陶渊明,不能致也。《宋书·王弘传》:王弘"(义熙)十四年,迁监江州、豫州之西阳、新蔡二州诸军事、抚军将军、江州刺史"。

《晋书·陶潜传》:"刺史王弘以元熙中临州,甚钦迟之,后自造焉。潜称疾不见,既而语人曰:'我性不狎世,因疾守闲,幸非洁志慕声,岂敢以王公纡轸为荣邪!夫谬以不贤,此刘公幹所以招谤君子,其罪不细也。'弘每令人候之,密知当往庐山,乃遣其故人庞通之等赍酒,先于半道要之。潜既遇酒,便引酌野亭,欣然忘进。弘乃出与相见,遂欢宴穷日。"

宋武帝永初元年庚申(420 年)　五十六岁

刘裕于义熙十四年(418),幽禁晋安帝而立恭帝,至元熙二年（420），刘裕废恭帝为零陵王，而后自立，国号为宋，改元永初。恭帝前后共历三年，而晋室终。对于东晋的灭亡，陶渊明是有自己的看法的，《拟古九首》（其九）说："种桑长江边，三年望当采。枝条始欲茂，忽值山河改。柯叶自摧折，根株浮沧海。春蚕既无食，寒衣欲谁待？本不植高原，今日复何悔！"桑本种于高原，现在却种于长江边上，以喻恭帝为野心家刘裕所立，终必受其祸。从诗的字里行间，流露出诗人对东晋灭亡的惋惜之情。

本年作《咏贫士七首》。其二中有"凄厉岁云暮"之句，推知此诗当作于本年末（《陶渊明集》，王瑶编注，人民文学出版社1956年版，第68页）。

宋武帝永初二年辛酉（421年）　五十七岁

九月，宋武帝刘裕以毒酒使人鸩零陵王，王不肯饮。后刘裕使兵逾墙而入，以被掩杀之，谥曰恭皇帝，开"禅让"退位者被杀之端。

本年或稍后作《述酒》一诗，以隐晦曲折的笔法，记述了刘裕废晋恭帝为零陵王、后又杀死零陵王的历史事件。

本年作《游斜川并序》《于王抚军坐送客》（《陶渊明集》，王瑶编注，人民文学出版社1956年版，第71、81页）。

宋武帝永初三年壬戌（422年）　五十八岁

四月，整顿国子学。

五月，宋武帝死，皇太子义符嗣，是为少帝。

本年作《拟古九首》。因此组诗多抒发悼国伤时之情，推知应作于东晋覆亡之后。故暂系于本年。

宋少帝景平元年癸亥（423 年）　五十九岁

本年作《答庞参军并序》诗二首，一为五言，一为四言（《陶渊明集》，王瑶编注，人民文学出版社 1956 年版，第89—90 页；又，网村繁《陶渊明年表》，《冈村繁全集》第四卷《陶渊明与李白新论》，上海古籍出版社 2002 年版，第135 页）。

宋文帝元嘉元年甲子（424 年）　六十岁

五月，司空徐羡之等废少帝为营阳王，旋杀之，迎立宜都王义隆（刘裕第三子）于江陵。

八月，刘义隆即皇帝位，改元元嘉，是为宋文帝。

本年"与潜情款"的颜延之为始安都太守，来到寻阳，"经过，日日造潜，每往必酣饮致醉。临去，留二万钱与潜，潜悉送酒家，稍就取酒"（《宋书·隐逸传》），这是陶渊明艰难生活中的一小段快乐插曲。《宋书·颜延之传》："少帝即位，以为正员郎，兼中书，寻徙员外常侍，出为始安太守。"

何法盛《晋中兴书》说："延之为始安郡，道经寻阳，常饮渊明舍，自晨达昏。及渊明卒，延之为诔，极其思致。"（《文选·陶微士诔并序》李善注）颜延之与陶渊明可谓知己。颜延之《陶微士诔并序》深情回忆他与陶渊明的亲密交往："自尔介居，及我多暇。伊好之洽，接阎邻舍。宵盘昼憩，非舟非驾。念昔宴私，举觞相诲。"

宋文帝元嘉二年乙丑（425 年）　六十一岁

诗人生活日益贫困。《乞食》诗可能作于本年。

宋文帝元嘉三年丙寅（426 年）　六十二岁

本年作有《有会而作并序》。诗前序说："旧谷既没，新谷未登，颇为老农，而值年灾，日月尚悠，为患未已。登岁之功，既不可希，朝夕所资，烟火裁通。旬日以来，始念饥乏。岁云夕矣，慨然永怀。今我不述，后生何闻哉！"

萧统《陶渊明传》载："江州刺史檀道济往候之，（渊明）偃卧瘠馁有日矣。道济谓曰：'贤者处世，天下无道则隐，有道则至。今子生文明之世，奈何自苦如此？'对曰：'潜也何敢望贤，志不及也。'道济馈以粱肉，（渊明）麾而去之。"对于这段史实，宋人吴仁杰《陶靖节先生年谱》云："本传载此在为镇军参军之前，以《道济传》考其岁月，知史误也。"（《陶渊明年谱》，许逸民校辑，中华书局1986年版，第24页）证以《宋书·文帝纪》《资治通鉴》卷一百二十，知檀道济为征西大将军、江州刺史的时间是在元嘉三年（426）五月，由此推断《有会而作并序》当作于这一年的岁暮。

宋文帝元嘉四年丁卯（427年）　六十三岁

本年陶渊明去世。

颜延之撰《陶徵士诔并序》："元嘉四年月日，卒于寻阳之某里（一作柴桑里）"。

《宋书·隐逸传》："潜元嘉四年卒，时年六十三。"

萧统《陶渊明传》："元嘉四年，将复征命，会卒，时年六十三。世号靖节先生。"

朱熹《通鉴纲目》：丁卯，宋文帝元嘉四年（427），"冬，十一月，晋徵士陶潜卒"。

本年五月间曾有瘟疫流行。《宋书·文帝纪》：元嘉四年"五月壬午，中护军王华卒。京师疾疫。甲午，遣使存问，给医药；死者若无家属，赐以棺器。"元嘉"五年春正月乙亥，诏曰：'朕恭承洪业，临飨四海，风化未弘，治道多昧，求之人事，鉴寐惟忧。加顷阴阳违序，旱疫成患，仰惟灾戒，责深在予。'"

颜延之《陶徵士诔并序》说："年在中身，疢维痁疾，视死如归，临凶若吉。""疢"（chèn），《说文·疒部》："疢，热病也"，指一种冬天受寒、到夏季因时令之热而发作的疾病。"痁"（shān），是疟疾的一种，多日一发。《说文·疒部》："痁，有热疟。"《文选》李善注："《左氏传》曰：'齐侯疥，遂痁'。杜预曰：'痁，疟疾也。'"据此推测，诗人死于恶性疟疾。诗人本来体弱多病，加上生存条件恶劣，健康每况愈下。五十二岁时所作《示周续之祖企谢景夷三郎时认共在城北讲礼校书》说："负疴颓檐下，终日无一欣。药石有时闲，念我意中人"；五十九岁所作《答庞参军并序》又说："吾抱疾多年，不复为文，本既不丰，复老病继之。"差不多与《答庞参军并序》前后的《与子俨等疏》也说："病患以来，渐就衰损。亲旧不遗，每以药石见救，自恐大分将有限也。"

死前，陶渊明作有《拟挽歌辞三首》《自祭文》，回忆了自己苦难而又快乐的一生。诗文中有"岁维丁卯，律中无射"，"严霜九月中，送我出远郊"，是渊明对死期的预估。诗文应作于本年九月之前。

陶渊明反对厚葬，生前已交代家人处理后事要"省讣却赙，轻哀薄敛"（颜延之《陶徵士诔并序》），不发讣告，不收赠礼，以最简朴的方式安葬自己。陶渊明去世后，"近识悲悼，远士伤情"（《陶徵士诔并序》）。宋人吴仁杰《陶靖节先生年谱》说："呜呼！生死之变亦大矣，而先生病，不药剂，不祷祀，至自为祭文、挽歌与夫遗占之言，从容闲暇如此，则先生平生所养，从可知矣。"（见《陶渊明年谱》，许逸民校辑，中华书局 1986 年版，第 25 页）

本年宗炳五十三岁。谢灵运四十三岁。范晔三十九岁。刘义庆二十五岁。谢惠连二十一岁。鲍照十四岁。王微十三岁。（《南北朝文学编年史》，曹道衡、刘跃进著，人民文学出版社 2000 年版，第 99 页）

附录三　陶渊明研究论文六篇

焦灼感：陶渊明诗歌思想的一种解读

田园诗是陶渊明诗歌的代表作，诗人在其中尽情地歌唱着他所倾心、所经历的田园人生。他不仅成功地创造了天然浑成的意境，而且成功地塑造了高洁的诗人自我形象；他写田园风光之美，更写归隐耕读之乐，无论人生感叹还是政治忧伤，都在对自然和田园生活质朴的爱恋中得到了安顿。但认真阅读陶渊明的诗，我们就会发现，诗人在人生许多环节上都现出缺憾，以世俗的眼光看，他不是一个给妻儿带来温饱富足的好丈夫、好父亲，也不是一个忠贞敬业的好臣子，仕隐的浮沉中透露出潜存于其性格之中的深深的矛盾和冲突。以往评论家一味称许他飘逸、闲适的隐士形象显然过于片面，实际上其表面悠然自得的特质下掩盖着的是孤独与抑郁。袁行霈就说：

"他的血也曾沸腾过，但他仍能以一种超然的态度和漫不经心的口吻吟咏他的诗句。仿佛是等烧开的水稍凉以后再沏他的茶。一团火包在冷峻的语言里，自然有一种悠然的气度和透彻的力量。"[①] 鲁迅先生也早就指出："自己放出眼光看过较多的作品，就知道历来的伟大的作者，是没有一个浑身是'静穆'的。陶潜正因为并非'浑身是静穆'，所以他伟大。"[②] 而梁启超在《陶渊明之文艺及其品格》更是认为渊明"一生得力处用力处都在儒学"，"极热烈极有豪气之人"，"缠绵悱恻最多情的人"，"极严正——道德责任心极重的人"。正因为如此，我们才明白为什么陶渊明除了一般为人所注意的"悠然见南山"外，还有"不为五斗米而折腰"的干云浩气，还有"精卫衔微木，将以填沧海。刑天舞干戚，猛志故常在"的金刚怒目。所以，陶渊明外表的静穆和超脱，其实充满着一种对理想生活的强烈向往。他虽然时以"羲皇上人"自居，其实他的着眼点，还是在于他所生活的晋宋之交的社会现实，他归去来的选择、他桃李榆柳鸡鸣狗吠的田园、他的桃花源世界以及他晚年叹老嗟贫、固穷守节的反复诉说，都与他所处的现实、他内心时刻萦绕的焦灼感有着无法分开的联系。可见，对陶渊明的思想进行另外一种揭示，即儒家影响的客观揭示，才能更多的接近陶渊明思想的本真。

一、"总角闻道，白首无成"：老大无成的焦灼感

众所周知，陶渊明出生在一个仕宦之家，其曾祖父乃是

---

① 袁行霈：《陶渊明研究·陶渊明的哲学思考》，北京大学出版社，1997 年，第 10 页。

② 鲁迅：《且介亭杂文二集"题未定"草之六》，《鲁迅全集》第六卷，人民文学出版社，1993 年，第 422 页。

东晋王朝风云一时的大人物陶侃，只是到了陶渊明这一代，"门衰祚薄"。尽管如此，这种家世背景，以及从小所受的教育无疑使得渊明很早、很深地接受了儒家积极事功的思想。在诗人下定决心离开仕途归隐的第二年，即义熙二年（406），渊明以欣欣之笔写下了让后人叹为观止的田园诗名作《归园田居》组诗。可是，就在他热烈地歌吟"久在樊笼里，复得返自然"的欢悦之情的同时，他还写了著名的《命子》诗（以上二诗的创作系年据岳麓书社 1996 年版"集部经典丛刊"《陶渊明集》）。在这首诗中，诗人深情地礼赞先人功业，期望儿子们的成才，表现出一种浓厚的功业意识。他从远祖陶唐氏咏起，歌咏了陶氏一族历代有功业的人物，即周代的司徒陶叔，汉代随高祖创业的愍侯陶舍，汉景帝时的丞相陶青，晋大司马长沙郡公陶侃。面对先人的累累功业，陶渊明有的只是惭愧："嗟余寡陋，瞻望弗及。"于是他把希望寄托在儿子身上，从诗的第八章为儿子起名、赐字之中，可以看出他对长子的深切期望："卜云嘉日，占亦良时。名汝曰俨，字汝求思。温恭朝夕，念兹在兹。尚想孔伋，庶其企而。"我们的问题是，诗人此时既然归隐之志已坚，为什么还絮絮叨叨地对儿子们谈起祖先的功名呢？一边是歌咏着田园的超脱之乐，一边又是感叹家世先祖的辉煌，这不矛盾吗？所以我们以为，即使是渊明对田园充满了理想礼赞甚至幻想的归田初期，他也没有完全忘却内心的功名之念，也没能消释功业无成的焦灼感。

陶渊明还有一首有名的《责子》诗，写此诗时诗人大约 51 岁，归田已 10 年多了。可这位忘怀时事、"种豆南山"十年之久的隐士却对儿子们不读书、不成器很是感慨："虽有五男儿，总不好纸笔。"诗说"阿舒已二八，懒惰固无匹"，长子已 16 岁，却是一懒虫，从不摸纸笔；"阿宣行志学，而不爱文术"，次子快 15 岁了，也不喜文事；"雍端年十三，不识六与七"，三子、四子是双胞胎，都 13 岁了，连自己岁数也弄不清；"通子垂九龄，但觅梨与栗"，幼子快 9 岁了，却也只知馋嘴贪吃。诗人无奈，只好摇头叹息："天运苟如此，且进杯中物！"毫无希望，只有借酒浇愁了。他希望孩子们读书上进，当然还是要他们用世，走建功立业的道路。由此可以看出传统儒家思想在陶渊明心中的分量。所以杜甫在《遣兴五首》之一中这样感慨：

"陶潜避俗翁，未必能达道。观其著诗集，颇亦恨枯槁。达生岂是足，默识苦不早。有子贤与愚，何其挂怀抱！"老杜虽是写遣兴诗，并非那么严肃，但其眼光还是很犀利的。陶渊明诗，确实有感慨一生枯槁的焦灼意蕴，也即说他虽然避俗归田了，却没有能真正"达道"，真正达道的人，是应该能够超越这一切的。[①]

西方新批评学提出解读诗歌文本时要注重文字本身在文本中作用的"细读"理论，他们认为，文字是组成篇什的根基，而"文字表现出的形象、肌理、色调、语法等，自然是评说一首诗歌的重要依据"[②]。这种解读方式对深入理解陶渊明诗文之思想，效果颇佳。在这个理论指导下，我们就会更

---

① 孙静：《陶渊明的心灵世界与艺术天地》，大象出版社，1997 年，第 28 页。

② 叶嘉莹：《叶嘉莹说词》，上海古籍出版社，1999 年，第 120 页。

清晰地发现陶渊明诗文中时时流露出的这种功业无成的焦灼感。比如《归去来兮辞》。这是陶渊明写他初归田园时的轻松喜悦心情的又一著名的代表作："归去来兮，田园将芜胡不归？……乃瞻衡宇，载欣载奔。童仆欢迎，稚子候门。三径就荒，松菊犹存。携幼入室，有酒盈尊。引壶觞以自酌，眄庭柯以怡颜；倚南窗以寄傲，审容膝之易安。……云无心以出岫，鸟倦飞而知还……"诗人欣喜之情就像张开了翅膀的春燕，上下闪翅飞翔。可是我们如果再细读下去就发现，诗人并没有笑到最后，下面就是一声叹息了："善万物之得时，感吾生之行休。……聊乘化以归尽，乐夫天命复奚疑？"生命在消逝，逝去的已经逝去，一切都将是过眼烟云。在仕宦梦破灭后，诗人的人生价值也只有寄托于虚无的信念了。"富贵非吾愿，帝乡不可期。"他深知自己无法真正归隐、实现完全的物我合一。因而他选择的只能是痛苦，而这痛苦又是如此的真实，真实得让人时刻难以忘怀。阿根廷诗人博尔赫斯说："我们的命运并不因为它不是真实的而令人毛骨悚然，我们的命运之所以可怕正因为它是实实在在的现实。时间是吞噬我的河流，而我正是这条河流……世界的可悲在于它是真实的，我之所以可悲正因为我是博尔赫斯。"[1] 事实上陶渊明也正是如此，他无法逃避，即使归隐了他也无法心安。这篇辞官归隐的宣言就是他灵魂深处焦灼感的最强烈的绝唱。《归去来兮辞》是最为人称许表现陶渊明田园情怀的代表作，但通过这种注重文本的"细读"，我们已不难体味出蕴含其中的思想

---

① 陈凯先：《作家们的作家·前言》，云南人民出版社，1997年，第2页。

底色是焦灼。那么，他的另一被认为表现自由闲适情怀的代表作——《归园田居》会怎么样呢？俞樟华等先生就这样深邃地指出：

"陶渊明自称'少无适俗韵，性本爱丘山'，其实这话并非诗人少时志趣的真实写照，多半是他弃官归田时的一种愤激之词。"① 联系上文再细细想来，这种分析也未尝没有道理。

有人作过统计，陶渊明诗文中引用儒家经典很多，仅《论语》就有 37 处之多。在《饮酒》其十六中诗人这样回忆："少年罕人事，游好在六经。"已明白地告诉人们，诗人从小的兴趣就在儒家的经典上，其目的自然是为日后兼济天下做准备。可是"行行向不惑，淹留遂不成"，到了四十岁——人生不惑之时他还一无所成，孔子说："四十、五十而无闻焉，斯亦不足畏也已。"（《论语·子罕》）心念至此诗人不免焦灼，于是他写了《荣木》诗，对从小闻道而老大无成，很是不安，因而他鼓励自己说："脂我名车，策我名骥。千里虽遥，孰敢不至！"表示绝不甘心"四十无闻"，要驱车策马，不远千里地去寻找自己的机会。在《杂诗》其二中他又写道："日月掷人去，有志不获骋；念此怀悲凄，终晓不能静。"说岁月蹉跎，壮志不展，故心怀悲凄而整夜不眠。功业思想给他带来的焦灼感是多么的强烈！

可惜生不逢时，陶渊明撞上了一个"真风告退，大伪斯兴"（《闲情赋序》）的黑暗时代，现实与理想的差距太大太

---

① 俞樟华、陈兴伟：《陶渊明》，春风文艺出版社，1999 年，第 30 页。

大。诗人一生的所见所闻，都是那些篡乱相替、民不聊生的血淋淋的东西，用鲁迅的话说陶渊明"乱也看惯了，篡也看惯了"[1]，这一切对他身心的伤害是十分惨重的。他置身在政治倾轧的漩涡里，连可以依靠并值得为之效力的力量都无法找到，更别谈实现"大济苍生"的壮志了。这种状况无疑造成了诗人内心极度的焦虑和痛苦。于是他后来坚决地从仕途中退出来，把精神的慰安寄托在田园生活的饮酒、耕作与写诗上。

二、"欲言无予和，挥杯劝孤影"：矛盾纠葛的焦灼感

解读陶渊明的诗歌，我们还会发现，陶渊明是一个矛盾的统一体，既超脱又执着，既平淡又沉郁。在他身上有那么多的不协调、那么多的矛盾和纠葛。因而，他虽然归隐了，身体过着种豆南山、赋诗饮酒的自在生活，但心灵生活却在矛盾中焦灼不安，一面是"猛志逸四海，骞翮思远翥"（《杂诗十二首》其五）的壮志豪情，一面则是"日月掷人去，有志不获骋"（《杂诗十二首》其二）的焦灼之感；一面是"纵浪大化中，不喜亦不惧"（《形影神》）的旷达飘逸，一面又是"从古皆有没，念之心中焦"（《己酉岁九月九日》）的凄凄惶惶……在他一生的时间里，陶渊明几乎始终陷于"一心处两端"的矛盾之中。

这种矛盾纠葛的焦灼首先表现在渴望知己而知己难求的孤独上。

---

① 鲁迅：《而已集·魏晋风度及文章与药及酒之关系》，《鲁迅全集》第三卷，人民文学出版社，1993 年，第 515 页。

诗人好像从来都处在孤独、不被人接受和理解的境地之中，这是陶渊明诗给我们留下的一个很深刻的印象。他少年时是孤独的，"嗟余寡陋，瞻望弗及。顾惭华鬓，负影只立。"（《命子》）父亲早逝，没有同胞兄弟，只有一个同父异母的妹妹，后又远嫁程氏；此外还有仲德、敬远两个叔伯兄弟，虽然与陶渊明感情颇深，但二人都年命不永。成年后陶渊明也依然孤苦，30岁时为他生育一子的前妻辞世，37岁时与他感情甚笃的母亲也撒手尘寰。在仕途上，他一直捱到29岁的高龄才去做官，但几进几出，折腾反复了13年后，最后又从终点回到了起点——田园，其中的一个谁也没有道破的原因大概就是诗人不被上司和同僚所理解和接纳，因而其心灵常处于孤独痛苦之中："自古叹行役，我今始知之！……久游恋所生，如何淹在兹。静念园林好，人间良可辞"（《庚子岁五月中从都还阻风于规林二首》）。诗人郁郁寡合，寂寞孤苦，所以才"叹行役"，"恋所生"，才决心回归田园。待诗人归隐了田园，虽然过上了适性自由的生活，可以与"墟里人""披草共来往"，"有酒斟酌之"、"言笑无厌时"，但天灾人祸时相交侵的田园也不是人间乐土，内心欢愉的诗人时刻又被新的焦灼感所拉扯："衔觞念幽人，千载抚尔诀。检素不获展，厌厌竟良月。"（《和郭主簿二首》之二）他常常孤单影只，"欲言无予和，挥杯劝孤影"（《杂诗十二首》之二），只有把内心深深的孤独寄托在"忘忧物"里，借酒浇愁。其实，就连诗人归隐田园的行为本身，也是不被社会所理解和认同的："世路多端，皆为我异，……寝迹穷年，谁知斯意"（《读史述九章·张长公》）。他甚至对儿子也忍不住慨叹"邻靡二仲，室无莱妇。抱兹苦心，良独惘惘"（《与子俨等疏》）。他良苦的用心，却无人知晓，因而心中感到的是无限孤独怅惘。

这也难怪，按中国儒家文化传统的约定，"士之仕也，犹农夫之耕也"，出仕是士的本职，正如农夫就非种田不可一样。士之不仕犹农夫之废耕，相对于各自的社会角色而言都是一种失职。所以陶渊明的归隐，自然会招来社会的"众议"，也会招来"亲故"好心的规劝：

> 清晨闻叩门，倒裳往自开。
> 问子为谁欤？田父有好怀。
> 壶觞远见候，疑我与时乖。
> 褴褛茅檐下，未足为高栖。
> 一世皆尚同，愿君汩其泥。
> 深感父老言，禀气寡所谐。
> 纡辔诚可学，违己讵非迷！
> 且共欢此饮，吾驾不可回。
>
> （《饮酒二十首》之九）

那好心的"田父"劝告渊明："你看现在这个社会，谁不走做官那一条路？"并引《楚辞渔父》的典故："世人皆浊，何不汩其泥而扬其波？"——如果大家都是龌龊的，为什么你自己要清白？为什么你不和大家一样也跳到泥水里去玩弄泥巴？陶渊明则回答说："我生来的气质就和别人不同，让我和大家一起走那条路违背了我的志意，那是人生最大的迷失，我的志意是不可改变的！"断然地拒绝了"田父"好心的"回驾"之劝。舍弃仕途官禄的役使，回归田园自我本心，这是诗人为找回自我所作的重要选择，他渴望世人的理解和认同，可事实证明这已是一种奢望。所以我们就发现，在渊明诗中出现最多的一个字是"独"：

> 静寄东轩，春醪独抚。（《停云》）
> 偶景独游，欣慨交心。（《时运》）
> 敛襟独闲谣，缅焉起深情。（《九日闲居》）
> 怅恨独策还，崎岖历榛曲。（《归园田居五首》之五）
> 万族各有托，孤云独无依。（《咏贫士七首》之一）
> ……

真是一个"独"字了得！从以上分析中，我们已不难体味陶渊明内心的孤独，它无处不在，无时不有，那一种"知音少，弦断有谁听"（岳飞《小重山》）的无人理解与欣赏的焦灼，超越千百年后的时空直落我们心中，让我们禁不住感叹嘘唏。

其次，这种矛盾纠葛的焦灼还表现在贫穷与富裕间的惶惑上。

好像陶渊明的一生都在穷苦中挣扎，"弱年逢家乏，老至更长饥"（《有会而作》）。甚至他说自己29岁后的出仕都是因为"亲老家贫"。他说："余家贫，耕植不足以自给。……亲故多劝余为长吏，脱然有怀，求之靡途"（《归去来兮

335

辞》），其奔波于仕途是否真的主要是出于经济原因的考虑，袁行霈先生分析说："陶渊明出仕做官，不到别处，恰恰入了荆州军府桓玄幕中，又入了北府将领刘裕幕中，接着又入了北府旧将刘牢之的儿子刘敬宣幕中"，"这说明他还是关注于政治，并想在政治上有所作为的。虽然他一再说因为亲老家贫不得不出仕谋生，但这只是一方面的原因，甚至不是主要原因。……要出仕也不一定非往政治斗争的漩涡里跳不可，荆州和北府是什么地方，他不会不知道。"① 虽然袁先生否定了其出仕的主要原因是贫困，但也肯定了贫困在其中所起的作用。这种经济因素在诗人归隐之后，就成为他物质生活和精神生活中一直摆脱不掉的困难，这也成为陶渊明归隐之后使他内心始终处于焦灼状态的一个重要原因。虽然诗人坚持躬耕，并固执地认为"民生在勤，勤则不匮"（《劝农》），但要靠他自身的能力谋求一家人的温饱，实在是一件很难的事。所以在其诗集里，描写他贫困生活的诗句几乎俯拾皆是。他自谓"凄厉岁云暮，拥褐曝前轩。……倾壶绝余沥，窥灶不见烟。"（《咏贫士》）；"劲气侵襟袖，箪瓢谢屡设。萧索空宇中，了无一可悦"（《癸卯岁十二月作与从弟敬远》），日子过得十分惨淡可怜。最不幸的是，诗人得以栖身的草庐又遭受了火灾，竟造成"一宅无遗宇，舫舟荫门前"（《戊申岁六月中遇火》），无处栖身，只好避难船上，以致最后穷苦到"饥来驱我去，不知竟何之"（《乞食》）的地步。这种残酷的生存现实对诗人的心灵产生了巨大的冲击，其弃官归田的代价

---

① 袁行霈：《陶渊明研究·陶渊明与晋宋之际的政治风云》，北京大学出版社，1997 年，第 101 页。

确实很大。其《怨诗楚调示庞主簿邓治中》写得就更为惨痛："夏日长抱饥，寒夜无被眠。造夕思鸡鸣，及晨愿乌迁。"诗人以悲愤的心情，倾诉了回乡躬耕以来，不仅霜露风寒不胜其苦，同时天灾人祸也交侵而至，因而其生活极其困苦。诗人毫不掩饰地记录了他所经历的饥寒困苦，喟叹之情跃然纸上。

难道诗人不想富贵、去过衣食不愁的好日子吗？但那是要付出惨重代价的，要在仕途上钻营取巧，要丧失自我的一切尊严，要去做"羁鸟""池鱼"，从而舍弃人生最宝贵的自由，甚至要丧失生命，这代价岂不是太大了吗？所以诗人说"四体诚乃疲，庶无异患干"（《庚戌岁九月中于西田获早稻》），物质上的贫困换来的却是精神的自由、心灵的宁静和愉悦，这不很好吗？于是才有这样的结局："贫富长交战，道胜无戚颜。"（《咏贫士》其五）但问题是，尽管诗人在理性上说服了自己，可"夏日长抱饥，寒夜无被眠"的困苦生活依旧，这种精神胜利能起多大作用大概只有诗人自己知道了。

第三，这种矛盾纠缠还表现在对声名的淡泊与热衷上。

对于声名，陶渊明也显示出矛盾的焦灼来。有时陶渊明对声名高度关注，如他正式归隐前的《荣木》诗就叨叨不休地感慨"总角闻道，白首无成"的焦虑，所以他要"脂我名车，策我名骥。千里虽遥，孰敢不至！"他写《归园田居》，是经过十三年的仕宦挣扎后，终于发现了一个新的人生的方向——致力做一个躬耕的隐者，以其留名于后世。在《咏荆轲》中，陶渊明对荆轲所作的心理推测是："心知去不归，且有后世名"，对荆轲的评语则是"此人虽已没，千载有余情"，字里行间透露出诗人对荆轲的钦羡。概而言之，他对声名的态度是"立善留名"。所以在一些诗中他表白自己如何坚守君子固穷的节操，又如何在隐居田园中逍遥自适，期望能以一个固穷贫士、旷达隐士的形象留名于后世，聊以弥补不能以功业传世的遗憾。可是，有时他又对树立名声持否定的态度，在《饮酒二十首》其十一中，他又这样说："颜生称为仁，荣公言有道。屡空不获年，长饥至于老。虽留身后名，一生亦枯槁。死去何所知，称心固为好。"认为生前死后的名声毫无价值；在《形影神》中通过神对形影追求的否定，也表现出诗人对"立善留名"人生志向的舍弃。树立名声与否定名声，同时出现在诗人一个人身上，可见诗人内心世界的矛盾纠葛的情形是多么的严重。

三、"从古皆有没，念之心中焦"：时间压迫的焦灼感

我们必须承认，陶渊明的理性自觉在他人生的路上起了很重要的作用，使他能以"自然"的哲学构造出"静穆"的审美境界，以诗意的心态对待人生中的种种无奈和困苦。可是当他面对"时间"所带来的压迫、生命有限性这一现实的时候，新的焦灼感就又出现了，此时他已没了"当年讵有几，纵心复何疑"（《庚子岁五月中从都还阻风于规林二首》）的豪气羁狂，也没了"采菊东篱下，悠然见南山"的旷达飘逸，其《己酉岁九月九日》、《杂诗》、《拟挽歌辞》等传达出的均是一种时光悠悠难逮的无力感和生命无法把握的焦灼感。诗人在"班班有翔鸟，寂寂无行迹"的灌木荒宅中慨然喟叹："宇宙一何悠，人生少至百。岁月相催逼，鬓边早已白"（《饮酒二十首》其十五），天地是多么的悠远，人生又是多

么的短暂，岁月无情，不知不觉之中两鬓已染成了白色，这是一种非人力可以左右的自然规律。在《己酉岁九月九日》中诗人无奈地写道："靡靡秋已夕，凄凄风露交。蔓草不复荣，园木空自凋。……万化相寻绎，人生岂不劳。从古皆有没，念之中心焦……"诗说重阳节倏忽而至，天地万物循环不定，人世自然也免不了喜怒哀乐贫富贵贱的扰攘，而比这些扰攘更令人烦忧的当然是那使人摆脱不了的"从古皆有没"的命运。在《岁暮和张常侍》则这样吟唱："市朝凄旧人，骤骥感悲泉，明旦非今日，岁暮余何言！素颜敛光润，白发一已繁；阔哉秦穆谈，旅力岂未愆！……民生鲜常在，矧伊愁苦缠。……抚己有深怀，履运增慨然。"除夕到来，诗人对生命的感慨更深了：时光转眼又是新岁，市朝满眼已无旧的面孔，当年那些转日回天行风使雨的朝臣都已死去，人生之速真如白驹过隙。自己也由壮年而老年，由黑发而白发，感流年之速，叹己之将亡，这"抚己深怀"是多么凄然悲切！

诗人不仅歌吟"从古皆有没"，而且还让自己亲身去体验死亡。他在去世前写了三首《拟挽歌辞》。诗中"死者""经历"了由殓到祭再到葬的全过程，"首篇乍死而殓，次篇奠而出殡，三篇送而葬之"[①]。三诗虽出以旷达之语，但仍掩不住凄怆悲凉之情。入殓时"娇儿索父啼，良友抚我哭"，到出殡时"欲语口无音，欲视眼无光"，再到入土时"幽室一已闭，千年不复朝"，无一不是人死时最为心碎而绝望的场

----

① ［清］邱嘉穗：《东山草堂陶诗笺》卷四，见《陶渊明资料汇编》下册，中华书局，1961年，第312页。

景。"死者"那"千年不复朝，贤达无奈何"的伤感，与其说流露了诗人对死的恐惧，不如说表达了他对生的眷恋。①

当然，有些时候陶渊明也会不断说服自己：看开一点再看开一点，达观一些再达观一些！其《形影神》组诗就是典型的例子。在《形影神》中，第一首《形赠影》写形对影说：天地、山川、草木之形可以永存，而人之形却必然要死亡消失，所以人生在世应及时饮酒行乐。第二首《影答形》写影回答形说：生命永存不可能，神仙之道不可通，人死时我和你同时灭亡；但如果能在生前立善，声名就可万古流传，饮酒比起立善来岂不低劣？第三首《神释》针对形影的不同观点，神认为：饮酒会使人短寿，立善没有人称誉而永远被记得；人生应该顺应自然，听任自然，随着自然的变化而变化，用不着自己徒增烦恼地去考虑。

显然，形所主张的及时行乐和影所主张的遗善于世，正是陶渊明内心中常常矛盾着的两种人生态度，最后神以更高姿态出现，"开释"、说服形和影的执迷，指出若能从"生"的眷爱不舍中解脱出来，对人生抱着一种旷达的态度，做到顺应自然，委运任化，矛盾痛苦自会消解。形影神的对话就好像诗人的三个形象在辩论，形和影一赠一答，神却是个最后勉强的结论者，超然地或者无可奈何地启悟、释迷，以求说服自己，这种"自我说服"的大彻大悟中我们依然隐约地感到其背后的焦灼和无奈。

可是，如果我们的诗人一味沉溺在以上这种种焦灼感而

① 戴建业：《澄明之境——陶渊明新论》，华中师范大学出版社，1998年，第65—69页。

不能解脱，那么他就不是陶渊明了，千百年后他也就失去了被解读的价值。"陶渊明的独特之处，更在于他为自己找到了一条淡化和消解不遇之悲、迁逝之痛的有效途径。他一方面从盛行于魏晋的玄学思潮里寻求自我解脱的理论依据，形成了一种达生贵我的人生态度；另一方面固守纯真朴实的田稼生活，从中获得了一种远离尘嚣的真实体验。两个方面互为影响，互为支持，使诗人最终成功地弥合了人格的分裂与对抗，把自己提升到一种积极的虚静状态，从而达到了审美世界和艺术人生的彼岸"①。此外，通过饮酒、赋诗、歌吟古代贤士以觅知音等艺术的途径，他也在千方百计地、理性地消解内心的焦灼感。

为了表达这种诗意生存和与大自然相亲相谐的喜悦，诗人写鸟、写菊、写松柏、写云朵，其实，这类意象的真正美学意义不是对自然物本身的欣赏，而是诗人对自我人格的一种暗喻和肯定。总之，陶渊明的思想深处有太多太多的不平静，有太深太深的焦灼感。只是由于他的理性、他"自然"的人生追求，使得其诗呈现出冲淡平和、旷远悠洁的审美风格，"但在这背后，却充满了对现实社会的憎恶与不安，对人生短促深感无所寄托的焦虑。换言之，'静穆'是在'自然'哲学支配下构造出的美学境界，而激起这种追求的内驱力恰恰是高度的焦灼不安。"② 这就是陶渊明，从他的歌吟中，我们看到了一个伟大的灵魂，一个从种种矛盾、失望、悲苦、

---

① 余樟华、陈兴伟：《陶渊明》，春风文艺出版社，1999 年，第 37 页。
② 章培恒、骆玉明：《中国文学史》，复旦大学出版社，1996 年，第 360 页。

焦灼之中，经过艰苦卓绝的努力，而终于从人生的困惑中挣脱出来的伟大灵魂！嗟夫，陶渊明远矣，但陶渊明那自觉理性的人生探索，那亲和自然、简朴寡欲的生存方式，对于当今物欲横流功利泛滥的世界里，精神世界变得越来越荒芜浅薄的我们，真的就像茫茫沙漠中遇到的绿洲一样珍贵，它是使我们疲惫身心得以舒展、栖息的精神家园。

（原载《内蒙古民族大学学报》，2004 年第 6 期）

陶渊明：一个生态美学的文本

人类的文明史其实就是一部人与自然的交流对话史。一般说，人与自然交流对话有三种范式，即神话型、哲学型和艺术型①，而在这三种范式中，最本质的无疑是艺术方式，文学又是艺术方式中蕴含最丰富的一种形式，也即人与自然的关系作用并展现于人类精神文化和社会生活的各个层面，在文学文本中表现得最为突出。而在"天人合一"的文化大背景下，中国传统文化对自然的情怀尤为亲切。中国传统文化包蕴着人与自然特有的和谐而诗意的关系，而这种关系是建立在人对自然和生命体悟的基础上的，它表现为对自然的一种"诗意的观照"、"审美情感的倾注"，表达着"要求在自然中安歇的企图"。如果对中国古代的文化人作一考察，就会发现：代表这种文化精神典型的莫过于陶渊明。陶的文化意义就在于："他对生命的理解和对人生态度的择取，缘于他对更高的自由精神之广阔开展的要求，缘于他对自然那无条件亲和并以艺术眼光审视自然的态度。可以说，陶渊明的出现，既是前人与自然关系的一个合乎逻辑的发展，也为后人与自然的对话建立了一个范式。"② 陶渊明成为一个文本，一个人与自然交流对话理想状态的文本。仅此一点而言，陶渊

---

① 尚永亮、张强：《人与自然的对话》，安徽教育出版社，2003年，第237页。

② 尚永亮、张强：《人与自然的对话》，安徽教育出版社，2003年，第237页。

明无疑具有生态学和生态美学的意义。

一般讲，生态学最初是指"关于生物生存环境的论述或科学"。后来它在研究范围上不断扩大、方法论上不断更新，并向相邻学科不断施加影响，进而获得了生态世界观的意义，即进入了生态哲学阶段，其主要理论是主张"把整个生物圈乃至宇宙看成一个生态系统，认为生态系统中的一切事物都是相互联系、相互作用的，人类只是这一系统中的一部分，人类的生存与其他部分的存在状况紧密相连……"，并把物种的丰富性、多样性和共生作为基本原则，"以寻求人与自然的和谐关系和满足人们最深层的愿望为目的"[①]。而生态美学则是生态学与美学学科相互影响、相互渗透所形成的一门新兴学科。具体说，生态美学是传统美学面对生态学或生态哲学、人类学等学科所提出的人类与自然、人类与社会等的关系问题的追问而产生的边缘学科。它所包含的整体的概念、系统的概念以及共生和谐的概念等，具有着美学的意义，是一种美学意义的追问；从学科的角度来讲，这些概念就是生态美学的重要范畴，是生态美学关于人与自然、人与社会以及人与人、人与自我之间关系的终极把握，是对人类生存状况、生活质量的理想境界的审美理解。[②] 如果以此为观照原则，陶渊明理所当然的就是一个典范的文本。他的人生和他的诗就像打开的一本书，毫无掩饰地显露他的生存个性，记录了

---

① 雷毅：《深层生态学，一种激进的环境主义》，《自然辩证法研究》，1999 年第 2 期。

② 何悦玲：《共生与和谐：人类家园的古典理想境界》，《陕西师范大学学报》，2001 年第 2 期。

一个谦和自耕的诗人对自然与人生的深刻思考，表现出一种与自然与环境和谐一致的冲淡闲适的奇妙意境，从而构成了中国哲学所追求的最高幸福与和谐。

一、"天人合一"的生命意识

在中国传统文化中，"天人合一"的观念占据着重要地位。在农耕为主的生产背景中，人们的饮食作息和自然界的太阳周期运转已达成一种实际的默契，人对自然环境的依赖，对风调雨顺的期盼，使得人们对寒暑易节、气候变迁格外敏感，逐渐形成了与环境和宇宙间的自然生命相互依存的文化心态，认为人的自然生命与宇宙万物的生命是协调、统一的，人在南风吹拂中聊解心中之愠，靠自然的力量阜增财物，自然简直就是衣食父母，哺养它怀抱中的人类。在这种梦幻般的境界里，人们依赖自然，与天地万物和谐相处。同时，自然万物又是愉情悦性的对象，人们可以从中获得身心的愉悦，实现个体生命与宇宙生命的融合。中国美学正是从这种"天人合一"的生命情调中，即人与自然的亲和关系中寻求美。人既不是自然的主宰，也不是自然的奴隶，而是人即自然，自然即人。天人合一的境界就是"天人和谐"的境界。

早在先秦时代，孟子和荀子就主张人体天道，尊重自然规律，对林木水产的捕伐要依时令而行。孟子主张"斧斤以时入山林"，荀子主张"污池渊沼川泽，谨其时禁"。也即儒家重视人与自然之间的亲善和谐。孟子还提出尽心知性以知天，将自己的情性与万物的本性相联系，讲求"物我同一"。到宋代，理学家张载还提出了著名的"民胞物与"的命题，强调以天地之体为身体，以天地之性为本性。将民众看成是同胞，万物看成是朋友。这些都是站在人文关怀的立场上强调对生态环境的重视与保护。这种生态环境既是物质的环境，也是精神的生态。道家则向往回归自然，比如庄子追求"以人合天"，人与物为一，通过遵循自然规律的途径以求得精神的自由。把人看作大自然的一部分，与大自然本为一体："天地与我并生，万物与我为一"（《庄子齐物论》）。庄子要求人的行为都应与天地自然保持和谐统一——"与麋鹿共处"。

虽然儒、道两家的基本思想和价值取向迥然有别，但其关于"天人合一"的认识却有很强的相似性，儒家的天人观强调对照宇宙精神下道德观的参与和提升，这种天人观的终极价值是推己及物，发挥仁爱与同情，普及一切众生与存在，视万物为一体同仁；而道家，因其精神上追求个体生命对尘世束缚的超越和自由，强调人生的真性纯情，其天人观则偏于宗教精神，其终极追求在于对自然生生不息的历程和精神的领悟与默契。

因此，在以儒道为思想内核的中国文化进程中，历代的文人都在他们的诗文中传达着他们对"天人合一"真谛的体悟，也在物我为一的和谐中提升着自己的心灵境界。陶渊明就是其中的典型，他的诗体现出儒道天人观通过"自然"自由往来与流动的意象。对此，林语堂先生在《人生的爱好者：陶渊明》中指出"……在他那部关于喝酒和田园生活的小诗集，三四篇偶然写出来的文章，一封给他儿子的信，三篇祭文（其中有一篇是自祭文）和遗留给后代子孙的一些话里，我们看见一种造成和谐的生活的情感与天才。"

"有人也许会把陶渊明看做'逃避主义者'，然而事实上他并不是。他想要逃避的是政治，而不是生活本身。……在他看来，他的妻儿是太真实了，他的花园，伸过他的庭院的树枝，和他所抚爱的孤松是太可爱了；……他就是这样酷爱人生的，他由这种积极的、合理的人生态度而获得他所特有的与生和谐的感觉。……陶渊明仅是回到他的田园和他的家庭的怀抱里去，结果是和谐而不是叛逆。"① 林语堂先生的看法可谓十分精警。下面我们就从两个方面具体阐释这一问题：

1. 鸟意象与诗意回归

众所周知，陶渊明出身于一个没落的仕宦家庭，少时颇有豪气，"少时壮且厉，抚剑独行游"，"猛志逸四海，骞翮思远翥"。他志向远大，希望通过出仕为官，实现"大济苍生"的宏愿。所以，龚自珍才有诗云："陶潜酷似卧龙豪，万古浔阳松菊高。莫信诗人竟平淡，二分《梁甫》一分《骚》。"但是，他所处的时代，社会动乱不安，政治极端黑暗，门阀势力严重，整个东晋王朝就像一驾老牛拉着的破车，在风雨迷蒙的荒野上行进。诗人面对这种黑暗的时代和险恶的政局，既无力去拨乱反正，又不肯同流合污，因而只好"逃禄归耕"，走上"击壤以自叹"的道路，把隐居田园作为寄托生命的天地。从志在四海，到逃避官场，退隐归田，这就是陶渊明一生的生活道路。所以，和一般人一样，面对生活，陶渊明也有着许多的矛盾和冲突，但经过一番艰难的探寻之后，最终达到了冲和和静穆的境界。他的诗不单只描写田园的乐趣，主要反映他酷爱自由的天性，和自然相亲相融

---

① 林语堂：《生活的艺术》，华艺出版社，2001 年，第 1 页。

的愉悦以及"天人合一"的生命观。

为了表达这种诗意生存和与大自然相亲相谐的喜悦，诗人写鸟、写菊、写松柏、写云朵，其实，这类意象的真正美学意义不是对自然物本身的欣赏，而是诗人对自我人格和生命精神的一种暗喻和肯定。其中诗人最常使用的一个意象是"鸟"，他时而就像"载翔载飞"的"翼翼归鸟"（《归鸟》），时而又像"日暮犹独飞"的"栖栖失群鸟"（《饮酒》之四），透过这个意象诗人把自己内心的人与自然相通相融的生命意识抒发得清新别致。其中《归鸟》最有代表性："翼翼归鸟，载翔载飞。虽不怀游，见林情依。遇云颉颃，相鸣而归。遐路诚悠，性爱无遗。"诗中之鸟，生机盎然，真纯而无忧无虑，它不必再担心遭罹网罗，也不会在日暮时飘泊无依。它无限深情地依恋着生养它的树林，这是它生命的起点也是最终的归宿。"翼翼归鸟"其实就是陶渊明"天人合一"思想的写照，他终于找到了止泊之处——田园——他生命与精神的依托。此时的鸟"因值孤生松，敛翮遥来归。劲风无荣木，此荫独不衰。托身已得所，千载不相违。"（《饮酒》其四）或者是："朝霞开宿雾，众鸟相与飞。迟迟出林翮，未夕复来归。量力守故辙，岂不寒与饥"（《咏贫士七首》其一），把回归自然的向往和坚毅传达给我们。当然最能代表渊明深意的还属《饮酒》其五："结庐在人境，而无车马喧。问君何能尔？心远地自偏。采菊东篱下，悠然见南山。山气日夕佳，飞鸟相与还。此中有真意，欲辨已忘言。"骆玉明先生分析说：

"太阳朝升暮落，山中的云色由明到暗，鸟儿晨兴而出，夕倦而返，大自然的万事万物都一任自然，各依其本性而行，它们无意志、无目的、无所欲、无所求，所以平静、完美、充实。……实际上，诗人诉说的是一种真谛，一种关于生命、关于人生的活泼的感受。"① 由此观之，陶渊明与鸟已恍然为一物，鸟之于山林，恰如陶渊明之于田园和自然。山林为鸟栖息之巢穴，田园则为陶渊明生命与精神托付之家园。当然，陶渊明的回归田园并非是草率、任性式的选择，而是经过理性的抉择与判断，从中可见其人格涵养的力量。叶嘉莹对渊明这一段求索的历程，有过一段精警的分析，她说："自渊明诗中，我们就可深切地体悟到，他是如何在此黑暗而多歧的世途中，以其所秉持的、注满智慧之油膏的灯火，终于觅得了他所要走的路，而且在心灵上与生活上，都找到了他自己的栖止之所，而以超逸而又固执的口吻，道出了'托身已得所，千载不相违'的决志。所以在渊明诗中，深深地揉合着仁者哀世的深悲、与智者欣愉的妙悟。"② 因而，终老归田、托身所得，这绝不是无病呻吟式的呓语，而是陶渊明"拼却一生休"换来的一句沉甸甸的"天人合一"、诗意回归的誓言。

2. 酒意趣和浅近自然

萧统《陶渊明集序》云："有疑陶渊明诗，篇篇有酒，吾观其意不在酒，亦寄酒为迹者也。"确实，读陶渊明之诗，虽有排遣内心郁闷的用意，但细细品味，却正像诗人自己所言，其"酒中有深味"。

首先，陶渊明把酒视为生活的享受，是他生命中不可缺

---

① 骆玉明：《饮酒二十首（其五）》赏析，见吴小如等《汉魏六朝诗鉴赏辞典》，上海辞书出版社，1992年，第554页。

② 叶嘉莹：《迦陵论诗丛稿》，河北教育出版社，1991年，第151页。

少的一部分。"愿君取吾言，得酒莫苟辞"（《形赠影》）是他的名句，从"得酒莫苟辞"中，可看出渊明是反对"营营惜生"的。他觉得"营营惜生"，用惨淡的经营方式来顾惜生命，是违反自然的，因此，他用"天人合一"的自然观抨击那种轮回报应，强调把握现世，"得酒莫苟辞"。白居易《效陶潜诗》云："先生去已久，纸墨有遗文。篇篇劝我饮，此外无所云。"但陶渊明并不是"借酒消愁"的无聊文人，除了喝酒，他还有其他更具意义的追求，比如在饮酒的日子里，他或春游、或登高、或读书，或与朋友谈心，或与家人团聚，或盥濯于檐下，或采菊于东篱，以及那在南风下张开翅膀的新苗、那日见苗壮的桑麻，都让他为之喜悦和倾倒，在"斗酒散襟颜"中他诗意地体验着淡泊宁静的生活。鲁迅先生说他是"赫赫有名的大隐"[①]，也就是因为他过着"欢言酌春酒，摘我园中蔬"的朴素而诗意的生活。

其次，也是更重要的，陶渊明的饮酒还表现了他对时光飘忽和人生短促的感慨，进而倾诉了诗人"浅近自然"的生命意识。从汉末到南北朝，由于汉帝国的崩溃，整个社会陷入一种无序的混乱状态，统治者内部相互倾轧，争权夺利，外部征战连年，饿莩遍野。人为的因素成为威胁人生命的可怕力量，人们普遍感到前途的渺茫和悲哀，因而发出对人生短暂的感慨："人生天地间，忽如远行客"，"人生非金石，岂能长寿考"，"人生忽如寄，寿无金石固"（以上均见《古诗十九首》），甚至连雄才大略的曹操，也高吟"对酒当歌，

---

① 鲁迅：《而已集·魏晋风度及文章与药及酒之关系》，《鲁迅全集》第三卷，人民文学出版社，1993 年，第 515 页。

人生几何"。陶渊明处于晋宋易代之际，诗中这类感慨自然也是很多的。《杂诗》其一："人生无根蒂，飘如陌上尘。"《归田园居》："人生似幻化，终当归空无。"而《饮酒二十首》中，这类表现就更多，如"衰荣无定在，彼此更共之""一生复能几，倏如流电逝""宇宙一何悠，人生少至百"。但这种感慨最终经过陶渊明诗意地探寻、求索之后，回到了顺应自然的轨道上来，这不能不让人感到陶渊明的伟大。此方面的代表作还得看《形影神》组诗。其一《形赠影》写形对影说：天地、山川、草木之形可以永存，而人之形却必然要死亡消失，所以人生在世应及时饮酒行乐。其二《影答形》写影回答形说：生命永存不可能，神仙之道不可通，人死时我和你同时灭亡；但如果能在生前立善，声名就可万古流传，饮酒比起立善来岂不低劣？其三《神释》针对形影的不同观点，神认为：饮酒会使人短寿，立善没有人称誉而永远被记得；人生应该顺应自然，听任自然，随着自然的变化而变化，用不着自己徒增烦恼地去考虑。

显然，形所主张的及时行乐和影所主张的遗善于世，正是陶渊明最初的、也是一般士人心中那种原始的人生态度，可是经过理性的探索后诗人指出，若能从"生"的眷爱不舍中解脱出来，对人生抱着一种旷达的态度，做到顺应自然，委运任化，矛盾痛苦就会消解。形影神的对话就好像诗人的三个形象在辩论，形和影一赠一答，神却是个最后理性的结论者，超然地启悟、释迷，以求说服自己，在这种"自我说服"的大彻大悟中，我们清楚地感到了诗人为了使自己摆脱世俗的羁绊所做的包括饮酒在内的诗意努力，即"泛此忘忧物"的目的就是为了"远我遗世情"。此外，他的《晋故征西大将军长史孟府君传》也有助于我们理解陶渊明所说的"酒中深味"。这篇传记记载他外祖孟嘉"好酣饮，逾多不乱；至于任怀得意，融然远寄，傍若无人。温尝问君：'酒有何好，而卿嗜之？'君笑而答曰：'明公但不得酒中趣尔。'又问听妓，丝不如竹，竹不如肉，答曰：'渐近自然。'"所谓"酒中深味"和"酒中趣"就是使人"渐近自然"，使人得以展露个体存在的本真性。所以，沃仪仲这样解读《形影神》："日醉促龄，立善谁誉，并饮酒好善，一齐扫去矣。细寻结穴处，只在纵浪大化，不喜不惧，渊明置身真在日月之上。题中'自然'二字，释得透快。"（引自黄文焕《陶诗析义》卷二，明崇祯刻本）可以说，诗人在超越生死的同时，也向后人昭示了他生命的深度，那就是洒落悠然又尽性其命、不慕荣利而超凡脱俗的生命境界。

二、精神治疗下的诗意生存

陶渊明以其冲淡平和、旷洁悠远的"静穆"诗风名于世，"但在这背后，却充满了对现实社会的憎恶与不安，对人生短促深感无所寄托的焦虑。"[1] 一般说，这种思想上难以化解的焦灼感具体表现在功业无成的焦灼；渴望知己而知己难求的孤独、贫与富的惶惑、对声名的淡泊与热衷等等矛盾纠葛的焦灼以及生命有限、时间压迫的焦灼等等方面。[2] 那么，

---

[1] 章培恒、骆玉明：《中国文学史》，复旦大学出版社，1996 年，第360 页。

[2] 于东新：《焦灼感：陶渊明诗歌思想的一种解读》，《内蒙古民族大学学报》，2004 年第 5 期。

具体可感的生活中诗人是如何消解内心的焦灼感而臻于自然、冲淡、平和的呢？我们认为这种境界的获得来源于他"天人合一"生命观下的"精神治疗"。概而言之，途径有三：

1. 安时处顺、审美自足信念的思考

庄子将"自由"作为包括人类在内的一切生物生存的终极意义，在《秋水》中他举例说："牛马四足，是谓天；落马首，穿牛鼻，是谓人。故曰：无以人灭天，无以故灭命，无以得殉同，谨守而勿失，是谓反其真。"可是由于对所谓荣誉地位、功名利禄的追求却常使人的心灵邻近痛苦焦灼的情状，使人生处于"异化""非我"的状态之中。对此陶渊明也是有深入思考的，他思考的结果就是提出了"自然哲学"的主张，对此，骆玉明先生分析指出："陶渊明的'自然哲学'内涵，既包含了自耕自食、简朴寡欲的自然生活方式，又深化为人的生命与自然的统一和谐。在陶渊明看来，人不仅是在社会、在人与人的关系中存在，而且，甚至更重要的，每一个个体生命作为独立的精神主体，都直接面对整个自然和宇宙而存在。从本源上说，人的生命原来是自然的一部分，……只是人们把自己从自然中分离出来，投入到毫无价值的权位与名利的追逐中，以至丧失了本性，使得生命充满了焦虑和矛盾。所以，完美的生命形态，只有回归自然才能求得。"① 这也就是说，陶渊明对人生的苦难，对外界自然和社会环境限制人的事实都坦然地接受了，但同时他又从"自然

---

① 骆玉明：《饮酒二十首（其五）》赏析，见吴小如等《汉魏六朝诗鉴赏辞典》，上海辞书出版社，1992年，第554页。

哲学"思辨的高度超越着这种悲哀和束缚，寻找着他心灵的
自由。我们看其《五月旦作和戴主簿》：

> 虚舟纵逸棹，回复遂无穷。
>
> 发岁始俯仰，星纪奄将中。
>
> 南窗罕悴物，北林荣且丰。
>
> 神渊写时雨，晨色奏景风。
>
> 既来孰不去，人理固有终。
>
> 居常待其尽，曲肱岂伤冲。
>
> 迁化或夷险，肆志无窊隆。
>
> 即事如已高，何必升华嵩！

诗人首先运用《庄子·列御寇》"泛若不系之舟，虚而
遨游"的典故，表达任凭时光流逝而不拘泥于悲哀的认识。
然后写时光飞逝，说一年刚过就好像已逝去一半了，自然万
物也随季节转换而老去。人与物同理，有生自然有死。在贫
困但快乐的生活中等待生命的终了，那又有什么不高兴的呢？
时运变化时顺时险，只要顺心适志就行了。对眼前事物有奇
妙的体悟，没必要苦苦修炼。所谓彻悟之人，并非佛寺道观
中人啊。其实，陶渊明的精神世界中也曾闪现过长生的美好
渴望，"赤泉给我饮，员丘足我粮。方与三辰游，寿考岂渠
央！"(《读山海经》其八) 但这种向往只是转瞬即逝的流光。
他清楚地认识到人实在难以超越有限的时空，不仅如此，在
他看来，人的寿夭、穷通、荣辱、贵贱等都是自然运化，不
以人的意志为转移，正像寒暑代谢，四季转换一样。因此，

通达之士不应随外物悲喜。"一切痛苦皆源于欲望"（叔本华语），只有恬淡寡欲，索要的尽可能的少一些，人生才能获得宝贵的自由。在他的心目中，人世间的功名利禄比起超功利的精神自由实在算不了什么。他要把人生的苦酒通过诗意的形式淡化为一杯甜美的清泉。

于是，陶渊明用自己的诗展示了对审美性、自然化生活方式的求索。诚然，陶渊明最后的 22 年田园生活在物质方面是失败的，但穷困所带来的种种问题，并没有动摇陶渊明"自然哲学"的信念，这种决心是开悟后的坚持。几许探寻，多少挣扎，陶渊明所求的不过是简单的生活，并甘心乐意去过这种生活而已。生活因简单才能得"有余闲"，才能去享受"树木交阴，时鸟变声"的自然美！前文已讲过，"鸟"象征了渊明的生命追求，你看鸟日出而飞，相约寻食，自食其力，所以诗人主张"人生归有道，衣食固其端。孰是都不营，而以求自安？"（《庚戌岁九月中于西田获早稻》）；然"鸟"之于生活果腹便足，如"鼹鼠饮河，期在满腹；鹪鹩巢林，不过一枝"，决不纵欲逐利，此点与渊明"营己良有极，过足非所钦"的思想如出一理。对于物质生活，渊明向来是持达观的态度。他不讳言物质追求，且躬耕田园以求利。但是，他所求的不过是正当衣食之需。所以，陶渊明实际上的欢乐是一种朴素的、审美的、自足的欢乐，他乐于清晨去南山种豆锄豆，用汗水换来秋天"岁功聊可观"的收成；或在"晨出肆微勤，日入负耒还"的劳作之后，舒坦地"盥濯息檐下，斗酒散襟颜"（《庚戌岁九月中于西田获早稻》）；或在"农务各自归"以后，选一个春秋佳日"登高赋新诗"；

或与邻曲二三"素心人"一起"奇文共欣赏，疑义相与析"（《移居》之二）；或在"宅边五柳树"下和亲旧家中，与朋友一起畅谈畅饮；"造饮辄尽，期在必醉，既醉而退，曾不吝情去留"（《五柳先生传》），而"既耕亦已种，时还读我书"更是让他感到"不乐复何如"的乐事（《读山海经》其一）。可以说，陶渊明将生活中朴素的精神快乐作为生命的极致，这种快乐是摆脱了魏阙紫印、贪得无厌等等世俗束缚后生命的洒脱自由。因此，王先霈先生指出："（陶渊明）看重的个人精神的自由，是不以心为形役，不让精神需求服从于物质的需求，看重的人在与自然的和谐相处中得到的宁静、舒适。"① 正是由于没有执着的世俗价值关怀，也就没有了时刻涌动在胸中的期待、渴望、焦虑等紧迫的精神负荷，于是焦虑情绪也渐渐消释。将远寄的心收回，将无尽的期待收回，将人生的关注收缩到眼前，收缩到当下，于是心平静了，神也安宁了，整个身心都彻底地闲了下来，身闲、心闲，眼前之物、事，便无往而不适了。

2. 自由闲静、任真自适的心态定位

庄子倡导理想人格。所谓的理想人格就是超越人世俗情萦绕，超越功利目的的束缚。庄子心目中的理想人物，不论"神人"，还是"圣人""真人"，都明确表现出一种超然世外的态度，"极物之真，能守其本。故物天地，遗万物，而神未尝有所困也。"（《庄子·天道》）明显表现出对人间世务的鄙弃和对世俗道德的否定。陶渊明对庄子理想人格的这种心境

---

① 王先霈：《陶渊明的人文生态观》，《文艺研究》，2002 年第 5 期。

非常神往，加之性格所至，形成了具有自我独特色彩的自由闲静、任真自适的心态，这种心态的定位最终使他超越功业无成、时间压迫的焦灼和"贫富长交战"的矛盾而走向冲淡平和。"抱朴守静，君子之笃素。自真风告逝，大伪斯兴。"（《感士不遇赋》）"居止次城邑，逍遥自闲止。坐止高荫下，步止荜门里。"（《止酒》），诗人赞美田园淳朴自然的生活，"此事真复乐，聊用忘华簪。遥遥望白云，怀古一何深。"（《和郭主簿二首》）陶渊明不但自身向往之，而且他诗文中每每称道的人物，皆具此等胸怀。前文提到的《晋故征西大将军长史孟府君传》中，他称赞其外祖孟嘉的风度："任怀得意，融然远寄，旁若无人"。有时他还自言："遥遥沮溺心，千载乃相关。"（《庚戌岁九月中于西田获早稻》）"闲静少言，不慕荣利。好读书，不求甚解，每有会意，便欣然忘食。"（《五柳先生传》）由于对自由生活的向往和庄子思想的指引，陶渊明终于由亦仕亦隐、心怀两端而彻底地回归了田园。

陶渊明的归田，打开了一个超越具体人生的境外之趣。栗里小村，几间茅舍，烟云舒展，竹篱密密，杨柳依依。每日里，或弹琴饮酒，或登高读书，或耕地种园，他的这种生活方式具体、可感，充满着人间烟火气息。在他看来，他的归隐田园并不是人生的不幸，而是终于挣脱了枷锁，终于勘破迷团，走向新的自由境界。他抛弃外在的轩冕荣华、功名利禄，超越田园生活的劳役之苦，艺术地观赏大自然，从中领略真正的生命意义。他发现自然美，认识自然美，同时也在大自然中发现了真正的自我。他久受扭曲的灵魂终于在清

新的大自然中得到复苏。① 那榆柳交应、鸡鸣狗吠的乡间，
那"户庭无尘杂，虚室有余闲"的生活才是他要的世界，他
可以肯定地告诉自己"托身已得所，千载不相违"（《饮酒》
其四）。在大自然的怀抱中，一切都超越了具体的功利性，他
不受拘牵，向往自由的性格得到了充分的伸张。所以宋人陈
师道在其《后山诗话》中深邃地指出："渊明不为诗，写胸
中之妙尔。"普通的田园景物，此时已经融入了诗人"真淳"
"自然"的人生理想。所描绘的，"云无心以出岫，鸟倦飞而
知还"；"木欣欣以向荣，泉涓涓而始流"（《归去来兮辞》）！
田园的自然状态，与诗人摆脱了功利束缚的高洁情怀融合在
了一起，物中有我，我中有物，物我合一，用叶燮《原诗》
中的话来说，真所谓"陶潜胸次浩然，吐弃人间一切，故其
诗俱不从人间得"！

3. 躬耕陇亩、自耕自资生活方式的选择

在陶渊明的田园诗中，其实我们强烈感受到的不仅仅是
田园之美，更多的是诗人对"自我"之和乐超越、共生和
谐、自由审美人格的执着与铸造。在诗人的笔下，"我"虽
失去建功求名的希望，也郁积着某种苦闷和悲伤，但却没有
走向沉沦和绝望，而是坚守着"自我"为本位的人生思考，
以一种清醒而自觉的意识调适着自我，在"物"与"我"之
间建立起一种贵"我"轻"物"的理想范式。《饮酒二十首》
中："不觉知有我，安知物为贵""所以贵我身，岂不在一

---

① 张瑞君：《庄子审美思想与陶渊明人生境界》，《西南师大学报》，
1997 年第 3 期。

世"。世俗的功名利禄、富贵荣华，都不过是身外之物，惟有自我心灵的快乐、心趣的满足，才是人生的第一要义、至上的价值。贯穿其诗始终的是一种浓烈的自傲、自足、自得、自乐之情，一种真正的"自我"生命意识的觉醒。这种觉醒的表现除了上面所谈的两个方面外，我们认为还表现在他关于躬耕陇亩、自耕自资生活方式的选择和坚持上。换言之，陶渊明不仅是归田的隐士，而且也是古代文人隐逸史上少有的亲自耕作、自耕自食的哲人。张潮《幽梦影》卷上就说："躬耕吾所不能，学灌园而已矣；樵薪吾所不能，学莳草而已矣。"若渊明者，躬耕、樵薪正其所能也。蒙田就坦率地承认"自己就丝毫不宜于农作"，他的中年归隐，"不过是为了专心致志地研究学问"，论形迹他已失之自然，论怀抱也不及陶渊明旷而且真。我们不妨看他的《癸卯岁始春怀古田舍二首》：

> 在昔闻南亩，当年竟未践。
> 屡空既有人，春兴岂自免？
> 夙晨装吾驾，启涂情已缅。
> 鸟哢欢新节，泠风送余善。
> 寒竹被荒蹊，地为罕人远。
> 是以植杖翁，悠然不复返。
> 即理愧通识，所保讵乃浅。
>
> 先师有遗训，忧道不忧贫。
> 瞻望邈难逮，转欲患长勤。

秉耒欢时务，解颜劝农人。

平畴交远风，良苗亦怀新。

虽未量岁功，即事多所欣。

耕种有时息，行者无问津。

日入相与归，壶浆劳近邻。

长吟掩柴门，聊为陇亩民。

从"鸟哢欢新节，泠风送余善"，"平畴交远风，良苗亦怀新；虽未量岁功，即事多所欣"这些喜气流溢的诗句中，我们就能很真切地感受到诗人躬耕时心情的喜悦：田野鸟儿欢快的啼叫像是在迎接春光又像在迎接诗人，轻妙的微风给人送来融融暖意，被春风轻抚的禾苗似乎也充满了好奇……此情此景使诗人想起古时"植杖而芸"的荷蓧丈人，想起结耦而耕的长沮、桀溺，并深深理解他们何以要远离仕途而躬耕不辍，何以要逃避"滔滔者天下皆是"的尘嚣"悠然不复返"（《论语·微子》）。所以，梁启超才一针见血地说，陶渊明的"快乐不是从安逸得来，完全是从勤劳得来"。① 关于诗人的躬耕，章培恒、骆玉明也看得很清楚："（陶渊明）的体力劳动在其经济生活中究竟有多大意义？大约很有限，甚至，也许是可有可无。这种农业劳作的实际意义，在于它体现了陶渊明的一种信念。"②

其实，躬耕陇亩、自耕自资生活方式的选择，也与陶渊

---

① 梁启超：《陶渊明》，商务印书馆，1923 年。

② 章培恒、骆玉明主编：《中国文学史》（上），复旦大学出版社，1996 年，第 358 页。

明现实的生存状况有关。"弱年逢家乏，老至更长饥"（《有会而作》），陶渊明一生都在贫困中挣扎。为摆脱贫的困扰，他毫不犹豫地操持起为儒家所鄙弃的稼穑之事。他将自食其力的躬耕劳动看作实践自我"自然哲学"的开端，并且把它放置在人性起码良知的心理层面上加以强调。他说"孰是都不营，而以求自安？"因而，陶渊明躬耕的意义在于，他把高悬于空中的人生之"道"落实到了具体可感的现实人生之中，而且，通过自己的躬耕努力探寻和营求着摆脱穷困人生的路径和"天人和谐"的生命境界。"但愿长如此，躬耕非所叹！"（《庚戌岁九月中于西田获早稻》）在此，躬耕自资作为对人生之"道"的一种承担已超出了普通劳动的单纯意义而成为了陶渊明的人生信念和精神寄托。正如戴建业分析的那样，农民也种田，但"农民的耕作是对命运的被动接受，而陶渊明的躬耕行为则是实现自我生命存在方式的主动选择，体现了他对人生、生命价值的哲学思考。他与'陇亩民'的这些差别不仅不影响他作为诗人的伟大，反而正是这些差别使他的人生更具有独特的魅力，更具有存在的深度。"① 所以，陶渊明自己的名言就是："四体诚乃疲，庶无异患干。盥濯息檐下，斗酒散襟颜。"（《庚戌岁九月中于西田获早稻》）四肢虽然有些疲劳，但却躲闪开了无谓的灾祸，获得了收割的喜悦以及自在的心理休息，心情当然是愉快的。同时更重要的，这一心理调整使得诗人获得了宝贵的安全感，为审美境界的打开铺平了道路。《癸卯岁姑春怀古田舍二首》其二

---

① 戴建业：《澄明之境——陶渊明新论》，华中师范大学出版社，1998 年，第 65—69 页。

云："秉耒欢时务，解颜劝农人。平畴交远风，良苗亦怀新。虽未量岁功，即事多所欣。"农事的艰辛，在这里变成了一种精神上的享受；和风的惬意，良苗怀新的美景，一时扑面而来，让诗人感到了无限的惊喜与欢欣。尽管农耕的劳苦无法保障他一家的生活来源，但陶渊明已经深深地眷恋着这样的生活，他和田园已经融为一体，不可分开，他相信"民生在勤，勤则不匮"（《劝农》），有一分努力便有一分收获，不像尔虞我诈的官场，充满着虚伪和阴险。由此可以这样说，在躬耕陇亩、自耕自资生活方式的坚持中，诗人最终完成了他"结庐在人境，而无车马喧"的"精神治疗"！

总之，正如马克思所说的："人靠自然界生活。这就是说，自然界是人为了不致死亡而必然与之不断交往的人的身体。所谓人的肉体生活和精神生活同自然界相联系，也就是等于说自然界同自身相联系，因为人是自然界的一部分。"[①]把人还原于自然，把人的情感回归于自然，这是哲学所追求的命题，也是艺术与文学所寻觅的答案。人与自然之间通畅和谐的交流与对话，既是中国传统文化"天人合一"观存在的理由，更是其存在的结果。尤其是当下社会在现代化不断向前的滚滚车轮声中，在"人类中心主义"还依然占有市场的时候，人与自然的关系在日渐隔膜，生态环境遭到了严重的破坏，人的精神状态也日渐贫乏。在此背景下，我们重新审视以陶渊明——这个 1600 年前的诗人的"天人合一"的生命精神，即他对自然的那种"诗意的观照"、"审美情感的倾

---

① 马克思：《1844 年经济哲学手稿》，《马克思恩格斯全集》第 42 卷，人民出版社，1979 年，第 95 页。

注"，以及"要求在自然中安歇的企图"，确实有着极其重要的现实意义。陶渊明是照烛古今的一个生态美学的文本，陶渊明的方向就是今天生态学、生态美学的方向！

（原载《内蒙古民族大学学报》，2007 第 4 期）

和而虽似，似中有异
——陶渊明《饮酒》与苏轼《和饮酒》之比较

在中国文学史上，陶渊明是写饮酒诗数量最多的诗人，在现存的一百四十余首诗中，有关饮酒的诗五十六首，占三分之一强。其中的《饮酒二十首》、《止酒》、《述酒》等，皆为名篇。南朝梁萧统在《陶渊明集序》中也说："有疑陶渊明诗，篇篇有酒。吾观其意不在酒，亦寄酒为迹者。"渊明之后，宋代的苏轼也酷爱诗酒，步入晚年，苏轼特别推许陶渊明，在《和渊明归田园六首》诗序中说："吾于诗人无所甚好，而独好渊明之诗，前后和其诗凡百九首，至其得意，自谓不甚愧渊明。"苏轼对陶诗篇篇都有和作，自然也有《和饮酒二十首》，追和古人诗也就始于苏轼。宋人如黄庭坚、王直方等称许苏轼和陶诗，风格韵味两者相似。如黄庭坚在《跋子瞻和陶诗》中说："彭泽千载人，东坡百世士。出处虽不同，风味乃相似。"大千世界永远处于运动中，正如古希腊的哲人所说，人不能将脚两次伸进同一河流里一样，苏轼追和陶诗，虽自认无愧渊明，但只能曰相似，却似中有异，和而不同。同是饮酒诗，一唱一和，一同一异中，可以窥见文学创作的某些带有规律性的东西。本文拟就此展开一番比较异同的探讨。

一、处境不同，心态各异

渊明《饮酒二十首》组诗，作于东晋义熙十二年（416），诗人时年五十二岁。当时，刘裕以太尉、相国总揽朝政，封宋公，备九锡，情景正如十三年前桓玄篡晋一样，动乱已萌。对于曾入过桓玄军幕，也任过刘裕手下的参军等职的陶渊明来说，他洞悉刘裕一类人物的内心，似已预见到残酷的政治斗争即将开始。同时他还目睹当时社会"道丧向千载，人人惜其情"、"羲农去我久，举世少复真"，尘世已面临着真和美的劫难，诗人虽是东晋宰辅陶侃之后，但他并未对司马氏之东晋王室怀抱愚忠，他所深深憎恶的是士人的腐败与堕落。他内心追求的是一种本真的生存，于是他只得退隐于乡间大地，回归自然。这正如海德格尔所云："大地上所有的事物以及作为整体的大地本身，一起进入相互和谐之中……大地本质上是自行退隐的。确立大地，意指把大地带入自行退隐的敞开中。"① 只有在这种退隐与敞开中，陶渊明在自然与大地的怀抱，"结庐在人境，而无车马喧"（《饮酒二十首》之五），找到了自己"心远地自偏"之"诗意的安居"。陶渊明此时的心态，正如他在诗中所云："久在樊笼里，复得返自然"（《归田园居五首》），大有挣脱尘网、鸟翔蓝空、鱼归大海之感。正是在这种生活背景下，渊明写出了著名的《饮酒二十首》诗。

组诗《饮酒二十首》内容异常丰富，概括起来不外：1. 写归隐饮酒之怡乐，反射尘世道丧之苦难。诗人说"忽与一觞酒，日夕欢相持"（其一）、"采菊东篱下，悠然见南山"、"此中有真意，欲辨已忘言"（其五）；2. 写自然、乡民之纯朴，反射士人之朽腐。诗人说"秋菊有佳色，裛露掇其英"

---

① ［德］海德格尔：《人，诗意地安居》，上海远东出版社，第103页。

（其七）、"幽兰生前庭，含薰待清风"（其十七）、"田父有好怀""壶浆远见候"（其九）；3. 写历史上的衰荣无定、善恶无应，反射现实的是非不分。诗人说"衰荣无定在，彼此更共之"（其一）、"积善云有报，夷叔在西山"（其二）；4. 写早年误入尘网，如今心仪安贫守道与隐居之士。诗人说"少年罕人事，游艺在六经"（其十六）、"颜生称为仁，荣公言有道"（其十一）。面对"举世少真"的世界，诗人只好躲进酒神的怀抱，"若复不快饮，空负头上巾。但恨多谬误，君当恕醉人。"（其二十）在这些酒话中，他还是欲吐非露地说："悠悠迷所留，酒中有深味。"（其十四）陶渊明在《饮酒二十首》序中自云"辞无诠次"，似在醉眼朦胧中说着毫无伦次的醉话，但却是醒世之语。二十首诗，首章讲荣衰无定，次述善恶无应，顺理成章，以下说到归隐之乐，然后回顾到历史上的安贫乐道的先贤，末章复归道义，并以"醉"收题，其脉络井然可寻。全组诗以饮酒为外观，内里却是讲安贫守善、归隐田园的乐天之理。确如萧统所云："吾观其意不在酒，亦寄酒为迹者。"

　　苏轼的《和陶诗》一百多首，并非写于一时一地，但也写于他五十二岁以后，《和饮酒二十首》是最早的和陶诗。《和饮酒二十首》写于宋元祐七年（1092），苏轼在官场已由得意而失意下滑。他由京师出任杭州守，后移颖州。这年的二月由颖州太守又移调扬州，但尚以龙图阁直学士充淮南东路兵马钤辖知扬州军州事。八月即以兵部尚书兼差充南郊卤簿使召回京师。随着旧党得势，苏轼由沉而浮，如今虽一度处于上升势头，但北宋王朝内部的激烈的党争（新党与旧党、洛党与蜀党等），已暗潮汹涌。1094 年，新党上台，苏轼被谪居惠州，后至儋州，直到临死前才允许回内地。写《和饮酒二十首》时，正是苏轼厄运临头前夕，苏轼虽有预感，但他无论如何也不会料到这晚年降临的灾难却是如此深重。

苏轼于扬州任上所写的《和饮酒二十首》，是他师法渊明的开始，也是他诗风转变之始，只是效仿陶渊明诗体为契机。二十首诗内容众多，其大者有：1. 仰慕渊明之清真，萌生归隐之念。苏轼说："我不如陶生，世事缠绵之"（和诗一）、"蠢蠕食叶虫，仰空慕高飞。一朝传两翅，乃得粘网悲"（和诗四）、"乞身当念早，过是恐少味"（和诗十四）。2. 得酒中真趣，寓人生哲理。苏轼说："偶得酒中趣，空杯亦常持"（和诗一）、"江左风流人，醉中亦求名"（和诗三）、"醉中虽可乐，犹是生灭境。云何得此身，不醉亦不醒"（和诗十三）。3. 亲情友情，酒中现真情。苏轼和陶诗以寄其弟苏辙与晁无咎，苏轼说："我家小冯君，天性颇春至"（和诗十四），又说苏家"顾然六男子，粗可传清白"（和诗十五）。说到友人晁无咎，"各怀伯业能，共有丘明耻"、"行乐当及时，绿发不可恃"（和诗十九）。4. 风流太守，心存社稷。苏轼在扬州任上，上书皇帝，请减免百姓积欠，故诗中说："诏书宽积欠，父老颜色好"（和诗十一）。政事之余，则诗酒山水，故又有"篮舆兀醉守，路转古城隅"登山涉水，"遥知万松岭，下有三亩居"（和诗十）。有时置酒东台，"无令竹西路，歌吹久寂然"（和诗十八）。苏轼以和渊明的饮酒为题，也是借古人之酒，浇自己心中之块垒，抒发个人的感情。《和饮酒二十首》总的说来是借陶渊明之诗体，吟咏杂然有触于内心的感慨。主旨是在表明身在仕途，已生归隐之思。但一时难以摆脱尘网，欲隐不能，只得饮酒自娱，以不醉不醒处世。和诗每首只次韵并不追和陶诗原意，另出己意。陶诗《饮酒》与苏轼《和饮酒》相比较，时代、环境之不同，加上个性、气质使然，同是饮酒之诗，陶诗反映出一位归隐者摆脱尘俗之羁绊的喜悦以及归依田园后的宁静、恬淡的心怀。陶渊明可说是貌似醉眼看世界，却是清醒而冷对尘世。而《和陶诗》却是飞虫触网而难以自拔的苦闷以及挣扎于出世入世之间的矛盾心态。苏轼此时只能空杯常持、不醉不醒，想以难得糊涂而又不能糊涂来对待人生。正因为如此，作为早期的《和陶诗》，只能得陶渊明之形，未得其神。

二、格调形式虽似，似陶而非陶

苏轼和陶诗，从《和饮酒》开始，经历了由形似到神似的过程。在《和饮酒》时期，苏轼一改自己豪放（钱钟书认为是清雄）的诗风，转向宁静、恬淡、自然的诗风。苏辙《追和陶渊明诗引》中，引述苏轼的话，说道："渊明作诗不多，然其诗质而实绮，癯而实腴，自曹刘鲍谢李杜诸人，皆莫及也。"苏轼追求的正是这种"质而实绮，癯而实腴"的格调与形式。在宋代，欧阳修、梅尧臣、王安石一改对唐诗的因袭而推尊陶诗的平淡自然，至苏轼大规模追和陶诗，使宋诗与苏轼本人的诗风都发生了某种改变，使自然、平淡成为宋诗的主要特征之一。苏轼的创作实践，其功不可磨灭，但这种改变是逐渐完成、成熟的。这在苏轼的和陶诗中，看得十分清楚。《和饮酒诗》虽是初和陶诗，但以苏轼之才，首先在格调上实现了相似，我们以陶渊明的《饮酒》之五与苏轼的《和饮酒》诗之五，作一比较，就可看出：

> 结庐在人境，而无车马喧。
>
> 问君何能尔？心远地自偏。
>
> 采菊东篱下，悠然见南山。
>
> 山气日夕佳，飞鸟相与还。
>
> 此中有真意，欲辨已忘言。
>
> （陶渊明《饮酒》之五）

> 小舟真一叶，下有暗浪喧。
>
> 夜棹醉中发，不知枕几偏。
>
> 天明门前路，已度千金山。
>
> 嗟我亦何为，此道常往还。
>
> 未来宁早计，既往复何言。
>
> （苏轼《和饮酒》之五）

苏轼运用五言古体诗的形式，语言朴实自然；在格调上简古恬淡，在这些地方上，和陶诗与陶诗如出一辙。但似陶而非陶。我们细品两诗，陶诗给人的是已隐居山林，远离尘世的宁静淡远的精神与情趣；苏轼的诗，让人感到外似旷达，内实苦涩，包含着淡淡的苦闷与忧愁。在形式上，苏轼虽尽量收敛他的锋芒，那种如行云流水般的生命流动，乐天知命的顿悟，包裹在质朴、平淡的外衣里。这一切都与苏轼的个性、气质、风韵有关。在艺术实践上却也使苏轼进入以平淡蕴绮丽、以简朴含深沉、丰富的语淡情深的境界。

诗歌是诗人内心情感的流露，由于时代与个人身处的生活环境不同，个性、气质与审美爱好不同。内心情感化为诗歌时，表达方式、风格就不可能完全相同。苏轼在走近陶渊明的过程，由于他同陶渊明之间的"心理距离"，要做到相同，是十分困难的。他只能凭借自己的诗才，首先实现的诗歌形式上的"相似"，也就是他把自己的情感"移植"入陶渊明诗体形式里。这就出现了似陶而非陶的个体差异。

随着苏轼被贬谪到惠州，后到儋州，生活极端困苦。苏辙在《追和陶渊明诗引》中，描绘当时情景："东坡先生谪居儋耳，置家罗浮之下。独与幼子过负担度海，葺茅竹而居之，日啖藷芋，而华屋玉食之念，不存于胸。"《柯山集》载："苏公黜官，贬走数千里外，放之大荒积水之上，饘粥不给，风雨不蔽。"此时的苏轼，虽不自愿皈依山林，也未能自由归田隐居，他是在高压下坠落到士人生活的底层。他内心的苦闷是可以想见得到的。这比陶渊明的"欲仕则仕，欲隐则隐"来说，苏轼精神上的压力来的更深刻、更沉重。同时在困苦中，也迫使他更接近士人以外的阶层，在谪居期间，他遇到一位到田间送饭的七十农妇，对他说："内翰昔日富贵，一场春梦！""坡然之"，作词称老妇为"春梦婆"（《侯鲭录》）。他也曾向比邻的农民乞求蔬菜，乡民们自动帮他筑屋葺居。他真正了解到了儋民的穷苦，"茅茨破不补，嗟子乃尔贫。菜肥人愈瘦，灶闲井常勤。"（《和癸卯岁始春怀古田舍》）此时苏轼"饱吃惠州饭，细和渊明诗"，生活使他逐渐走进陶渊明心灵的深处，对陶渊明的人生观与个性做了进一步的解读。他在《怨诗楚调示庞主簿邓治中》中说："如今破茅屋，一夕或三迁。风雨睡不知，黄叶满枕前。宁当出怨句，惨惨如孤烟。但恨不早悟，犹推渊明贤。"到了这时，东坡居士内心对佛、道的静寂也更倾心。他在《和刘柴桑》中说："万劫互起灭，百年一踟蹰。漂流四十年，今乃言卜居。且喜天壤间，一席亦吾庐。"到了这个时期，苏轼和陶诗，逐渐由形似而神似。如他的《和归田园居六首》之一：

> 环州多白水，际海皆苍山。
>
> 以彼无尽景，寓我有限年。
>
> 东家著孔丘，西家著颜渊。
>
> 市为不二价，农为不争田。
>
> 周公与管蔡，恨不茅三间。
>
> 我饱一饭足，薇蕨补食前。
>
> 门生馈薪米，救无厨无烟。
>
> 斗酒与只鸡，酣歌饯华颠。
>
> 禽鱼岂知道，我适物自闲。
>
> 悠悠未必尔，聊乐我所然。

与《和饮酒》时的苏轼相比较，苏轼的"当世之志"更为淡化，对自己的宦海浮沉，更淡泊视之。心灵的宁静，化为和陶诗，内容上已经以田园生活为中心，淳朴的生活场景与《和饮酒》时那种"我坐华堂上，不改麋鹿姿"已迥然别是一番天地。此时的和诗风格也从《和饮酒》时那种外似平淡，内含豪气而趋向平淡闲远，形式上更加"陶渊明化"，也就是说苏轼晚年平淡自然的诗风更为成熟。宋蔡正孙《诗林广记》卷一引黄庭坚语，说："东坡在扬州《和饮酒诗》，只是如己作。至惠州《和田园》诗，乃与渊明无异。"

　　但是，我们也应看到，从《和饮酒》的形似，到暮年和陶诗的神似，也只能是相似，相似并不等同于相同。人世间不可能有两个完全相同的陶渊明。正因为如此，苏轼的和陶诗即便到后期，也在似中显异。在心境上，陶渊明如苏轼所说是"当欢有余乐，在戚亦颓然。渊明得此理，安处古有年"（《怨诗楚调示庞主簿邓治中》），是一种顺应自然的淡泊；苏轼则是宦海浮沉、饱经忧患之后的"宁静致远"。在风格形式上，陶诗的平淡是人与自然浑然一体的淳朴淡远，显示出一种天然性，而苏轼则是经历过气象豪纵、色彩绚丽后的平淡。苏轼在《与二郎侄》中说："大凡为文，当使气象峥嵘，彩色绚丽，渐老渐熟，乃造平淡。"苏轼的平淡正带有这种特性。读陶诗使人感到在平淡中自有一种深沉，但他却含而不露，总是"此中有真意，欲辨已忘言"，而苏轼的和诗，却常常在心、境相融的诗中，暗示或直接说出一番理趣来。这和宋诗爱以议论入诗的时代风气有关。苏轼的和陶诗，在"渐老渐熟"的平淡外衣里，包含着比陶渊明更多的思想内容，隐藏着收敛起来的峥嵘、绚丽，似乎流动着难以抑止的生命力。这是时代环境以及个性气质不同所形成的必然差异。苏轼以前，唐代的白居易、韦应物模仿过陶渊明，其成就不如苏轼。苏轼师法渊明，不但使自己晚年的诗风于豪放之外，增添出平淡自然的诗风，更在以豪放为主外，表现出多样性的一面。这既标志着苏轼诗歌创作的成熟，也引领宋诗走进新的天地，追求诗歌的平淡自然之美。苏轼之后，历代不少诗人既和陶诗，也和苏轼和陶诗，但成绩并不理想。清吕留良在《题钱湘灵和陶诗》文中就指出：苏轼和陶诗与陶诗气味并不相似，陶渊明在动乱之世，是一位有一定思想原则、精神操守的高尚之士，而苏轼于一生升沉得失之际，满腔郁勃孤愤，流变为"禅悦、神仙方伎、滑稽、饮酒近妇人。"这话说得虽有些偏激，但他确实指出苏轼与陶渊明不相似的一些地方。历史告诉我们，天才是不可复制的，再刻意师法某个诗人，由于心理、情感、个性乃至才能的差异，也只能相似、相近，不可能叠合无间，完全相同，这是中国文学创作史透露出的一种信息！

　　（原载《名作欣赏》2007 年第 11 期）

儒道释三种基质自然观之比较
——以陶潜、王维、杨万里为例

探究人与自然的关系向来是文学的基本主题。在中国古代文学的发展过程中，陶潜、王维与杨万里是具有代表性的三个诗人。由于他们分处于不同的时代与社会语境，又具有不同的世界观与宇宙观，表现在他们的山水田园诗中，也就显露出迥然相异的自然观。究其实他们分别代表了中国文学三种自然观的基质，即庄老玄秘、禅化空寂和"心物两契"的理趣。研究此三人山水田园诗之自然审美意识的内涵与异同，对于理解中国古代文人的自然观，理解古老东方文化的人与自然和谐相融观念具有典型意义。

一、三种基质自然观之内涵

1. 陶潜：庄老玄秘的自然观

魏晋时期，社会动荡，士大夫将儒学融入庄老之中，在自然中寻求心理的平衡，陶潜就是其中的代表。其思想以老庄为核心，融入儒道而为自然哲学，所以他在田园诗里，将自然与社会对立起来，美化或诗化大自然，把皈依自然，看成返朴归真，视为对尘网的摆脱。这在《归园田居》五首中，表露得最明显，如其一：

> 少无适俗韵，性本爱丘山。
>
> 误落尘网中，一去三十年。
>
> 羁鸟恋旧林，池鱼思故渊。

> 开荒南亩际，守拙归田园。
>
> 方宅十余亩，草屋八九间。
>
> 榆柳荫后檐，桃李罗堂前。
>
> 暧暧远人村，依依墟里烟。
>
> 狗吠深巷中，鸡鸣桑树巅。
>
> 户庭无杂尘，虚室有余闲。
>
> 久在樊笼里，复得返自然。

诗人把自然刻画得如此宁静美好，反衬出社会这个尘网的喧嚣与烦扰，体现人与自然相合的是心灵与自然达成的默契。所以他在《饮酒》（其五）中说：

> 结庐在人境，而无车马喧。
>
> 问君何能尔，心远地自偏。
>
> 采菊东篱下，悠然见南山。
>
> 山气日夕佳，飞鸟相与还。
>
> 此中有真意，欲辨已忘言。

身虽在人境，心却与自然谐和相融，故可悠然南山，与飞鸟往还。诗人返朴归真，与自然合一，与人境实已相离。他笔下的自然带有老庄所说的那种高于人世的品格，自然与造化是美的，并带有永恒性。人们只要归于自然，就可不忧不惧，与自然同生同灭，故陶潜在《形影神》中说："纵浪大化中，不喜亦不惧。应尽便须尽，无复独得虑。"陶潜田园诗里表现出的自然观，蕴涵着庄老式的神秘玄旨。

2. 王维：禅化空寂的自然观

王维是唐代山水田园诗的代表人物，他生活在唐由盛而衰的时期，又历经安史之乱。王维生活的时期又是佛教南北宗盛行之时，王维一家人，从他母亲崔氏到他弟弟王缙都好佛，而王维尤甚。《旧唐书·王维传》说："（维）在京师，日饭十数名僧，以谈玄为乐。斋中无所有，唯茶铛药臼、经案绳床而已。退朝之后，焚香独坐，以禅诵为事。"①王维曾与神会交往，颇精禅理。王维自号"摩诘"，被人称为"诗佛"，足见佛禅对他的影响。其山水田园诗，有的直接以禅语入诗，如《过香积寺》：

> 不知香积寺，数里入云峰。
> 古木无人径，深山何处钟？
> 泉声咽危石，日色冷青松。
> 薄暮空潭曲，安禅制毒龙。

山隐寺庙，云峰掩危石、古木，在泉声、钟声中安坐参禅，祛除心中的"六贼"——制服毒龙。在诗里山水作为"禅"的陪衬，并未显示自然的本体性。后来明末憨山德清禅师批评这是文字禅，不如陶潜的《饮酒》（结庐在人境）之意在言外。但摩诘有些山水诗，却超越了文字禅的境界，如：

---

① ［后晋］刘昫：《旧唐书》卷一九〇《王维传》，中华书局，1975 年。

人闲桂花落，夜静春山空。

月出惊山鸟，时鸣春涧中。（《鸟鸣涧》）

空山不见人，但闻人语声。

返景入深林，复照青苔上。（《鹿柴》）

木末芙蓉花，山中发红萼。

涧户寂无人，纷纷开且落。（《辛夷坞》）

诗人眼中的山水化身为寂、静、空、虚的境界，诗人的禅心已达到无我而与空寂的境界合而为一。叶维廉指出："王维和一些他的同辈诗人中，寂、空、静、虚的境界特别多，我们听到的声音来自'太寂'，来自语言世界之外'无言独化'的万物万象中。在这种诗中，静中之动，动中之静，寂中之音，音中之寂，虚中之实，实中之虚……原是天理的律动，所以无需演绎，无需费词，每一物象展露出其原有的时空的关系，明彻如画。"[①] 王维的山水田园诗，说穿了是将山水田园禅化——诗中的山水时空，都是禅心中的时空，这就是为什么王维所画雪中芭蕉，同现实相比，颇有时空错位意味的原因。所以，王维的自然观渗透了禅家空寂的观念。

3. 杨万里："心物两契"理趣的自然观

杨万里在南宋是以经师入《儒林传》的，他终身奉理学家张浚为师，张浚教他以正心诚意立身，因而他自号"诚斋"，故黄宗羲的《宋元学案》把他列入《赵鼎张浚诸儒学

---

① 叶维廉：《中国古典诗中山水美感意识的演变》，《中国诗学》，北京三联书店，1992 年，第 89 页。

案》中。所以作为诗人的杨氏，首先是一位理学家。他的哲学思想集中反映在《天问天对解》以及他历时十七年写成的《诚斋易传》中。他的宇宙自然观是"阴阳之合三，而元气统之以一"（《诚斋集》卷九十五）的元气论。元气化而为阴阳，才有天地，有天地而成万物，万物化生并按照流转循环之"道"或"理"在运动。杨氏的这种宇宙自然观以及认识论，必然反映在他的自然审美观念中。其存诗四千余首，以描写山川自然景物为多。诗人将自己融入大自然中，细心体察自然的和谐之美，并将转瞬即逝的场景捕捉到诗里。姜夔在《送〈朝天续集〉归诚斋》中就说："年年花月无闲日，处处山川怕见君。"我们试举人们熟知的几首诗来看诚斋观察自然的独特视角与情趣，如《闲居初夏午睡起》：

> 梅子留酸软齿牙，芭蕉分绿与窗纱。
> 日长睡起无情思，闲看儿童捉柳芽。

小诗初看起来似是表现士大夫的一种闲适心境，其实作者意在表达摆脱一切世俗羁绊，让自己融入自然的"天真""童趣"中。他认识到自然是充满淳朴与天然之趣的，所以其诗心也力求回归到如自然般率真之境中去。故张浚读到此诗后赞曰："廷秀胸襟透脱矣！"再看他的《安乐坊牧童》：

> 前儿牵牛渡溪水，后儿骑牛回问事；
> 一儿吹笛笠簪花，一牛载儿行引子。
> 春溪嫩水清无滓，春洲细草碧无瑕，

五牛远去莫管他，隔溪便是群儿家。

忽然上数点雨，三笠四蓑赶将去！

诗人所以要把山水田园之景写得如孩童那般天真有趣，是因为诗人胸襟透脱，心参造化，通过格物致知，参透大自然是瞬息万变、生生不息的，而儿童的童心童趣是最与自然的本性相通的。诗人的"活法"是顺应自然，悟得自然的本性，从而使山水田园活泼泼显示出天然的生机与奇趣来。

其山水田园景象除了显示出天真童趣外，还表现出某种理性与理趣。如：

莫言下岭便无难，赚得行人错喜欢。

正入万山圈子里，一山放出一山拦。

（《过松源晨炊漆公店》）

诗人以通俗之笔，描写鲜活的自然，其中却包蕴着事物之理，即人入万山圈子里才更知一山过后一山拦的道理。作为理学家的杨诚斋，信奉的是"天地万物，本吾一体"，他也如朱熹一样，相信天地之间，非独人为性灵，自家心便是草木鸟兽之心。人即自然，自然即人，人处天地之间，需要仰观俯察，才能体察出天地的理趣或童趣。天地之趣既是人趣，也是自然之趣，物我合一，"理在天地万物之中"，趣也就是理的组成部分，趣的奇妙性是理的丰富性和生动性的表现。把理与趣用活泼泼地方式表现出来，就是把自然的本性表现出来了。所以在杨氏的笔下，大自然被人格化，也被理学化。他笔下的山水田园，其精神境界无不带有理学家的色彩。不过，诚斋不同于一般理学家之理学诗的地方，就在于他受禅宗顿悟的影响，从江西诗派的"活法"，悟出"师法自然"的心诀。他在《和李天麟二首》中说："学诗须透脱，信手自孤高。"所谓透脱就是以自然之理体察自然，以自然之理写诗。大自然是朴实而活泼泼的，诗也就应朴实而活泼泼的，这就是基于胸襟透脱的"活法"，活法也就是自然之法，故杨氏诗有理趣而无理语。钱锺书在《谈艺录》六十九论诗的理趣时指出："若夫理趣，则理寓物中，物包理内，物秉理成，理因物显。赋物以明理，非取譬于近，乃举例以概也。或目击道存，惟我有心，物如能印，内外胥融，心物两契；举物即写心，非罕譬而喻，乃妙合而凝也。"[①] 诚斋山水田园诗的独得活法精髓，即是"心物两契"，人与自然相融的结果。其笔下的大自然，带有理趣、童趣与灵性，显示出理学家的自然观。

二、三种基质自然观之异同

陶潜、王维、杨万里同是山水田园诗的高手，但由于三人所处时代、社会环境不同，也由于宇宙观、社会理想不同，导致其审美思想不同，诗中的自然观念也迥然相异，其山水田园诗分别代表着儒道释三种不同基质的自然观。其不同点在于：

1. 不同境界的诗化自然

王国维在《人间词话》中提出"词以境界为最上，有境

---

① 钱锺书：《谈艺录》，中华书局，1984 年，第 230 页。

界则自成高格"。实际上，境界就是人与自然、情与境、意与物相融的审美形式。静安还将境界分为有我之境与无我之境两种。陶潜的自然境界是与返朴归真的隐居之心融为一体的，他的自然境界显示出老庄式的"无我"之境，因为人归依自然，就与自然为一体，而与人世相对立。他把尘世视为"樊笼"，所以才有"久在樊笼里，复得返自然"（《归田园居》）的解脱，宣称归依自然就是"托身已所得，千载不相违"（《饮酒》之四）。陶潜本人虽生活在古朴的自然中，但已如庄子在《知北游》中所说的"形若槁骸，心若死灰"，委身造化，忘怀自我的存在了。

同样，王维的诗化自然，是心归空寂的自然，是禅化的自然，也是一种无我的境界。这就如同禅宗史上所争论的菩提无树，明镜非台，本无一物，也就无所谓尘埃一样。故王维诗中的自然景观意在追求一种空寂虚静的境界。其境界虽与陶潜不同，但在有我与无我之间，还有相同之处。杨万里却与陶、王不同，他的自然是充满理趣化、人性化的境界，是有我的自然境界。试对比同样面对自然酷热之景况时，王、杨表现出的不同境界：

> 赤日满天地，火云成山岳。
>
> 草木尽焦卷，川泽皆竭涸。
>
> 轻纨觉衣重，密树苦阴薄。
>
> 莞簟不可近，絺绤再三濯。
>
> 思出宇宙外，旷然在寥廓。
>
> 长风万里来，江海荡烦浊。

却顾身为患，始知心未觉。

忽入甘露门，宛然清凉乐。

（王维《苦热》）

面对苦热，王维思出宇宙，忘却自身存在，得"法中觉"，入佛之"甘露门"，即荡烦浊而得清凉乐。而诚斋的《苦热登多稼亭》却是别一境界：

吏散庭空便悄然，不须休日始偷闲。

鸥边野水水边屋，城外平林林外山。

偶见行人回首却，亦看老子立亭间。

暮蝉何苦催归急，只待凉生月半环。

大自然自会热退凉生，人在自然之中，宜静观默察。他在《夏夜追凉》中把这个"理"说得十分透脱："夜热依然午热同，开门小立月明中。竹深树密虫鸣处，时有微凉不是风。"他从自然体认出来的"理"即是"静中生凉"。其自然之景，是以人为本的有我之景，人并不归于空寂与泯灭。

2. 人的自然化与自然的人格化

作为理学家的杨万里，对待天地、自然，延续着儒家的以人为本的观念，天地人三者，人处于核心地位。其诗中的自然，是人格化的自然。试看其《夏夜玩月》：

仰头月在天，照我影在地。

我行影亦行，我止影亦止。

> 不知我与影，为一定为二？
>
> 月能写我影，自写却何似？
>
> 偶然步溪旁，月却在溪里。
>
> 上下两轮月，若个是真底？
>
> 为复水是天，为复天是水？

诗写月而以玩月为题，月、我、影、水、天，皆以我为中心，而自然之景，也完全渗透着作者的人格精神。摩诘也有一首《东溪玩月》却只见空寂的自然，不见人的存在，他写道："月从断山出，遥吐柴门端。……谷静秋泉响，岩深青霭残。清澄入幽梦，破影抱空峦。恍惚琴窗里，松溪晓思难。"这与杨氏的玩月截然不同。而在人的自然化这一点上，王维却与陶潜较一致。陶潜写《桃花源记并诗》，刻画的自然古朴天真，他把自己融入这种古朴天真之中，其人格也是自然化的，故在《与子俨等疏》中有："常言五六月中，北窗下卧，遇凉风暂至，自谓是羲皇上人。"其"羲皇上人"，已不是现实状态的"人"，而是理想化、自然化的人了。同样，摩诘在禅化自然同时，也把自己禅化。自然景观一片静、寂、空、虚，他把自己的心、身融化在这一片静寂空虚之中。在《酬张少府》诗中他说："晚年惟好静，万事不关心。自顾无长策，空知返旧林。松风吹解带，山月照弹琴。君问穷通理，渔歌入浦深。"诗人埋身自然，被彻底空虚化了，似乎已不食人间烟火。

相比之下，杨万里的山水田园则带有人间的悲苦或欢乐，具有童趣与理趣的生命意识，显示出世俗化的特点。"水满平田无处无，一张雪纸眼中铺。新秧乱插成井字，却道山农不解书！"(《暮行田间》)"田塍莫笑细于椽，便是桑园与菜园。岭脚置锥留结屋，尽驱柿栗上山巅。"(《桑茶坑道中》)山水田园皆是农民劳动的结果，自然被人格化而且人间化了。如果说在陶、王的诗里，看到的是人被自然化，而杨氏的自然却是被人格化了。

虽然，陶、王、杨的自然观有不同之处，但作为东方人、古代中国人，由于受东方文化传统的影响，却有着相同点，那就是"天人合一"的观念。儒家以天地人为"三才"，有"三才"方有万物，人与天地万物相处于一个生生不息的统一体内。所以儒家重视天道与人道的相合，寻求天人和谐、人与自然的相融。道家主张道法自然，认为自然"朴素而天下莫能与之争美"(《庄子·天道》)，强调人与自然相合。陶潜《形影神·神释》即说："大钧无私力，万理自森著。人为三才中，岂不以我故？"道家天人合一，是合于道，也即合于自然。同样，王维将自然禅化，让人皈依禅化的自然，在这过程中实现心灵的超越。儒道释自然观虽不同，但在人与自然相合即"天人合一"这一点上，却彼此相通。天人合一，与自然和谐相处，把自然诗意化，成为东方文化的一种独特精神，这种独特精神显示出东方文化的人本主义的特色。

西方社会在经历了几百年的"现代化"之后，在用科学技术对大自然的贪婪索取之后，蓦然发现人与自然的异化与对立。于是许多哲学家呼吁要以"生命模式"取代"技术模式"，要重构人与自然和谐相处的诗意家园。存在主义哲学家海德格尔即提出人应当像诗人那样"还乡"，"诗意地安居于大地之上"。他在《人，诗意地安居》中指出："大地上所有事物以及作为整体的大地本身，一起进入相互和谐之中。"①陶潜、王维与杨万里在诗歌所呈现的儒道释三种基质的自然观，都在将自然诗意化，都在寻求人与自然的和谐相处，他们在某种意义上代表着人类的理想——寻求人的诗意的安居。从这一点上看，其诗中所表现出的那种异中蕴同的东方文化自然观，直到今天仍具有积极的现实意义。

（原载《名作欣赏》，2009 年第 8 期）

---

① 海德格尔著，郜元宝译：《人，诗意地安居》，上海远东出版社，1995 年。

论金代文学对陶渊明的接受
——以蔡松年为例

  金朝（1115—1234）是由起于白山黑水间的女真族所建立的政权，它几乎和南宋共时而存。论及其文学与文化，吴梅指出："金自抚有中土以来，投戈息马，稽古右文，绩学之士，后先相望。士大夫之润色鸿猷者，多产于幽并燕赵齐鲁之间，得其山川雄深浑厚之气，习其北方整齐严肃之俗，发为文章，每能华实并茂，风骨遒上，绝胜江南之柔弱。试一读其遗文，当不以予言为河汉也。"① 可见其自有不凡的价值和风貌。可以说，金文学与淮河以南的南宋文学并行发展，共同构成了十二至十三世纪中国文学发展的壮丽景观。然而，金源文学与北宋文学渊源颇深。这主要是因为，早在立国之初金人即奉行了"借才异代"的文化政策，广泛收罗辽、宋文人为己所用。故清人庄仲方论曰："金初无文字也，自太祖得辽人韩昉而言始文；太宗入汴州，取经籍图书，宋宇文虚中、张斛、蔡松年、高士谈辈后先归之，而文字煨兴，然犹借才异代也。"② 这样，就使得金代文学获得了较高的艺术起点。也正是在此政策的影响下，金人沿袭了许多北宋文学的传统，其中慕陶、效陶的风气也风行了百余年的金源文学。然而，由于金朝是一个多民族的国家，国内杂居着女真、汉、契丹、渤海、奚、高丽等多个民族，各民族间文化的交流、

---

① 吴梅：《辽金元文学史》，商务印书馆，1934 年，第 28 页。
② ［清］庄仲方：《金文雅·序》，清光绪十七年江苏书局精刻本。

渗透乃至交融成为其基本的社会现实，所以无论文化环境、地域特色，还是创作主体的心态及审美取向，金源文学皆迥异于北宋文学，显示出自我独立的面貌，其中对陶渊明的接受和学习亦然。作为金初文坛的领袖人物，蔡松年一生仰慕、效法陶渊明，虽然其人格境界、艺术水平无法比肩渊明，但在百余年的金源文坛上，蔡氏对陶渊明的诠释、接受之特色却有肇始、定调之功。所以，蔡氏效陶是我们考察金代文学之陶渊明接受的一个颇有"意味"的窗口。

一、蔡松年对陶渊明诗歌艺术的接受

关于蔡松年对陶渊明诗歌艺术的继承，本文以为可从如下方面观照：

1. 对陶渊明平和淡远诗境的效仿

陶渊明的田园诗将生活诗化，营造了平和淡远的诗境。如在著名的《饮酒》其五中，诗人信步东篱，见黄菊而随手采摘，就在他屈身弯腰之际，目光与远山相遇，心中就忽然电光石火般地有了一种感悟，有了对人生、生死、穷达、荣辱的会心。此种境界，鲁迅认为是"自然"："这样的自然状态，事在不易模仿。他穷到衣服也破烂不堪，而还在东篱下采菊，偶然抬起头来，悠然的见了南山，这是何等自然。"①而到了蔡松年，他也努力学陶，其诗词中也常常体现出对平和淡远诗境的效仿。如其《淮南道中》：

---

① 鲁迅：《魏晋风度及文章与药及酒之关系》，见《鲁迅全集·而已集》，人民文学出版社，1980年，第98页。

> 南渡国不竞，晋民益疮痍。
>
> 陶翁遂超然，不忍啜其醨。
>
> 北窗谈清风，慨望羲皇时。
>
> 道丧可奈何，抱琴酒一卮。

陶渊明面对晋室的黑暗，百姓的苦痛，选择了归去来的方式，寄情于酒。蔡松年同样面对着朝代的更迭，百姓的流离，他渴望像陶渊明那样卧于北窗，面沐清风，琴酒相伴，做一个真正的"羲皇上人"。这种平和淡远意境的追求与陶渊明是极为相似的。又如蔡松年《庚戌九日还自上都，饮酒于西岩，以"野水竹间清，秋岩酒中绿"为韵》诗：

> 平生一丘壑，晚堕法家流。
>
> 一点无俗物，今年真好秋。

平生所求无它，只要摒弃俗物，寻求一碧丘壑，便是今年好秋，亦是人生好秋。蔡氏所追求的是一种远离世俗的淡泊生活，而这一情感恰是诗人借冲和淡远的诗境体现出来的。

正如袁行霈所看到的："陶诗纯以自然本色取胜，它的美是朴素美。……然而，如果仅仅是朴素平淡，不会产生强烈的艺术效果，陶诗的好处是朴素中见豪华，平淡中有瑰奇。"[1] 在这一点上，蔡松年主动取法渊明，他努力营造着淡远闲适的意境，但由于蔡氏缺乏与自然冥合的生活体验和思

---

[1] 袁行霈：《中国诗歌艺术研究》，北京大学出版社，2009 年，第 202 页。

想高度，使其诗歌意蕴远不及陶渊明深厚醇正。

2. 对陶渊明清新朗澈风格的接受

宋人对陶诗之"清新"风格有明确体认，如苏轼有言："惟陶渊明一集、柳子厚诗文数策，常置左右，目为二友。今又汝来觊，清新温丽，与柳、陶真为三友矣。"① 辛弃疾更明白地指出："（陶渊明）千载后，百篇存，更无一字不清真。"② 以至连清人方东树也附会曰："陶公别是一种，自然清深，去《三百篇》未远。"③ 在陶渊明所传世的 125 首诗里，"清"字累计出现 32 次，居于陶诗高频词的前列。而笔者据元好问《中州集》所录蔡松年 59 首诗以及魏道明《明秀集注》蔡松年 86 阕词进行统计，发现其中"清"字也出现达 66 处之多，在蔡氏作品高频词的排列中，仅次于"酒"（"酒"70 处），位居第二。故此处即从景物、声律、气度等方面来梳理蔡氏对陶渊明"清新"风格的接受和继承。

其一，清新明丽之自然景象。

统计表明，陶渊明诗歌中用"清"字来形容景物的句子共有 17 处，如"离鹍鸣清池，涉暑经秋霜"（《杂诗》其三）、"蔼蔼堂前林，中夏贮清阴"、"和泽周三春，清凉素秋节"（《和郭主簿》其一）、"山涧清且浅，遇以濯吾足"

---

① ［宋］苏轼：《与程全父书十二首》其十一，见孔凡礼：《苏轼文集》，中华书局，1986 年。

② ［宋］辛弃疾：《鹧鸪天》（晚岁躬耕不怨贫），见《陶渊明资料汇编》上册，中华书局，1962 年，第 102 页。

③ ［清］方东树：《昭昧詹言》，见《陶渊明资料汇编》下册，中华书局，1962 年，第 223 页。

（《归园田居》其五）、"清风脱然至，见别萧艾中。"（《饮酒》其十七）等等。而蔡松年自觉地向渊明学习，承继了其"清"的诗歌风格，其在写景抒情中，亦喜用"清"字，出现"清波""清光""清阴""清气"等用"清"字修饰的景物达46次之多，由此可见，蔡松年对陶渊明景物描写的继承与模仿。

蔡氏不但学习陶渊明用"清"字来描绘风景，还化用陶诗中的诗句，以表达自己与异世知音相同的内心感触，即淡泊名利、寄情山水、远离世俗、渴望超脱。如"北窗谈清风，慨望羲皇时"（《淮南道中》其三），化用了陶渊明"北窗"之典，表达了自己渴望过那样脱俗生活的强烈愿意，然而现实生活使他无法如愿，从而生出了无限感慨。"二顷只谋他日老，五弦犹喜晚风清"（《和子文晚望》），则用了陶渊明"蓄五弦琴"之典，抒发了自己渴望归隐田园，过那种与世无争的闲适生活。"小眠鼻观先通，庐山梦旧清绝"（《江神子慢》"紫云点枫叶"），诗人的庐山旧梦恐怕就是陶渊明式的躬耕生活吧！

两人都厌恶官场的险恶生活，都喜欢田园的宁静适意，他们选取具有一定情感意蕴的意象，用"清"字作为修饰词，营造出一幅幅或清淡雅致、或清静详和的意境，来反悔内心对自然的喜爱，对田园的向往。只是相较陶渊明而言，蔡松年用"清"时多了一些冷清，少了一丝清新；多了一点孤寂，少了一片温清。

其二，清越婉转之丝竹管弦。

音乐是陶渊明生活中不可或缺的精神享受，清谣唱出内心的婉曲，清吹能传达偶得知音的快意，清歌能传达他对贫士的怜悯同情。而蔡松年对音乐的喜爱也不亚于陶渊明。在其诗词中，常提及自己对音乐的热爱以及生活中音乐的重要性。"时无陶彭泽，此曲难知音"（《丁巳九月，梦与范季霱同登北潭之临芳亭，觉而作诗记其事，以示范》），好曲无人欣赏，只能孤独聆听，知音难寻，诗人不由得生出种种感慨："佳人发浩歌，此乐当不朽"（《庚戌九日还自上都，饮酒于西岩，以"野水竹间清，秋岩酒中绿"为韵其八》）；"倦客秋多，秋气还如酒盏何。松风度曲，风水飘飘承我足"（《减字木兰花》"山蟠酒绿"）。无论兴起狂歌，还是浅斟低唱，音乐都是其生活中必不可少的娱情工具。不仅如此，蔡氏还继承了陶渊明"但识琴中趣，何劳弦上声"的艺术之道。陶诗喜用"清"字来描述丝竹管弦之美有 5 处，如"清谣结心曲，人乖运见疏"（《赠羊长史》）、"今日天气佳，清吹与鸣弹"、"清歌散新声，绿酒开芳颜"（《诸人共游周家墓柏下》）、"原生纳决履，清歌畅商音"（《咏贫士》其三）以及"王子爱清吹，日中翔河汾"（《述酒》）等，而蔡松年亦追步渊明，其诗词中用"清"字表现音乐美感者有 10 处之多，如"自爱淳音含太古，谁传清溜入南薰"（《糟声同彦高赋》）、"谁识昂藏野鹤，肯受华轩羁缚，清唳白苹洲"（《水调歌头》"西山六街碧"）、"深樾不妨清吹度，野情自与游鱼熟"（《满江红》"半岭云根"）等等。

值得注意的是，陶渊明和官场彻底决裂，最终实现了归园的美好理想。他笔下的音乐充满着自然与和谐，这是他桃源生活中怡情遣兴的工具。而蔡松年身居宰辅之职，寄身女真统治之下，他逃不掉被人猜疑、受人排斥的境遇，其音乐描写往往多一层感伤和无奈的色彩。

其三，清高淡泊之精神气度。

不仅如此，陶渊明诗文喜欢以"清"来显示其精神气度，统计显示约有8处之多，像"延目中流，悠想清沂，童冠齐业，闲咏以归"（《时运》）、"清气澄余滓，杳然天界高"（《己酉岁九月九日》）、"游好非少长，一遇尽殷勤，信宿酬清话，益复知为亲"（《与殷晋安别》）等等，可见，在渊明眼里，"清"是对人精神气度的最高赞扬，故"清"字广泛地用于其喜欢的各种事物：悠想清沂美好、与人共叙清话、清颜赏心悦目、清酌以乐当年、清言寄问金心。而蔡松年也有同样追求，其名句曰"晋室有先觉，柴桑老渊明"（《庚申闰月，从师还自颖上，对新月独酌》其二），将陶渊明视为"先觉"，赞美他辞官归隐的惊人举动，仰慕他超脱凡俗的清高气度；"嗜酒偏怜风竹，晋客神清，多寄虚玄"（《雨中花》"嗜酒偏怜风竹"），蔡氏向往魏晋风流，渴望过一种随性任真、张扬个性的自由生活；"南州气味连三月，东晋风流共一觞"（《黄海棠》），他想忘掉尔虞我诈、远离明争暗斗，或沉迷于温柔醉乡，像魏晋高士陶渊明一样饮酒放歌。渊明的风流气度，俨然成了蔡松年精神上的重要支柱，为其精神困境指明了出路。如稍加统计，蔡氏作品中，这种以"清"来形容的抒情主人公人格气度的诗句有11次，著名的有："欲立冻云搜杰句，却思仙客退清班"（《雪晴呈玉堂诸公》）、"老境玩清世，甘作醉乡侯"（《水调歌头》"星河淡城阙"）、"嗜酒偏怜风竹，晋客神清，多寄虚玄"（《雨中花》"嗜酒偏

怜风竹”）、“会意清言穷理窟，人间万事冥濛”（《临江仙》
“谁信玉堂金马客”）等等。

　　总之，以“清”字来描摹自然景象的清新明丽，以
“清”字来形容丝竹管弦的清越婉转，以及以“清”字来肯
定清高淡泊的精神气度，成为蔡松年对陶渊明风格接受的基
本内涵，是其诗词具有“陶味”的直接表现，用“清”字来
彪炳气度禀赋的清高淡泊则是蔡松年对陶渊明的深度接受，
是精神气度、价值观念方面的继承吸取。所以，蒋寅在《古
典诗学中“清”的概念》中对“清”即有如下评判：“‘清’
是与‘浑厚’相对的一种审美趣味，它明快而澹净，有一种
透明感，像雨后的桦林、带露的碧荷、水中的梅影、秋日的
晴空；也像深涧山泉、密林幽潭，有时会有寒冽逼人的感觉，
如柳宗元《小石潭记》所写的让人不可久居。总之，作为风
格范畴的‘清’，我觉得可以表述为形象鲜明、气质超脱
……的感觉印象。”① 所论颇为恰切。

　　3. 对陶渊明自然真率语言的学习

　　陶诗的语言天然入妙是古代诗人和诗论家的共识：“晋宋
间诗，以俳偶雕刻为工；靖节则真率自然，倾倒所有，当时
人初不知尚也。”② 蔡松年在学习陶诗这种自然质朴的语言方
面，主要体现在他时常化用陶渊明语言方面。不妨选取陶诗
与蔡诗的相关诗句做一简要比较：

---

　　① 蒋寅：《古典诗学中“清”的概念》，《中国社会科学》，2000 年第
1 期。
　　② ［明］许学夷：《诗源辩体》卷六，人民文学出版社，1987 年，第
101 页。

	陶　诗	蔡　诗
1	举壶觞以自酌，眄庭柯以怡颜。（《归去来兮辞》）	浊酒古罍洗，停觞问新松。（《七月还祁》）
2	误落尘网中，一去三十年。（《归园田居》）	落身世网痴仍绝，挂眼山光计成。（《师还求归镇阳》）
3	既自以心为形役，觉今是而昨非。（《归去来兮辞》）	却视高盖车，身宠神已辱。（《庚申闰月，从师还自颖上，对新月独酌》其四）
4	三径就荒，松菊犹存。（《归去来兮辞》）	到家问松菊，早作解官计。（《庚申闰月，从师还自颖上，对新月独酌》其七）
5	问征夫以前路，恨晨光之熹微。（《归去来兮辞》）	行将问征途，满眼西山碧。（《庚申闰月，从师还自颖上，对新月独酌》其九）
6	僮仆欢迎，稚子候门。（《归去来兮辞》）	夕阳叩柴门，欢迎来仆僮。（《七月还祁》）

　　蔡松年诗词反复使用具有"陶味"的诗歌语言，如："三径""松菊""东篱""尘网""壶觞""琴书""结庐"等，或咏自然美景给他的愉悦感受，或言险恶官场给他的精神屈辱，或道隐逸山林给他的心灵慰藉，或喜佳友知音给他的欣喜畅快。这些词汇的使用，使蔡松年的诗在自然平淡的语言美中隐寓着高尚的情感态度和深刻的人生感悟。

二、蔡松年对陶渊明人格思想的追求

　　蔡松年对陶渊明表现出了特殊的仰慕，其赞颂陶渊明的诗句俯拾即是，如"时无陶彭泽，此曲难知音"（《丁巳九月，梦与范季霱同登北潭之临芳亭，觉而作诗记其事，以示范》）、"晋室有先觉，柴桑老渊明"（《庚申闰月，从师还自颖上，对新月独酌十三首》其二）、"庾老南楼佳兴，陶令东篱高咏，千古赏音稀"（《水调歌头》"空凉万家月"）"渊明千载意，松偃斜川道"（《千秋岁》"碧轩清胜"）等等，可见出蔡氏对陶渊明人格精神的推重。

1. 对陶渊明高尚人格的倾慕

众所周知，陶渊明常以松、菊等意象来营造宁静清幽、淡远冲和的田园风景图，表达其归隐后怡然自得、快然自适的心境。由于蔡松年倾慕陶氏人格，故他自觉地继承了陶渊明"松""菊"意象的文化内涵。如略作统计，其诗词中共有 28 处与"松"相关、9 处与"菊"相关。但是，有一点必须看到，蔡松年除了继承陶渊明"松""菊"的品格以外，他还有着自我的追求，对陶氏有所开拓。如蔡氏将"松"置于北国特有的环境中加以观照，赞美"松"之坚贞、豪迈，如"老松阅世几千尺，玉骨冷风战天碧"（《晚夏驿骑再之凉陉，观猎山间，往来十有五日，因书成诗》）、"古殿苍松偃蹇，孤云丈室清深"（《西江月》"古殿苍松偃蹇"）。另外，借"松"体现隐士的优雅闲适，如"到家问松菊，早作解官计"（《庚申闰月，从师还自颍上，对新月独酌》其七）、"我亦疏慵归计久，欲乞幽间松雪"（《念奴娇》"大江澄练"）等。再者，有时还借"松"反映内心的复杂情感，如"风萤开阖度松阴，松下飘然倦客心"（《秋日》）、"水村秋入江场，梦惊万壑松风冷"（《水龙吟》"水村秋入江场"）。蔡松年陷身于重重的矛盾之中，无法摆脱的现实使他的归隐成为梦想，"松"不再只是自然景象，不再只是象征萧散恬淡，痛苦的心境和凄冷的梦境使蔡松年笔下的"松"更多了一些灰冷和阴暗。至于"菊"，蔡氏或歌颂菊花芳香、坚强的品格，如"一段斜川松菊，瘦而芳"（《相见欢》"云闲晚溜琅琅"）。或表现自我隐逸高远的情怀，如"到家问松菊，早作官解计。"（《庚申闰月，从师还自颖上，对新月独酌》其七），或以菊表现重阳节的文化精神，以此抒发家国之思、故园之念。总之，通过对"松""菊"意象的继承与创新，表达蔡氏对陶渊明高尚人格的倾慕和向往。

不仅如此，蔡松年还喜欢正直、虚心、有节的"竹"。说到"竹"与渊明渊源，有学者认为："陶渊明所在的今湖南常德一带，古时盛产猫竹（后称茅竹、毛竹），白鹿竹（又称白竹）。"① 生活其中的陶渊明，其生命及思想与"竹"关系密切。陶渊明诗文中共有7处用了"竹"，其间他或欣赏翠绿葱郁，或借"竹"形象地阐释自然之理，表达对友朋的思念之情。蔡松年对竹亦情有独钟，其诗词中"竹"意象出现了27次，正是在对竹的反复歌咏、欣赏玩味中，透露出他向包括陶渊明在内的古代先贤学习的志向："我欲婆娑竹林国，洗空尘耳正须君"（《糟声同彦高赋》）、"怀哉竹林人，吾方仰高山"（《庚申闰月，从师还自颖上，对新月独酌》其十三）。由上可知，蔡松年通过对松、菊、竹等意象品格气质的咏叹，我们可间接见出其对陶渊明人格思想的钦慕。

但是，北国寒冷的气候特征和蔡松年的"贰臣"身份，使他诗词中松、菊、竹的寒气似乎重了些，松的悲鸣、菊的枯瘦、竹的稀疏，既是环境使然，又是其心境的外化。因此，高尚和坚贞对于蔡松年而言，只是一种理想和追求，他与渊

① 姜涂伦：《"桃花源"中何以有桑竹酒》，《云南师范大学学报》，1996年第5期。

明的高尚人格之间有一道无法跨越的鸿沟，这也是蔡松年生命中无法承受之痛。

2. 对陶渊明隐逸情怀的向往

陶渊明是真正的隐士，他隐居乡间，过着春种秋收、夏耘冬藏的躬耕生活；他以博大的心胸、悲悯的情怀关注着农人的艰难生计；他独卧北窗，凉风暂至，自称"羲皇上人"；他于院前篱下，悠然采菊，与自然合为一体。远离尘嚣、洁身自好、耿介孤傲、超脱潇洒的渊明，成为后代文人追慕的楷模，尤其对那些仕途中备受磨难，阅尽漂泊流离之苦的士人，渊明简直就是他们的精神家园，是医治其心灵痛苦的良方，蔡松年也是视渊明为良药的。他羁旅北方，屈服于女真统治者的残暴和压力，加之性格的懦弱，他难以与金人彻底决裂，所以他便在仕与隐的天平上摇摆徘徊。蔡松年诗词中"归"字共出现 39 次，按其思想内涵，大致可为三类：

其一，盼归的急切。"适意在归与，肉食非我谋"（《庚申闰月，从师还自颍上，对新月独酌》其一）、"我亦疏慵归计久，欲乞幽闲松雪"（《念奴娇》"大江澄练"），陶渊明与世无争的田园生活，是蔡松年最渴盼的。篱菊松竹环抱的乡村美景，可浇去他心中郁积的忧虑块垒。故其诗词中，归意已久、归心似箭、归计难忘、归梦萦绕，那种渴望归去的心情真是才下眉头，却上心头！

其二，难归的苦闷。"江山本谁争，但苦归不早"（《庚申闰月，从师还自颍上，对新月独酌》其八）、"屋西便与秋山约，莫遣归来见白须"（《初卜潭西新居》）。蔡松年《水龙吟·序》云："但空疏之迹，晚被宠荣，叨陪国论，上恩未

397

报，未敢遽言乞骸。"表明他虽刻意林泉，但迫于生活的需
要，蒙受金主的隆恩，还是难以辞官归隐。"苦食不足"的
解释与陶渊明"不为五斗米折腰"相比则显得苍白，也缺乏
决绝之心，这也是蔡氏人格境界无法企及陶渊明的地方。

其三，暂归的喜悦。其《满江红》（"玉斧云孙"）写道：
迎着好风、踏着红尘软路，抒情主人公悬流勇退，萧闲归去，
虽然只是短暂的归去，或是精神的归去，亦足以令人欣喜。
"看归来、都卷五湖光"，"归时团月印天心"，"重作梅花上
元约"，无论是湖光山色，还是圆月高悬、寒梅吐蕊，都给归
来的诗人以安抚，这是何等的欢欣！"大梁一官且归去，酒肠
云梦吞千缸。"什么官场、什么权势，在千缸美酒面前何足挂
齿，归去的恣意生活何等豪迈惬意！

蔡松年有着浓重的"倦游"情绪，其诗词的重要情感主
题就是对官场的"倦"。"倦游"一词在其作品中多达 14 次
之多，"倦客"一词也有 3 次。但较之陶渊明，蔡松年归隐遇
到的阻碍十分强大，《金史·刑志》即指出，金廷"待宗室
少恩，待大夫士少礼。终金之代，忍耻以就功名，……至于
避辱远引，罕闻其人。"① 在女真君主的高压之下，士人是没
有隐居自由的，所以欲效法渊明而又不得的苦闷，折磨着蔡
松年的心，穷其一生他都在这种矛盾的煎熬中过活。

3. 对陶渊明人生态度的效法

陶渊明一生先后五次出入于官场，最终选择辞官归隐。
其能毅然归去，除因其"性本爱丘山"的天性外，还有其曾

---

① ［元］脱脱等：《金史·刑志》，中华书局，1975 年，第 1014 页。

祖激流勇退思想的影响，也是其外祖超然物外、任怀得意精神的延续。渊明"长吟掩柴门，聊为陇亩民"的生存方式和对待生活淡泊自守、任真自然、蔑视权贵、忧乐两忘、超越苦难的态度为蔡松年所接受和喜爱。其对渊明生存方式和人生态度的接受，主要体现在两个方面：

第一，高蹈绝尘，超越人世的是非。

作为海陵朝的丞相，为金代文人中"爵位之最重者"①，蔡松年的仕途得意，必然引起金廷一些奸小的不满，而海陵王虽给了他很高的地位，却没给他足够的信任，致使在复杂的政治斗争之中，其常有如坐针毡、如履薄冰的不安和惶恐。无奈之下，他即效仿以陶渊明为代表的魏晋名士的处世方法。其《庚申闰月，从师还自颍上，对新月独酌十三首》其十三曰：

> 斯言已诡诡，要未离忧患。
>
> 何时但饮酒，臧否了不关。
>
> 不饮逝者多，秋草麒麟闲。
>
> 怀哉竹林人，吾方仰高山。

"竹林七贤"以荒诞不经的行为来掩盖其内心的真实想法，像阮籍以青白眼待人，信马由缰、穷途而哭，以狂醉六十日来搪塞权贵的结亲，然而这行为的背后却是有口难言的痛苦。蔡松年也面对同样的处境，于是选择效仿"竹林七

---

① ［元］脱脱等：《金史·文艺传》，中华书局，1975年，第2743页。

贤"，以一句"臧否了不关"来表明了自己的处世态度。

身处诡谲莫测的金初政坛，蔡松年是软弱的，可也是明智的，他只能选择以一个逍遥高士的姿态，避开了人世的是非对错，这无疑是他自我保护的策略之一。

第二，任真自然，鄙弃功名利禄。

陶渊明是一个皈依了自然的人。他依从自己的天性，做自己喜欢的、应该做的事，无论是采菊东篱那种与自然的冥合，还是受饥饿驱使到邻人家叩门乞食的率真，都自然而然，不加矫饰。而蔡松年性情中有许多与渊明的相似之处，如《雨中花词序》曰："仆自幼刻意林壑，不耐俗事，懒慢之僻，殆与性成，每加责励，而不能自克。"他以自嘲的形式说出了自己乐于林壑，难与世俗相合的情性，这与渊明"性本爱丘山"如出一辙。

同时，蔡松年诗词中还有许多化用陶渊明蔑视权贵、痛恨官场的句子，以表达其对功名利禄的厌弃，如"吾年过五十，所过知前非"（《淮南道中五首》其二），化用了陶渊明"既自以心为形役，觉今是而昨非"之句，以否定自己在官场中的生活，表明对官场的厌恶。"自要尘网中，低眉受机械"（《庚申闰月，从师还自颍上，对新月独酌十三首》其三），化用了陶渊明"误落尘网中，一去三十年"之句，将官场喻为尘网，以显示其置于其中的束缚和羁绊。

当然，必须看到，蔡松年在性格、经历、思想等方面与陶渊明有相似之处，他自觉地以渊明为精神导师，但他又不是机械地模仿渊明，由于其置身于北国的特定环境，处于民族政权更迭的变革时期，又因其受北方民族文化的深刻影响，使得蔡氏在接受渊明的同时，并未遗失自我，正如元好问评价苏轼效陶那样："东坡和陶，气象只是东坡。"① 所以蔡氏慕陶效陶，亦有自我气象，如蔡氏文风颇有"雄放清劲"的北地风格，不同于陶诗的清新自然。更为重要的是，由于蔡氏人格的懦弱和摇摆，往往仕途越顺利，离他渴望的隐居生活就越遥远，他仕隐的矛盾便越激烈，他内心的痛苦便越发深切，这时陶渊明只是抚慰他心灵的寄托、医治痛苦的良药，他最终无法像渊明那样毅然地归隐田园，这不免使蔡氏对陶渊明的接受有流于形式之嫌，故在人格境界上，蔡氏无法与渊明相提并论。

总之，在陶渊明接受史上，蔡松年是金源文坛最早关注、接受陶渊明的文人之一。他将陶渊明引入了北国，提升了金代文学的艺术起点，陶渊明诗文中追求自由、热爱自然、鞭挞黑暗、拒绝丑恶等具有原型意义的"诗胎""母题"，大大丰富了金代文学的武库；陶渊明对隐逸追求、对田园生活的歌吟，也成了金源文学的一个重要的内容特征，而这一切，都和蔡松年的慕陶、效陶有着不可忽视的渊源关系。同时，金代文人在接受陶渊明时少了几分陶氏的坚定和执着，多了些许的清寂和苦涩，也使人能依稀看到蔡松年效陶时的影子。所有这一切，都使我们清晰地看到了金代文坛对陶渊明接受的特色以及文化取向上的选择。

（原载《九江学院学报》，2013 年第 1 期）

---

① 钟优民：《陶渊明研究资料新编》，吉林教育出版社，2000 年，第158 页。

论赵秉文之"和陶诗"
——兼论金代文坛之陶渊明接受的方式

在金代文坛，陶渊明是最受喜爱和推崇的诗人之一。陶氏的高尚人格、隐逸情怀，以及如何调适内心矛盾，为自己痛苦心灵寻找出路的人生探索，是金源文人最为仰慕的，至于陶诗平和淡远的诗境、清新朗澈的诗风，质朴有味的语言，也是金代文人所乐于效法的。作为蔡珪、党怀英之后金源文坛的第三代领袖人物，赵秉文（1159—1232）对陶渊明的仰慕、学习也最为主动，特色也颇为鲜明。虽然赵氏等金代诗人的艺术水平无法比肩渊明，但在百余年的金源文坛上，赵氏对陶渊明的学习、接受却颇具典型性，代表了金源文坛关于陶渊明接受的一般情况。所以，赵氏及其"和陶诗"可以成为后世考察金人之陶渊明接受的一个"有意味的"窗口。

在文学思想上，赵秉文主张"师古"——以"师古"之法以实现"自成一家"的创新，故其一生拟古、仿和之作较多，也颇有特色。其中，最著名的当属其"和陶诗"38首。这类诗分别收录在《闲闲老人滏水文集》卷四、卷五之中，具体篇目是：《和渊明拟古诗九首》、《和渊明〈归田园居〉送潘清容六首》、《拟陶和许至忠二首》、《仿渊明自广》和《仿渊明饮酒二十首》等。如仔细考察上述作品，就会发现赵氏的仿和之作与陶诗有着明显的同与不同，从而见出金源诗人师法、接受陶渊明的一般特点。

一、赵、陶之同

1. 在主体人格的塑造上，赵秉文追随陶渊明

关于赵秉文的人格，元好问评曰："公至诚乐易，与人交不立崖岸。主盟吾道将三十年，未尝以大名自居。仕五朝、官六卿，自奉养如寒士，不知富贵为何物。"[①] 尤其"自奉养如寒士，不知富贵为何物"与陶渊明最为相似，所以在"和陶诗"中，赵氏书写最多的是对陶渊明人格的仰慕和追求，在他心中陶渊明简直就是精神导师。《仿渊明饮酒二十首》有七首直接出现了"渊明"或"渊明翁"字样，让人感受到赵氏对渊明的虔敬之情。在其具体诗句中，这种对渊明的喜爱、羡慕、赞叹的情感也十分清楚：

> 孔席不暇暖，此理吾何疑。
> 尚愧渊明翁，浊酒时一持。（其一）
> 渊明初亦仕，不为宠辱惊。
> 笑彼夸毗子，空谈竟何成。（其三）
> 我欲作九原，独与渊明归。
> 挂冠不待年，况此齿发衰。（其四）
> 一雨溪水涨，稍稍鱼鸟还。
> 我亦乐其乐，可为静者言。（其五）
> 忽见南来燕，孤雌与雄乖。
> 暮归主人堂，梁间已双栖。（其九）
> 傍观信美矣，自愧良有余。

---

① 元好问：《中州集》，中华书局，1959 年，第 153 页。

　　　　不如两无累，还我田园居。（其十）

　　　　杜陵概自况，亦岂恨枯槁。

　　　　壶觞清浊共，适意无丑好。（其十一）

　　　　严风大泽枯，霰雪寒戚至。

　　　　此时陶彭泽，相与父老醉。（其十四）

　　赵秉文的和陶饮酒诗整体以"谓言忘忧物，中有太古淳"的效陶之情贯穿全诗，其对渊明亲民爱民的仁爱品格、追求人格独立自由、不为五斗米折腰的精神，都给予了热情的歌颂。甚至，赵秉文关于酒的态度，也与陶渊明相似。陶渊明并非酒徒，他嗜酒更多是"藉饮酒来忘忧遗世，他傲啸在东轩之下，自斟自饮，把污浊的现实远远抛开，在日入万动俱息、归鸟投林的景象中，体认着任真自得的生活意趣，觉得赢得了自己的人生。"[1] 赵氏亦然，他沽酒买醉也是一种守护自我真性的人生智慧，一种出于官场之中自我保护下的举动，甚至是一种政治态度，以酒醉代替清醒时对现实无能为力的愤恨。

　　赵秉文生活在金末国政日益黑暗时期，政治腐败，君昏臣佞，赵氏欲有所作为，使时政清明，国富兵强，对抗强敌蒙古，但又无力实现，因而常处于无奈、无助的心态之中，他进不得，退亦不甘，只好在艺术创作中希望从陶渊明那里获得一种精神力量，哪怕是一种逃避，也比与现实同流合污的好。这一切都在他的"和陶诗"中有充分的表达。对此，

---

① 于东新：《陶渊明讲疏》，内蒙古人民出版社，2005年，第59页。

他自己也说过："渊明、乐天，高士之诗也，吾师其意。"①因而，他热烈赞美陶渊明——这位集节操、清高、才华于一身的诗人，并以之为心灵的知己，决心与他思想同步、精神共鸣，像他那样立身行世。比如他说："偶逢素心人，把手便欢适"（《和渊明〈归田园居〉送潘清容六首》其五）。陶渊明《移居二首》之一有云："闻多素心人，乐与数晨夕"，"素心人"是指心地朴素，与天地俯仰，以自然为师的智者，这也是赵秉文内心深处对贤友的真情渴盼，这种对"素心人""把手欢娱"的期待，同时也能见出诗人对现实社会寂寞的无奈和反抗。当然，赵氏有时也表达了现实中无法落实陶渊明人格精神的困惑："欲访陶彭泽，柴门何处敲?"（《野菊》）

2. 在意象的选取上，赵秉文注意效仿陶渊明

关于意象的内涵，袁行霈在《中国诗歌艺术研究》中指出："物象一旦进入诗人的构思，就带上了诗人主观的色彩。这时它要受到两方面的加工：一方面，经过诗人审美经验的淘洗与筛选，以符合诗人的美学理想和美学趣味；另一方面，又经过诗人思想感情的化合与点染，渗入诗人的人格和情趣。经过这两方面加工的物象进入诗中就是意象。"② 可见，不同的作者所选取的意象是不同的，而不同的意象赋予了不同的情感意蕴，通过意象的选取、使用，以显出诗人的情感倾向和艺术追求。陶渊明的笔下，常使用富于陶氏色彩的意象，

---

① 赵秉文：《闲闲老人滏水文集》卷十九，《石莲庵九金人集》本。
② 袁行霈：《中国诗歌艺术研究》，北京大学出版社，1996年，第54页。

如菊花、寒松、饮酒、东篱、归鸟等等，以营造诗的意境和表现诗人主体的人格精神。后世诗人为了向陶渊明学习，在意象的选取上也尽量采用陶诗特有的意象，赵秉文亦不例外。在此，不妨即以飞鸟、饮酒等意象做简要考察。

（1）飞鸟意象

在陶渊明的诗歌中，"飞鸟"只是众多鸟意象中的一种，羁鸟、归鸟、高鸟、倦鸟、失群鸟等等也常是陶诗的典型意象。赵秉文"和陶诗"的"飞鸟"意象与陶渊明诗中的"飞鸟"意象意蕴大体相同，各自抒发着两位诗人在不同的时代的惆怅和无奈，以及渴望自由的心灵追求。关于金源章宗朝的政治现实，《大金国志》评述说："（章宗）性好儒术，即位数年后，建太学，儒风盛行，学士院选五、六人充院官，谈经论道，吟哦自适。群臣中有诗文稍工者，必籍姓名，擢居要地，庶几文物彬彬矣。惜其十年以后，极意声色之娱，内外嗷嗷，机事俱废。间出视朝，不过顷暂。回宫与郑宸妃、李才人、穆昭仪并马游后苑，因留宴，俟月上，奏鼓吹而归，以是为常。张天贵、江渊等用事，聋瞽昏荒，朝中陈奏便宜，多不经主省览。爱王叛于内，边衅于外，盗贼公行，充斥道路，边疆多事，兵连祸结矣。"[1] 加之，章宗朝文字狱煨兴，赵秉文即由于上书谏言而得罪入狱，一时间受牵连者数十人，朝野为之震动。金王朝由盛及衰的国家形势，令许多正直爱国的文人心理产生了巨大的落差和失望感，甚至内心中萌生了"不如归去"的念头，行事果决者如李纯甫、李俊民、河

---

① 宇文懋昭：《大金国志》，齐鲁书社，2000 年，第 158 页。

东段氏兄弟——段克己、段成己即弃官而隐逸山林，但大多
数文人都将自己的失落感寄托在诗歌的艺术层面之内，寻求
着心灵的慰藉，赵秉文就是其中的代表。他于诗中静观默察，
在飞鸟意象的苦心经营中，寻找着陶渊明式的回归与自由。
试看其《和渊明〈归田园居〉送潘清容六首》其二：

> 人生本无累，世路自羁鞅。
> 悠悠尘中境，翳翳霞外想。
> 苏门有佳处，怅望不得往。
> 遥知西山下，烟雨薇蕨长。
> 有愿神莫违，谁谓河水广。
> 梦逐西飞鸟，一夕驰眇莽。

意象并不都是视觉意象，有些意象是诗人某些微弱的情
感加诸之上的。这里的飞鸟正是如此，飞鸟不一定就是作者
亲眼所见，却是作者通过它而进入想象。西山首阳之上的圣
人能够忍受身体的苦楚而让心灵获得安逸，这正是赵秉文在
心灵层面所向往的隐逸与解放。诗中的飞鸟意象反映出了赵
氏彷徨无助、无枝可依之感，同时又表达了诗人对自由的寄
托，在追逐"西飞鸟"的时候，可以俯视广袤的九州大地，
精骛八极，心游万仞，尽管是短暂的逍遥游，也是对抗现实
的一剂良药吧。

此外，赵秉文除了对陶氏"飞鸟"意象进行效仿之外，
也沿用了陶诗其他类型的鸟意象。如《和渊明拟古诗九首》
之六："翩翩出林鸟，日暮将何之"，这鸟儿为何要飞出树

407

林，它要飞向何方，怀着什么样的心情？在它身上寄寓着赵秉文惆怅而不得志的人生感悟。

（2）饮酒意象

在陶诗中，酒是最多的意象，也正是因为有了酒，才有了才情，有了对人生的旷达与适意。萧统《陶渊明集序》即看到："有疑陶渊明诗，篇篇有酒，吾观其意不在酒，亦寄酒为迹者也。其文章不群，辞采精拔；跌宕昭彰，独超众类；抑扬爽朗，莫之与京。横素波而傍流，于青云而直上。语时事则指而可想，论怀抱则旷而且真。加以贞志不休，安道苦节，不以躬耕为耻，不以无财为病。自非大贤笃志，与道污隆，孰能如此乎？"[1] 这是萧统对陶渊明人格的赞美，更是对其诗中酒意象所起的发酵作用的认可。赵秉文的《仿渊明饮酒二十首》也努力效法渊明的诗酒人生，其中"酒"的意象诗句约有四端：

> 尚愧渊明翁，浊酒时一持。（其一）
>
> 遥酌一杯酒，毋使寸心违。（其四）
>
> 时持一杯酒，赖此齐穷通。（其十七）
>
> 渊明非嗜酒，爱此醉中真。（其二十）

赵秉文的饮酒诗，诗起自然，似乎在精神上早与陶渊明结为知己，从"尚愧"二字可看出，赵氏饮酒的初衷与渊明的饮酒之情是一致的。虽然赵氏未能通过酒而做到如渊明般

---

① 龚斌：《陶渊明集校笺》，上海古籍出版社，1996年，第470页。

的"寄酒为迹者",但他努力希望通过饮酒意象实现的精神境界,能够与渊明饮酒诗的精神高度实现契合,即实现一种酒与真性情的融合,所谓"酒中有真我","真我中有任真"。现实人生中的赵秉文无法排解内心的矛盾、诗意,故通过饮酒、经营酒意象来获得一种艺术的缓释,面对腐朽的政治,即将沦为末世的国家,他所信奉的勤政爱民、为国尽忠的抱负都无由实现,他不能效法屈原的为国死志,甚至不能效法陶潜的弃官隐逸——这其实正是金代文人在学陶问题的局限,即自身性格的软弱、摇摆而不能最终选择归隐南山,与世决绝,而只能是在诗艺的层面做有所保留的效陶。赵秉文亦然,他借饮酒遁世,获得片刻的逍遥。酒醒之后,依然在朝廷上拼争,尽一己之力,试图有助于现实。

当然,在意象的选取上,赵秉文"和陶诗"不仅仅效法飞鸟、饮酒等意象,还有对其他陶诗意象的选取,如"亭亭涧底松,婉婉窗前柳"(《和渊明拟古诗九首》之一)中"松"之意象;"秋菊有至性,霜松无俗姿"(《仿渊明饮酒二十首》之八)中"秋菊"意象;"芝兰吐幽芳,山水发清弹"(《仿渊明饮酒二十首》之五)、"青青一本兰,俟时吾将采"(《仿渊明饮酒二十首》之九)中"兰"意象;"东风如故人,适我平生怀"(《仿渊明饮酒二十首》之九)、"渊明虽不仕,爱此北窗风"(《仿渊明饮酒二十首》之十七)中"风"意象等等,都将赵氏清高、傲人的脱俗之格展露无遗。总之,在诗歌意象的经营上,赵秉文"和陶诗"发扬陶诗意象的文化语码作用,实现了其追慕渊明人格精神,学习渊明诗艺的目的,并对赵氏五言古诗"真淳简澹"① 诗风的形成有重要的生发作用。

其三，在诗境的经营上，赵秉文努力师法陶渊明

元好问称赵秉文五言古体诗："至五言，则沉郁顿挫似阮嗣宗，真淳古澹似陶渊明。"② 有学者也认为："平和淡泊的性格使赵秉文与陶、韦等诗人天然具有亲近感，诗歌境界上也追求自然平淡之美。"③ 由于赵秉文对陶渊明的推崇，因此从其和陶诗中可以清晰见出赵氏对平淡、古朴、真淳诗境的营造。最具代表的当属《和渊明〈归田园居〉送潘清容六首》，不妨就看其第三首：

> 万国角声里，日暮行旅稀。
> 幽人如野鹤，思逐南云飞。
> 冥冥花经眼，冽冽风吹衣。
> 平生香火愿，毋使寸心违。

小诗景和思交相融汇，传达着诗人平和澹远的思绪。"万国角声里，日暮行旅稀""冥冥花经眼，冽冽风吹衣"，诗人从听觉、视觉出发来描景状物，从而引发出连绵的思绪；而"幽人如野鹤，思逐南云飞""平生香火愿，毋使寸心违"，则以递进的方式表达了作者思绪的发展，平静而又朴素地表

---

① 姚奠中等编：《元好问全集》（增订本），山西古籍出版社，2004年，第400页。

② 姚奠中等编：《元好问全集》（增订本），山西古籍出版社，2004年，第400页。

③ 苏静：《论赵秉文拟诗中的三重文化身份》，《石家庄学院学报》，2011年第1期，第36页。

达出诗人内心的人生求索，诗境真淳简澹。

二、赵、陶之不同

1. 境界有别

明人许学夷《诗源辩体》曰："靖节诗皆是写其所欲言，故集中并无重复之语，观田家诸诗可见。今或以庸言套语为自然，则易于重复矣，非所以学靖节也。"① 正如许学夷所看到的，陶渊明笔下所写都是他心中所想，心中所向，故"无重复之语"。许氏还指出："五言自汉魏至六朝，皆自一源流出，而其体渐降。惟陶靖节不宗古体，不习新语，而真率自然，则自为一源也。然已兆唐体矣。下流至元次山、韦应物、柳子厚、白乐天五言古。"②而赵秉文"和陶诗"却无法做到真率自然，无法不用渊明套语，尽管他有言："渊明、乐天，高士之诗也，吾师其意，不师其词"③，然实际创作中他是无法做到"不师其词"的。所以，其学陶、效陶往往流于形似，未能达到陶诗真正的田园境界，即神似之境。其实这也是金代诗坛效陶的一般特点。试看陶诗：

> 松柏为人伐，高坟互低昂。
>
> 颓基无遗主，游魂在何方！（《拟古九首》其四）
>
> 路边两高坟，伯牙与庄周。
>
> 此士难再得，吾行欲何求！（《拟古九首》其八）

---

① 许学夷：《诗源辩体》，人民文学出版社，1987 年，第 101—102 页。
② 许学夷：《诗源辩体》，人民文学出版社，1987 年，第 98 页。
③ 赵秉文：《闲闲老人滏水文集》卷十九，《石莲庵九金人集》本。

二诗一写松魂，一写人魂。前者诗人表达了对松魂的怜悯，借物之遭遇叙说其对松树的惋惜之情。而后者，则表达渊明对古之圣贤知己的赞美，毫无矫揉造作之感，自然率真，即如黄庭坚所谓"渊明为诗，直寄焉耳"。而赵氏"和陶诗"则不然，由于赵秉文的主张"师古"，以前人诗艺为师，效法古人，有时未免亦步亦趋，遗失自我，其诗歌境界自有高下之别。对此，钱基博甚至有严厉的断语："诗则为顿挫而欠沉郁，欲真淳而流浅率。"① 虽未免苛刻，但还是道出了某些真相。再看赵诗：

> 亭亭涧底松，婉婉窗前柳。
> 秾华能几时，不耐风霜久。（《和渊明拟古诗九首》
> 其一）
> 鸷鸟闭笼中，举翮触四隅。
> 骐骥驾盐车，踶蹶困中途。（《仿渊明饮酒二十首》
> 其十）

"涧底松"出于晋左思《咏史诗》之二："郁郁涧底松，离离山上苗，以彼径寸茎，荫此百尺条。""秾华"指繁盛艳丽的花朵。前蜀韦庄有《叹落华》诗："飘红堕白堪惆怅，少别秾华又隔年。""四隅"即指笼子的四角，《礼记·檀弓上》："蚁结于四隅。"可见，赵秉文"师古"，每一句都有来处。后一首也是如此，用的是叹息良马的典故。其"驾盐"

---

① 钱基博：《中国文学史》，中华书局，1993 年，第 326 页。

又作"驾盐车",《战国策》有楚客谓春申君曰:"君亦闻骥乎? 夫骥之齿至矣,服盐车而上太行。蹄申膝折,尾湛胕溃,漉汁洒地,白汗交流,中阪迁延,负辕不能上。伯乐遭之,下车攀而哭之,解纻衣以幂之。骥于是俛而喷,仰而鸣,声达于天,若出金石声者,何也? 彼见伯乐之知己也。今仆之不肖,阨于州部,堀穴穷巷,沈洿鄙俗之日久矣,君独无意湔拔仆也,使得为君高鸣屈于梁乎?"① 此种写法虽然见出诗人学识才具,抒情也未尝不真切,但与渊明比起来,却难免与读者"有隔",诗人本我面目不如渊明来得直接清楚。陶诗曰:"苍苍谷中树,冬夏常如兹;年年见霜雪,谁谓不知时"(《拟古九首》其六)、"少无适俗韵,性本爱丘山。误落尘网中,一去三十年"(《归园田居》其一) 等等,一读即知其无雕琢之意,"非琢磨所至",给人顺其而成、脱口而出之感。所以,后世诗评家才说:"靖节诗,初读之觉甚平易,及其下笔,不得一笔仿佛,乃是其才高趣远使然,初非琢磨所至也。"② 而赵秉文喜师法前人,故诗句不得不"琢磨"。

究其原因,只因陶渊明"无意为诗"③,其作诗仅是"欲写胸中之妙耳"(同上)。而赵秉文刻意模仿渊明作诗,两者一者是"无意",一者为"有意"。加之,渊明拒绝与黑暗现实同流合污,始终追求人格独立自由,绝不为五斗米折腰,这种人格境界更是赵秉文等金代文人学不来的,他们一面心

---

① 王守谦等:《战国策全译》,贵州人民出版社,1990 年,第 467—468 页。

② 许学夷:《诗源辩体》,人民文学出版社,1987 年,第 99 页。

③ 许学夷:《诗源辩体》,人民文学出版社,1987 年,第 101 页。

中羡慕、渴望渊明的潇洒适意，但或迫于现实的压力，或对功名富贵的留恋，使得他们无法做到像渊明那样真正与俗世决绝而别，这种彷徨、挣扎的人生境界落实到诗歌上，自然境界会有很大的不同。这种刻意学习陶渊明的悠然，如何做到真正的悠然？其实赵秉文何尝没认识到此点？其《仿渊明饮酒二十首》之十七云："渊明虽不仕，爱此北窗风。曲肱枕书卧，乐亦在其中。"在赞美陶渊明的悲欢忧喜皆出于自然的同时，即感叹自己赶不上渊明的达观、适意。人格境界的不同而导致诗境有别，这也是无奈的现实。故后世有学者看得明白："靖节拟古九首，略借引喻，而实写己怀，绝无摹拟之迹，非其识见超越、才力有余，不克至此。后人学陶者，于其平直出仅得一二，至此百不得一矣。"①

2. 审美追求有异

正如学界通常所看到的，"'自然'，不仅是陶渊明的人生旨趣，也是其诗歌的总体艺术特征。他作诗不存析誉之心，生活中有了感触就诉诸笔墨，既无矫情也不矫饰。"② 他"多用内省式的话语，坦诚地记录了他内心细微的波澜，没有夺人的气势，没有雄辩的力量，也没有轩昂的气象，却如春雨一样慢慢地渗透到读者的心中。"（同上）前文所论的陶诗之飞鸟、饮酒、松柏、菊、兰、风等意象的使用，正是作者内心的见景抒情的情感所至，即所谓"景语"。王夫之在《夕堂永日绪论·内编》指出："不能作景语，又何能作情语

---

① 许学夷：《诗源辩体》，人民文学出版社，1987 年，第 104 页。

② 袁行霈主编：《中国文学史》（第二卷），高等教育出版社，2005 年，第 66 页。

邪?""以写景之心理言情，则身心中独喻之微，轻按拈出。谢太傅与《毛诗》取'吁谟定命，远猷辰告'，一次八字为一串珠，将大臣经营国事之心曲，写出次第。"① 赵秉文"和陶诗"也是在描写景色，但从字里行间中抒发的是其壮志未酬的遗憾之情，正如王夫之所说的"将大臣经营国事之心曲"写进诗歌之中。这其实正道出赵氏"和陶诗"的审美倾向，即如刘祁《归潜志》所云"赵于诗最细，贵含蓄工夫"②，重视诗法。这一点元好问也指出："大概公（赵秉文）之学，出于义理之学，故长于辨析，极所欲言而止，不以绳墨自拘。七言长诗笔势纵放，不拘一律。律诗壮丽，小诗精绝，多以近体为之。至五言大诗，则沉郁顿挫学阮嗣宗，真淳简澹学陶渊明。"③ 甚至，赵氏中年时期还一度追求"尚奇"诗风，写出了"冰花不肯相媚妩，来伴诗人作诗苦。横斜影落水心中，融入诗中作奇语"（《试院中愁作叔献学博忽送红梅、小桃数枝，坐念春物骀荡，西园开钥，不得一观，作诗破闷，兼简张文学仲山》）的诗，以及"君不见，三郎花下吹觱篥，宁王搦管番绰拍。一声惊梦破华清，海棠顿觉无颜色。又不见百花潭北西郊路，醉里花仙觅奇句"（《慧林赋海棠》）等诗句，甚至到了晚年，赵秉文写诗还追求笔力豪壮，其《游崆峒山》诗云："万松声里暮涛寒，尽在参云一望间。只欠悬流二千石，天风吹下翠屏山。"这种审美追

① 王夫之著，夷之校点：《姜斋诗话》，人民文学出版社，1961年，第154页。

② 刘祁：《归潜志》，中华书局，1983年，第88页。

③ 姚奠中等编：《元好问全集》（增订本），山西古籍出版社，2004年，第400页。

求，使得赵秉文迥异于陶渊明，虽然陶渊明有时也有金刚怒目的诗句，但与赵秉文的"尚奇"豪壮相比，还是有层次之异的。当然，赵氏的"和陶诗"有时还是尽量学习陶渊明的真淳简澹的，其《和渊明饮酒二十首》其十二：

> 忆昔告归老，方属耆指时。
>
> 眼昏头半白，誓将从此辞。
>
> 几年不得谢，因循到今兹。
>
> 耳聩左目盲，决去吾何疑。
>
> 君恩虽云重，窃禄良自欺。
>
> 乘流且复逝，遇坎将安之。

这是赵秉文晚年心境的写照，诗风真淳平淡。写作此诗时，赵氏已年逾古稀，但他并未去隐居，元好问说他"时公已老，日以时事为忧，虽食息顷不能忘，每闻一事可便民，一士可擢用，大则拜章，小则为当路者言，殷勤郑重，不能自已，竟用是得疾薨！"①

三、赵秉文"和陶诗"的创新性

尽管赵氏"和陶诗"难以比肩陶渊明，但仍有其自我面目，具有一定的创新性。这也是金代文坛接受陶渊明，又时有自我特色的典型例证。

1. 儒、道、释兼融的诗旨

经历近百年胡汉文化的碰撞融合，到金源后期，士人的

---

① 元好问：《中州集》，中华书局，1959年，第152页。

汉文化水平已经很高，而"才高学博，一世之雄"的赵秉文
更是一位儒、道、释兼修的大学者。其作《原道》曰："夫
道何谓者也？总妙体而为言者也。"又说："天下之通道，五
端（指仁义礼智信）之谓也。"而在《适安堂记》中，他又
大力主张将儒学的仁义之道同老庄的"随遇而安"结合起
来，提出士人要本着"明王道、辅教化"的思想，在各自的
人生境遇中为国家尽自我本分。同时，赵氏还喜爱佛学，刘
祁指出："赵秉文本喜佛学，然方之屏山，颇畏士论，又欲得
扶教传道之名，晚年，自择其文，凡主张佛老二家者皆削去，
号《滏水集》，首以中和诚诸说冠之，以拟退之原道性。杨
礼部之美为《序》，直推其继韩、欧。然其为二家所作文，
并其葛藤诗句另作一编，号《闲闲外集》，以书与少林寺长
老英粹中，使刊之。故二集皆行于世。"① 连赵秉文自己也
说："学佛老与不学佛老，不害其为君子。柳子厚喜佛，不害
为小人；贺知章好道教，不害为君子；元微之好道教，不害
为小人。亦不可专以学二家者为非也。"② 可见，赵秉文的思
想体系之中，儒、道、释三家是兼而有之的，只不过常以
儒家思想为主，因而在《竹溪先生文集引》中他主张文学
创作要"文以意为主，辞以达意而已。古之人不尚虚辞，
因事遣辞，形吾心之所欲言者耳"。在《答李天英书》中他
还对"意"做了明确的解释："至于诗文之意，当以明王
道，辅教化为主。"所以，元好问评他"不溺于时俗，不泊
于利禄，慨然以道德仁义性命祸福之学自任，沉潜六经，

---

① 刘祁：《归潜志》，中华书局，1983 年，第 106 页。
② 刘祁：《归潜志》，中华书局，1983 年，第 107 页。

从容乎百家"。①

　　上述思想修为使得赵氏"和陶诗"的思想意蕴迥别于陶诗。当然，陶诗中也有儒家的安贫乐道、道家的崇尚自然等思想意蕴，然由于陶渊明和当时的佛教宗师慧远保持着若即若离的关系，其诗之佛理意韵一般并不明显，而赵氏则不然，其"和陶诗"中常常直接表达对佛理的思考和参悟，比如《和渊明〈归田园居〉送潘清容六首》中就有直接书写佛理意蕴的诗句："堂堂鸠林师，法喜以为娱"、"当如莲社人，寥落今几余。修静复西志，而独逃空虚"（其四）、"归来掩关卧，尚恨为物役。四论喜僧肇，玄文笺陆绩"（其五）、"他年东坡翁，一衲归玉局"（其六）等。即便是写隐逸之感，赵氏也与陶渊明不同，在《和渊明〈归田园居〉送潘清容六首》诗中，赵氏是这样写隐逸的："曲肱画图里，卧游西山巅。尚恨画中隐，不得拈闲闲"（其一）、"苏门有佳处，怅望不得往。遥知西山下，烟雨薇蕨长"（其二）、"幽人如野鹤，思逐南云飞。冥冥花经眼，冽冽风吹衣"（其三）等。这种在一组诗里将道家思想与佛理结合的写法，展示了赵秉文通达的生命态度、洒脱的精神境界，这是深受儒家思想教化哺育的士人对功名之外世界的认知和体悟，是以儒、道、释文化为代表的汉文化对金代士人深刻影响的产物，当然更是赵秉文和陶诗不同于陶诗的一种思想创新。

　　2. 刚健、平易的诗风

　　关于赵秉文五言古体诗风，前文已引元好问语："五言则

---

　　① 姚奠中等编：《元好问全集》（增订本），山西古籍出版社，2004年，第400—401页。

沉郁顿挫学阮嗣宗，真淳简澹学陶渊明。"如此可知，赵氏五言古诗有两种风格，一是沉郁顿挫、阮旨遥深的阮籍诗风，二是真淳简澹、意境悠远的陶潜诗风，而其"和陶诗"显然属于后者。但由于时代不同，际遇殊异，加之个人学养、性格的差异，赵秉文和陶诗虽总体上追慕陶诗风格，但还是有自己风貌的，即真淳简澹之外，还有一种赵氏自我的刚健与平易——而这也正是金源诗风的一般特点。试看《和渊明拟古诗九首》其二：

> 停杯且勿饮，剑歌已三终。
> 男儿重意气，结发早从戎。
> 生当为世豪，死当为鬼雄。
> 惊沙射人面，日暮来悲风。
> 空拳冒强敌，力向阴山穷。
> 仍闻霍嫖姚，万骑出云中！

这哪里还是闲适自得之意？它表达的是诗人之男儿抱负，即希望为国从戎，征战沙场，无论生死都是英雄！字里行间荡漾着一腔热切的爱国之情。诗风刚健、平易，见出赵氏——一个北人慷慨豪迈的壮士襟怀。

据王庆生考证，赵秉文"祖上安阳人，秉文一支徙磁州滏阳。"[①] 磁州，属河北西路彰德府，宋时为滏阳郡，金初置滏阳郡军，倚郭滏阳县，今河北省磁县。燕赵之地，作为多

---

① 　王庆生：《金代文学家年谱》，凤凰出版社，2005 年，第 247 页。

民族文化融合的前沿地区，正如有学者看到的："游牧民族与农业民族的融合首先是在幽并燕赵之地深入进行的。"[①] 身处其间的赵秉文一方面有着北人的果敢刚直，同时又有着儒学文化滋养下忠君爱国的热忱与坚定，他绝不是陶渊明采菊南山式的人物，元好问就说他"日以时事为忧，虽食息顷不能忘"[②]。这种地域文化与儒家道统的深刻影响，自然使他的"和陶诗"不同于陶渊明的原作，尽管如胡传志所看到的——"他的拟作大多具有原作风韵，可以说拟谁像谁"[③]，但由于情感出发点，或者底色的差异，赵氏作品还是具有金源诗歌刚健、平易之总体风格的，这也符合赵氏革除金中期文坛"浮艳软媚"之习、倡导刚健"宗唐"文风的一贯主张的。

综上，赵秉文"和陶诗"集中体现了赵氏转益多师、广泛吸取前人优长的诗学主张，在人格精神、意象的选取、诗境经营等方面师法陶潜，有时甚至颇有原作风韵，但由于赵氏人格、境遇与陶渊明的迥异，使得他的创作不管多么用力和"琢磨"，也不免相形见绌，这种复制是难以达到渊明真正境界的。但我们又必须看到，赵氏这种通过师法名家，以改变金源"明昌"朝纤弱文风的努力，还是有其诗学意义的，重要表现即是其"和陶诗"效法陶潜但又没失去自我，

---

① 李炳海：《民族融合与中国古代文学的刚健之风》，《山西大学学报》，1998 年第 3 期，第 49 页。

② 姚奠中等编：《元好问全集》（增订本），山西古籍出版社，2004 年，第 403 页。

③ 张晶主编：《中国诗歌通史》（辽金元卷），人民文学出版社，2012 年，第 168 页。

自有其创新性，无论诗旨上的儒、道、释兼融，还是诗风上的刚健与平易，都显示出了赵氏诗歌的可贵探索。并且，这其实也是金源文坛之陶渊明接受的一种具有普遍意义的方式。所以，"一代有一代之文章"，金源诗坛师法陶渊明等前代优秀诗家，虽然有时不及前代诗歌的真淳简澹，但它朴野天然之美，卓异超迈之气，以及北方民族的生机活力，还是给汉唐以来渐趋典雅精微的中国古代诗歌艺术带来了"有偏斜度的超越"①。作为主盟金源文坛三十年的赵秉文，其作用与贡献都是不容忽视的。

（原载《中国文学研究》第 27 辑，复旦大学出版社，2016 年 6 月）

---

①　杨义：《重绘中国文学地图通释》，当代中国出版社，2007 年，第 72 页。

主要参考文献

1. 王瑶校注：《陶渊明集》，人民文学出版社，1959 年。

2. 逯钦立校注：《陶渊明集》（中国古典文学基本丛书），中华书局，1979 年。

3. 袁行霈：《陶渊明集笺注》，中华书局，2003 年。

4. 龚斌：《陶渊明集校笺》，上海古籍出版社，1996 年。

5. 徐正英等注评：《陶渊明诗集》，中州古籍出版社，2012 年。

6. 梁启超：《陶渊明》，商务印书馆，1923 年。

7. 李长之：《陶渊明传论》，天津人民出版社，2007 年。

8. 叶嘉莹：《叶嘉莹说陶渊明饮酒及拟古诗》，中华书局，2015 年。

9. 袁行霈：《陶渊明研究》，北京大学出版社，1997 年。

10. 孙静：《陶渊明的心灵世界与艺术天地》，大象出版社，1997 年。

11. 戴建业：《澄明之境——陶渊明新论》，华中师范大学出版社，1998 年。

12. 韦凤娟：《悠然见南山——陶渊明与中国闲情》，济南出版社，2004 年。

13. 龚斌：《陶渊明传论》，华东师范大学出版社，2001 年。

14. 钱志熙：《陶渊明传》，中华书局，2012 年。

15. 高建新：《自然之子陶渊明》，内蒙古大学出版社，2007 年。

16. 范子烨：《悠然望南山——文化视域中的陶渊明》，东方出版中心，2010 年。

17. 魏正申：《陶渊明探稿》，文津出版社，1990 年。

18. 魏耕原：《陶渊明论》，北京大学出版社，2011 年。

19. 杜景华：《陶渊明传》，百花文艺出版社，2005 年。

20. 俞樟华、陈兴伟：《陶渊明》，春风文艺出版社，2000 年。

21. 于东新：《陶渊明讲疏》，内蒙古人民出版社，2005 年。

22. 王青：《陶渊明》，南京大学出版社，2009 年。

23. ［日］大矢根文次郎：《陶渊明研究》，东京早稻田大学出版部，1967 年。

24. 《陶渊明资料汇编》上、下册，中华书局，1962 年。

25. 莫砺锋：《陶渊明》（上、下），《古典文学知识》，2015 年第 6—7 期。

26. 钟优民：《陶渊明和他的咏怀诗》，《吉林大学学报》，1978 年 5—6 期。

27. 刘文刚：《"不求甚解"辨》，《辽宁师范大学学报》，

1986 年第 6 期。

28. 刘向荣：《陶渊明思想发展的轨迹及其深层结构》，《文学遗产》，1988 年第 2 期。

29. 王先霈：《陶渊明的人文生态观》，《文艺研究》，2002 年第 5 期。

30. 蒋寅：《陶渊明隐逸的精神史意义》，《求是学刊》，2009 年第 5 期。

31. 钱志熙：《陶渊明〈形影神〉的哲学内蕴与思想史位置》，《北京大学学报》，2015 年第 3 期。

32. 徐声扬：《陶渊明思想主导论探微》，《九江师专学报》，1995 年第 3 期。

33. 张瑞君：《庄子审美思想与陶渊明人生境界》，《西南师大学报》，1997 年第 3 期。

34. 高智：《陶渊明"隐逸诗人之宗"考论》，《铜仁学院学报》，2016 年第 2 期。

后　记

　　由于教学工作的需要，我为本科生讲授陶渊明研究的课程已经有十四五年了。这十多年来，我几乎每一天都要面对陶渊明，都要翻翻他的诗，说说他的那些事儿，想想他这样一个贫苦的诗人是在怎样的状态下过他的日子，他的喜悦、他的悲伤、他的烦恼、他的友朋与诗酒……我都熟悉，我每天都和他交流，不断地试着去理解他，并将自己的理解与学生们分享。这样，十几年下来，陶渊明简直就成了自己的亲人、朋友，他成了我生活的一部分。

　　但我知道，我还远没有走进陶渊明的心里。他太丰富了，我就像"盲人摸象"中的某个盲人，我只是触摸到了他的某一部分，并为此欣然自喜；他又太高大了，他的悠然、他的思虑、他的特立独行、他掷地有声的"吾驾不可回"，我都难以企及。但他越是高大，我越想仰望，越想走近！他最喜欢和朋友在一起，"相知何必旧，倾盖定前言"，因而我也希望能成为他千年之后朋友圈中的一员，与他"欵然良对"，或谈古论今，或赋诗论文，或"有酒斟酌之"，感受他的悲喜与慧心。所以，一直想找一个机缘，和他进行一次深度的晤谈，把自己对他的理解、把我心目中的陶渊明写成文字，而这机会终于来了。

辽海出版社总编辑、辽宁大学博士生导师于景祥先生，既是我的同门师兄（他曾受业于敬爱的詹福瑞师），又是我本家的兄长。他一度应邀加入我所在的学科团队，为敝校的文艺学学科建设出谋划策，添砖加瓦，助益多多。而恰巧他也是陶渊明的崇拜者，我和师兄在把酒临风之时，每每像谈共同的老友一样，说起陶渊明，心灵常常碰撞出欢乐的火花。于是，师兄嘱我写一本陶渊明的评传，我认为这正是与陶翁进行深度晤谈的机缘，自然欣然从命。所以，这本小书的撰成，师兄简直就是催生婆，感谢师兄！也感谢责任编辑胡佩杰兄，他是拙著的第一个读者，他以他的专业素养与职业精神，为小书做了许多细致的工作，书稿因之增色不少，向他致敬、致谢！

每个人其实都是站在前人肩膀上的孩子，陶学研究也是如此。自颜延之《陶徵士诔》问世以来，喜爱、关注、研究陶渊明的人和著述多如繁星，今每每观之，有望洋之叹，既感叹陶翁旷古知音之多，又慨叹他真是一个"说不尽的陶渊明"。所以，在本书写作过程中自然离不开前哲时贤的非凡识见，正是学界的优秀成果，使我的写作有了视野、有了理论的厚度，也有了写作的准的，感谢这些前辈明公启发、引导我切实地走近了陶渊明。尤其是《作为诗人的陶渊明》一章，由于自己学识、眼界、修养等方面的限制，未能提出什么新见，而龚斌先生、戴建业先生、徐正英先生的成果正契我心，故多加引用，感激不尽！当然，为了学术的规范，本书在引用或借用前哲时贤成果的时候，尽可能一一注出，但由于时间仓促，难免会遗漏一些说明，恳请原谅我的不周。

时光机已经流转到 2018 年，距陶渊明离世已经有 1591 年的时空距离。时间虽远，但陶翁精神永存，无论是他清高耿介的人格，他对人生所做的哲学思考，还是他独善其身的人生选择，连同他非凡的诗艺，都使后世人们的精神家园充实而丰盈。在我看来，他从来不高高在上，他充满人间烟火气，即使人生再困苦，他始终对人生都抱有一种热忱和洒脱，他身上散发着伟大人性的光芒，所以，他不仅是我的研究对象，他更像是我的精神导师。我愿在他的注视下，智慧地走好未来的人生之路！

于东新

2018 年 5 月于科尔沁草原